Industrielles Marketing

von

Prof. Dr. Marc Kuhn

Duale Hochschule Baden-Württemberg,
Stuttgart

und

Dr. Yvonne Zajontz

Duale Hochschule Baden-Württemberg,
Stuttgart

Oldenbourg Verlag München

Bibliografische Information der Deutschen Nationalbibliothek

Die Deutsche Nationalbibliothek verzeichnet diese Publikation in der Deutschen
Nationalbibliografie; detaillierte bibliografische Daten sind im Internet über
http://dnb.d-nb.de abrufbar.

© 2011 Oldenbourg Wissenschaftsverlag GmbH
Rosenheimer Straße 145, D-81671 München
Telefon: (089) 45051-0
www.oldenbourg-verlag.de

Lektorat: Thomas Ammon
Herstellung: Constanze Müller
Titelbild: thinkstockphotos.de
Einbandgestaltung: hauser lacour
Gesamtherstellung: Grafik + Druck, München

Dieses Papier ist alterungsbeständig nach DIN/ISO 9706.

ISBN 978-3-486-58995-5

Vorwort

Die Erkenntnis, dass eine marktorientierte Betrachtungsweise auch für die, den Konsumgütermärkten in der Wertschöpfungskette vorgelagerten Industriegütermärkte erfolgskritisch sein kann, setzt sich in den Industrieunternehmen zunehmend durch. Technische Vertriebsabteilungen von mittelständischen Zulieferunternehmen übernehmen Marketingfunktionen, größere Industriekonzerne etablieren speziell auf den industriellen Kunden ausgerichtete Marketingabteilungen.

Das vorliegende Buch gibt den derzeitigen Wissensstand der Grundlagen des Industriegütermarketings wieder. Als Rahmengerüst des Buches dient der „klassische" Marketing-Management-Prozess der jedoch nicht zuletzt terminologisch an die Besonderheiten der industriellen Märkte angepasst wird. Die zugrundeliegenden Marketing-Themen werden dann vor dem Hintergrund des im Wissenschaftskontext etablierten Geschäftstypenansatzes erörtert.

Dabei finden auch themenspezifische Beiträge wie „Triangulation", „SCRUM", „internes Marketing", industrielle Lifestyle-Typen" oder auch eine wirtschaftsgeographische Betrachtung der „industriellen Positionierung" Berücksichtigung. Diese Themen zeichnen sich durch eine zunehmende Anwendungsbedeutung aus, wurden in der wissenschaftlichen Literatur des Industriegütermarketings bislang jedoch nicht vertieft diskutiert. Die theoretischen Bausteine werden im Buch immer wieder durch die Integration von Fallbeispielen aus der industriellen Unternehmenspraxis ergänzt.

Das Buch richtet sich insbesondere an Studierende der Betriebswirtschaftslehre und des Wirtschaftsingenieurwesens an Dualen Hochschulen, Hochschulen und Universitäten, die sich mit Aspekten des industriegerichteten Marketings auseinandersetzen. Wir hoffen mit unserem Beitrag, auch dem „Industrie-Marketeer" das ein oder andere methodische Rüstzeug an die Hand geben zu können.

Neben den Autoren waren verschiedene Personen an der Publikation dieses Buches beteiligt: Unser Dank gilt Frau Dr. Nicole Klein, die an der Buchidee und den geschäftstypenbezogenen Grundlagen mitgearbeitet hat. Weiter danken wir Herrn Sebastian Manhalter, der in selbständiger und gewissenhafter Weise die Abschlussformatierungen durchführte. Schließlich gilt ein herzlicher Dank Frau Gudrun Vangermain für das Korrekturlesen der Texte und der Überprüfung der Abbildungen.

Stuttgart, im April 2011

Marc Kuhn, Yvonne Zajontz

Inhalt

1 Einleitung

Bunte Bilder, Erlebniswelten und allerlei kommunikationspolitische Instrumente prägen noch immer das Allgemeinverständnis von Marketing in der Öffentlichkeit. Oftmals erschließen sich die vielfältigen Ausprägungen der betriebswirtschaftlichen Basisdisziplin erst in Ausbildung, Studium oder beruflicher Auseinandersetzung. Doch auch im professionellen Umfeld haftet dem „Marketeer" das stereotype Image eines mehr oder weniger kreativen Freigeistes an, der Produkte oder Dienstleistungen an Konsumenten vermarktet. Der Endabnehmer gilt als Orientierungsmaßstab für die Ausrichtung aller marktorientierten Aktivitäten. Meint Marketing damit also nur Konsumgütermarketing? Anhand der verfügbaren Literatur müsste man diese Frage zunächst mit „ja" beantworten. Ansätze des Direktmarketings, der Marketingstrategien oder des Marketing-Mix unterliegen im Konsumbereich zahlreichen Diskussionen und werden auf differenzierteste Weise immer wieder neu beleuchtet.

Lediglich eine Handvoll renommierter Wissenschaftler setzt sich jedoch publizistisch mit den Aspekten des Industriegütermarketings auseinander. Dies scheint jedoch, gemessen an dem Anteil der wirtschaftlichen Transaktionen, die entlang der Wertschöpfungskette zwischen Unternehmen stattfinden, nicht gerechtfertigt. Geschäftsbeziehungen zwischen Institutionen machen in Zahl und Umsatz den größeren Teil des volkswirtschaftlichen Leistungsvolumens aus. Ist Marketing in diesem B2B- bzw. Industriegüterkontext dann von untergeordneter Bedeutung? Mitnichten. Anders gelagert sind jedoch in der Tat die Schwerpunktsetzungen im Industriegütermarketing. So stehen weniger die Aspekte des Markenmanagements und der Kommunikationsstrategien im Vordergrund. In der praktischen Anwendung sind es Themen wie die marktorientierte technische Produktentwicklung oder das industrielle Pricing, die verstärkt Beachtung finden, die das Industriegütermarketing jedoch zugleich für viele wenig „sexy" erscheinen lassen.

Engpässe westlicher Industriebetriebe zeigen sich im Zuge des globalisierten Wettbewerbs mit boomenden Ländern wie China, Russland oder Indien vermehrt im Absatzsektor. Eine verstärkte Marktausrichtung wird somit auch für die den Konsumgütermärkten in der Wertschöpfungsebene vorgelagerten Unternehmen zum erfolgskritischen Verhalten. Die damit verbundenen Marketingaufgaben konstitutionalisieren sich dabei nur in seltenen Fällen in ausgewiesenen Marketingabteilungen. Gerade in mittelständischen Industriebetrieben sind sie oftmals in andere Funktionsbereiche wie Entwicklung, Vertrieb oder Projektmanagement integriert. Industriegütermarketing wird damit nicht selten zur „versteckten Disziplin".

Zielsetzung dieses Buches ist es, den „versteckten" Einsatzfeldern und Aufgaben des Industriegütermarketings Kontur zu verleihen. Dabei folgen die Autoren dem etablierten geschäftstypenbezogenen Ansatz nur bedingt. Dieser diskutiert Instrumente des Industriegütermarketings getrennt nach Produkt-, System-, Zulieferer- und Anlagengeschäft und vermeidet dadurch eine Darstellung der klassischen Marketing-Mix-Struktur. Damit wird der Interpretation vorgebeugt, Industriegütermarketing sei „alter Wein in neuen Schläuchen". Problematisch an dem geschäftstypenorientierten Ansatz ist, dass Marketinginstrumente bei unterschiedlichen Typen wiederkehrend erörtert werden. Obgleich dies im jeweiligen Typenkontext erfolgt, sind Redundanzen dadurch nicht vollständig vermeidbar. Das vorliegende Buch orientiert sich daher an der klassisch instrumentellen, von Geschäftstypen und Branchen losgelösten Marketingstruktur. Auf Basis einer Analyse der in den Industrieunternehmen strategisch und operativ zu bewältigenden Marketingaufgaben werden die einzelnen Elemente des Industriegütermarketings möglichst praxisnah in diese Struktur integriert und mit Beispielen unterlegt. Im Bedarfsfall wird auf geschäftstypenbezogene Spezifika eingegangen.

Gesamtzielsetzung ist es somit, aus der „versteckten" Einzelaufgaben des Industriegütermarketings eine „offene" und übersichtliche Marketingdisziplin zu generieren, die bislang nur in wenigen Industrieunternehmen, insbesondere international agierenden Konzernen, umgesetzt wird.

Die BASF-Gruppe erzielte in ihren Kernsegmenten Chemicals, Plastics, Performance Products, Functional Solutions, Agricultural Solution sowie Oil & Gas im Jahr 2007 mit 95000 Mitarbeitern weltweit einen Umsatz von 58 Milliarden Euro. Der Großteil der BASF-Erzeugnisse wird dabei nicht an Endkunden, sondern an Unternehmen verkauft, die diese oftmals im eigenen Leistungserstellungsprozess weiterverwenden. Dennoch gilt Marketing in keiner der Abteilungen als Fremdwort. Wer neue Produkte entwickelt oder veredelt, lebt auch als Chemiker oder Ingenieur nicht mehr in der Abgeschiedenheit seines Labors, sondern steht im Dialog mit den Märkten (vgl. Jahnfeld, 2007, S. 86.). Themen wie Marktforschung oder Customer Relationship Management haben auch in der Chemiebranche einen hohen Stellenwert. So kooperiert BASF bereits bei der Grundlagenforschung mit ausgewählten Kunden, um später passgenaue Lösungen anbieten zu können. Besonders interessant ist die Bedeutung, die BASF dem Thema Industriegütermarketing bereits im Rahmen des Recruiting-Prozesses beimisst. Bewerber für Funktionen im Marketing sollten über dezidierte Kenntnisse und Kompetenzen bei der Vermarktung von Industriegütern verfügen. Im Gegensatz zu anderen Konzernen besitzt BASF keine zentrale Marketingabteilung. Die einzelnen Sparten tragen jeweils eigene Verantwortung für die eng am Produkt orientierten Marketingaufgaben.

Der Einstieg in die Thematik des Industriegütermarketings erfolgt in Kapitel 2. Hier werden Grundbegriffe und Besonderheiten erläutert sowie ein Überblick über unterschiedliche theoretisch-konzeptionelle Zugänge zur institutionellen Marketingdisziplin gegeben.

Kapitel 3 klärt den Bezugsrahmen des Industriegütermarketings. Zum einen umfasst dieser die Darstellung der relevanten Geschäftstypologien, deren Spezifika bei der Auseinandersetzung mit den strategischen und operativen Marketingaufgaben aufgegriffen werden. Zum anderen wird dieser Rahmen durch eine marktbezogene Informationsbasis bestimmt, die sich Industrieunternehmen durch das Analysieren und Monitoring der für sie relevanten Märkte erarbeiten.

Strategische Handlungsfelder des Industriegütermarketings werden in Kapitel 4 erörtert. So erfolgt beim Industrial Targeting eine Abgrenzung industriegüterspezifischer Zielgruppen. Damit eng verknüpft ist die Frage nach der Positionierung der industriellen Leistungen bzw. des jeweiligen Unternehmens auf den analysierten Industriegütermärkten. Schließlich bildet die „Beplanung" der definierten Industriegütermärkte ein wesentliches strategisches Aktionselement. Dabei geht es sowohl um Stückzahlprognosen im Rahmen der Wirtschaftsplanung als auch um die Berücksichtung neuer Märkte bei der Geschäftsfeldentwicklungsplanung.

Empirische Forschungsprojekte und Evaluationen bei Industrieunternehmen (vgl. z. B. Kuhn, 2003, S. 225 ff.) bilden die Grundlage für die Strukturierung der operativen Aufgabenbereiche des Industriegütermarketings innerhalb dieses Buches. Der Leser findet in Kapitel 5 daher keine absolut spiegelbildliche Wiedergabe des aus dem Konsumgütermarketing bekannten Marketingmix. Dieser liegt in Form eines erweiterten 4P-Ansatzes häufig den Beiträgen zum Industriegütermarketing in der angloamerikanischen Literatur zugrunde (vgl. Gosh, 2006, S. 6 ff.). Im vorliegenden Beitrag beziehen sich die erläuterten Instrumente zunächst auf ausgewählte marketingrelevante Aktionsfelder im industriellen Leistungserstellungsprozess. Die dargestellten Marketinginstrumente Benchmarking und Innovation Deployment zeichnen sich durch einen hohen praktischen Anwendungsbezug bei der Leistungserstellung aus. Im Anschluss greifen die Autoren die vertriebsrelevanten Marketingaufgaben der Industriebetriebe heraus. Diese sind in interindustriellen Transaktionsbeziehungen von besonders zentraler Bedeutung. Im Einzelnen handelt es sich dabei um Pricing Methoden, Überlegungen eines Industrial Relationship Managements sowie ausgewählte Sales-Controlling-Werkzeuge. Kommunikations-, PR-Konzepte und industrielles Branding übernehmen die Rolle von ergänzenden Hilfsmitteln einer industriellen Außendarstellung. Die Auseinandersetzung mit internen Aspekten des Industriegütermarketings bildet den Abschluss des operativen Kapitels.

2 Grundlagen und Begriffe

Unterschiedlichste Interpretationen und multiple Verwendungen von Begriffen machen eine vorbereitende Auseinandersetzung mit den definitorischen Grundlagen des Industriegütermarketing unumgänglich. Im Wissenschaftskontext konnte sich bislang keine „reine Wahrheit" hinsichtlich der Auslegung und Ordnung von Fachtermini wie B2B-Marketing, Industriegütermarketing, Investitionsgütermarketing oder industrielles Marketing durchsetzen. Das Buch folgt hierbei im Wesentlichen den Erklärungen führender deutschsprachiger Wissenschaftsansätze (vgl. Backhaus/Voeth, 2010, S. 3 ff.)

2.1 Charakteristik von Industriegütern

Leistungen im Sinne von Produkten bzw. Gütern können generell als Ergebnisse von (Geschäfts-)Prozessen bezeichnet werden. Ein heterogener Leistungsbegriff umfasst sowohl Sach- als auch Dienstleistungen. Vor dem Hintergrund dieser Sichtweise können Produkte und Güter, also sowohl Sachleistungen als auch Dienstleistungen sein (vgl. Scheer/ Grieble/Klein, 2006, S. 21 f.).

Für den vorliegenden Untersuchungszusammenhang entscheidend ist zunächst die Leistungsdifferenzierung nach konsumbezogenen und industriellen Gesichtspunkten (vgl. Kotler/Bliemel, 2006, S. 719 ff.). Als Konsumgüter werden solche Leistungen bezeichnet, die für den privaten Ge- oder Verbrauch bzw. die private Inanspruchnahme hergestellt oder gehandelt werden. Üblicherweise werden diese Güter nach den Kaufgewohnheiten der Konsumenten eingeteilt, da diese für die Marketingstrategie wichtig sind.

- Güter des alltäglichen Bedarfs (convenience goods) sind Leistungen, die der Nachfrager häufig und i.d.R. ohne intensive Planung oder Vorbereitung konsumiert. Oftmals handelt es sich dabei um geringpreisige Sachleistungen wie Brot oder Zeitungen, bzw. geringpreisige Dienstleistungen wie den Transport im öffentlichen Nahverkehr.
- Güter des Such- und Vergleichskaufs (shopping goods) werden seltener gekauft und implizieren höhere Preise sowie ein entsprechendes Maß an Planung. Der Kunde durchläuft Such-, Vergleichs- und Auswahlprozesse, um sich dann bewusst für eine bestimmte Sachleistung, etwa ein Möbelstück oder eine bestimmte Dienstleistung, z. B. einen Friseur, zu entscheiden.
- Güter des Spezialkaufs (speciality goods) zeichnen sich durch einen besonders eigenständigen Charakter bzw. eine besonders eigenständige Markenidentität aus. Käufer geben

sich bei der Kaufentscheidung besondere Mühe. Zu speciality Sachleistungen zählen spezielle Sportausrüstungen wie Gleitschirme oder Pferdesättel. Typische speciality Dienstleistungen finden sich z. B. bei individualisierten Angeboten zur Kinderbetreuung.

- Güter des fremdinitiierten Kaufs (unsought goods) sind Waren, die dem Verbraucher zunächst unbekannt sind oder an deren Anschaffung er im Normalfall nicht denkt oder die er gar ablehnt. Der Verkauf solcher Leistungen wird im Regelfall durch aggressive Vertriebsaktivitäten befördert. Gängige Beispiele sind hier Versicherungsleistungen aller Art.

Die definitorische Abgrenzung des Begriffs „Industriegüter" gestaltet sich weitaus komplexer. Publikationen setzten sich für gewöhnlich direkt mit Typologien und Charakteristiken von Industriegütern auseinander, vermeiden jedoch eine direkte Definition. Dagegen finden sich zahlreiche unterschiedliche Erläuterungen des Terminus „Investitionsgüter". Da die Begriffe Industriegütermarketing und Investitionsgütermarketing häufig synonym gebraucht werden, stellt sich die Frage, ob sich eine derartige Legitimationsgrundlage auch bei Industriegütern und Investitionsgütern ergibt. Investitionsgüter werden bilanzrechtlich als langlebige ökonomische Wirtschaftsgüter bezeichnet, die von Unternehmen zur Erstellung und Weiterverarbeitung von Folge-Gütern angeschafft werden, ohne dabei selbst in die produzierten Güter einzugehen. Investitionsgüter werden somit buchhalterisch dem Anlagevermögen zugerechnet. Diese Definition von Investitionsgütern umfasst jedoch nur einen Teil der Industriegüter. Auch industrielle Leistungen, die im Rahmen des Leistungserstellungsprozesses oder im allgemeinen Betriebsablauf verbraucht werden, stellen im eigentlichen Sinn Industriegüter dar. Damit sind Industriegüter Leistungen, die von Individuen oder Organisationen zur Weiterverarbeitung, zum Verbrauch oder zur Verwendung in einem industrienahen Unternehmen bezogen werden. Industriegüter lassen sich insbesondere danach unterscheiden, wie sie über den Leistungserstellungsprozess und die Kostenrechnung in die Wertkette eingehen (vgl. Kotler/Bliemel, 2006, S. 719 ff.).

- Als Eingangsgüter werden Materialien und Teile bezeichnet, die in das Erzeugnis eines Herstellers eingehen. Dabei unterscheidet man Rohstoffe wie Stahl und Kohle von Halbfertigerzeugnissen wie Elektronikbauteile oder Kunstoffparts.
- Anlagegüter bilden die Grundlage für die industrielle Leistungserstellung, gehen im Gegensatz zu Eingangsgütern jedoch nicht direkt in das Endprodukt ein. Anlagegüter werden häufig unterteilt in Anlagen und Geräte. Zu den Anlagen zählen Gebäude und fest installierte Ausrüstungsgegenstände wie Werkzeugmaschinen oder Fertigungsanlagen. Unter die Geräte subsumiert man bewegliche Betriebsausrüstungen und Werkzeuge sowie Büro und Geschäftsausstattungen wie PCs oder Schreibtische. Gerade Letztere wirken meist nicht bei der eigentlichen Leistungserstellung mit.
- Hilfsgüter gehen ebenfalls nicht direkt in das Endprodukt ein, sind jedoch aus funktionellen Gesichtspunkten für die Durchführung von Produktions- und Geschäftsprozessen notwendig. Beispiele sind Betriebsmittel wie Schmierstoffe oder Druckluft, aber auch diverse Artikel für Reparatur und Wartungszwecke.
- Eine zunehmend bedeutende Rolle bei den Industriegütern spielen industrielle Dienstleistungen (vgl. Spath/Demuß, 2006. S. 463 ff.). Industrielle Dienstleistungen sind Dienstleistungen, die von Industrieunternehmen erstellt werden. Sie werden entweder von dem

Industrieunternehmen, in dem sie erzeugt werden, genutzt und besitzen dann eine direkte Beziehung zur Herstellung von Sachgütern (oder anderen Dienstleistungen), die dieses Unternehmen produziert, oder sie werden anderen industrienahen Unternehmen als Leistung angeboten. Beispiele sind technische Wartungs-, Inspektions- oder Instandhaltungsdienstleistungen aber auch Schulungen, Beratungs- oder Finanzierungsleistungen (vgl. Nebl, 2007, S. 82).

In der folgenden Abbildung wird die generelle Bedeutung der Industriegütermärkte erkennbar. Nur die zwischen Hersteller und privatem Endkunden gehandelten Leistungen sind der Konsumgütervermarktung zuzuordnen. Dagegen betreffen die Transaktionen der gesamten Wertschöpfungskette zwischen Rohstofflieferant und Hersteller industrielle Güter. Der Aktionsradius des Industriegütersektors erweitert sich gar, wenn sich Industrieunternehmen auch in der Position des Endkunden einer Leistungserstellung befinden. Dies ist beispielsweise beim Bezug von Büro- und Geschäftsausstattung der Fall.

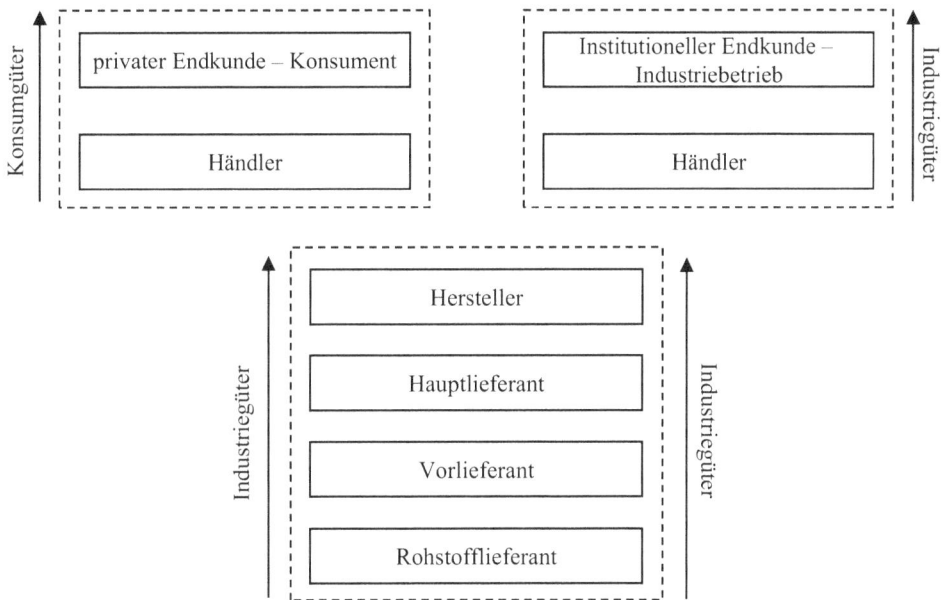

Abb. 2.1   Wertschöpfungsstufen auf Industrie- und Konsumgütermärkten (Quelle: eigene Darstellung in Anlehnung an Backhaus/Voeth, 2004, S. 6)

Die Ausrichtung der Aktivitäten des Industriegütermarketings orientiert sich im wissenschaftlichen und unternehmenspraktischen Zusammenhang jedoch in der Regel nicht an differenzierten Typologien der Industriegüter selbst. Vielmehr sind Branchen- bzw. Geschäftstypologien für den Einsatz und die Ausgestaltung des Marketinginstrumentariums ausschlaggebend. Diese werden bei der Klärung des Bezugsrahmens des Industriegütermarketings erörtert.

2.2   Abgrenzung des Industriegütermarketings

Industriegütermarketing gilt als Teildisziplin des allgemeinen Marketings. Backhaus/Voeth bemerken, dass Industriegütermarketing deshalb auch den Strömungen unterliegt, die diese Disziplin allgemein prägen (vgl. Backhaus/Voeth, 2010, S. 13). Das Marketing- Grundverständnis ist keineswegs eindeutig oder unstrittig. Insbesondere den Forschungsansätzen des Industriegütermarketings wird oftmals ein integriertes allgemeines Marketingverständnis zugrunde gelegt. Dies besagt, dass Marketing keine singuläre Unternehmensfunktion darstellt. Insbesondere die funktionsübergreifende Perspektive, bei der marktorientierte Aufgaben in allen Funktionsbereichen eines Unternehmens wahrgenommen werden sollen, ist im industriellen Zusammenhang von hoher praktischer Bedeutung. Besonders mittelständische Industriebetriebe verfügen häufig über keine eigenen institutionalisierten Marketingabteilungen, erkennen aber dennoch einen hohen Leidensdruck bei der Bewältigung von Marketingproblemen. Bei der begrifflichen Abgrenzung scheint wiederum die Grenzziehung zum Konsumgütermarketing naheliegend.

Das Konsumgütermarketing befasst sich mit Leistungen bzw. Produkten, die direkt an Konsumenten, d.h. Privathaushalte gerichtet sind (vgl. Jung, S. 1253 f.). Marketingaktivitäten betreffen folglich die Endstufe des Wirtschaftsprozesses, also die Interaktion zwischen Hersteller und Konsumenten bzw. Handelsunternehmen und Konsumenten. Folgende Abgrenzungskriterien sind beim Konsumgütermarketing von Relevanz (vgl. Meffert, 2007, S. 4 f.).

- Kaufentscheidungen werden zu einem hohen Anteil individuell getroffen
- der private Konsument agiert selbst als Nachfrager bzw. Nutzer des Produktes
- große Zahl an Bedarfsträgern
- meist mehrstufige Distribution

Backhaus/Voeth bezeichnen Industriegütermarketing als Management von komparativen Konkurrenzvorteilen (KKV), bezogen auf Industriegüter (Backhaus/Voeth, 2010, S. 28). Wettbewerb wird dabei als ein Suchprozess bezeichnet, der darauf gerichtet ist, durch die Generierung neuer Lösungen vorhandene oder latente Bedürfnisse umfassender zu befriedigen (Effektivitätsposition), um daraus einen eigenen ökonomischen Vorteil zu ziehen (Effizienzposition). Dasjenige Unternehmen, das beide Positionen gleichzeitig in einem Geschäftsfeld verwirklicht, erarbeitet sich einen komparativen Konkurrenzvorteil (KKV) (Backhaus/Voeth, 2010, S. 15). Diese Interpretation entspricht wiederum dem integrierten Marketingverständnis, da die gesamte Wertkette eines Unternehmens hinsichtlich der angestrebten Marktposition so zu koordinieren ist, dass für den Kunden ein (Mehr-)Wert gegenüber vergleichbaren Konkurrenzangeboten besteht. Vor dem Hintergrund des erörterten Verständnisses von Industriegütern kann Industriegütermarketing auch bezeichnet werden als: Marketing für Gebrauchs-, Verbrauchsgüter oder Dienstleistungen, die von Individuen oder Organisationen zur Weiterverarbeitung, zum Verbrauch oder zur Verwendung in einem industrienahen Unternehmen bezogen werden.

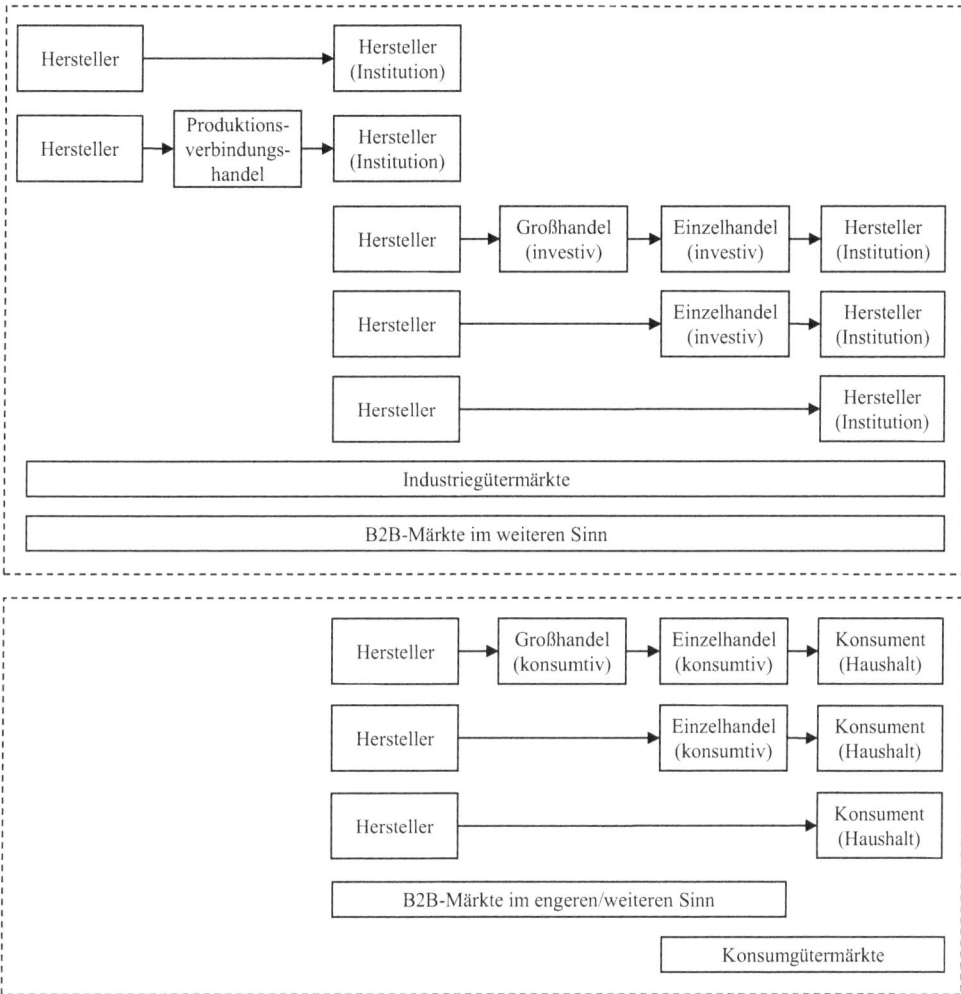

Abb. 2.2 Unterschiede zwischen Industriegütermarketing und B2B-Marketing
(Quelle: eigene Darstellung in Anlehnung an Backhaus/Voeth, 2004, S. 6 ff)

Die Auseinandersetzung mit Vermarktungsproblemen auf Industriegütermärkten erfolgt unter verschiedensten Bezeichnungen. Die Begriffe Industriegütermarketing, industrielles Marketing und Investitionsgütermarketing werden in der Literatur häufig deckungsgleich verwendet (Backhaus/Voeth, 2010, S. 5). Die Abgrenzung zum Terminus Business-to-Business-Marketing (B2B-Marketing) bedarf jedoch einer eingehenderen Betrachtung. B2B-Marketing bezieht auch die Vermarktung von Produkten und Dienstleistungen an den konsumtiven Groß- und Einzelhandel mit ein. Dagegen umfasst das Industriegütermarketing zum einen nur die Vermarktung von Leistungen, die von Unternehmen bzw. Institutionen beschafft werden, um weitere Leistungen zu erstellen. Zum anderen bezieht sich Industriegütermarketing auf Enderzeugnisse bzw. fertig gestellte Dienstleistungen, die über industrienahe Handelsstufen an Industriebetriebe übertragen werden. Beispiele hierfür sind Büroausstattungen oder standardisierte Softwarelösungen.

Auch die gesonderte Diskussion des Begriffs Dienstleistungsmarketing ist vor dem Hintergrund des Industriegütermarketings notwendig, da in vielen Fällen noch immer die Auffassung vertreten wird, dass sich das Industriegütermarketing ausschließlich auf die Sachleistungsvermarktung und das Dienstleistungsmarketing einzig auf die Vermarktung an private Konsumenten bezieht (Backhaus/Voeth, 2010, S. 6 f.). Die zunehmende Bedeutung industrieller Dienstleistungen steht jedoch für Transaktionsprozesse, bei denen Dienstleistungen wie technische Instandhaltungen oder Finanzierungsangebote von industrienahen Organisationen in Anspruch genommen werden. Die Vermarktung industrieller Dienstleistungen wird somit zum festen Bestandteil des Industriegütermarketings.

2.3   Besonderheiten und Implikationen des Industriegütermarketings

Neben der begrifflichen Unterscheidung von Konsumgütermarketing und Industriegütermarketing ist die Untersuchung weitergehender Rahmenbedingungen und inhaltlicher Besonderheiten der beiden Marketingdisziplinen erforderlich. Konkret weisen Vermarktungssituationen in Konsumgüter- und Industriegütermärkten spezifische Merkmale auf, die eigenständige Vermarktungsprozesse bedingen (Werani/Gaubinger/Kindermann, 2006, S. 7 ff.). Abbildung 2.3 zeigt ausgewählte Merkmale sowie entsprechende Auswirkungen, die sich für den Vermarktungsprozess auf den Industriegütermärkten ergeben.

Im Gegensatz zu Konsumgütermärkten, auf denen die Nachfrage originären Charakter hat, handelt es sich bei der Nachfrage auf Industriegütermärkten um eine abgeleitete oder auch derivative Nachfrage. Das Ausmaß der abgeleiteten Nachfrage wird also durch die Nachfrage in den nachgelagerten Konsumgütermärkten bestimmt (vgl. Werani/Gabinger/Kindermann, 2006, S. 7). So bemisst sich der Bedarf an elektronischen Bauteilen für LCD-Flachbildmonitore auf Industriegütermärkten durch die originäre Nachfrage nach Notebooks oder Fernsehgeräten. Das daraus resultierende Mehrstufigkeitsproblem ist einfach erklärt. Anbieter auf Industriegütermärkten dürfen nicht allein das unmittelbare Kunden- und Wettbewerbsumfeld betrachten, sondern müssen sich auch mit den Marktprozessen auf den Endverbrauchsmärkten auseinandersetzen. In diesem Zusammenhang besteht die komplexe Entscheidungsfrage darin, ob ein Unternehmen neben Marketingaktivitäten gegenüber den direkten industriellen Kunden auch Marketing gegenüber den Endverbraucher initiieren soll (Pull-Ansatz) oder dies besser unterlässt.

Konsumgütermarketing	Industriegütermarketing	Auswirkungen (Bsp.)
originäre Nachfrage	abgeleitete Nachfrage	Mehrstufigkeit
Personen	Organisationen	Beschaffungsrichtlinien
Einpersonenentscheidung dominierend	Mehrpersonenentscheidung dominierend	Buying Center Problematik Team Selling
nicht formalisierte Nachfrage	formalisierte Nachfrage	Submissionen Lastenhefte
tendenziell geringerer Individualisierungsgrad	tendenziell höherer Individualisierungsgrad	Kooperative Neuproduktentwicklung
Tendenziell geringerer Interaktionsgrad	Tendenziell höherer Interaktionsgrad	Matching Studien „Manndeckungs-Prinzip" Key-Account-Management

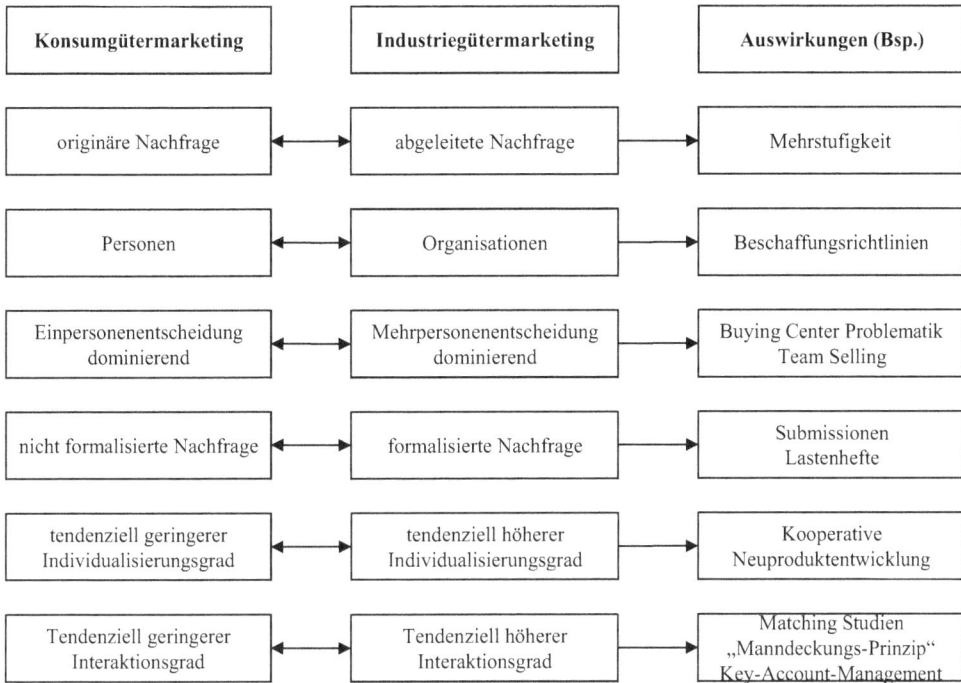

Abb. 2.3   Vermarktungsprozesse auf Konsum- und Industriegütermärkten
(Quelle: in Anlehnung an Backhaus/Voeth, 2004, S. 8; Werani et al, 2006, S. 8)

Da es sich bei den Nachfragern auf Industriegütermärkten per Definition um industrienahe Unternehmen handelt, spricht man von der organisationalen Nachfrage. Kaufentscheidungen von Organisationen unterscheiden sich von personenbezogenen Kaufentscheidungen in Konsumgütermärkten. Nachfragende Organisationen orientierten sich zumeist an Beschaffungsrichtlinien, die z. B. die Abfolge des Sourcingprozesses fest vorgeben. So sind inzwischen einige Automobilhersteller dazu übergegangen, die Projektvergabe und den Verhandlungsprozess über Online-Portale abzuwickeln (z. B. www.covisint.com). Die Portaltechnologie erfordert feste Ablaufschemata in der Interaktion des Automobilherstellers mit seinen Zulieferern. Diese festen Strukturen schränken nun wiederum die Vermarktungsoptionen der Anbieter ein.

Entscheidungen in Organisationen sind in den meisten Fällen Mehrpersonenentscheidungen, die in Industrieunternehmen durch das so genannte Buying Center getroffen werden. Dies ist ein Gremium aus Vertretern unterschiedlicher Unternehmensfunktionen, die auf Kundenseite im Beschaffungsprozess involviert sind (vgl. Webster/Wind, 1972, S. 78 ff.). Für den industriellen Anbieter ist diese Konstellation besonders herausfordernd, da die Mitglieder eines Buying Centers oftmals unterschiedliche Präferenzen haben. Auf Anbieterseite werden daher häufig Verkaufsteamstrukturen gebildet, um im Rahmen eines Team-Selling-Konzepts die Präferenzen der Buying-Center-Individuen besser adressieren zu können. So wird z. B. ein

Experte aus der Entwicklung eines anbietenden Unternehmens abgestellt, um für technische Fragen des Entwicklungprojektleiters auf Kundenseite zur Verfügung zu stehen.

Mit dem Ziel konkurrierende Leistungsangebote besser vergleichbar zu machen, zeigt sich die Nachfrage auf Industriegütermärkten oftmals durch stärkere Formalisierungen geprägt als auf Konsumgütermärkten. Industrielle Nachfrager initiieren z. B. Ausschreibungen bzw. Submissionen, um eine Standardisierung bei einem Informationstransfer mit den Anbietern zu erreichen. Eine andere Form der gängigen Formalisierung erfolgt mit Hilfe von Lastenheften. Darunter versteht man Dokumentationen, die durch das nachfragende Unternehmen erstellt werden und die exakt geforderten Spezifikationen und Eigenschaften der nachfragten Leistung beschreiben. Beispiele für Spezifikationen sind die Abmessungen, das Gewicht, die Materialen und die technischen Leistungsdaten eines Elektromotors oder einer hydraulischen Pumpe. Aus dieser stärkeren Formalisierung folgen oftmals Einschränkungen für die Vermarktungsstrategie des Anbieters. Da im Rahmen des Lastenheftes die geforderten Spezifikationen fixiert sind, besteht nur noch eine eingeschränkte Möglichkeit, sich durch besondere technische Merkmale und USPs vom Wettbewerb zu differenzieren. Der Anbieter wird gezwungen, den Preis zum Kern seiner Vermarktungsstrategie zu machen (vgl. Backhaus/Voeth, 2004, S. 9).

Auch wenn der Trend zur Individualisierung auf Konsumgütermärkten unverkennbar ist, so spielt die individuelle Ausgestaltung des Marketinginstrumentariums im industriellen Kontext eine weitaus größere Rolle (vgl. Werani/Gaubinger/Kindermann, 2006, S. 9). Gerade die festen und formalisierten Vorgaben eines Lastenheftes zwingen den Anbieter zu einer individuellen Ausrichtung an seinem Kunden. Im Rahmen von Innovationsprozessen und neuen Plattformentwicklungen eines industriellen Zulieferunternehmens werden Kunden als Kooperationspartner mit „an Bord" genommen.

Damit in engem Zusammenhang steht die intensive Interaktion zwischen den Marktteilnehmern auf Industriegütermärkten. Bei besonders bedeutenden Industriekunden, so genannten Key Accounts, etablieren Leistungsanbieter mit einem Key-Account-Management oftmals Vertriebsverantwortungen mit dauerhafter und spezifischer Ausrichtungen auf diese singulären Kunden. Die Umsetzung eines Matching- oder Manndeckungsprinzips ist eng mit dem Team-Selling-Ansatz verwand. Dabei gibt es für am Beschaffungsprozess beteiligte Mitarbeiter des Kunden fest zugeordnete Verantwortliche beim anbietenden Unternehmen.

Am Versuch, Marketinginstrumente an den Besonderheiten der Industriegütermärkte auszurichten, scheitern gelegentlich selbst große Konzerne. So zeigt das folgende Praxisbeispiel, dass dabei insbesondere die Berücksichtung der Mehrstufigkeit und die Entscheidung darüber, Marketingaktivitäten auch auf nachgelagerte Konsumgütermärkte zu beziehen, eine besondere Herausforderung darstellen.

Die Pressemitteilung verlautete (Evonik, 2007, S. 1): „Essen. Deutschland hat einen Industriekonzern: Evonik Industries ist da." Werner Müller, Vorstandsvorsitzender des bisher als Ruhrkohle AG (RAG) firmierenden Unternehmens, präsentierte die neue Marke,
mit der Evonik im darauf folgenden Jahr 2008 den Gang an den Kapitalmarkt plante.
Evonik beschäftigte zu diesem Zeitpunkt rund 43000 Mitarbeiter und realisierte einen
Jahresumsatz von knapp 15 Mrd. Euro. Der Konzern umfasst die drei Geschäftsfelder
Chemie, Energie und Immobilien, wobei sich der größte Teil der Geschäftätigkeit auf
industrielle Kunden bezieht. Der Name Evonik ist dem Grandseigneur der deutschen
Brandingszene zu verdanken: Manfred Gotta hat nach eigener Aussage einen Kunstna-
men kreiert, der innovativ, kantig und keiner Sprache zuzuordnen sei. Die groß angelegte
Kampagne verschlang nach Angaben des Unternehmens ca. 20 Millionen Euro, beinhalte-
te eine breit angelegte Print-Offensive sowie zahlreiche Fernseh-Spots und warb mit dem
Slogan „wer macht das?", „wir machen das!". Dem originären Nachfrager, also dem
Konsumenten, wurde darin erklärt, dass Evonik dasjenige Unternehmen sei, welches
Elektroautos zum Fahren bringt, die Dämmeigenschaften von Häuserwänden verbessert
oder den Aufnahmeanteil pharmazeutischer Wirkstoffe im Körper erhöht. Auf den ersten
Blick schien die Kampagne erfolgreich. Die gestützte Markenbekanntheit lag nach wenigen Monaten bereits über 40 Prozent. Testpersonen nannten Attribute wie „innovativ"
und „modern" im Zusammenhang mit der Marke Evonik. Weitere Erhebungen ergaben
jedoch, dass nur ein äußerst diffuses Bild über das Unternehmen Evonik und sein Leis-
tungsportfolio bestand. Zusätzlich provozierte die Frage, ob die Ausrichtung der Evonik-
Marketingstrategie auf einen Pull-Ansatz sinnvoll war. Dieser versucht durch die Ansprache der Endverbraucher einen mittelbaren Bedarf am industriellen Erzeugnis zu entwickeln. Konsumenten sollten also in Zukunft Produkte mit „Evonik-Inside" nachfragen.
Eine Situation, in der Patienten in der Apotheke Kopfschmerzpräparate mit Trägerstoffen
von Evonik verlangen oder Bauherren Dämmplatten mit chemischen Substanzen von
Evonik präferieren, scheint wenig wahrscheinlich. Auch wenn der Konzern signifikante
Erfolge bei der Verbreitung des Markennamens erzielen konnte, so wäre eine Umschich-
tung von Teilen des Kommunikationsbudgets in Richtung der eigentlichen industriellen
Kunden nachvollziehbarer gewesen. (vgl. die Welt, 12.04.2007)

2.4 Theoretisch-konzeptionelle Ansätze des Industriegütermarketings

Die Frage nach einem dominanten Theorieansatz der industriellen Marketingdisziplin bleibt
bislang unbeantwortet (vgl. Backhaus/Voeth, 2004, S. 17). Vielmehr werden unterschiedliche theoretische Zugänge als Fundament des Industriegütermarketings diskutiert. Die be-
deutsamen Grundrichtungen in der Marketing-Wissenschaft sind gegenwärtig die Ökonomik
und die Verhaltenswissenschaften (vgl. Rese/Krebs, 2007, S. 56). Auch wenn ökonomische
Erklärungsmuster als nicht hinreichend für die Erklärung des individuellen Verhaltens eines
industriellen Kunden gelten, prognostizieren Experten einen verstärkten Einsatz der Ökono-

mik als theoretische Antwort auf die Geschehnisse in Industriegütermärkten. Zwei mögliche Ansätze finden sich in der Institutionenökonomie sowie der Informationsökonomie.

2.4.1   Institutionenökonomie

Eigenheiten des Industriegütermarketings wie die Multipersonalität, die Multiorganisationalität und die Interaktion erweisen sich als Bestimmungsgrößen im Hinblick auf die Rationalität der zu treffenden Entscheidungen. Dieser Sachverhalt korrespondiert mit dem die Institutionenökonomie konstituierenden „Rational-Choice-Ansatz". Dieser besagt, dass Institutionen im Sinne von Organisationen und Unternehmen aufgrund des marktwirtschaftlichen Wettbewerbs zu rationalen und effizienzorientierten Entscheidungen gezwungen werden. Im Gegensatz dazu würden im Konsumgütermarketing individuelle Nutzenempfindungen bestehen, die sich in emotional und irrational geprägten Entscheidungen privater Konsumenten widerspiegeln (vgl. Aufderheide, 2004, S. 53 ff.). Drei Kernelemente bilden die Basis der institutionenökonomischen Überlegungen:

- *Transaktionen* als kleinste Analyseeinheiten
- *Unsicherheit*, durch deren Art und Ausmaß unterschiedliche Probleme generiert werden
- *Spezifität* von Transaktionen

Der Ausgangspunkt der Untersuchungen von Transaktionen und der daraus abgeleiteten Transaktionskostentheorie findet sich in einer trivialen Frage (vgl. Aufderheide, 2004, S. 60): Wenn Austauschbeziehungen auf Märkten überragende Effizienzeigenschaften aufweisen, warum gibt es dann überhaupt Unternehmen? Warum sollte ein rational handelnder Anbieter das Risiko eingehen, dass Kunden ein geliefertes Produkt selbst herstellen und dadurch zu Wettbewerbern werden? Vor diesem Hintergrund wurde der Begriff der Transaktionskosten geprägt. Dies sind Kosten, die nicht in erster Linie durch Entscheidungen von Akteuren, sondern durch Austauschprozesse zwischen ihnen entstehen (vgl. Aufderheide, 2004, S. 61). Diese Kosten fallen auf Märkten und innerhalb von Unternehmen bzw. Organisationen in unterschiedlicher Höhe an. Sie sind einmal Ausdruck für die interne Koordination innerhalb eines Unternehmens und ein anderes Mal für die externe Koordination über Märkte. Aus dem Transaktionskostengedanken wird die Regel abgeleitet, dass es ohne Transaktionskosten keine Unternehmen gäbe, sondern lediglich anonyme Massen- und Spotmärkte. Komplexe Lieferanten-Kunden-Beziehungen, wie sie auf Industriegütermärkten üblich sind, wären folglich nicht existent.

Das zweite Element der institutionenökonomischen Analyse von Marketing-Problemen besteht im Umgang mit unterschiedlichen Formen und Intensitäten von Unsicherheiten. Auch die Unsicherheit prägt in entscheidender Weise die komplexen Interaktionsbeziehungen zwischen Unternehmen auf Industriegütermärkten. Neben einem eigennützig-rationalen Verhalten wird den industriellen Partnern ein unvollständiges Wissen über unterschiedlichste Aspekte der Transaktionsbeziehungen unterstellt. So vermag ein industrieller Zulieferer die tatsächliche Preisbereitschaft seines Kunden im Verhandlungsfall nur abzuschätzen. Die prospektive Beurteilung der Produktqualität alternativer Anbieter ist für industrielle Kunden gleichfalls mit einer hohen Unsicherheit behaftet.

Die Spezifität als drittes Element drückt den Bindungsgrad eines Produktionsfaktors oder Vermögensgegenstandes an einen bestimmten Transaktionspartner aus (vgl. Aufderheide, 2004, S. 67). Im Gegensatz zum Begriff der Spezialisierung, der eine rein technische Dimension umschreibt, bezieht sich die Spezifität schwerpunktmäßig auf ökonomische Aspekte und schafft Abhängigkeiten und Ausbeutungspotenziale durch den Vertragspartner. Diese Spezifität drückt sich z. B. in Situationen aus, in denen Zulieferer Investitionen tätigen, die nur im Zusammenhang mit der Transaktionsbeziehung zu diesem spezifischen Kunden nutzbar sind. Beispiele hierfür sind individuell gefertigte Werkzeuge oder Produktionsanlagen.

Generelle Kritikpunkte an den Grundüberlegungen institutionenökonomischer Ansätze gelten auch im Zusammenhang mit dem Industriegütermarketing. Insbesondere die Vorstellung über rationale Verhaltensweisen von Institutionen sollte mit Bedacht interpretiert sein. Auch Entscheidungen von Organisationen werden mitunter auf Basis wenig rationaler Überlegungen getroffen.

Die Brezelmania Ltd. – NZ ist ein mittelständisches neuseeländisches Unternehmen mit deutschen Wurzeln. Mit ihrem Sitz in der Hauptstadt Wellington bietet Brezelmania typisch deutsche Backwaren auf dem südpazifischen Markt an. Dabei wird in erster Linie das Segment der Endverbraucher über eigene Shops bedient. Als strategisches Folgesegment gilt der Wholesale, der sowohl Händler als auch institutionelle Kunden wie Hotels oder Catering-Betriebe umfasst. Diese Kunden entscheiden nach transaktionskostentheoretischen Überlegungen. Sind die gesamten Transaktionskosten, die durch die Koordination eigener Produktionsprozesse der Backwaren entstehen würden, höher als die Transaktionskosten bei Fremdbezug über den Markt, d.h. über Brezelmania? Ein neues Geschäftspotenzial ergab sich für Brezelmania durch die Anfrage der neuseeländischen Fluglinie Air New Zealand. Die Belieferung der Airline mit Brötchen für alle Passagiere von der Economy bis zur First Class versprach hohe Absatzmengen. Gleichzeitig war jedoch die Anschaffung einer großen, automatisierten Backmaschine notwendig geworden. Innerhalb der Transaktionsbeziehung zu Air New Zealand bedeutete diese Investition jedoch nur einen geringen Grad an Spezifität, da die Maschine auch Produkte für andere Kunden herstellen konnte. Als problematischer erwies sich die Unsicherheit bez. der Konstanz der Absatzmengen. Eine fehlende langfristige Kontraktierung mit Air New Zealand warf die Frage auf, ob mögliche Leerkapazitäten der neuen Backmaschine flexibel durch weitere Großkunden aufgefangen werden könnten. Unter Abwägung aller Unbekannten entschied sich Brezelmania für die Durchführung der Investition.

2.4.2   Informationsökonomie

Das theoretische Konstrukt der Informationsökonomie untersucht die Informationsbeschaffung (Screening) und -übertragung (Signaling) zwischen Wirtschaftssubjekten und analysiert die Auswirkungen unterschiedlicher Informationsstände der Beteiligten im wirtschaftlichen Transaktionsprozess (Weiber, 2004, S. 82 f.). Dabei liegt die Annahme zugrunde, dass die Marktakteure unter Unsicherheit handeln, die auf unvollkommene Informationen und eine systematische, asymmetrische Informationsverteilung zwischen den Austauschpartnern zurückzuführen ist. Über die Faktoren Transaktionsprozesse und Unsicherheit ist die Informationsökonomie damit eng mit der Institutionenökonomie verwandt.

Bezogen auf die Interaktionsprozesse auf Industriegütermärkten bedeutet dies, dass die Wahrscheinlichkeit für einen Kaufabschluss um so höher ist, je besser die Transaktionspartner in der Lage sind, ihre jeweilige Unsicherheit bezüglich des Verhaltens der anderen Marktseite zu verringern (vgl. Weiber, 2004, S. 83). Dabei wird die Kaufentscheidung insbesondere durch die Möglichkeiten des Nachfragers bestimmt, seine Unsicherheitsposition auf ein von ihm subjektiv akzeptiertes Anspruchsniveau zu reduzieren. Diese Unsicherheitsposition kann sich z. B. auf Erwartungen hinsichtlich Leistungs- und Prozessqualitäten, Termintreue oder Serviceflexibilität des Zulieferers beziehen. Der Handlungserfolg des industriellen Anbieters wird somit zunächst durch die Kenntnis der möglichen Unsicherheitspositionen des Nachfragers beeinflusst (vgl. Weiber, 2007, S. 75). Darüber hinaus sollte der Anbieter Strategien entwickeln, mit deren Hilfe er die Unsicherheitsposition seines potenziellen Kunden auf dessen subjektiv akzeptiertes Anspruchsniveau herabsenkt. Mögliche Hilfsmittel bestehen z. B. in der Bereitstellung von Qualitätskennzahlen aus vergangenen Projekten wie ppm-Indikatoren (parts per million – ein fehlerhaftes Teil unter einer Million) oder Liefererfüllungsquoten.

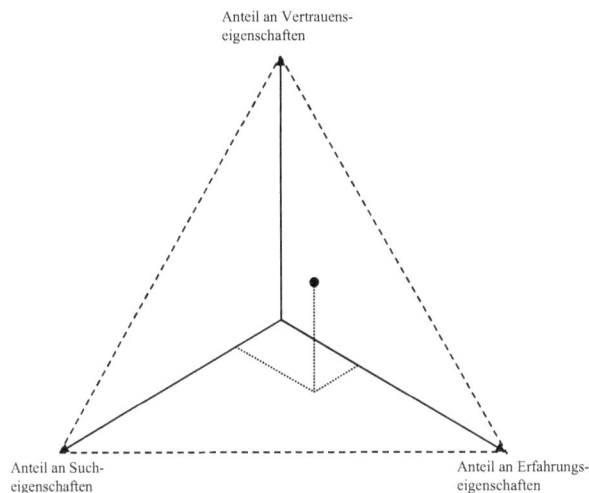

Anteil an Vertrauens-
eigenschaften

Anteil an Such-   Anteil an Erfahrungseigenschaften   eigenschaften

Abb. 2.4   Industrielle Entscheidungssituationen im informationsökonomischen Dreieck
(Quelle: in Anlehnung an Weiber, 1993, S. 63)

In Abhängigkeit davon, ob die Konsequenzen einer Handlung bereits vor oder erst nach der Entscheidung beurteilt werden können, lassen sich die Eigenschaften einer Handlungsalternative basierend auf der Informationsökonomie nach Such-, Erfahrungs- und Vertrauenseigenschaften unterscheiden (vgl. Weiber, 2007, S. 75). Dabei sind Sucheigenschaften, zumindest aus subjektiver Sicht des Nachfragers, bereits vor der Entscheidung beurteilbar. So kann ein industrieller Kunde schon im Vorfeld der Lieferantenauswahl Mustertest bei technischen Zuliefererzeugnissen durchführen und sich dadurch ein erstes Bild über Materialeigenschaften oder die Verarbeitungsgüte der Vorprodukte machen. Erfahrungseigenschaften können dagegen erst nach der Entscheidung bewertet werden. Industrielle Kunden verfügen z. B. über Erfahrungswerte aus vergangenen Projekten bzgl. der Reaktionsgeschwindigkeit eines bestimmten Zulieferers bei der Bearbeitung von Reklamationen. Die Beurteilung von Vertrauenseigenschaften ist in der Regel nicht möglich. Die Verschwiegenheit eines Zulieferers bzgl. sensibler Projektinformationen des Kunden stellt eine derartige Vertrauenseigenschaft dar. Die drei informationsökonomischen Eigenschaftskategorien werden in der Informationsökonomie als komplementär angesehen. Das bedeutet, dass bei industriellen Entscheidungen grundsätzlich alle drei Eigenschaftskategorien in mehr oder weniger starkem Ausmaß vorhanden sind und sich deren Anteile in der Summe zu 100% ergänzen (vgl. Weiber, 1993, S. 61 ff.). Aus Abb. 2.4 wird zudem ersichtlich, dass sich vor dem Hintergrund der Komplementarität aller Eigenschaftskategorien jede Entscheidungssituation auf der durch die drei Pole aufgespannten Ebene positionieren lässt.

Die Untersuchungen der Handlungsunsicherheiten und Entscheidungssituationen wurden im Forschungskontext der Informationsökonomie bislang ausschließlich auf die Perspektive der Nachfrager, d.h. der industriellen Kunden bezogen. Unterschieden wurden also Such-, Erfahrungs- und Vertrauens*käufe*. Gerade in industriellen Transaktionsbeziehungen ist jedoch auch die Abbildung der Unsicherheitssituationen auf Verkäuferseite sinnvoll. Die industrielle Vermarktungs- und Leistungserstellungssituation lässt sich somit nach den Grundtypen der Such-, Erfahrungs- und Vertrauens*verkäufe* unterscheiden (vgl. Weiber, 2007, S. 77).

Kritisch anzumerken ist, dass die Informationsökonomie in klassischer Weise vollständig rational handelnde Individuen und Institutionen unterstellt, die nach marginalanalytischen Gesichtspunkten handeln. Für die praxisrelevante Erklärung von Transaktionsprozessen auf Industriegütermärkten ist es jedoch unerlässlich, die reine Informationsökonomie um verhaltenswissenschaftliche Aspekte zu ergänzen (Weiber, 2004, S. 84).

3 Bezugsrahmen im Industriegütermarketing

Die Erkenntnis, dass spezifische Märkte den Bezugsrahmen der industriellen Marketingdisziplin bilden, erscheint zunächst trivial. Tatsächlich gelten branchentypische Besonderheiten jedoch als bestimmend für unterschiedliche Forschungsansätze, die sich im Industriegütermarketing herausgebildet haben (vgl. Backhaus/Voeth, 2010, S. 181 ff.). Dabei hat sich eine viergliedrige Geschäftstypologie durchgesetzt, der auch die inhaltliche Strukturierung zahlreicher Fachbücher zugrunde liegt. Auch wenn die Autoren in diesem Buch aufgrund von Redundanzen und Abgrenzungsunschärfen auf eine vollständige Trennung des Marketinginstrumentariums nach Produkt-, System-, Zulieferer- und Anlagengeschäft verzichten, so ist die vorbereitende Auseinandersetzung mit diesen Geschäftstypen unabdingbar für alle weiteren Überlegungen.

Um mittels operativer Marketingmaßnahmen vorgegebene Ziele im industriellen Umfeld zu erreichen, bedarf es zudem umfangreicher Analysen des im jeweiligen Kontext singulär definierten Marktumfeldes. Daher gelten die Analyse und das Monitoring von Industriegütermärkten als Werkzeuge zur situationsindividuellen Feststellung des Bezugsrahmens eines marketingtreibenden Industriegüterunternehmens.

3.1 Geschäftstypologie auf Industriegütermärkten

Wie in Kapitel 2.1 bereits erwähnt, entspricht die marketingrelevante Sichtweise der Industriegütertypologisierung nicht der in der industriebetriebswirtschaftlichen Literatur häufig anzutreffenden Typologie der Industriegüter selbst (vgl. Richter, 2007, S. 28 ff). Diese Einordnung wäre aus praktischer Sicht aufgrund der diversen Schnittstellen unzureichend. Aus marketingrelevanter Sicht sind die Branchen- bzw. Geschäftstypologien für die Anwendung des Marketinginstrumentariums zielführender und werden nun innerhalb des Bezugsrahmens des Industriegütermarketings, der die Kernfelder Produktgeschäft, Anlagengeschäft, Systemgeschäft sowie Zuliefergeschäft beinhaltet, erläutert (vgl. Backhaus/Voeth, 2010, S. 185 ff).

3.1.1   Produktgeschäft

Beim Produktgeschäft handelt es sich um standardisierte, häufig auch vorgefertigte Leistungen, die der Kunde verbindungslos, d.h. ohne spezifische Investitionen einsetzen kann. In dieser Kategorie steht weder die Kontinuität der Kundenbeziehung noch die Individualisierung des Angebots im Vordergrund, insofern sind Argumente der Kundenbindung für beide Seiten unerheblich. Vielmehr erfolgt eine Fokussierung auf Einzeltransaktionen, die in diesem Zusammenhang auf eine breite Zielgruppe innerhalb eines anonymen Marktes ausgerichtet sind. Aus diesem Grund sind die marketingpolitischen Anforderungen tendenziell niedrig, zumal die Herstellung des Produktes bereits vor der Vermarktung stattfand. Letztendlich wird der Kunde vor der Auftragserteilung die Kosten und Leistungen diverser Angebote vergleichen, insofern ist es wichtig, dem Kunden verlässliche sowie verständliche Informationen bezüglich dieser beiden Komponenten zur Verfügung zu stellen. Zudem sollten Waren dieser Kategorie aus distributionspolitischer Sicht möglichst schnell und für den Kunden im Umkreis erhältlich sein. In dieser Kategorie ist es für das herstellende Unternehmen schwierig, sich über den Preis hinaus vom Wettbewerber zu differenzieren, da diese Erzeugnisse keinen ideellen Kundennutzen beinhalten. Dennoch wird versucht, mit gleich bleibender Qualität im Sinne des „Preferred Suppliers" den Kunden kontinuierlich zu überzeugen.

Beispiele für Produktgeschäfte naturgemäß Standardprodukte. Für das Werkzeugmaschinenbauunternehmen INDEX wären dies z. B. Produktionsdrehautomaten oder Dreh-Fräs- bzw. Dreh-Schleifzentren. Die Firma Schunk aus Lauffen a.N. produziert sämtliche Komponenten der Spanntechnik. Beispiele hinsichtlich des Produktgeschäftes wären in diesem Fall Werkzeughalter, Spannbacken oder Drehfutter für bei der Produktion üblicherweise eingesetzte Werkzeuge (vgl. Backhaus/Voeth, 2010, S. 209 ff).

3.1.2   Anlagengeschäft

Ebenso wie das Produktgeschäft ist auch das Anlagengeschäft auf eine Einzeltransaktion ausgerichtet, allerdings wird hierbei die üblicherweise komplexe Leistung individuell für den einzelnen Kunden angefertigt. Typischerweise handelt es sich hierbei um eine Auftragsfertigung die mittels eines Projektes erfüllt wird. Charakteristisch ist hierbei auch die enge Interaktion zwischen den beteiligten Parteien. Da es sich beim Anlagengeschäft um sehr große, langfristige Investitionen handelt, sind sowohl die Akquise als auch die Abwicklung des Auftrages von sehr langer, i.d.R. mehrjähriger Dauer. Aufgrund des hohen Finanzbedarfs erstreckt sich die Leistung des Anbieters häufig auch auf die Finanzierung des Kundenprojektes. Anlagengeschäfte werden häufig in der Großindustrie getätigt. Die Größenordnung einer Windkraftanlage, wie sie die Firma Alstom beispielsweise anbietet, macht deutlich, dass sich die Anbieter-Kundenbeziehung im Sinne eines „Customer Life Time Management" über viele Jahre von der Anfragephase bis zur letztendlichen Inbetriebnahme des Großprojektes bewähren muss, schließlich sind beide Parteien am Risiko beteiligt.

Problematisch an dieser Beziehung ist der unterschiedliche Wissensstand. Während für den Anbieter die Herstellung solcher Großinvestitionen sozusagen zum Tagesgeschäft gehört, agiert der Nachfrager häufig auf einem Terrain, das für ihn viele unbekannte Parameter bereithält. Dieses Know-how-Gefälle kann mithilfe von Beratern vermindert werden. Bei dieser Form der individuellen Zusammenarbeit sind die eigentlich erstellte Leistung und der damit einhergehende Service untrennbar verbunden.

Beispiele für Anlagengeschäfte sind Raffinerie- und Kraftwerkskomponenten, Walzwerke für die Stahlproduktion oder Transportanlagen wie z. B. der Aufbau eines U-Bahnnetzes in Bangkok durch die Firma Siemens (vgl. Backhaus/Voeth, 2010, S. 325 ff).

3.1.3   Systemgeschäft

Von Systemgeschäft spricht man, wenn es sich um standardisierte, vorgefertigte Waren handelt, die für einen Massenmarkt erstellt werden, jedoch in einem Kaufverbund zeitlich zusammenhängen. Durch diesen Zusammenhang sind der Anbieter und der Nachfrager zumindest kurz- bis mittelfristig in eine Partnerschaft integriert. Anschauliche Beispiele für das Systemgeschäft liefert der Softwarehersteller SAP. In dessen Produktportfolio gibt es für jede Unternehmensgröße eine passende Produktlösung. Während die „SAP Business One"-Produkte eher die Bedürfnisse kleinerer und mittlerer Unternehmen befriedigen, sind die „SAP Business Suite"-Lösungen auf die Führungsebenen großer Konzerne ausgerichtet. Somit können auch kleinere Firmen im Falle einer Expansion größere Lösungen beim gleichen Anbieter erhalten und reduzieren das Risiko einer falsch gewählten Alternative.

Ist die Entscheidung seitens des Nachfragers für das Produkt eines Systemanbieters gefallen, werden auch nachfolgende Produkte zwangsläufig aus Kompatibilitätsgründen beim gleichen Hersteller nachgefragt, weil ein Wechsel mit einem erheblichen Kosten- und beispielsweise Schulungsaufwand einhergehen würde. Dies begründet auch den seitens des Nachfragers ausführlichen Kaufentscheidungsprozess, weil die zu treffende Entscheidung einen großen Einfluss auf weitere, zukünftige Kaufüberlegungen haben wird. Durch den langfristigen Charakter der im Systemgeschäft getroffenen Entscheidungen ergibt sich zudem eine ungleiche Risikoverteilung zu Lasten des Nachfragers, da dieser nicht absehen kann, wie sich Faktoren wie beispielsweise die Qualität, die Kompatibilität oder die Kosten in der Zukunft entwickeln werden. Daher wird dieser Markt überdurchschnittlich von etablierten und renommierten Unternehmen repräsentiert, die systemkompatible Einzelkomponenten einer modular aufgebauten Systemarchitektur anbieten, wodurch der Kunde, wie bereits erwähnt, den Vorteil hat, sich nicht sofort für eine Komplettlösung entscheiden zu müssen, sondern bei Bedarf weitere Elemente zukaufen kann (vgl. Backhaus/Voeth, 2010, S. 419 ff.).

3.1.4   Zuliefergeschäft

Die Besonderheit des Zuliefergeschäfts ist in der relativen Abhängigkeit der beteiligten Parteien zu sehen, weil es sich normalerweise um eine langfristig ausgelegte Anbieter-Kundenbeziehung handelt. Charakteristisch für das Zuliefergeschäft ist auf der einen Seite der Bezug auf den einzelnen Kunden, auf der anderen Seite der zeitliche Kaufverbund, weil der Kunde durch das individualisierte Angebot eine gewisse Abhängigkeit in Kauf nimmt. Das beständigste Beispiel im Bereich des Zuliefergeschäfts sind die Erstausrüster, besser bekannt als Original Equipment Manufacturer (OEM), wie z. B. die Firmen Bosch, Elring Klinger oder Mahle, um nur einige zu nennen.

Die Entscheidung eines Automobilherstellers für beispielsweise ein bestimmtes Navigationsgerät beeinflusst die Auftragslage des Zulieferers für mindestens sechs bis acht Jahre, also für die Dauer einer Baureihe. Die gegenseitige Abhängigkeit zeigt sich insbesondere bei Neuheiten, denn falls der Zulieferer den Hersteller nicht rechtzeitig mit der vereinbarten Technik beliefern kann, wirkt sich dies auch negativ auf den Hersteller und dessen Liefertermintreue hinsichtlich neu bestellter PKW aus.

Die Firma Blaupunkt aus Hildesheim entwickelt unter anderem Navigationssysteme für Automobile. Der Opel Insignia, der für das Jahr 2009 als Auto des Jahres gewählt wurde, ist das erste Fahrzeug mit einem neuen modularen Infotainment-System, für das Blaupunkt die Navigationseinheit entwickelt hat. Die Flexibilität dieses Produktes ermöglicht es dem Automobilhersteller laut Pressemitteilung vom November 2008, auch in Zukunft neue Kundenwünsche, Marktgegebenheiten sowie künftige technische Standards zu berücksichtigen. Dies wiederum bedeutet für Blaupunkt als Zulieferer eine langfristige Planbarkeit in der Produktion, vorausgesetzt der Opel Insignia findet die Zustimmung der Endkunden. Ist der Zulieferer nicht in der Lage, fristgerecht zu liefern, würde sich dadurch auch der Ausliefertermin neu bestellter Fahrzeuge verzögern. Verliert ein Zulieferer einen Auftrag, so handelt es sich um Verluste in dreistelliger Millionenhöhe, die aufgrund der begrenzten Anzahl potentieller Nachfrager ganz erheblich zu Buche schlagen.

Dieses Praxisbeispiel zeigt auch die Vernetzung der Geschäftstypen. Die Belieferung eines Automobilherstellers mit Navigationssystemen ist eindeutig dem Zuliefergeschäft zuzuordnen. Da es sich hierbei jedoch um ein modular aufgebautes System handelt, bei dem der Kunde definieren kann, welche Funktionen die einzelnen Ausstattungsvarianten beinhalten sollen, handelt es sich ebenso eindeutig um ein Systemgeschäft. Wenn der Autofahrer eventuell ein Ersatzteil oder ein Update für sein Navigationsgerät benötigt und dies im Handel erwirbt, kann es sich darüber hinaus um ein herkömmliches Produktgeschäft handeln.

Diese Überschneidungsproblematik der Geschäftstypologien wird in der folgenden Abbildung visualisiert. Wie im vorangegangenen Beispiel gezeigt, sind manche Geschäftsvorfälle den einzelnen Bereichen nicht eineindeutig zuordenbar, es gibt zwischen allen Typologien Überschneidungen.

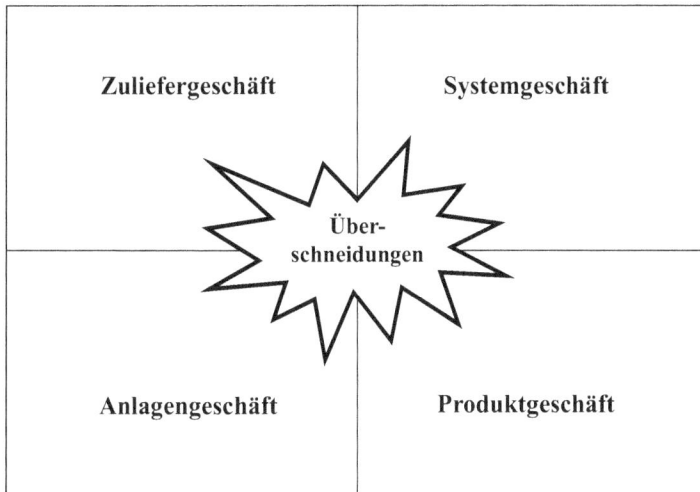

*Abb. 3.1   Überschneidungen innerhalb der Geschäftstypologien auf Industriegütermärkten
(Quelle: eigene Darstellung)*

Während das Zulieferer- und das Anlagengeschäft den Bezug zum Einzelkunden aufweisen, und somit eher individuelle Transaktionen beinhalten, sind das System- und das Produktgeschäft reine Routine und auf den Massenmarkt mit seiner charakteristischen Anonymität ausgerichtet. Ebenso können das Zuliefer- und das Systemgeschäft unter dem Aspekt der vorhandenen Verbundwirkung zusammengefasst werden, wohingegen das Anlagen- sowie das Produktgeschäft im seltensten Fall dieses Merkmal aufweisen. Meffert fasst diese Charakteristiken unter den Begriffen „Transaktionsform" und „Kaufverbund" zusammen (vgl. Meffert, 2000, S. 1214), Backhaus erweitert sie noch um die Dimension der Quasirente (vgl. hierzu Backhaus/Voeth, 2010, S. 200 ff.).

Zusammenfassend sind die wesentlichen Charakteristika nochmals in folgender Tabelle aufgeführt, wobei die Betonung auf wesentlich liegt. So wurde beispielsweise die Individualisierung lediglich beim Anlagen- und Zuliefergeschäft als charakteristisch eingestuft und in der Tabelle angegeben. In einigen Fällen könnten jedoch auch das Systemgeschäft und das Produktgeschäft einen gewissen Individualisierungsgrad aufweisen.

Einfacher zuzuweisen wäre demzufolge beispielsweise eine „Tendenz" zur Individualisierung, um bei diesem Beispiel zu bleiben. Den stärksten Individualisierungsgrad weist sicherlich das Anlagengeschäft auf, gefolgt vom Zuliefergeschäft. Seltener tritt dieses Merkmal hingegen innerhalb des Systemgeschäftes und sehr selten im Produktgeschäft auf (vgl. Backhaus/Voeth, 2010, S. 493 ff).

Merkmal \ Geschäfts- typologie	Produktgeschäft	Anlagengeschäft	Systemgeschäft	Zuliefergeschäft
Einzeltransaktion	X	X		
Verbundwirkung			X	X
Standardisierung	X		X	
Anonymer Markt	X		X	
Breite Zielgruppe	X		X	
Vorgefertigte Leistung	X		X	
Individualisierung		X		X
Herstellung vor Vermarktung	X		X	
Langfristige Beziehung		X	X	X

Tab. 3.1   Charakteristische Merkmale der Geschäftstypologien auf Industriegütermärkten (Quelle: in Anlehnung an Backhaus/Voeth, 2010, S. 185 ff)

3.2   Analyse und Monitoring von Industriegütermärkten

Die Beschaffung von Informationen zur Vorbereitung betrieblicher Entscheidungen gehört zu den generellen Aufgaben wirtschaftlich agierender Unternehmen (vgl. Berekoven/ Eckert/Ellenrieder, 2004, S. 18). Dabei ist es zunächst unerheblich, ob diese Unternehmen ihre Leistungen auf Konsum- oder Industriegütermärkten anbieten.

Entscheidungsprozesse stellen folglich die Treiber der Informationsbeschaffungsaktivitäten dar. Aus Marketingsicht interessieren zunächst Informationen über die Unternehmensum- welt, also solche, die sich auf die das Unternehmen betreffende Märkte beziehen. Abb. 3.1 zeigt eine ausführliche Zusammenstellung unterschiedlicher Informationsbereiche, die alle sowohl im Rahmen des Konsumgütermarketings als auch des Industriegütermarketings von Relevanz sind. Die Darstellung provoziert die Frage, ob eine gesonderte Auseinandersetzung des Industriegütermarketings mit den Aspekten von Marktanalyse und Informationsbeschaf- fung überhaupt legitimierbar ist. Bei näherer Betrachtung ergeben sich jedoch zahlreiche Besonderheiten der Analyse von Industriegütermärkten (vgl. Langner, 2004, S. 323 ff.). Diese bilden die Grundlage der folgenden Überlegungen. Für die Auseinandersetzung mit den allgemeinmethodischen Aspekten von Marktanalysen und Marktforschung wird auf die entsprechenden Quellen verwiesen (z. B. Berekoven et al, 2004).

Informationsbereiche

Informationen über die Unternehmensumwelt

Informationen über betriebsinterne Tatbestände

Dateninformationen

Instrumentalinformationen

wirtschaftliche Daten

nicht wirtschaftliche Daten

Informationen über gesamtwirtschaftliche Größen

Branchen-informationen

Informationen über die betriebliche Marktlage und die Marktentwicklung

rechtliche Daten

technische Daten

gesellschaftliche Daten

Informationen über die Unternehmensreaktionen auf Aktivitäten der Umwelt

Informationen über Umweltreaktionen auf Marketingmaßnahmen

Nachfragerinformationen

Konkurrenzinformationen

Bedarfs-informationen

Kaufkraft-informationen

Zahl der Konkurrenten

Konkurrenz-intensität

Reaktionsinformation in Bezug auf Abnehmermaßnahmen

Zahl der Bedarfsträger

Bedarfsintensität

Reaktionsinformation in Bezug auf Konkurrenzmaßnahmen

Informationen über Abnehmerreaktionen

Informationen über Konkurrenzreaktionen

Informationen über Reaktionen staatlicher Instanzen

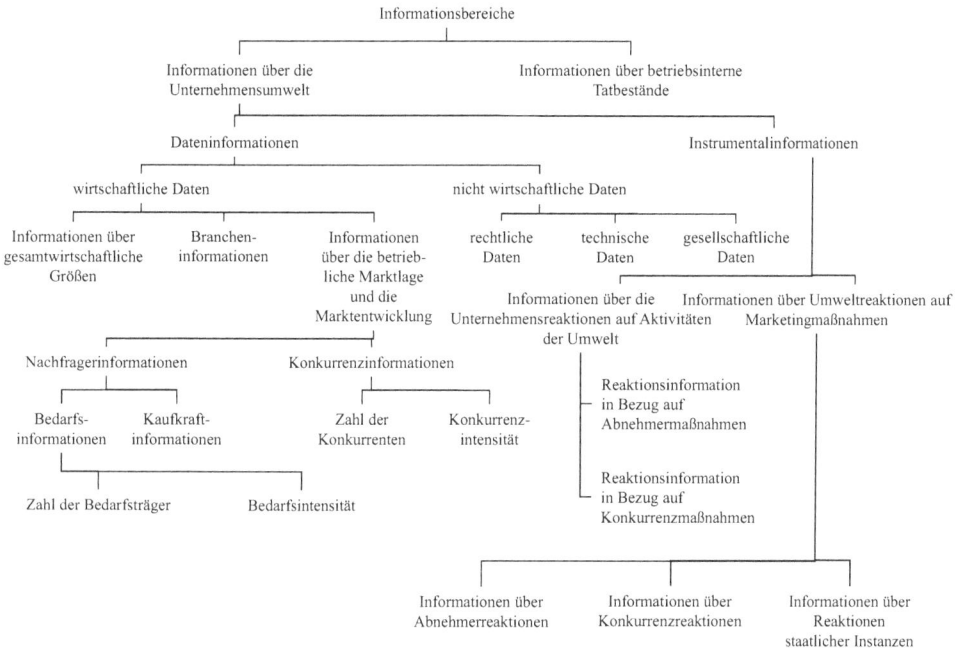

Abb. 3.2   Informationsbereiche (Quelle: vgl. Bidlingmaier, 1983, S. 35)

3.2.1   Ziele, Besonderheiten und Anlässe

Während die systematische Marktforschung im Konsumgüterbereich als fest integrierte und praktizierte Teildisziplin des Marketings gilt, so scheinen Industriegüterhersteller die professionelle Informationsbeschaffung noch immer nicht „zu leben". Tab. 3.2 zeigt, dass die Mitgliedsinstitute des Arbeitskreises Deutscher Markt- und Sozialforschungsinstitute lediglich ca. 10% ihres Umsatzes mit Unternehmen der Investitionsgüterindustrie realisieren (vgl. ADM, 2008).

	2003	2004	2005	2006	2007
Konsum- und Gebrauchsgüterindustrie	52%	55%	57%	58%	58%
Investitionsgüterindustrie	11%	6%	7%	9%	10%
Pharmazeutische Industrie	5%	13%	12%	14%	14%
Handel	2%	2%	1%	1%	1%
Banken, Versicherungen	5%	4%	3%	2%	3%
Öffentliche Auftraggeber	3%	2%	2%	1%	2%
Medien / Verlage	12%	11%	10%	9%	8%
Werbeagenturen	0%	0%	0%	0%	0%
Unternehmensberater u. a. Dienstl.	3%	2%	2%	2%	2%
andere Marktforschungsinstitute	7%	5%	6%	4%	2%
Insgesamt in Mio. EUR	**1.119**	**1.042**	**1.421**	**1.603**	**1.685**

Tab. 3.2   Umsätze deutscher Marktforschungsinstitute mit Mitgliedschaft im Verband Deutscher Markt- und Sozialforschungsinstitute – ADM (Quelle: vgl. ADM, 2008)

Bedeutet dies jedoch im Umkehrschluss, dass die Anbieter von Industriegütern die für sie relevanten Märke nicht beobachten, geschweige denn analysieren? Tatsächlich finden Marktanalysen auch auf Industriegütermärkten statt. Jedoch nicht auf die im Konsumgüterkontext übliche methodengestützte und organisatorisch verankerte Art und Weise. Die Informationsbeschaffung erfolgt oftmals über informelle Vertriebskontakte, Projektbeziehungen oder persönliche Netzwerke. Die Übertragung des marktforschungsmethodischen Baukastens nach der „reinen Lehre" ist das Ansinnen zahlreicher Wissenschaftler. Im unternehmenspraktischen Zusammenhang waren derartige Ansätze jedoch bislang nicht von Erfolg gekrönt. Die Autoren verzichten daher auf den Gebrauch des Terminus „Marktforschung" im Zusammenhang mit der Informationsbeschaffung auf Industriegütermärkten, sondern sprechen vom Analysieren und Monitoren dieser Märkte. Auch unkonventionelle, aber damit praxisrelevante Analyseformen werden damit zum Bestandteil dieses Abschnittes.

Ziele und Besonderheiten stehen bei der Analyse von Industriegütermärkten in engem Zusammenhang. Als übergeordnetes Ziel gilt die Bereitstellung von Informationen zur Unterstützung sämtlicher betrieblicher Entscheidungsvorgänge. Teilziele finden sich bei der Informationsbeschaffung für industrielle Marketingentscheidungen z. B. im Rahmen der Strategiefindung, der Preis- oder der Produktpolitik. So ist die strategische Entscheidung zur Erschließung neuer Absatzmärkte für hoch spezialisierte Werkzeugmaschinen an die Verfügbarkeit einer großen Bandbreite unterschiedlicher Informationen gekoppelt. Wie groß ist das Marktvolumen für Werkzeugmaschinen in dem betroffenen Land? Welche technischen

Anforderungen haben die Verwender der Werkzeugmaschinen an die Produkte? Über welche Stärken verfügt das Unternehmen im Vergleich zu den etablierten Wettbewerbern vor Ort? In welchem Preisband gestalten diese Wettbewerber ihre Angebote?

Grenzen und Möglichkeiten zur Beantwortung dieser zielgesteuerten Fragen werden im Industriegütermarketing nunmehr durch dessen konstituierende Besonderheiten geprägt (vgl. Langner, 2004, S. 329 f.):

- **Direkte Anbieter-Abnehmer-Beziehungen**: Auf zahlreichen Industriegütermärkten bestehen direkte Geschäftsbeziehungen zwischen Anbieter und Nachfrager. Je kleiner die Märkte, desto intensiver sind diese Geschäftsbeziehungen in der Regel gewachsen. Durch den permanenten Austausch findet ein ständiges Monitoren dieser Märkte statt. Als Marktanalytiker fungieren zumeist Vertriebsverantwortliche, Key-Account-Manager oder Mitarbeiter der Kundenprojektentwicklung. Da die Art der Informationsbeschaffung im Rahmen dieser Interaktionen ad hoc und wenig professionell funktioniert, besteht die größte Herausforderung darin, die aufgenommenen Informationen analog des Informationsbedarfs zu strukturieren, zu dokumentieren und an die entsprechende, daran interessierte Stelle im Unternehmen weiterzuleiten.
- **Mehrstufigkeit - Betrachtung der gesamten Wertschöpfungskette**: Da es sich bei der industriellen Nachfrage um eine abgeleitete Nachfrage handelt, ist die Fokussierung auf direkte Anbieter-Abnehmer-Beziehungen oftmals nicht ausreichend. Neben den Absatzmärkten müssen Industriebetriebe ihre Informationsbeschaffungsaktivitäten auch auf nachgelagerte Stufen der Wertschöpfungskette, evtl. sogar den Markt der Endverbraucher, beziehen. Schenkt der Werkzeugmaschinenhersteller den Stückzahlprognosen seiner industriellen Kunden kein Vertrauen, so muss er sich Informationen über die nachgelagerten Märkte beschaffen. Nutzt der industrielle Kunde die Werkzeugmaschinen z. B. zur Herstellung von Mobiltelefonen, erarbeitet sich der Werkzeugmaschinenhersteller ggf. ein zusätzliches Informationsgerüst über den Mobilfunkmarkt.
- **Spezial-Märkte** *mit einer überschaubaren Anzahl an Abnehmern*: Industriegütermärkte weisen häufig einen hohen Grad an Heterogenität und Spezialisierung auf. D.h., in den einzelnen Märkten existieren jeweils nur wenige Nachfrager, die über ein, je nach Erzeugnis, hohes oder niedriges Bedarfsvolumen verfügen. So steht einem riesigen Endverbrauchsmarkt für Mobiltelefone ein vergleichsweise kleiner Markt an Mobilfunkherstellern gegenüber. Der Hersteller von Werkzeugmaschinen bedient wiederum diese überschaubare Anzahl an Kunden mit einer geringen Menge hoch spezialisierter Investitionserzeugnisse, die ihrerseits zur Massenproduktion von Mobilfunkgeräten verwendet werden. Daneben beliefern andere Zulieferer die wenigen Mobilfunkhersteller mit Volumenerzeugnissen wie z. B. LDC Displays oder elektronischen Bauteilen, die dann in den Geräten verbaut werden. Je spezieller der Betriebszweck ist, desto leichter können industrielle Zulieferer die Kernbedarfe ihrer Kunden ableiten (Berekoven et al, 2004, S. 302 f.). Durch die geringe Anzahl industrieller Abnehmer besteht oftmals eine „intime Kenntnis" über deren Verhaltensweisen. Unter diesen Bedingungen können Marktanalysen oftmals in Form einer Vollerhebung durchgeführt werden. Industrielle Zulieferer befragen dabei die komplette Grundgesamtheit des Marktes, d.h. alle Kunden. Zudem ermöglicht diese Situation die Durchführung qualitativer Erhebungen mit großer inhaltlicher Detailtiefe. Im Gegensatz dazu erfolgt die Informationsbeschaffung

auf anonymen Massenmärkten zumeist über stichprobenorientierte Teilerhebungen mit quantifizierbaren Fragestellungen.

- **Multipersonelle Entscheidungsprozesse im Buying Center**: Industrielle Beschaffungs-entscheidungen werden in der Regel multipersonell, d.h. durch mehrere Personen aus un-terschiedlichen Funktionsbereichen getroffen. In diesem Zusammenhang spricht man vom so genannten Buying Center. Gleichzeitig zieht sich die Beschaffungsentscheidung der Industrieunternehmen vielfach über einen längeren Zeitraum hin. Die einzelnen Mit-glieder des Buying Centers sind z.T. zu unterschiedlichen Zeitpunkten in Entscheidungs-vorgänge des Beschaffungsprozesses eingebunden. Für die industrielle Informationsbe-schaffung besteht die Herausforderung darin, die richtigen Ansprechpartner des Buying Centers zu den passenden Zeitpunkten im Entscheidungsprozess anzusprechen. Je nach Fragestellung müssen unterschiedliche Personen oder auch mehrere Personen gleichzeitig angesprochen werden. Dabei ist zu berücksichtigen, dass die Bereitschaft zur Informati-onsweitergabe und die Qualität der Informationen auch in industriellen Institutionen an Rollenverständnisse und individuelle Charakteristika von Personen geknüpft sind. Mit diesem Phänomen setzt sich die Zielgruppenforschung auf Industriegütermärkten ausei-nander (vgl. Kapitel 4). Beabsichtigt der Zulieferer von Werkzeugmaschinen etwa Infor-mationen über Freigabeprozesse bei seinen Kunden zu erhalten, muss er sich dort zu un-terschiedlichen Zeitpunkten mit Vertretern aus Einkauf, Qualitätssicherung, Logistik und Projektentwicklung auseinandersetzen. Gleichzeitig sollte er berücksichtigen, dass sich altgediente Einkaufsleiter u. U. restriktiver bzgl. der Weitergabe von Informationen ver-halten als junge unerfahrene Projektentwickler.

- **Professionelle Entscheider**: Entscheidungsträger bei industriellen Kunden verfügen in der Regel über eine hohe Fach- und Geschäftskenntnis. Daraus wird in der theoretischen Fachliteratur häufig einseitig ein rein von rationalen Gesichtspunkten geleitetes Entschei-dungsverhalten abgeleitet. Tatsächlich besteht ein durch Formalismen wie Lastenhefte und Beschaffungshandbücher geprägtes rationales Rahmengerüst des Beschaffungsver-haltens. Innerhalb dieses Gerüstes werden Entscheidungen jedoch oftmals durch persön-liche und emotionale Aspekte erheblich beeinflusst. Für die Informationsbeschaffung auf Industriegütermärkten spielt neben der Fachkenntnis auch die Führungsverantwortung ei-ne wesentliche Rolle. Als Interviewer für Befragungen kommen nur Personen in Be-tracht, die von den befragten Zielpersonen akzeptiert werden. Beabsichtig der Werk-zeugmaschinenhersteller, seine Kunden über technologische Trends bei der Mobilfunk-fertigung zu befragen, so wäre die Beauftragung eines generalistisch aufgestellten Markt-forschungsinstituts kontraproduktiv. Als Befrager und Interaktionspartner sollten viel-mehr technische Experten aus dem eigenen Unternehmen benannt werden. Auch der Ein-satz von Praktikanten zur Umsetzung einer Zufriedenheitsanalyse bei Führungskräften der nachfragenden Mobilfunkhersteller wäre wenig angebracht.

- **Leistungsbündel**: Zahlreiche Industrieerzeugnisse werden zunehmend als Commodities gehandelt. Dies sind Produkte, die sich nicht durch herausragende Eigenschaften von ih-ren Wettbewerbserzeugnissen unterscheiden und deren Kauf somit in erster Linie durch die Preissetzung beeinflusst wird. In diesem Zusammenhang werden Industrieerzeugnisse oftmals nicht mehr nur als singuläres Produkt, sondern als Kombination aus einem Ker-nerzeugnis und einer zugehörigen Dienstleistung vermarktet. Industrielle Dienstleistun-gen werden dadurch zu einem derzeit vieldiskutiertem Thema. Daraus ergeben sich wiederum zahlreiche Fragestellungen für die industrielle Marktanalyse. Welche Auswirkungen hat die Aufnahme zusätzlicher Value Added Services auf den Kundennutzen? Welche Zahlungsbereitschaft besteht für diese Services auf Kundenseite? So könnte der Hersteller von Werkzeugmaschinen evaluieren, inwieweit sich von Kunden geforderte jährliche Preisabbauraten durch zusätzliche Wartungsserviceleistungen auffangen lassen.

Die Anlässe zur Durchführung einer industriellen Marktanalyse sind vielfältig. Einschlägige Beiträge führen jedoch lediglich typische marktorientierte Fragestellungen an und verzichten auf eine weitergehende Systematisierung (vgl. z. B. Gosh, 2006. S. 238). An diesem Sachverhalt anknüpfend versuchen die Autoren übergeordnete Anlässe bzw. Informationsbeschaffungskategorien zu strukturieren und mit Beispielen für Formen der industriellen Marktanalyse zu unterlegen. Tab. 3.3 zeigt die Unterscheidung in Potenzialanalysen, Leistungs- und Konzeptentwicklungen, Wettbewerberanalysen, Wirtschaftsprognosen, Wirkungsanalysen und Ergebnisanalysen.

Für die Marketingplanung ist die Abschätzung gesamter Marktvolumina sowie erreichbarer Marktpotenziale von wesentlicher Bedeutung. Dies gilt für Industrieunternehmen, die auf bestehenden Märkten agieren, aber auch für solche, die die Erschließung neuer Märkte beabsichtigen. Um die Entscheidung für oder gegen einen Markteintritt zu fällen, werden die Strukturanalyse und die Bewertung der bislang unbekannten Absatzmärkte notwendig. Erfahrungswerte einzelner Mitarbeiter und bestehende Planungsdokumentationen sind in der Regel nicht hinreichend, um derartige Entscheidungen zu treffen. Ein Werkzeugmaschinenexperte, der beabsichtigt, seine Erzeugnisse an Mobilfunkhersteller in Indien zu liefern, muss zuvor den Zuliefermarkt im Zielland sowie die für ihn dort erreichbaren Absatzpotenziale eruieren. Zusätzlich müssen Entwicklungsmöglichkeiten und Risiken eines Marktengagements in Indien bewertet werden.

Anlässe	Aktivitäten
Potenzialanalysen	Abschätzen von Marktvolumina
	Abschätzen von Marktpotenzialen
	Abschätzen von Marktanteilen
	Analyse von Absatz- und Vertriebskanälen
	Abgrenzung von Marktsegmenten
	Abschätzen von Verkaufspotenzialen
	Abschätzen von Umsatzpotenzialen
	Abschätzen von Profitpotenzialen
	Bewertung von neuen Absatzmärkten
	Abschätzen von Exportpotenzialen
	Markttests
Leistungs- und Konzeptentwicklung	Analyse der Produkt- und Leistungsanforderungen des Kunden
	Bewertunge eigener Innovationsansätze durch den Kunden
	Analyse der Innovationswünsche des Kunden
	Analyse der Servicepräferenzen des Kunden
	Analyse der Make or Buy Präferenzen des Kunden
	Analyse der Design-, und Verpackungspräferenzen des Kunden
	Analyse der Testanforderungen des Kunden
Wettbewerbsanalysen	Analyse der Erzeugnisqualitäten des Wettberwerbs (Benchmarking)
	Analyse der Prozess- und Servicequalitäten (z.B. bei der Logistik)
	Analyse der Preispolitik des Wettbewerbs
	Analyse der Marktstrategie des Wettbewerbs
	Analyse der Wettbewerbsreaktionen auf eigene Marketingmaßnahmen
Wirtschaftsprognosen	Konjunkturelle Prognosen
	Prognosen bzgl. Gesamtwirtschaftlicher Kennzahlen z.B. Wechselkurse
	Prognose der Kostenentwicklung (als Ausgangspunkt für eigene Preissetzung)
	Prognosen von Branchenerfolgsgrößen (z.B. Automobildproduktion)
	Prognosen allgemeiner Branchentrends
Wirkungsanalysen	Analyse der Kundenreaktion auf unterschiedliche Preissetzungen
	Analyse der Kundenreaktion auf unterschiedliche Verhandlungsstrategien
	Analyse der Kundenreaktionen auf personelle Entscheidungen (z.B. bei Key Accounts)
	Analyse der Kundenreaktion auf Standortentscheidung
	Analyse der Kundenreaktion auf kommunikations- und markenpolitische Maßnahmen
Ergebnisanalysen	Analyse von Kundenzufriedenheit und Loyalität
	Analyse von Reklamationen
	Anayse von Kundenwanderungen

Tab. 3.3   Anlässe und Aktivitäten bei der Analyse von Industriegütermärkten
(Quelle: eigene Darstellung in Anlehnung an Gosh, 2006, S. 238)

Die Leistungserbringung industrieller Zulieferer ist sowohl bei Industrieprodukten als auch bei industriellen Dienstleistungen klassischerweise mehr durch unternehmensinterne denn durch marktorientierte Vorgaben gekennzeichnet. In der Praxis führt dies dazu, dass vermeintliche Produktinnovationen mit zahlreichen Unique Selling Propositions (USPs) zur Marktreife geführt werden, diese jedoch auf eine nur geringe oder keine Akzeptanz bei den Kunden der Industriegütermärkte treffen. Auch wenn die Gründe dafür vielfältig sein können, so zeichnet ein entwicklungsgetriebenes Overdesign oftmals verantwortlich für diese marktfernen Verhaltensweisen. Insbesondere deutsche Industrieunternehmen sind oftmals ingenieursgeprägt und kennzeichnen sich durch eine ausgeprägte Technikverliebtheit. Zulieferer vernachlässigen den Tatbestand, dass sich Kundenerwartungen vermehrt auf die Kernfunktionen einer Leistung beziehen, gepaart mit einem wettbewerbsfähigen Preis. Zusatz-funktionen und besondere Produkteigenschaften sind aus ihrer Sicht lediglich „nice-to-have". Bei der Planung einer neuen Generation von Werkzeugmaschinen zur Herstellung von Mo-bilfunkgeräten ist der Zulieferer gut beraten, den tatsächlichen Nutzen von zusätzlichen Funktionen und Leistungsmerkmalen mit seinen Kunden abzustimmen. Eine Möglichkeit besteht in der Durchführung gemeinsamer Innovationsworkshops, um Anhaltspunkte für die bedarfsgerechte Neuproduktplanung zu evaluieren.

Eine marktorientierte Unternehmensführung impliziert grundsätzlich die Berücksichtung der Verhaltensweisen von Wettbewerbern. So entscheidet nicht alleine die Preissetzung eines Anbieters, sondern auch die seines Konkurrenten über Erfolg oder Misserfolg beim Projekt-zuschlag. Akteure auf Industriegütermärkten sind auf Informationen über Produktinnovatio-nen, Leistungsqualitäten und Marktstrategien ihrer Wettbewerber angewiesen. Auch besteht Interesse an Abschätzungen über mögliche Wettbewerbsreaktionen auf eigene Preis- oder Kommunikationsoffensiven. Die häufig überschaubaren Strukturen von Industriegütermärk-ten mit ihrer reduzierten Zahl an Abnehmern prägen die Möglichkeiten und Grenzen der Wettbewerbsanalysen. Industrielle Kunden werden oftmals von mehreren oder gar allen Anbietern einer Leistung beliefert und verfügen über ein dementsprechend werthaltiges In-formationsportfolio. Diese Kunden sind aufgrund ihres Preis- und Qualitätsinteresses an einem intensiven Wettbewerbsverhalten interessiert und befördern dieses, indem einem Zu-lieferer Anhaltspunkte zu seinen unmittelbaren Wettbewerbern gegeben werden. Vor dem Hintergrund diverser Geheimhaltungsvereinbarungen müssen diese Praktiken allerdings differenziert beurteilt werden. Schätzt der Werkzeugmaschinenhersteller die Höhe des Preis-angebots seines unmittelbaren Wettbewerbers bei einem Mobilfunkproduzenten ab, so sollte er gleichfalls Transparenz bzgl. Art und Umfang der durch den Wettbewerber angebotenen zusätzlichen Serviceleistungen bei seinem Kunden erfragen.

Allgemeine Wirtschaftsprognosen stellen im Industriegüterkontext gleichfalls wichtige In-strumente für die Marketingplanung dar. Aus Wechselkursentwicklungen können Absatz-chancen auf internationalen Märkten abgeleitet werden. Materialkostenprognosen geben Anhaltspunkte für Kostenentwicklungen, die im Rahmen der industriellen Preiskalkulationen zu berücksichtigen sind. Dabei handelt es sich häufig um mehr oder minder allgemein zu-gängliches Informationsmaterial. Die Herausforderung insbesondere für kleinere und mittel-ständische Industrieunternehmen besteht im konsequenten Verfolgen und Monitoren dieser Kenngrößen, um auch „schwache Signale" interpretieren zu können und zeitnah darauf zu reagieren. So könnte der mobilfunkorientierte Werkzeugmaschinenhersteller im Rahmen seiner jährlichen Investitionsplanung Branchenprognosen des Bundesverbandes für Informationswirschaft, Telekommunikation und neue Medien (Bitkom) e.V. berücksichtigen (vgl. www.bitkom.org). Diese geben Aufschluss über allgemeine Produkttrends und Absatz-prognosen der Mobilfunkbranche.

Einen umfangreicheren analytischen Rahmen bedarf es bei der Durchführung von Wirkungs-analysen auf Industriegütermärkten. Diese untersuchen Verhaltensweisen und Reaktionen der bearbeiteten Märkte auf den Einsatz unterschiedlicher unternehmenspolitischer Instru-mente. So sind Zulieferer daran interessiert die Reaktion ihrer industriellen Kunden auf al-ternative Angebotspreise oder Verhandlungsstrategien kennen zu lernen. Auch personelle oder standortbezogene Entscheidungen sind als marktrelevante Aktivitäten zu interpretieren, die insbesondere bei institutionellen Kunden unterschiedliche Beurteilungen bzw. Reaktionen auslösen. In diesem Zusammenhang ist insbesondere eine dynamische Dokumentation von Erfahrungswerten von hoher Bedeutung. Um einen Zusammenhang zwischen Angebotspreisen und Projektzuschlagswahrscheinlichkeiten herzustellen, erzeugt der Werkzeugmaschinenhersteller eine Dokumentation einer Angebotsverfolgung. Diese enthält für jedes Projekt Angebotspreise, sowie abgeschätzte Preisstellungen der Wettbewerber. Zusätzlich wird vermerkt ob das Projekt gewonnen oder verloren wurde. Aus korrelationstheoretischen Überlegungen wird damit zumindest eine näherungsweise Erfolgsbeurteilung der eigenen Preispolitik möglich.

Schließlich bilden Ergebnisanalysen ein weites Einsatzfeld für die industrielle Informationsbeschaffung. Zulieferer analysieren Gründe für eine bestimmte Anzahl wachsender Reklamationen oder zunehmende Kundenabwanderungen. Die häufigsten Ergebnisanalysen finden sich im Rahmen der Kundenzufriedenheitsforschung. Die kontinuierliche Beobachtung und Kontrolle der Kundenzufriedenheit bildet für viele Industriebetriebe einen wichtigen Baustein zur institutionellen Profilierung gegenüber ihren Kunden. Wiederholungen und Kontinuität sind wichtige Merkmale um zeitliche Vergleiche anzustellen und mögliche Maßnahmen zur Verbesserung der Kundenzufriedenheit zu ergreifen. Oftmals werden so genannte „key driver" identifiziert, die für den Erhalt bzw. die Erhöhung der Kundenzufriedenheit von primärer Bedeutung sind (vgl. Langner, 2004, S. 346). Auch das prospektive Kundenverhalten, die Kundenloyalität, wird zum Gegenstand von Marktanalysen auf Industriegütermärkten. Der Werkzeugmaschinenhersteller ermittelt die Zufriedenheit seiner Kunden z. B. über eine jährliche schriftliche Befragung zu den Kategorien Produktqualität, Serviceleistungen, Ansprechpartner. Die Art der Übermittlung des Fragebogens (persönlich, per E-Mail, per Post) ist dabei mit entscheidend für den Rücklauf.

3.2.2   Organisation

Die Organisation und die personelle Beteiligung gestalten sich bei der industriellen Informationsbeschaffung besonders vielschichtig. Kleine und mittelständische Industriebetriebe leisten sich im Regelfall keine eigenen Marktforschungsabteilungen und verfügen über eingeschränkte Budgets für die Fremdvergabe von Analysevorhaben. Große Industriekonzerne dagegen finanzieren marktbezogene Forschungsprojekte mit bis zu 7-stelligen Euro-Beträgen. Im Gegensatz zur klassischen Marktforschung stellt sich im industriellen Kontext nicht nur die „make-or-buy"-Frage (vgl. Berekoven et al, 2004, S. 36 ff.). Auch die finanziellen Rahmengebung und die Einbindung personeller Ressourcen in die betriebliche Informationsbeschaffung stellen wichtige organisatorische Determinanten der Analyse von Industriegütermärkten dar.

Von betrieblicher Informationsbeschaffung sprechen Experten, wenn Marktinformationen nicht durch Fremdbezug, sondern durch betriebliche Eigenleistung gewonnen werden. In diesem Zusammenhang existieren generelle, organisatorische Fragestellungen (vgl. Berekoven et al, 2004, S. 36):

- Welche Aufgaben der Informationsbeschaffung fallen nach Art und Umfang in welchen zeitlichen Intervallen an?
- Was erfordern diese Aufgaben an personeller, finanzieller und infrastruktureller Ausstattung?
- Gestaltet sich das Kosten-Nutzen-Verhältnis günstiger als bei Fremdbezug?

Die Eingliederung der Informationsbeschaffung in die Unternehmenshierarchie erfolgt grundsätzlich als **Stabsstelle** oder als **eigenständige Abteilung** (vgl. Berekoven, 2004, S. 37).

Die Umsetzung von Marktforschungs- und Analyseprojekten in **abgegrenzten Abteilungen** oder Gruppenstrukturen ist relativ selten und beschränkt sich auf Großunternehmen wie Siemens, BASF oder Thyssen. Eine hohe Aufgabendichte sowie ein gesteigerter Abstimmungsbedarf im Rahmen der Informationsbeschaffungsaktivitäten führen zur Entscheidung, die Marktanalytik zentral in einer Verantwortung zusammenzufassen. Eine wichtige Aufgabe dieser Abteilungen besteht in der effektiven und effizienten Koordination der Informationsflüsse innerhalb des Unternehmens. Dabei benötigt die selbständige Marktforschungsabteilung einen möglichst uneingeschränkten Zugriff auf die im Unternehmen verfügbaren Informationen. Zum anderen muss sie relevante Informationen geschickt an interne Bedarfseinheiten wie Fachabteilungen oder Entscheidungsträger verteilen (vgl. Dreyer, 2007, S. 31 ff.). Diese internen Interaktionsprozesse sind eng an ein funktionsfähiges Beziehungsgeflecht geknüpft. Insbesondere in ingenieursgeprägten Industriegüterunternehmen wird die abgrenzbare Institution eines Marktforschers häufig kritisch gesehen bzw. nicht ernst genommen. Die Bereitschaft der Fachabteilungen, Informationen z. B. aus Produktionsprozessen oder technischen Kundenapplikationen für Marktforschungsaspekte zur Verfügung zu stellen, ist dadurch selbst innerhalb der Unternehmensgrenzen oftmals eingeschränkt.

Die Eingliederung von **Stabsstellen** in den Instanzenaufbau gilt als die häufigste Lösung, die Informationsbeschaffung in Industriebetrieben organisatorisch zu verankern (vgl. Berekoven et al, 2004, S. 37). Stabsstellen können lediglich einzelne, aber auch mehrere Personen bzw. Mitarbeiter eines Unternehmens umfassen. Dabei kann die Zuordnung und Definition eines Stabes ausgesprochen vielfältig sein:

- Industriebetriebe, die eine zentrale Zuordnung der Informationsbeschaffung favorisieren, ordnen die Stäbe häufig verantwortlichen Marketingabteilungen oder gar der Unternehmensleitung zu. Im ersten Fall bleibt die Problematik beim internen Informationstransfer bestehen. Die Bereitschaft der Fachabteilungen „scheinbar nutzlose" Zentralabteilungen mit Informationen zu versorgen, bleibt begrenzt. Die Zuordnung zur Unternehmensleitung dagegen schafft einen gewissen internen Handlungsdruck, Informationen bereitzustellen, ist jedoch kein Garant dafür, dass die erfassten und bearbeiteten Informationen auch zielgerichtet an die Bedarfsstellen im Unternehmen weitergeleitet werden.
- Stabsfunktionen zur Informationsbeschaffungen werden jedoch auch in anderen Fach- und Projektabteilungen verankert, z. B. in Vertriebsabteilungen oder kundenbezogenen Projektteams. Dadurch besteht eine engere operative Verbindung der verantwortlichen Personen mit Vertretern der informationsliefernden und informationsnachfragenden Funktionsbereiche. Neben den operativen Vorteilen bestehen jedoch auch potenzielle

Nachteile, insbesondere dann, wenn Marktanalyseprozesse übergreifend strukturiert werden und eine Informationskonsolidierung aus bzw. für unterschiedliche Quellen notwendig wird.

- Auf den ersten Blick ungewöhnlich mag die Bezeichnung von Praktikanten, Diplomanden oder Trainees als Marktforschungsstäbe wirken. Diese bilden jedoch ein nicht zu unterschätzendes Fundament der industriellen Marktforschung. Erfolgspotenziale der „praktikantengetriebenden" Informationsbeschaffung lassen sich jedoch nicht durch reine Kostenvorteile, gepaart mit methodischem „Laissez-Faire", erreichen. Vielmehr sind klare Zielabsprachen, eine koordinierte Planung und eine Milestone-orientierte Begleitung des Marktforschungsprozesses durch Unternehmensvertreter die Vorraussetzung dafür, dass Praktikanten und Diplomanden ihr theoretisch methodisches Wissen im direkten Praxiskontext erfolgreich umsetzen.

Das im Jahre 1977 gegründete Unternehmen BOWA-electronic GmbH & Co. KG gehört zu den wenigen hoch spezialisierten technischen Anbietern für Hochfrequenz-Medizin (HF-Medizin). Bei der Hochfrequenz-Chirurgie (HF-Chirurgie) wird Wechselstrom mit hoher Frequenz durch den menschlichen Körper geleitet, um Gewebe gezielt zu schneiden. Ein wesentlicher Vorteil gegenüber herkömmlicher Schneidetechnik mit dem Skalpell ist, dass gleichzeitig mit dem Schnitt eine Blutungsstillung durch Verschluss der betroffenen Gefäße erfolgen kann. Die benutzten Geräte werden auch als Elektroskalpell bezeichnet. Mit ca. 400 Mitarbeitern und einem Jahresumsatz von 30 Millionen EUR gehört BOWA zu den mittelständischen Medizintechnikunternehmen. Als Kunden gelten insbesondere die Kliniken. Für das Produktsegment der HF-Generatoren zielt BOWA darauf ab, Erkenntnisse über Präferenzen und Einkaufskriterien der Kliniken zu ermitteln. Zu diesem Zweck wurde eine Studentin der Dualen Hochschule mit der Durchführung einer Online-Erhebung beauftragt. Über 1000 Kliniken wurden in die Erhebung einbezogen. Diese Erhebung wurde durch vorbereitende Lehrveranstaltungen der Hochschule theoretisch und durch eine aktive Betreuung im Unternehmen praktisch begleitet. Dadurch gewährleistete BOWA eine hohe Validität und Reliabilität des Evaluierungsprozesses.

Die Fremdvergabe von Projekten zur Informationsbeschaffung und Analyse von Industriegütermärkten ist oftmals Ausdruck fehlender interner Marktforschungsstrukturen und eingeschränkter Methodenkompetenzen. Die Entscheidung zur Beauftragung externer Marktforschungsinstitute bedingt sich zudem durch die Unternehmensgröße und die Budgetsituation. Die Vielfalt der Institute erschwert eine eindeutige Abgrenzung. Für die Informationsbeschaffung auf Industriegütermärkten scheint zumindest die folgende Kategorisierung des externen Angebotsumfelds die unternehmenspraktischen Realitäten widerzuspiegeln:

- Generalisierte Groß-Institute und Beratungsunternehmen: Hierzu zählen Unternehmen wie A.C. Nielsen, die GfK, McKinsey, die Boston Consulting Group oder auch Roland Berger. Diese Anbieter verfolgen eine ausgeprägte Differenzierungsstrategie, d.h. es besteht keine Spezialisierung im Hinblick auf bestimmte Branchen oder Methoden. Groß-Institute profitieren insbesondere durch ausgeprägte Unternehmensnetzwerke sowie einen breit angelegten Erfahrungsschatz. Zudem verfügen sie über eine starke Marke, die der

Auftraggeber bei der internen Präsentation der Evaluierungsergebnisse nutzen kann. Aufgrund der hohen Preissetzung der bekannten und großen Institute zählen im Industriegüterumfeld tendenziell größere Mittelständler und Konzerne zu ihren Klienten.

- Spezialisierte Institute und Beratungsunternehmen: Im Industriegüterkontext fokussieren diese Unternehmen auf bestimmte Branchen wie die Automobilindustrie, den Maschinenbau oder die pharmazeutische Industrie. Als ausgewiesene Experten rekrutieren sich die Geschäftsführer dieser Institutionen häufig aus dem entsprechenden Branchenumfeld. Fachkenntnisse und ausgezeichnete Branchenvernetzungen sind wichtige Argumente für solche Industriebetriebe, die Analysen in einem hochspezifischen Marktumfeld durchführen wollen. Die Glaubwürdigkeit und Akzeptanz dieser spezialisierten Institute erhöht die Wahrscheinlichkeit eines durch hohe Quantität und Validität gekennzeichneten Informationsrückflusses. Besonders interessant ist die Tatsache, dass diese Institute in unterschiedlichsten Größen und regionalen bzw. internationalen Ausrichtungen existieren und damit für unterschiedliche Budgetsituationen der Auftraggeber in Frage kommen. So hat sich die international operierende Marktforschungsagentur J.D. Power and Associates auf den weltweiten Automobilsektor spezialisiert und offeriert als allgemein zugängliche Leistung ein jährliches Zufriedenheits-Rating mit Fahrzeugmarken. J.D. Power gilt als meistbeauftragtes Institut zur Durchführung von Kundenzufriedenheitsanalysen in der Automobil-Zulieferindustrie. Die vglw. kleine Arbeitsgemeinschaft für Sozialforschung AFS ist seit 1959 im pharmazeutischen Umfeld verankert und betreut einen Kundenstamm von über 50 Pharmaunternehmen mit medizinisch-qualitativer Marktforschung. Als Alleinstellungsmerkmal bezeichnet die Arbeitsgemeinschaft ihre herausragende Vernetzung im Interaktionsfeld von Industrie, Kliniken und Ärzten.
- Wissenschaftliche Transferinstitute und Universitäten: Insbesondere bei technischen und komplexen wissenschaftlichen Fragestellungen werden auch empirische marktbezogene Forschungsaufträge an unterschiedliche Hochschulinstitute vergeben. So könnte ein Institut durch einen Zulieferer der Maschinenbauindustrie damit beauftragt werden, die Bewertung innovativer Fördertechnologien der industriellen Produktion bei potenziellen Kunden zu evaluieren. Neben den eigentlichen Hochschulen existieren Transfereinrichtungen wie Fraunhofer Institute oder Steinbeis Transfer Zentren. Letztere bieten eine Plattform für Wissenschaftler, kommerzielle Projekte mit privatwirtschaftlichen Unternehmen durchzuführen. Diese Steinbeis-Zentren verfügten zumeist über schlanke Strukturen, sind dadurch preislich wettbewerbsfähig und werden für Marktanalysen insbesondere durch kleine und mittelständische Industriebetriebe beauftragt.

Grundsätzlich sollten im Entscheidungsprozess für einen externen Anbieter einige Auswahlkriterien beachtet werden (Quelle: vgl. Berekoven et al, 2004, S. 40):

- Verfügt der Anbieter über hinreichende Erfahrungen, Kompetenzen und Netzwerke innerhalb der jeweiligen industriellen Branche?
- Hat das Institut einen guten Ruf bzgl. der Angebots- und Prozessqualität sowie der Projektrealisation (Termineinhaltung, Präsentation vor Geschäftsführung etc.)?
- Kann der Anbieter auf Informationen aus einem einschlägigen Kundenkreis zurückgreifen?
- Ist der Anbieter Mitglied in Fachverbänden (z. B. dem Berufsverband Deutscher Markt- und Sozialforscher)?

- Verfügt der Anbieter über eine dem Projekt angemessene personelle und sachliche Ausstattung?
- Hat der Anbieter einen guten Ruf hinsichtlich Leitung, Management, wissenschaftlicher Leistungen etc.?

Bei der Entscheidung für einen bestimmten Anbieter ist ein hohes Maß an Verbindlichkeit insbesondere bei folgenden Projektdeterminanten unabdingbar (vgl. Berekoven et al, 2004, S. 41):

- präzise Aufgabenstellung und eindeutige ausführliche Definition des Untersuchungsproblems
- Klärung methodischer Wünsche, z. B. im Hinblick auf statistische Auswertungsverfahren
- Fixierung von Terminen bzw. Milestones bzgl. des Projektfortschritts und der Abschlusspräsentation
- Klärung der Kommunikationswege und Kontaktpersonen während des Projektes
- Einigung über die Hilfeleistungen durch den Auftraggeber
- Einigung über die Honorierung sowie weitere Preiskonditionen

Eine grundsätzliche Aussage zugunsten der betrieblichen Informationsbeschaffung oder der institutsbezogenen Analysen auf Industriegütermärkten lässt sich nicht treffen und wird in hohem Maß durch den jeweiligen Situationskontext getrieben.

Gründe für eine Fremdvergabe sind (vgl. Berekoven et al, 2004, S. 39):

- eine größere Objektivität, wobei Institute mitunter mit den konkreten Erwartungen ihrer Auftraggeber hinsichtlich bestimmter Forschungsergebnisse konfrontiert werden
- Kosten fallen nur bei der Durchführung einer Analyse bzw. eines Evaluierungsprojektes an
- problemloser Wechsel im Falle einer mangelnden Ausführung oder einer fehlenden Zufriedenheit
- z.T. höhere Sach- und Methodenkenntnis sowie eine größere Informationsbasis durch multiple Auftragsstrukturen

Gegen eine Delegation von industrieller Informationsbeschaffung sprechen:

- eine fehlerhafte oder unsolide Auftragsausführung
- Indiskretionen
- mangelnde Fachkenntnisse
- höhere Kosten

3.2.3   Analyseprozess auf Industriegütermärkten

Vergleichbar dem Konsumgütermarketing ist insbesondere bei der primären Analyse von Industriegütermärkten eine Abfolge unterschiedlicher und z.T. spezifischer Prozessschritte zu berücksichtigen. Die Feststellung einer klaren Zielsetzung ist dabei unerlässlich. Insbesondere bei der Fremdvergabe von Analysevorhaben werden Marktforschungsbudgets oftmals „verbrannt", wenn eine klare Definition des Evaluierungsziels ausbleibt. Eine nicht hinreichende Zielabgrenzung liegt z. B. dann vor, wenn Industriegüterunternehmen die Bestimmung von Marktpotenzialen für eine System- oder Produktinnovation beabsichtigen, jedoch nicht feststeht, unter welchen Prämissen (lang anhaltende Technologieführerschaft oder schnell nachfolgender Wettbewerb) diese Produktinnovation im Markt eingeführt wird.

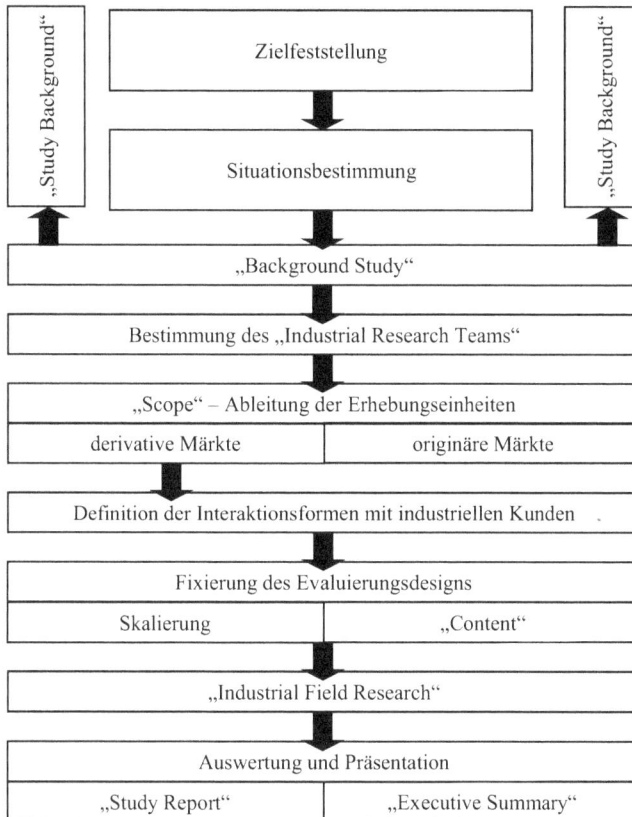

Abb. 3.3   Analyseprozess auf Industriegütermärkten (Quelle: eigene Darstellung)

Eine umfangreiche Situationsanalyse ist daher eng mit der Zielfeststellung verbunden. Der Informationsbedarf von Industriegüterunternehmen wird neben der eigentlichen Zielsetzung durch eine Vielzahl unterschiedlicher Situationsfaktoren bestimmt (vgl. Gosh, P.K., 2006, S. 422):

- die wirtschaftliche Lage, diese betrifft unternehmensinterne Aspekte wie die finanzielle Situation, aber auch exogene Einflussfaktoren wie z. B. national und international relevante Konjunkturindikatoren
- technische und technologische Faktoren der Leistungserstellung. Darunter wird z. B. die Verfügbarkeit technologischer Alleinstellungsmerkmale, so genannter USPs (Unique

Selling Propositions) subsumiert. Auch die voraussichtliche Beständigkeit dieser USPs sowie entsprechende Kompetenzprofile unmittelbarer Wettbewerber zählen zu den leistungsbezogenen Situationsfaktoren.

- Politische und gesetzliche Regelungen gewinnen als Situationsvariablen zunehmend an Bedeutung. Insbesondere Industriebetriebe sind vor dem Hintergrund klimatischer Veränderungen und globaler Verflechtungen einer hohen Entscheidungsdynamik des politischen und gesetzgeberischen Umfelds ausgesetzt.
- Selbst soziokulturelle Faktoren erweisen sich als relevante Einflussgröße bei der Informationsbeschaffung auf Industriegütermärkten. Auch institutionelle Kaufentscheidungen werden nicht alleine auf der Basis rationaler Überlegungen getroffen. Mittelständische Industriebetriebe profitieren bei ihrer Auftragslage z. B. nachweislich in Zeiten, in denen konkurrierende Großkonzerne durch Korruption und Skandale in den Medien erscheinen.

Im Herbst 2008 hielt eine internationale Finanzmarktkrise die Welt in Atem. Ausgelöst durch eine mittels billiger Kredite befeuerte Nachfrageblase im Immobiliensektor, zwang diese zunächst amerikanische Investmentinstitute wie Lehman Brothers Inc. und Merrill Lynch in die Knie. Durch die global vernetzte Anlage- und Kreditstruktur wurde jedoch bald darauf auch das europäische Finanzwesen in Mitleidenschaft gezogen. Realwirtschaftliche Auswirkungen waren abzusehen, da die Industrieunternehmen fürchteten, dass die Banken zu einer restriktiveren Vergabe von Investitionskrediten übergingen. Marktanalytische Fragestellungen von Konzernen wie Siemens, BMW oder BASF bezogen sich folglich auf die Rentabilität von geplanten Produktinnovationen, Markterschließungsprojekten oder baulichen Vorhaben. Der Informationsbedarf auf diesen realen Industriegütermärkten wurde in besonderem Maß durch die situativen Einflussfaktoren der Finanzmarktkrise flankiert. Rentabilitätsberechnungen wurden z. B. unmittelbar durch das Reaktionsverhalten der nationalen Regierungen beeinflusst. Während der U.S.-Finanzminister Henry Paulson im Fall der Lehman Brothers Bank eine staatliche Intervention ausschloss, entschied sich die deutsche Bundesregierung rasch für ein Hilfspaket im Wert von 500 Mrd. Euro. Dadurch entspannte sich die Situation auch im industriellen Umfeld vorübergehend. Jedoch stellten auch die während der Krise generell pessimistisch beurteilten konjunkturellen Rahmenbedingungen und das schwächelnde Konsumklima wichtige gegenläufige Einflussgrößen für die industrielle Entscheidungsfindung dar.

Der Hintergrund der Informationsbeschaffung, der sog. „study background", ergibt sich also kombiniert aus der Zielsetzung und dem Situationsumfeld des jeweiligen Industriegüterunternehmens. Vor der eigentlichen Evaluierung wird daher oftmals die Durchführung einer „background study" empfohlen. Das bedeutet, wie im Beispiel der Finanzmarktkrise, dass vor der eigentlichen Marktanalyse das situative Umfeld betrachtet und mit den Zielsetzungen der Informationsbeschaffung abgeglichen werden sollte: „This background study presents, in a nutshell, why the client firm may have developed symptoms such as fall in sales, image, profits, and/or market shares. It also throws light on the probable causative factors of these symptoms" (Gosh, 2006, S. 422.).

Vor dem Hintergrund der Entscheidung über selbstständige Durchführung oder Fremdvergabe der Informationsbeschaffung ist das „industrial research team" zu bestimmen. Dabei muss im Fall einer betrieblichen Durchführung auf die bereits angesprochenen Qualifikationen der für die Felderhebung bestimmten Personen geachtet werden. Diese sollten sich durch eine hohe technische bzw. im Leistungsumfeld des Industrieunternehmens übliche Fachkompetenz sowie durch Faktoren wie Kommunikationsstärke und Empathie auszeichnen. Bei der Fremdvergabe gelten diese Kriterien entsprechend für die durch den Marktforschungsdienstleister eingesetzten Kräfte. Interne Projektleiter stehen dem „industrial research team" vor und koordinieren alle notwendigen Aktivitäten auch gegenüber einem möglichen externen Anbieter. Im besten Fall verfügen diese Projektleiter sowohl über eine ausgeprägte Fachkenntnis bzgl. des Untersuchungsgegenstands als auch über entsprechende Marktforschungskompetenzen. Leider trifft man diese Kombination in der industriellen Realität nur selten an. Eine Herausforderung für die Personalentwickler besteht daher darin, Marketingfachleute in technischer und Ingenieure in marktorientierter Methodik zu schulen.

Die Ableitung der Erhebungseinheiten ergibt sich aus dem „scope", der fokussierten Grundgesamtheit. Industrielle Informationsbeschaffung bezieht sich in erster Linie auf die derivative industrielle Nachfrage. Hierbei ist festzulegen, welche Unternehmen und Institutionen einbezogen und welche Kontaktpersonen innerhalb dieser Organisationen angesprochen werden sollen. Aufgrund der oftmals überschaubaren Grundgesamtheit sind Vollerhebungen im industriellen Kontext durchaus üblich. Random-Auswahlverfahren wie die einfache oder geschichtete Zufallsauswahl, werden aufgrund der hohen Komplexität nur selten eingesetzt. Bei den bewussten Auswahlverfahren eignet sich insbesondere ein vereinfachtes Quota-Verfahren bzw. das Konzentrationsprinzip (vgl. Berekoven, 2004, S. 52 f.). Abgeschätzte Anteile der Mitarbeiterfunktionen an der Grundgesamtheit eines zu befragenden Unternehmens lassen sich auf die ausgewählte Stichprobe übertragen. Führt ein industrieller Zulieferer z. B. eine Kundenzufriedenheitsmessung bei wichtigen Kunden durch und möchte dabei alle Funktionsbereiche des Kunden mit erfassen, so befragt er in einem entwicklungsgetriebenen Unternehmen prozentual mehr Entwicklungsingenieure, in einem produktionsorientierten setzt er den Schwerpunkt dagegen auf Fertigungsverantwortliche usw.

Bei den Formen der Interaktion wird, vergleichbar dem Konsumgüterbereich, nach persönlichen, telefonischen sowie schriftlichen (online/offline) Interviews unterschieden. Bei größeren Stichproben und der kurzfristigen und zügigen Befragung von Fach- und Führungskräften hat sich die Telefonbefragung etabliert (vgl. Langner, 2004, S. 334 f.). Bei tiefer gehenden und technologischen Fragestellungen bleibt das Face-to-Face-Interview zwischen institutionellen Partnern die wichtigste Interaktionsform: „However, for any industrial marketing research, the most expensive and productive method is that of direct, across-the-table interviews by fully trained and briefed, quality field investigators" (vgl. Gosh, 2006, S. 423). Durch die nahezu 100%tige Abdeckung der industriellen Zielgruppen mit Internetanschlüssen gewinnen Online-Befragungen vermehrt an Bedeutung. Dies gilt jedoch nicht für technisch komplexe Fragestellungen, sondern vielmehr für allgemeine Erhebungen wie z. B. die Durchführung von Kundenzufriedenheitsanalysen.

Bei der Fixierung des Evaluierungsdesigns wird über Skalierung und Befragungsinhalte, den so genannten „Content", entschieden. Insbesondere bei institutionellen Interviewpartnern sollte auf eine zu hohe Granularität der Skalen verzichtet werden. Rating-Skalen mit mehr als 7 Stufen überfordern nicht nur die Diskriminanzfähigkeit der Befragten, sondern können auch Reaktanzen provozieren: Die Vertreter industrieller Unternehmen sind in operativen Aufgaben ihres Arbeitsumfeldes verhaftet und daher nicht bereit, sich ausführlich mit den Feinabstufungen von Befragungsskalierungen auseinanderzusetzen. Auch bei der Auswahl der Befragungsinhalte ist darauf zu achten, den Befragten eine möglichst minimale zeitliche Inanspruchnahme bei der Beantwortung zuzumuten. Dabei spielt insbesondere die Vermeidung von Redundanzen und Korrelationen eine herausragende Rolle. Redundanz steht in der Kommunikationstheorie für das „mehrfache Vorhandensein ein und derselben Informationen". So sollten solche Items aus dem Fragebogen entfernt werden, die identische Inhalte lediglich über unterschiedliche Frageitems erfassen. Unter „Korrelation" versteht man die Beziehung zwischen einen oder mehreren Variablen. D.h. bei zwei im Erhebungsbogen korrelierten Frageitems sollte überprüft werden, ob diese nicht durch ein übergeordnetes Frageitem ersetzt werden können. Dieses übergeordnete Item muss die Inhalte der beiden aufgelösten Fragen repräsentieren. So kann zwischen der Frage „Wie beurteilen Sie die technische Kompetenz unserer Außendienstmitarbeiter?" und der Frage „Wie beurteilen Sie die Ergebnisse der Wartung Ihres Maschinenparks durch unsere Mitarbeiter?" ein korrelativer Zusammenhang vermutet werden. Die Konsolidierung zu einem Item würde beispielsweise in der Fragestellung münden: „Wie beurteilen Sie den technischen Service unserer Außendienstmitarbeiter?" Als geeignetes Instrument zur effizienten Reduktion von Befragungsvariablen hat sich die Faktorenanalyse herausgestellt (vgl. Backhaus et al, 2005, S. 259 ff.): Mit Hilfe der Faktorenanalyse ist es möglich, aus einer Vielzahl von Variablen, von denen a priori nicht bekannt ist, ob und in welcher Weise sie im Hinblick auf den komplexen Sachverhalt miteinander etwas zu tun haben, die tatsächlich erklärungsrelevanten Variablen herauszufinden und damit eine größere Anzahl von Variablen anhand der gegebenen Fälle auf eine kleinere Anzahl von Dimensionen zurückzuführen.

Auch bei der eigentlichen Feldarbeit, dem „Industrial Field Research", gelten Flexibilität und die Ausrichtung auf die Terminpläne der befragten Industrieunternehmen als oberste Maxime. Bei Face-to-Face-Interviews sind Synergieeffekte zu nutzen. Diese ergeben sich z. B., wenn Key-Account Manager ohnehin geplante Kundenbesuche mit der Durchführung eines Interviews verknüpfen.

Die Potenziale statistischer Auswertungen werden im industriellen Marktforschungskontext oftmals nicht genutzt. Begründet wird dies insbesondere mit den Anforderungen der Adressaten der Evaluierungsergebnisse. Dies sind oftmals Mitglieder der Geschäftsführungen oder Bereichsleitungen der initiierenden Industrieunternehmen. Die Präsentation der Befragungsergebnisse, die diese Zielgruppe erfordert, muss mengenmäßig reduziert, konzentriert und einfach verständlich sein. Daher verzichten viele Projektleiter auf die Verwendung multivariater Auswertungsverfahren und beschränkten sich auf die Darstellung von Häufigkeitsverteilung oder arithmetischen Mittelwerten. Die Aussagekraft der Ergebnisse wird dadurch jedoch erheblich eingeschränkt. Mitunter führen die rudimentären Analysen gar zu fehlerhaften Aussagen oder verzerrten Interpretationen. Für die Auswertungen industrieller Analyseprojekte wird daher eine zweistufige Vorgehensweise empfohlen. Zum einen sollten detaillierte statistische Analysen im Rahmen eines „Study Reports" dokumentiert werden. Diese beinhalten für den Experten nachvollziehbare Berechnungen und Interpretationen der industriellen Marktforschungsmaßnahme. Zusätzlich empfiehlt es sich, die Ergebnisse der komplexeren Verfahren vereinfacht darzustellen und im Rahmen eines „Executive Summary" zu dokumentieren.

3.2.4 Sekundäranalysen und Primäranalysen

Auch für die Informationsbeschaffung auf Industriegütermärkten ist die Unterscheidung von sekundärer und primärer Marktanalytik von hoher Bedeutung. Primärerhebungen sind dabei speziell auf die Fragestellung der evaluierenden Industriegüterunternehmen abgestimmt. Informationen werden gleichsam an ihrer Quelle erhoben (vgl. Berekoven et al, 2004, S. 42). Bei der Sekundärforschung wird auf Daten zurückgegriffen, die selbst oder von Dritten für ähnliche oder ganz unterschiedliche Zwecke bereits erhoben wurden. Das vorhandene Datenmaterial wird unter den speziellen Aspekten der Fragestellung analysiert und ausgewertet.

Die Frage, ob industrielle Informationsbedarfe verstärkt durch Primär- oder Sekundäranalysen gedeckt werden können, ist nicht pauschal, sondern in Abhängigkeit der bereits dargestellten Untersuchungsanlässe zu beantworten.

Anlässe	Primärforschung	Sekundärforschung
Potenzialanalysen	xx	xxx
Leistung- und Konzeptentwicklung	xx	x
Wettbewerbsanalysen	xxx	x
Wirtschaftsprognosen	x	xxx
Wirkungsanalysen	xxx	x
Ergebnisanalysen	xxx	x
Einsatzhäufigkeit: x = gering, xx = mittel, xxx = hoch		

Tab. 3.4   Primär- und Sekundäranalysen auf Industriegütermärkten (Quelle: eigene Darstellung)

Ein recht ausgewogenes Verhältnis von primären und sekundären Informationsbeschaffungsaktivitäten besteht bei der Durchführung industrieller Potenzialanalysen. Die Abschätzung von Marktpotenzialen oder die Abgrenzung von Marktsegmenten wird oftmals aus einer Mischung von vorhandenen Quellen wie Studien oder Verbandsinformationen auf der einen Seite sowie direkten Erhebungen bei potenziellen Kunden auf der anderen Seite gespeist. Beide Quellen werden verknüpft und z.T. mit Annahmen angereichert. Die Leistungserstellung industrieller Unternehmen erfolgt leider immer noch häufig ohne eine gezielte und vorgeschaltete Informationsbeschaffung auf den relevanten Märkten. Tendenziell werden Innovationswünsche oder Servicepräferenzen des Kunden durch direkte Erhebungen und im Rahmen persönlicher Interaktionen mit bekannten Ansprechpartnern erfasst. Wettbewerbsanalysen zeichnen sich durch einen hohen Grad an Spezifität aus. Während Basisinformationen über das konkurrierende Unternehmen vergleichsweise einfach über Internetquellen oder kommerzielle Informationsbörsen bezogen werden können, so bedürfen detaillierte Betrachtungen von Markt-, Preis- und Servicestrategien des Wettbewerbers in der Regel einer primären Informationsrecherche. Dies gilt ebenso für Wirkungsanalysen, bei denen die Reaktionen von Kunden auf unterschiedliche Aktionsparameter wie Preissetzungen oder Standortentscheidungen untersucht werden. Bei der Durchführung von Wirtschaftsprognosen, wie konjunkturellen Vorhersagen oder prognostizierten Kostenentwicklungen, greifen Industrieunternehmen dagegen nahezu ausschließlich auf Sekundärmaterial zurück. Dies ist wenig verwunderlich, da insbesondere volkswirtschaftliche Gesamtdaten auf anderem Weg großenteils nicht eruierbar sind (vgl. Berekoven et al, 2004, S. 42 f.).

Die Bosch-Gruppe zählt zu den international führenden Technologie- und Dienstleistungsunternehmen. Die drei Unternehmensbereiche Kraftfahrzeugtechnik, Industrietechnik sowie Gebrauchsgüter und Gebäudetechnik erwirtschaften mit über 270 000 Mitarbeitern weltweit einen Jahresumsatz von ca. 46 Mrd. Euro (vgl. www.bosch.de). Die Bosch-Gruppe umfasst die Robert Bosch GmbH sowie rund 300 Tochter- und Regionalgesellschaften. Bosch gilt als typisches Industriegüterunternehmen und führt in allen Unternehmensbereichen zahlreiche Marktanalysen auf Basis der unterschiedlichsten Untersuchungsanlässe durch. So findet z. B. im Unternehmensbereich Kraftfahrzeugtechnik im 2-jährigen Rhythmus eine weltweite primäre Kundenzufriedenheitsanalyse bei allen wichtigen Erstausrüstungskunden statt. Der globale Fokus stellt die Organisation dabei vor enorme methodische Herausforderungen. Papier- und Online-Version des Fragebogens werden neben Deutsch und Englisch in über 10 weitere Sprachen übersetzt, darunter z. B. Spanisch, Chinesisch oder Koreanisch. Dieser Fragebogen verfügt über einen viergliedrigen, standardisierten Teil zu den Themen „Mitarbeiter", „Produkte", „Prozesse", „Unternehmen" und ermöglicht die Berechnung eines Customer Satisfaction Index (CSI). Die Gesamtkoordination des Projekts erfolgt durch eine Zentralabteilung für Bosch-weite Vertriebsaktivitäten. In den Verkaufshäusern und Regionalgesellschaften verantworten Key-Account-Manager (KAM) den Befragungsablauf mit dem Kunden. Ein eigenes Software-Tool, das sogenannte Customer Satisfaction Meter (CSM), ermöglicht es den KAMs, selbstständig Zugangscodes für den Online-Fragebogen zu generieren, die für die Beantwortung an die Kunden weitergeleitet werden. Die Antworten der Online-Fragebögen werden automatisiert im CSM-Tool gespeichert. Dieses kann von allen Mitarbeitern der Organisation verwendet werden und ermöglicht differenzierteste Auswertungsoptionen nach Kunden und/oder Organisationseinheiten. Besondere Beachtung erfährt die Veränderung der CS-Indizes im Zeitablauf, d.h. über mehrere Befragungen hinweg. An jeden Befragungszyklus schließt sich die Planung und Implementierung von Maßnahmen zur Verbesserung der diagnostizierten Schwachstellen an.

Bei den Ergebnisanalysen stehen wiederum die primären Forschungsansätze im Vordergrund. Insbesondere Kundenzufriedenheitsmessungen können als prototypische Primäranalysen bezeichnet werden, die auf Industriegütermärkten nach empirischen Erkenntnissen sogar geschäftstypenspezifische Eigenschaften aufweisen und zumeist dynamisch, d.h. in wiederkehrenden Abständen durchgeführt werden (vgl. von Doorn, 2007, S. 205 ff.):

- Im **Anlagengeschäft** werden Einzeltransaktionen vermarktet, bei denen nicht notwendigerweise ein zeitlicher Kaufverbund besteht. Daher fokussieren Zufriedenheitsbewertungen weniger auf die dynamische Betrachtung mehrerer Transaktionen bzw. Aufträge im Zeitablauf, sondern auf den Vergleich zwischen den Zufriedenheitsevaluierungen innerhalb einer Transaktion bzw. eines Projektes.
- Zufriedenheitsanalysen im **Produktgeschäft** sind mit der Vorgehensweise im Konsumgütersektor vergleichbar. Aufgrund der verstärkten Anonymisierung der Kundenmärkte ist die wiederholte Durchführung nur selten an den identischen Personenkreis (Panel) gerichtet.
- Im **Systemgeschäft** werden Leistungen im Kaufverbund vermarktet. Daher sind dynamische Effekte der Zufriedenheitsbildung hier von besonderem Interesse. Bei diesen Primärerhebungen wird häufig die Frage gestellt, ob sich die Bedeutungsgewichte einzelner Leistungskomponenten (z. B. Hardware, Software, Serviceleistungen) im Zeitablauf verändern.
- Die Durchführung langfristiger Zufriedenheitsanalysen gestaltet sich im **Zuliefergeschäft** vergleichsweise einfach, da in diesem Fall häufig institutionell gewachsene, langfristige Geschäftsbeziehungen bestehen.

Auch für Erfassung von Marktpotenzialen bei Neuprodukteinführungen oder der Erschließung neuer Märkte betreibt Bosch aktive Marktforschung auf den fokussierten Industriegütermärkten. Ein großes Produktfeld umfasst z. B. die Herstellung und Vermarktung von elektrischen Antrieben, d.h. kleinen Motoren für die Verstellung von Fensterhebern, Autositzen, Schiebedächern, Spiegeln oder Scheibenwischern. Im Rahmen einer „Non-Automotive"-Studie wurden die Markt- und Einsatzpotenziale für diese Motoren für Anwendungen außerhalb des Automobils untersucht. Denkbar waren Einsatzgebiete bei der Medizintechnik, im Möbelbereich oder der Gebäudeausstattung. Für die Evaluierung dieser Potenziale initiierte das Projektteam eine Vielzahl sekundärer und primärer Teilanalysen. So zählten zu den Sekundärquellen z. B. Verbandsinformationen des deutschen Möbelhandels, die Aufschluss über den Anteil elektronisch verstellbarer Möbel im bundesdeutschen Markt gaben. Auch bereits vorhandene Studien für den amerikanischen Kontinent wurden zur Ermittlung der internationalen Marktgrößen herangezogen. Für die technischen Anforderungsanalysen und den Abgleich mit dem vorhandenen Produktportfolio war dagegen die Direktansprache potenzieller Kunden unumgänglich. Neben der unmittelbaren Kontaktaufnahme zu den relevanten Industrieunternehmen erfolgten Kundenansprachen ergänzend beim Besuch von einschlägigen Fachmessen.

3.2.5 Trends bei der Analyse von Industriegütermärkten

Insbesondere auf B2B-Märkten und Industriegütermärkten hat sich in den vergangenen Jahren die Problematik einer Diskrepanz zwischen wissenschaftlichem Anspruch der Marktforschungsdisziplinen und der praktischen Realisierung von Marktanalysen durch die Unternehmen verdeutlicht.

Wissenschaftliche Marktforschung erhebt in einem betriebswirtschaftlichen Kontext oftmals den Anspruch, quantitative Evaluierungsmodelle zu formulieren, im Rahmen derer die Erhebungsergebnisse mittels komplexer statistischer und mathematischer Modelle analysiert und durchdrungen werden. Noch immer werden Wissenschaftsbeiträge für renommierte Journals und auf internationalen Konferenzen mit einer höheren Wahrscheinlichkeit akzeptiert, wenn ihnen ein quantitatives Forschungsdesign zugrunde liegt. Diese „highly sophisticated"-Vorgehensweisen erheben zudem oftmals den Anspruch einer nahezu perfekten Randomisierung. Ihre Anwendbarkeit in unternehmenspraktischen Zusammenhängen lässt jedoch oftmals zu wünschen übrig, da eine „quantitative Maßzahl" zwar „methodisch sauber" erhoben wurde, oftmals jedoch in industriellen Handlungszusammenhängen nicht verwertbar ist und lediglich eine einzige Datengrundlage berücksichtigt.

Industrielle Marktforschung bezieht qualitative und quantitative Methoden dagegen oft gleichermaßen ein. Häufig werden mehrere Analyseaktivitäten bzgl. desselben Untersuchungsgegenstandes durchgeführt. Die Vorgehensweise entbehrt jedoch zumeist einer methodischen Fundierung. Die unterschiedlichen Ergebnisse werden nur selten konsolidiert und keiner strukturierten Validitäts- und Reliabilitätsprüfung unterzogen.

> Große mittelständische Industriegüterunternehmen und Konzerne initiieren Marktanalysen oftmals an unterschiedlichen Stellen im Hinblick auf den gleichen Untersuchungsgegenstand. Typisch sind Zentralabteilungen, die z. B. Studien über Produktanforderungen bestimmter Kunden oder Marktpotenziale bestimmter Regionen bei externen Marktforschungsinstituten oder Unternehmensberatungen in Auftrag geben. Neben diesen zentralen Aktivitäten initiieren Marketing- oder Vertriebsabteilungen kleinere Evaluierungen im Rahmen von Bachelor- oder Masterarbeiten, führen Abschätzungen in Expertenworkshops durch oder beschäftigen Praktikanten mit einer sekundärgestützten Internetanalyse. Die Ergebnisse dieser zahlreichen Aktivitäten bleiben jedoch unkoordiniert und werden nicht im Sinne einer gemeinsamen Ergebnisfindung konsolidiert.

In jüngerer Vergangenheit wird dieser Diskrepanz durch die Anwendung eines Forschungsrahmenansatzes begegnet, der seinen Ursprung in den Geowissenschaften hat und dort auch heute noch verstärkt zum Einsatz kommt (vgl. Flick, 2008, S. 7; vgl. Zajontz, 2010). Die so genannte Triangulation bezeichnet ursprünglich ein Messverfahren, das auf Basis von verschiedenen Referenzpunkten einen Zielpunkt auf der Erdoberfläche berechnet (vgl. Flick, 2008, S. 11). In den 70er Jahren wurde der Begriff erstmalig innerhalb der Sozialwissenschaften verwendet. In diesem Kontext geht die Triangulation davon aus, dass ein Forschungsgegenstand von mindestens zwei Punkten aus betrachtet wird. Dabei können sich die eingenommenen Perspektiven auf unterschiedliche Datenquellen, unterschiedliche Methoden und/oder unterschiedliche theoretische Zugänge beziehen. Wesentlich ist die Erkenntnis, dass Triangulation keine einheitlich einsetzbare Methode ist, sondern als Metapher begriffen werden muss, die folglich zum einen unterschiedliche methodische Zugänge (qualitativ/quantitativ, Befragung/Beobachtung) sowie zum anderen unterschiedliche methodische Perspektiven (subjektive/objektive Sachverhalte, gegenwärtige/historische Gegebenheiten) berücksichtigt (vgl. Kluge/Kelle, 2001, S. 96). Ziel ist es, durch die sinnvolle Kombination unterschiedlicher Datenquellen und Methoden die Reliabilität und Validität der Erhebungsergebnisse zu verbessern (vgl. Kelle/Erzberger, 2003, S. 300). Kritiker triangulativer Konzepte argumentieren, dass eine Vermehrung der Blickwinkel auf einen Untersuchungsgegentand nicht zwangsweise mit einer erhöhten Reliabilität und Validität einhergeht. Wenn Triangulation als reines Validierungsinstrument eingesetzt wird, besteht die Gefahr, dass die Implikationen, die die theoretische Ausgangsposition und die Methodenanwendung prägen, vernachlässigt werden (vgl. Flick, 2008, S. 18). Die Triangulationsmethapher kann vielmehr auch als Instrument verstanden werden, verschiedene Blickwinkel zu ergänzen, die eine umfassendere Erfassung, Beschreibung und Erklärung eines Untersuchungsobjektes ermöglichen (vgl. Kelle/Erzberger, 2003, S. 308). Der Wert der Triangulation liegt dann vielmehr in einer Strategie zu einem tieferen Verständnis des Untersuchungsgegenstandes durch eine systematische Erweiterung der Erkenntnismöglichkeiten mittels des Einsatzes ausgewählter Methoden (vgl. Bos/Koller, 2002, S. 271).

Die verstärkte Anwendung triangulativer Forschungsdesigns bei der Marktforschung auf Industriegütermärkten in der jüngeren Vergangenheit trägt dem Sachverhalt Rechnung, dass Industriegüterunternehmen meist ohnehin bereits zahlreiche Analyseaktivitäten auf ihren Märkten initiieren (vgl. Homburg/Schilke/Reimann, 2009, S. 173). Methodische Verbesserungspotenziale bestehen an der Verknüpfung, Koordination und Konsolidierung von einzelnen Ergebnissen. Die Erwartung an die Triangulation bei Marktanalysen auf Industriegütermärkten ist daher eher in der Komplementarität zu sehen. Die Methoden und Datenquellen befruchten sich gegenseitig, indem nicht die einzelnen Ergebnisse „gültiger" werden, sondern der Untersuchungsgegenstand in seiner Gänze dargestellt wird (vgl. Erzberger, 1998, S. 131). Das daraus entstehen breitere, umfassendere Bild des Forschungsgegenstandes hilft bei dessen eindeutigeren Fixierung im Untersuchungsraum.

Auch im Kontext von Industriegütermärkten werden unterschiedliche Formen der Triangulation eingesetzt: Die **Daten-Triangulation** bezieht unterschiedliche Datenquellen in die Analyse ein. Dabei werden Daten kombiniert, die an verschiedenen Zeitpunkten und Orten, von verschiedenen Personen oder Institutionen erhoben wurden. „Different kinds of data give the analyst different views or vantage points [allowing] a multi-faceted investigation, in which there are no limits to the techniques of data collection" (Glaser/Strauss, 1967, S. 65). Im Rahmen einer strukturierten Triangulation von Daten versuchen Industriegüterunternehmen zumeist verfügbare Sekundärquellen zu einer interpretationsfähigen Informationsbasis zu konsolidieren. Dabei stehen oftmals Analyseobjekte im Fokus, die die Ableitung quantifizierbarer Größen erfordern, wie z. B. die Identifikation von Marktpotenzialen, Marktvolumina oder die Prognose von Verkaufszahlen bei wichtigen Wettbewerbern.

Auch die so genannte **Forscher-Triangulation** findet zum Teil Anwendung in der industriellen Praxis. Die Forscher-Triangulation stellt den Wechsel von denjenigen Personen in den Mittelpunkt, die die Datenerhebungen durchführen. Der Einsatz unterschiedlicher Beobachter oder Interviewer soll subjektive Einflüsse und daraus ggf. folgende Verzerrungen durch die Person des Forschers minimieren (vgl. Flick, 2003, S. 310). Aufgrund der unterschiedlichen Fachkenntnisse und individuellen Zielsetzungen im Unternehmen werden z. T. Entwicklungs-, Marketing oder Vertriebsmitarbeiter für dieselbe Marktforschungsmaßnahme eingesetzt. Auch die Kombination von internen und externen Personen (z. B. aus Unterneh-

mensberatungen oder Marktforschungsinstituten) zur Durchführung einer Evaluierungsmaß-
nahme z. B. bei der Expertenbefragung von Kunden wird bei Industriegüterunternehmen
zunehmend üblich.

Als zentrale Form der Triangulation gilt die **Methoden-Triangulation**. Flick unterscheidet
zwischen der Triangulation innerhalb einer Methode und der Triangulation mehrerer Methoden untereinander (vgl. Flick, 2008, S. 15). Im ersten Fall werden innerhalb einer For-
schungsmethode unterschiedliche Auswertungsverfahren verwendet mit dem Ziel, verschiedene Dimensionen des Untersuchungsobjektes zu erfassen. Bei der Kombination mehrerer
Forschungsmethoden soll die Begrenztheit der Einzelmethoden relativiert werden, indem die
spezifischen Stärken und Schwächen einzelner Methoden so gegeneinander ausgespielt werden, dass sich die Defizite einer Methode möglichst durch die Stärken einer anderen Methode ausgleichen. Im Zusammenhang mit der Methoden-Triangulation zeigt sich auch das
breiteste Einsatzspektrum für Industriegüterunternehmen. Die Integration von z. B. qualitativen Experteninterviews mit standardisierten Online-Umfragen zur Feststellung von Techno-
logiepräferenzen oder Innovationsneigungen auf den fokussieren Industriegütermärkten sind
Beispiele hierfür.

Die Siemens AG verwendet die Methode der Triangulation für Marktprognosen innerhalb
ihres Geschäftsfeldes „Energy Transmission & Distribution". Dieser Bereich von Siemens bietet unter anderem so genannte **Smart Metering**-Technologie an. Ein Smart Meter ist ein elektronischer Stromzähler, der dem Energieversorgungsunternehmen über ein-
gebaute Zusatzfunktionen oder nachträgliche Module ermöglicht, die erfassten Zähler-
stände über die Ferne auszulesen. Siemens prognostiziert dieser Technologie nachhaltigen
Erfolg, da sie ein wertvolles Instrument eines energieeffizienten Wohnmanagements sei.
Um die Marktdurchdringung einer besonders innovativen Form eines Smart Meters zu
prognostizieren, führte Siemens eine Marktanalyse durch, die sich durch eine
triangulatorische Kombination unterschiedlicher qualitativer und quantitativer Erhebungs-
instrumente kennzeichnete. Die Evaluierungsergebnisse wurden im Folgenden in einer
Szenario-Analyse zu alternativen Market-Forecast-Szenarien verarbeitet.

Bei der Anwendung triangulativer Erhebungsdesigns auf Industriegütermärkten zeigt sich, dass
insbesondere der Umgang mit den unterschiedlichen Ergebnissen aus Daten- und oder Methoden-Triangulation besonders erfolgskritisch ist. Industrieunternehmen müssen Bewertungspro-
zesse entwickeln, die dabei helfen, die unterschiedlichen Ergebnisse zu interpretieren, in ihrem
Entstehungsprozess zu hinterfragen und zu einer Informationsbasis zu verarbeiten, die schließlich als Grundlage für unternehmerische Entscheidungen verwendet werden kann.

4   Strategisches Industriegütermarketing

Strategische Entscheidungen gelten als ökonomische Entscheidungen, die sowohl in zeitlicher als auch in inhaltlicher Hinsicht eine besondere Bedeutung für das Unternehmen aufweisen (vgl. Kleinaltenkamp/Plinke, 2002, S. 7). Damit nehmen strategische Entscheidungen in erheblicher Weise Einfluss auf die zukünftige Wettbewerbsfähigkeit von Unternehmen. Marketingstrategien sind mittel- bis langfristig ausgerichtete Verhaltensprogramme, in deren Rahmen unterschiedliche Marketinginstrumente im operativen Situationskontext eingesetzt und gestaltet werden. Insbesondere auf Industriegütermärkten kommt den strategischen Marketingaspekten eine herausragende Bedeutung zu. Diese lässt sich durch die Spiegelung industriegüterpolitischer Besonderheiten an den Grundannahmen strategischer Entscheidungen verdeutlichen:

- **Unsicherheit:** Zu jedem Zeitpunkt stehen einem Unternehmen mehrere strategische Wachstumspfade offen. Die Einbettung eines Industriegüterunternehmens in vor- und nachgelagerte Wertschöpfungsstufen erhöht die Vielfalt dieser Wachstumspfade. Diese Vielfalt, gepaart mit dem derivativen industriellen Nachfragecharakter, erschwert es Industriebetrieben, Erfolgsträchtigkeit und Risiken strategischer Handlungsoptionen zu prognostizieren.
- **Begrenztheit der Ressourcen:** Strategische Entscheidungen binden Ressourcen oftmals in einem großen Umfang über lange Zeiträume. Gerade in technologieorientierten Industriebetrieben sind Entscheidungen über Eigenleistung oder Fremdbezug mit Konsequenzen von höherer Tragweite verknüpft als z. B. in reinen Handelsunternehmen. Investitionen richten sich nicht an einem heterogenen Konsumentenmarkt, sondern an spezifischen Anforderungen singulärer, industrieller Kunden aus.
- **Grad der Irreversibilität:** Eine eingeschlagene strategische Richtung ist nicht beliebig umkehrbar. Auch hier begründen ein fokussierter Kundenstamm und eine enge Interaktion mit den Ansprechpartnern des Kunden ein hohes Maß an Fixierung strategischer Entscheidungen. Der Wechsel von Technologien, Dienstleistungen, Märkten oder Zielgruppen gestaltet sich damit vor allem für Industriebetriebe mit einer geringen investiven „Manövriermasse" besonders schwierig.

Das vorliegende Kapitel beleuchtet die wesentlichen Elemente des strategischen Marketings auf Industriegütermärkten. Dabei erfolgt zunächst eine Auseinandersetzung mit der Charakterisierung und Klassifizierung industrieller Kunden bzw. unterschiedlicher Segmentierungsansätze für Industriegütermärkte im Rahmen des „Industrial Targeting". Anschließend werden leistungs-, wettbewerbs- und standortbezogene Aspekte als Elemente einer Positionierungsstrategie dargestellt und diskutiert. Schließlich wird die Bedeutung von industriellen Planungsaktivitäten im Marketing erörtert und dabei die wesentliche Rolle von Marketingplänen herausgestellt.

4.1   Industrial Targeting

Bei der Analyse industrieller Geschäftsbeziehungen werden nach einigen Jahrzehnten noch immer hartnäckig die Konzepte des Buying-Centers und des Buying-Networks zitiert (vgl. Webster/Wind, 1972; Hutt/Speh, 2004; Backhaus/Voeth, 2010): Unternehmensvertreter, die an einer Beschaffungsentscheidung beteiligt sind, werden dabei gedanklich zu problembezogenen Gruppen zusammengefasst. Diese Zusammenfassung ist zumeist an Funktionen und organisatorische Zuordnungen geknüpft. Buying-Center können informell entstehen oder institutionell verankert sein. Die Feststellung und Charakterisierung der Mitglieder eines Buying-Centers wird im Regelfall an Personen, Funktionen und Rollen ausgerichtet. Durch eine persönliche Identifikation einzelner Mitglieder sind konkret benennbare Ansprechpartner ermittelbar. Über eine Funktionskenntnis können, personenunabhängig, unterschiedliche Aufgaben einzelner Buying-Center Mitglieder abgeleitet werden. Allerdings sind es insbesondere Rollenbilder, die die Grundlage der am häufigsten genannten Buying-Center Konzepte bilden. Beteiligte des Buying-Centers gelten als Rollenträger, an die im Kaufprozess bestimmte Verhaltenserwartungen (role sending) gestellt werden und die diesen Erwartungen in mehr oder weniger starken Verhaltensmustern (role behavior) gerecht werden

(Backhaus/Voeth, 2010, S. 50 ff.). Webster/Wind definieren fünf unterschiedliche Rollentypen (Webster, 1972, S. 78 ff.):

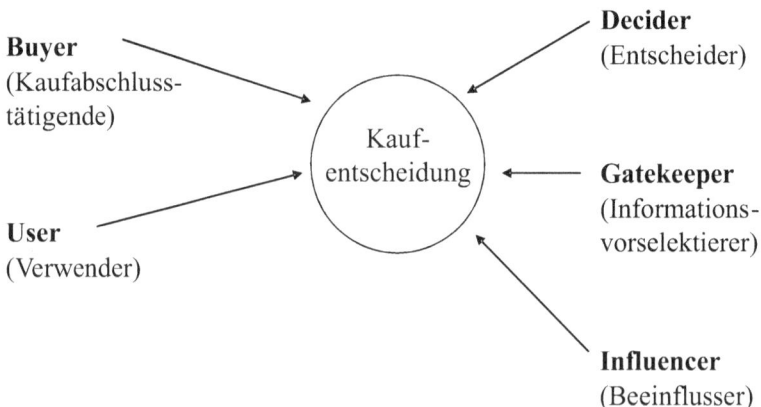

Abb. 4.1   Mitglieder des Buying Centers (Quelle: in Anlehnung an Webster/Wind, 1972, S. 78 ff.)

- Kaufabschlusstätigende (Buyer) verfügen über die Formalautoriät, Lieferanten auszuwählen und Kaufabschlüsse zu tätigen. Die tatsächliche Entscheidungsmacht dieses Personenkreises ist dabei eng an das hierarchische Gefüge des jeweiligen Industriegüterunternehmens gekoppelt. Als Kaufabschlusstätigende gelten in der Regel Einkäufer, die auch organisatorisch den jeweiligen Einkaufsabteilungen zugeordnet sind. Hier wird zwischen dem operativen Facheinkauf und dem eher strategisch ausgerichteten Projekteinkauf unterschieden. Letzterer nimmt in vielen Fällen auch Entscheider-Rollen an.

- Benutzer (User) arbeiten mit dem zu beschaffenden Leistungsangebot. Aus diesem Grund üben sie einen Einfluss auf Akzeptanz und Erfolg einer Beschaffung aus. Dieser variiert von Unternehmen zu Unternehmen jedoch stark. Zumeist verfügen Benutzer über ein ausgeprägtes Fachwissen. Oftmals geht die Initiierung des Beschaffungsprozesses von ihnen aus, da sie es sind, die einen Mangelzustand erkennen.

- Entscheider (Decider) rekrutieren sich regelmäßig aus oberen Unternehmensebenen wie Geschäftsführung oder Bereichsleitung und entscheiden aufgrund ihrer Position endgültig über die Annahme oder die Ablehnung eines Angebots.

- Informationsselektierer (Gatekeeper) organisieren und kontrollieren den Informationsfluss zu Entscheidern oder Einkäufern. Diese finden sich in der Regel in Assistentenfunktionen oder Sekretariaten und wirken durch eine Vorauswahl der Informationen auf Entscheidungen ein.

- Beeinflusser (Influencer) üben eine informelle Einflussnahme aus, ohne dabei formell am Entscheidungsprozess beteiligt zu sein. Häufig sind sie in technisch orientierten Bereichen wie z. B. der Forschung und Entwicklung oder der Fertigungsplanung tätig und formulieren Anforderungen oder Spezifikationen, die es im Beschaffungsprozess zu berücksichtigen gilt.

Im folgenden Beispiel spiegelt sich jedoch die Inkonsistenz dieses struktur- und funktionsorientierten Rollenmodells wider. In einem durch Dynamik und Internationalität geprägten Industrieumfeld handeln Entscheidungsträger oftmals entgegen dem ihnen durch das Buying-Center zugedachten Rollenverständnis. Deren Verhalten prägt sich vielmehr durch eine Vielzahl von institutionellen und personenbezogenen Einflussgrößen, die weit über den Faktorenhorizont des Buying-Center-Ansatzes hinausgehen.

Martin Bohrmann, Key-Account-Manager eines großen internationalen Automobilzulieferers, freut sich auf seinen Besuch beim Kunden. Endlich stehen einmal keine nervenaufreibenden Diskussionen mit den Einkäufern des Fahrzeugherstellers auf der Tagesordnung. Der neue Entwicklungsleiter lädt zum Stelldichein. Es geht um die Vorstellung innovativer Lösungsansätze der Bordnetzelektronik. Für Bohrmann, von Haus aus Ingenieur, ein Kinderspiel. Den bisherigen Entwicklungsleiter konnte er in der Vergangenheit mit Leichtigkeit von den eigenen Produktansätzen begeistern und ihn damit für die Preisverhandlungen auf seine Seite ziehen. Das Meeting beginnt jedoch ganz anders, als Bohrmann es erwartet hatte. Dr. Esser, der Entwicklungsleiter, ist ein drahtiger Mittdreißiger ohne Sinn für Smalltalk und Persönliches. Die von Bohrmann begonnene Vorstellungsrunde kürzt Esser ab mit der Bitte „nun doch auf den Punkt zu kommen". Bohrmann versucht bei seiner Produktpräsentation mit der Darstellung technischer Benefits zu punkten, wird von Esser jedoch direkt mit Zielpreisvorstellungen und der Frage nach Kostensenkungspotenzialen konfrontiert. Martin Bohrmann weiß nicht mehr, was er sagen soll. Ein solches Verhalten hätte er bei einem Einkäufer erwartet, aber niemals bei einem entwicklungsstrategischen Kundentermin.

Der Forderung nach einer stärkeren Durchdringung des organisationalen Beschaffungsverhaltens versuchen so genannte Totalmodelle Rechnung zu tragen (z. B. Johnston/Lewin, 1996). Diese definieren eine Vielzahl von Determinanten, in deren Ausprägungskombinationen sich industrielles Beschaffungsverhalten wiederfinden soll. Totalmodelle weisen jedoch einen hohen Grad an Formalismus und Komplexität auf. Auch wenn zahlreiche in den Modellen unterstellte Wirkungszusammenhänge empirischen Überprüfungen unterzogen worden sind, so ist die praktische Anwendung im Sinne einer Ableitbarkeit von industriellen Vertriebs- oder Preisstrategien äußerst begrenzt. Auch der Versuch, das Beschaffungsverhalten mittelbar über die durch industrielle Zulieferer bestimmte Beziehungsqualität zu ihren Kunden zu erklären (vgl. Skarmeas/Katsikeas/Spyropoulou, Salehi-Sangari, 2008), verbleibt bislang auf einem abstrakten Niveau. So besteht die Frage, wie ein Industrial Targeting, d.h. eine Segmentierung der Industriegütermärkte bzw. eine Charakterisierung der industriellen Kunden, über die Einteilung in Geschäftstypen oder die Anwendung des Buying-Center-Konzeptes hinaus vorgenommen werden kann.

4.1.1   Segmentierung von Industriegütermärkten

Ansätze der industriellen Marktsegmentierung folgen im Regelfall einer mehrstufigen Vorgehensweise, bei der sequenziell Industrie-relevante Segmentierungskriterien berücksichtigt werden. Ähnlich wie bei den Totalmodellen des organisationalen Beschaffungsverhaltens scheint dies durch die hohe Komplexität des Kaufverhaltens von Organisationen begründet (vgl. Kohrmann, 2003, S. 16).

Beispiele für **dreistufige Segmentierungsmodelle** finden sich bei Scheuch und Gröne (Scheuch, 1975, Gröne, 1977), die in unterschiedlichen Segmentierungsrastern umweltbezogene, organisatorische und individuelle Segmentierungsebenen durchlaufen. Dabei werden

Industriegüterunternehmen nach Submerkmalen der drei Segmentierungsebenen charakterisiert und zu ähnlichen Zielgruppen zusammengefasst. Bei Scheuch sind dies:

- umweltbezogene Merkmale: Standort, Betriebsform, Auftragsgrößen, Zahlungsverhalten, politisches und technisches Umfeld
- organisatorische Merkmale: Zielsystem der Organisation, Know-How, Finanzrestriktionen, hierarchische Struktur
- Merkmale der Mitglieder des Buying Centers: Alter, Berufsausbildung etc.

Robertson/Barich (Robertson/Barich, 1992) gliedern Industriegütermärkte in drei Ebenen direkt nach Käufertypen (vgl. auch Blum/Schmieder, 2007, S. 64):

- Potenzielle Kunden (First-Time Prospects) haben Bedarf am Produkt eines Anbieters, waren aber bislang noch keine Kunden. Sie fühlen sich unsicher hinsichtlich ihrer Entscheidung und legen großen Wert auf die führende Hand des anbietenden Unternehmens.
- Erstkäufer (Novices) sind bereits Kunden, haben jedoch erst ein einziges Mal beim betroffenen Anbieter gekauft. Erstkäufer haben ihre Anfangsunsicherheit überwunden. Gleichzeitig sind sie jedoch weiterhin an umfangreichen Informationen und an einer intensiven Unterstützung durch das anbietende Unternehmen interessiert.
- Erfahrene Käufer (Sophisticates) gehören zu den Stammkunden. Ihr Hauptaugenmerk bei Folgekäufen gilt der Kompatibilität mit bereits beschafften Leistungen und der Problemlösungsfähigkeit des Anbieters. Gleichzeitig zeichnen sich erfahrene Käufer durch eine erhöhte Preissensibilität aus.

Fünfstufige Schalenmodelle („Nested Approach" von Bonoma/Shapiro, 1983) oder gar **neunstufige Phasenkonzepte** (Hlavacek/Reddy, 1986), die neben organisationsbezogenen Merkmalen auch Leistungsmerkmale, Beschaffungsmerkmale der Kunden sowie situationsbedingte Faktoren einbeziehen, versuchen mit steigender Granularität auf die hohe Komplexität industrieller Märkte zu reagieren. Bonoma/Shapiro grenzen in ihrem Modell fünf Merkmalsgruppen ab. Ausgehend von der äußeren „Schale" wird (nach innen gehend) geprüft, ob der jeweilige Detaillierungsgrad für eine Segmentierungsentscheidung ausreichend ist oder nicht. Beim Erreichen eines zufriedenstellenden Segmentierungsgrades wird der Entscheidungsprozess abgebrochen (vlg. Bonoma/Shapiro, 1983, S. 7 ff.). Kotler/Bliemel setzen sich vertieft mit den Segmentierungskriterien dieses Modells auseinander (vgl. Koler/Bliemel, 2006, S. 446):

- demografische Variablen: Branchen, Unternehmensgrößen, Standort
- leistungsbezogene Variablen: Anwenderstatus (schwache, mittlere oder starke Verwender der angebotenen Leistung), Kundenkompetenz
- Beschaffungsvariablen der Kunden: Organisationsform der Beschaffungsfunktion (starke/schwache bzw. zentrale/dezentrale Beschaffungsfunktion), Machtstruktur, allgemeine Beschaffungspolitik (Schwerpunkte auf Leasing, Systemkäufen oder Ausschreibungen), Kaufkriterien (Qualität, Service-Preis)
- Situationsvariablen: Dringlichkeit der Lieferung oder des Kundenservice, spezifische Produktanwendungen, Auftragsumfang (große oder kleine Aufträge)

- personengebundene Eigenschaften: Ähnlichkeit zwischen Käufer und Verkäufer, Risiko-bereitschaft, Lieferantentreue

Diese Ansätze tragen den Besonderheiten des B2B-Sektors insofern Rechnung, als sie nicht nur auf bestimmte äußere Merkmale von Nachfragerunternehmen abstellen, sondern auch interne Aspekte der Unternehmen berücksichtigen. Durch die Mehrstufigkeit entsteht jedoch eine Baumstruktur. Dadurch kann ein Objekt/ein Unternehmen, das einem bestimmten Segment zugeordnet wurde, in einer weiteren Ebene nicht mehr einem anderen Segment zuge-ordnet werden. Auch weisen zahlreiche Segmentierungskriterien eine geringe Verhaltensre-levanz bzgl. industrieller Entscheidungsträger auf.

Im Gegensatz zu den mehrstufigen, eindimensionalen Modellen, deren Eigenschaft in der stufenweisen Abfolge der Segmentierungsschritte besteht, wird im Rahmen der **mehrdimen-sionalen Ansätze** die Segmentidentifikation durch simultanes Heranziehen mehrerer Merk-malsgruppen realisiert (vgl. Richter, 2001, S. 149). Prinzipiell verwenden mehrdimensionale Ansätze die gleichen Segmentierungskriterien wie die mehrstufigen Modelle. Sie vermeiden jedoch die Problematik der Baumstrukturen. Horst entwickelt für sein 3-dimensionales Kon-zept wiederum industriell relevante Segmentierungsdimensionen:

- die konstitutiven Merkmale der Beschaffungspolitik, die die Beschaffungsstrategie und die handelnden Personen beschreiben
- die situativen Merkmale der Beschaffungspolitik, die sich auf bedarfsspezifische Verhal-tensmerkmale und Bedarfsfunktionen beziehen
- das Interaktionspotenzial, das die generellen Unternehmens-/Kundenbeziehungen der Beschaffung kennzeichnet

Allen mehrstufigen und mehrdimensionalen Segmentierungsansätzen ist gemein, dass sie im ersten Schritt eine so genannte **Makro-Segmentierung** beinhalten, die auf Charakteristika des beschaffenden Industrieunternehmens bzw. des relevanten Marktes basiert (Back-haus/Voeth, 2010, S. 122). Mit der **Mikro-Segmentierung** setzt im Anschluss eine weitere Disaggregation an den verhaltensrelevanten Kriterien des Buying-Centers an.

Diese Mikro-Segmentierung bildet folglich den konkreten Ansatzpunkt für die Analyse des industriellen Beschaffungsverhaltens und die Ableitung von Erkenntnissen für Preisverhand-lungen und anderen operativen Marketingentscheidungen. Neu ist in diesem Zusammenhang der methodische Transfer von Lifestyle-Typologien aus dem Konsumgütermarketing in den industriellen Kontext.

4.1.2   Milieu- und Lifestylestudien als Ansatz zur Mikrosegmentierung im Industrial Targeting

Lifestyles sind Ausdruck einer persönlichen Selbstdarstellung, in der sich wirtschaftlicher und sozialer Status, Rollengefüge, Lebensorientierung und Werthaltung ausdrücken (vgl. Koschnick, 2006). Die Ergebnisse der Lebensstilforschung ermöglichen die Beschreibung von Gruppen, so genannten Lifestyle-Typologien, die für die Zielgruppenplanung und damit die Beschreibung des Kauf- bzw. Beschaffungsverhaltens verwendet werden können.

Weltweit spielen fünf Lifestyle-Typologien eine Rolle, die jedoch alle ausschließlich auf Konsumgütermärkte ausgerichtet sind. So klassifiziert das System der Euro-Styles die europäische Gesellschaft in sechs soziokulturelle Mentalitäten und 16 Typen. Das amerikanische VALS-Konzept (Values and Lifestyles) wird seit 1975 vom Stanford Research Institute in Kalifornien angewandt und basiert auf der Typisierung von Konsumenten nach Werten und Bedürfnissen.

In Deutschland, Österreich und der Schweiz sind insbesondere die Sinus-Milieus weit verbreitet. Die ganzheitliche Milieu-Typologie des Marktforschungsinstituts Sinus Sociovision in Heidelberg gilt als herausragender Methodenansatz bei der Verbraucherforschung (Kalka/Allgayer, 2006). Die Bestimmung der Zielgruppen orientiert sich dabei an der Analyse von Lebenswelten der Gesellschaft. Grundüberlegung von Sinus-Sociovision ist, dass sich so genannte „soziodemographische Zwillinge", d.h. Personen, die sich in Faktoren wie Alter, Geschlecht, Beruf oder Einkommen bis zur vollständigen Identität gleichen, dennoch als höchst unterschiedliche Zielgruppen herausstellen können. Formale Gemeinsamkeiten oder eine vergleichbare soziale Lage können mit völlig unterschiedlichen Einstellungen oder Wertorientierungen einhergehen.

Methodisch sind die Erwartungen, Vorstellungen und Kaufmotive dieser Konsumenten nur dann erfassbar, wenn der Alltag durchdrungen wird, aus dem heraus diese Motivationen entstehen (Kalka/Allgayer, 2006, S. 12).

Eine Alltagstransparenz stellte Sinus Sociovision Ende der 70er Jahre zunächst auf Basis einer Vielzahl qualitativer Interviews her. Die Zuordnung von befragten Personen zu Milieus wie den „Etablierten" oder den „Modernen Performern" erfolgt inzwischen über die quantitative Bestimmung eines Sinus-Milieuindikators.

Die Sinus-Milieus werden nach Lebensstil, d.h. einer wertebasierten Grundorientierung, sowie nach ihrer sozialen Lage positioniert.

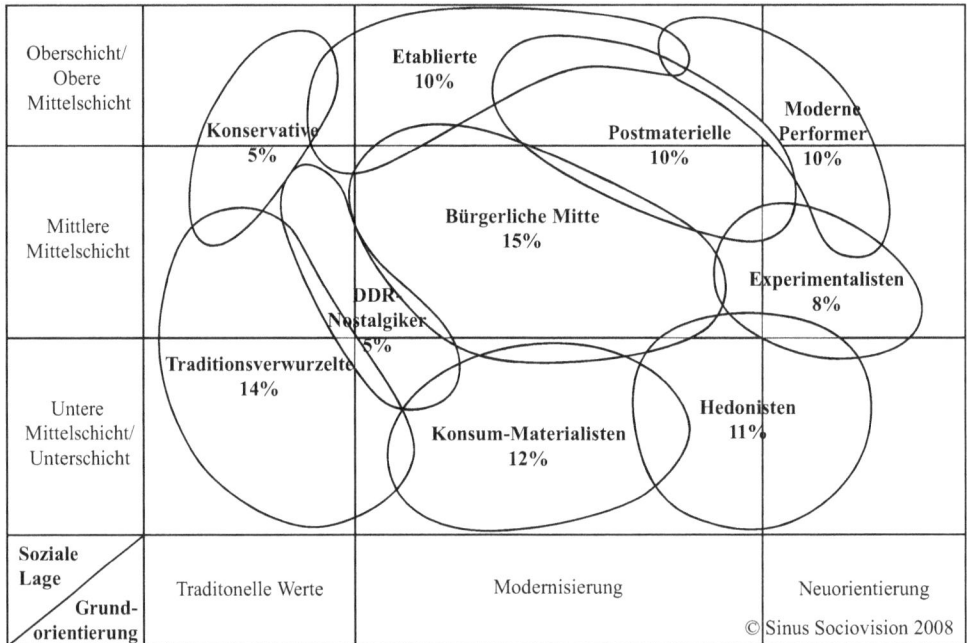

Abb. 4.2   Sinus Milieus (Quelle: Sinus Sociovision, 2008)

4.1.3   Abgrenzung und Positionierung von Industrial-Lifestyles

Die mangelnde Verhaltensrelevanz bei der Ausrichtung auf „soziodemographische Zwillinge" im Konsumgüterbereich lässt sich im Industriegüterkontext auf die vermeintlich identischen Rollen einer einzelnen Buying-Center-Funktion übertragen. Einkaufsleiter ist nicht gleich Einkaufsleiter, Fertigungsplaner ist nicht gleich Fertigungsplaner. D.h. auch „Buying-Center-Zwillinge" können sich als höchst unterschiedlich bzgl. ihres Beschaffungsverhaltens herausstellen.

Die Abgrenzung von Industrial-Lifestyles erfolgte ausgehend von qualitativen Gruppen-Workshops, in denen Young Professionals bzw. Trainees aus über 50 Industrieunternehmen ihre Erfahrungen aus Vertriebs- und Einkaufstätigkeit in die Bestimmung industrieller Lifestyle-Typen einbrachten (vgl. Kuhn, 2009). Im Sinne einer Mikrosegmentierung sollen Beschaffungsbeteiligte bei Industriekunden über die reine Struktur- und Aufgabenorientierung des Buying-Centers hinaus charakterisiert werden. Im Ergebnis wird dadurch eine verbesserte Anwendungsorientierung bei der Formulierung von generellen Umgangsregeln mit Beschaffungsbeteiligten erwartet.

Als Segmentierungsmerkmale werden neben funktionsbezogenen und hierarchischen Aspekten die für Lifestyles typischen Wertvorstellungen und persönlichkeitsprägenden Eigenschaften mit einbezogen. Die prozentualen Anteile der Industrial-Lifestyle-Typen an der Gesamtheit der Beschaffungsbeteiligten wurden von den Unternehmensvertretern abgeschätzt. Die Gesamtkonsolidierung der Workshop-Ergebnisse ergibt folgendes Bild:

„Die blutigen Anfänger", **„Greenhorns" (11 %)** sind in der Regel Hochschulabsolventen, die im Rahmen ihres Traineeprogramms oder eines Direkteinstiegs im Beschaffungsprozess involviert sind. Ihr Altersschwerpunkt liegt zwischen 22 und 28 Jahren. Blutige Anfänger sind häufig ehrgeizig, aber unerfahren und somit vorsichtig im Umgang mit Zulieferern. Aussagen werden nur zögerlich getroffen. Es besteht eine ausgeprägte „Rückversicherungsmentalität" gegenüber den eigenen Vorgesetzten. Sie sind familiär noch ungebunden. Allerdings erfüllen lediglich max. 25% den Tatbestand uneingeschränkter Mobilität. Auch wenn berufliche Aspekte im Leben der Anfänger im Vordergrund stehen, verfolgen diese auch gruppenspezifisch private Interessen. Im Mittelpunkt der Freizeitaktivitäten stehen Unterhaltungselektronik, das Internet sowie erlebnisorientierte Sportangebote. Politisch und gesellschaftlich sind die blutigen Anfänger überwiegend desinteressiert. Vorgaben und Leitlinien des Arbeitgebers werden meist „unkritisch geglaubt".

„Die jungen Wilden" (7 %) sind bei Beschaffungsaktivitäten industrieller Kunden schwerpunktmäßig in Einkaufsfunktionen anzutreffen oder verfügen über entwicklungsseitige Projektverantwortung. Mit 3-5 Jahren Berufserfahrung und einem Alter zwischen Mitte 20 und Mitte 30 haben sie die ersten Stufen der Karriereleiter bereits erklommen. Daher verwundert es nicht, wenn ihnen ein ausgeprägter „Killerinstinkt" bei der Verfolgung ihrer beruflichen Ziele attestiert wird. Junge Wilde kennzeichnen sich in der Regel durch ein außergewöhnlich selbstbewusstes, im Verhandlungsfall z.T. aggressives Verhalten. Nicht immer stimmt dieses Auftreten jedoch auch mit der entsprechenden fachlichen Kompetenz überein. In Abhängigkeit des Unternehmens orientieren sich ihre Zielsetzungen an vordergründigen Statussymbolen wie Geschäftsfahrzeugen oder dem Frequent-Traveller-Status bei Business-Airlines. Auch die familiäre Bindung von jungen Wilden ist noch von geringer Intensität. Häufig finden sich Paare im so genannten DINK (Double Income No Kids) Status. Auch im privaten Umfeld definieren sich junge Wilde über die Art, den Umfang und die Positionen im Rahmen des beruflichen Engagements. Darüber hinaus sind private Aktivitäten auf Restaurantbesuche und exklusive Urlaubsreisen fokussiert. Junge Wilde legen im Gesamtzusammenhang einen gesteigerten Wert auf ihre Außenwirkung.

„Die soliden Arbeiter" (28 %): Kontinuität und Pflichterfüllung sind als Attribute im Zusammenhang mit den soliden Arbeitern zu nennen. Eine Unternehmenszugehörigkeit von über 5 Jahren, während der die Abteilungen und Aufgabengebiete meist beibehalten werden, prägen diese Gruppe in ihrem Denken und Handeln. Solide Arbeiter leben beruflich wie privat in festen Schemata und erfüllen in ihren Funktionen die Rollenerwartungen des klassischen Buying-Center-Ansatzes. So verhandeln Facheinkäufer bei hoher Fachkenntnis sehr engagiert im Sinne der ihnen vorgegebenen Kostenorientierung. Eine kreative Einflussnahme auf die Gestaltung der angefragten Spezifikationen oder eine proaktive Gestaltung ihres Aufgabengebietes sind jedoch nicht zu erwarten. Die Beständigkeit im Privaten spiegelt sich oftmals in einem harmonischen Familienleben wider, das aus Sicht dieser Zielgruppe durchaus im positiven Sinne von Riten und Ritualen durchzogen wird. Gleicher Wohnort, gleiche Automarken, dieselben Urlaubsziele; die soliden Arbeiter fühlen sich wohl in diesem konstanten Umfeld. Über ihre beruflichen Aktivitäten hinaus engagieren sich solide Arbeiter z.T. auch ehrenamtlich, z. B. in Sport- oder Musikvereinen. Ausgehend von einer Mindestbeschäftigungsdauer finden sie sich in nahezu allen Altersstufen. Aus der Sicht des Zulieferers sind solide Arbeiter zwar berechenbar, aufgrund ihres Erfahrungsschatzes jedoch nicht zu unterschätzen.

„Die übereifrigen Altruistiker" (8 %) kennzeichnen sich durch ein überdurchschnittliches Arbeitsengagement, das in Extremfällen bis zur „persönlichen Selbstaufgabe" reicht. Dabei handeln übereifrige Altruistiker nicht aus individuellen Zielkalkülen. Sie übernehmen gerne die Schaubildgestaltung für die Präsentation bei der Geschäftsführung, überlassen die Vorstellung der Ergebnisse aber anderen. Ihre nahezu grenzenlose Hilfsbereitschaft steht der Verfolgung ihrer eigenen Karriere im Weg, da sie selbst erworbene Lorbeeren auf direktem Weg an ihre Kollegen weiterreichen. Das resultierende Frustrationspotenzial bedingt schließlich die Opferrolle, in die sich die Altruisten gerne fügen. Die Uneigennützigkeit dieser Zielgruppe ist, wenn auch weniger deutlich als innerhalb interner Kollegennetzwerke, auch im Umgang mit Zulieferern zu spüren. So besteht die Bereitschaft der Altruistiker, die Inhalte eines Lastenheftes detaillierter zu erläutern als in der Angebotsphase üblich. In Verhandlungssituationen sind die übereifrigen Altruistiker nicht den Hardlinern zuzuordnen. Auch privat führt die Gruppe ein eher bürgerliches und durch bescheidene Ansprüche geprägtes Leben.

„Die mächtigen Imperatoren" (7 %) befinden sich grundsätzlich in einer strategischen Führungsposition innerhalb des industriellen Beschaffungsprozesses. Die Art und Größe des Kundenunternehmens ist dafür bestimmend, ob die Imperatoren der Geschäftsführungsebene zugehörig sind oder ihre Funktion bereits in Bereichs- oder Abteilungsleitungsverantwortung ausüben. Entscheidend ist, dass sie im Regelfall nicht operativ im Beschaffungsprozess involviert sind, sondern sich im Rahmen eines so genannten „strategic overrides" erst dann einschalten, wenn die Verhandlungsführer in einer Sackgasse stecken bzw. eine Eskalation der Verhandlungssituation befürchtet wird. Ihre übergeordneten Entscheidungsbefugnisse und ihr ausgeprägter Machtinstinkt bedingen eine z.T. künstlich entwickelte Aura, die mächtige Imperatoren zunächst unantastbar und unangreifbar erscheinen lassen. Um diese Aura nicht zu gefährden, sind Imperatoren darauf bedacht, Aspekte ihres privaten Lebens in geschäftlichen Interaktionen außen vor zu lassen. Geschäftliche Bezugspersonen verfügen lediglich über oberflächliche Kenntnis zu deren Familien und Freizeitverhalten.

Wichtig ist, dass mächtige Imperatoren immer, d.h. auch bei Beschaffungsprojekten, mit stark verdichteten Informationskondensaten versorgt werden, die gegebenenfalls aus politischen Gründen zusätzlich „kosmetisch" aufbereitet wurden. Imperatoren verfügen somit über eine geringe fachbezogene Detailkenntnis. Direkte Mitarbeiter der Imperatoren beeinflussen also die Informationswahrnehmung ihrer Vorgesetzten. Dies erschwert es den Zulieferern, die Imperatoren durch solche Verhandlungsargumente zu überzeugen, die einer detaillierten Erläuterung bedürfen.

„Die alten Hasen" (14 %) sind 40 Jahre und älter und können bereits auf eine Betriebszugehörigkeit von über 10 Jahren zurückblicken, wobei der Schwerpunkt gar auf einem Altersdurchschnitt von 50 und einer Unternehmenszugehörigkeit von 20 Jahren liegt. Alte Hasen sind typische Vertreter einer kanalisierten Fachlaufbahn, gleichen in vielen, auch privaten

Merkmalen, den soliden Arbeitern, verfügen jedoch über einen wesentlich höheren arbeits-spezifischen Erfahrungsschatz. Dieser bedingt eine gewisse Gelassenheit im Umgang mit Geschäftspartnern, die jedoch nicht als Flexibilitätsmangel oder „Altersstarrheit" missinter-pretiert werden sollte. Vielmehr ziehen sich alte Hasen auch in Beschaffungsprozessen häufig aus aktiven gestalterischen Funktionen zurück und konzentrieren sich auf die ihrer Kern-kompetenz entsprechenden Einzelaspekte im Verhandlungsprozess. Alte Hasen lassen sich durch die Zulieferer von neuartigen technischen Lösungsansätzen nur schwer überzeugen. Die Grundeinstellung „das haben wir schon immer so gemacht" gilt jedoch nur für einen Teil dieser Gruppe. Ihre Entscheidungsbefugnis bedingt sich weniger durch hierarchische als durch fachliche Kompetenzen. In Abhängigkeit der persönlichen Beziehungen sind auch mächtige Imperatoren z.T. offen für die Ratschläge der alten Hasen.

„Die gelangweilt Lethargischen" (11 %) führen ein arbeitsreduziertes Nischendasein im nachfragenden Industrieunternehmen. Als oberste Maxime gilt ihnen die Vermeidung von Anstrengung jeglicher Art. Da Lethargische nur in solchen Organisationen überleben, in denen sie sich „verstecken" können um nicht aufzufallen, sind sie überproportional häufig in größeren, personell gut besetzten Konzernstrukturen anzutreffen. Der gelangweilt Lethargi-sche fürchtet die vermehrte Kontaktaufnahme durch den Zulieferer, wenn ihm dadurch ein Arbeitsaufwand entsteht. Änderungsvorschläge der Zulieferer werden daher häufig von Be-ginn an abgeblockt, Anfragen nur unzureichend und verspätet beantwortet. In Abgrenzung zum soliden Arbeiter erfolgt selbst die Ausübung standardisierter Tätigkeiten ohne Motivati-on. Diese zeigen gelangweilt Lethargische vielmehr im Rahmen der peniblen Verfolgung ihres Überstundenkontos sowie der Planung von Freizeitaktivitäten während der Arbeitszeit. Auch die Lethargischen befinden sich häufig in familiär bürgerlichen Bindungsstrukturen, wobei hier keine generelle Abgrenzung zu den soliden Arbeitern zu sehen ist.

„Die pedantischen Erbsenzähler" (14 %) finden sich im Beschaffungsprozess breit ge-streut in Controlling-, aber auch Produktentwicklungs- und Einkaufsfunktionen. Mit den Attributen Genauigkeit, Korrektheit und Gewissenhaftigkeit lässt sich diese, in einzelnen deutschen Industrieunternehmen überproportional präsente Zielgruppe am besten charakteri-sieren. Erbsenzähler weisen den Zulieferer auf geringfügige Fehler in den Angebotsunterla-gen hin. Obliegt dem Erbsenzähler in Funktion des Entwicklungsprojektleiters die Erstellung des Lastenheftes, so kann der Zulieferer davon ausgehen, dass dieses wenige bis keine Inter-pretationsspielräume zulässt, die aus Vertriebsseite im Rahmen der Preisverhandlungen übli-cherweise genutzt werden könnten. Insbesondere vertriebsverantwortliche Mitarbeiter des anbietenden Unternehmens mit Hang zu Small Talk und verbaler Pauschalisierung tun sich häufig schwer in der Auseinandersetzung mit den pedantischen Erbsenzählern.

Auch privat neigen diese zu Pedanterie. Kaufentscheidungen werden erst nach sorgsamer Abwägung aller denkbaren Alternativen gefällt, politische und gesellschaftliche Ansichten folgen festen Prinzipien und zeichnen sich durch eine erhebliche zeitliche Konstanz aus.

Die Positionierung der Industrial-Lifestyles erfolgte entsprechend der für Verhandlungssitua-tionen relevanten Kriterien „Entscheidungskompetenz" und „Fachkenntnis". Die Verortung der Lifestyles in der Positionierungsmatrix basiert auf qualitativen Einschätzungen und Gruppendiskussionen von über 50 Unternehmensvertretern während eines Targeting-Workshops (vgl. Kuhn, 2009).

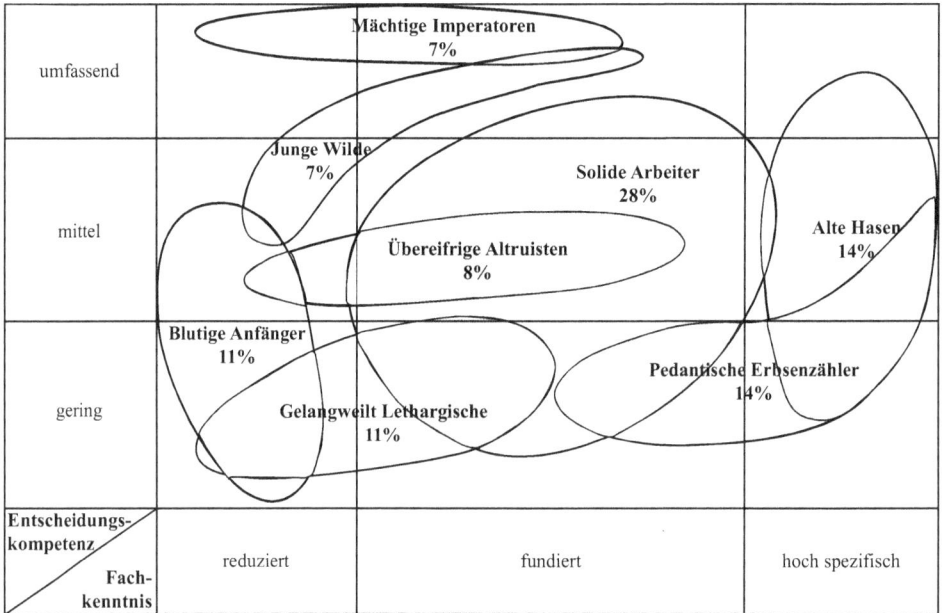

Abb. 4.3   Industrial-Lifestyles (Quelle: in Anlehnung an Kuhn, 2009)

4.2   Positionierung auf Industriegütermärkten

Das vorliegende Kapitel widmet sich leistungs-, standorts- wettbewerbs- und kundenbezogenen Aspekten, die wichtige Elemente einer bewussten und gezielten Platzierung des Unternehmens auf Industriegütermärkten einnehmen. Industriegüterunternehmen sehen sich immer größeren Herausforderungen auf Märkten ausgesetzt. Diese resultieren aus Veränderungen in der Wettbewerbsstruktur und im Konkurrenzverhalten als auch aus dem Wertewandel
der Nachfrager (d. h. zunehmend selbstbewusstere, kritischere und anspruchsvollere Kunden) und der Entwicklung neuer Technologien und Produktionsweisen. In zunehmend gesät-
tigten, stagnierenden oder schrumpfenden Industriemärkten bei steigendem, internationalem
Wettbewerbsdruck kommt der strategischen Positionierung des Unternehmens eine zentrale
Bedeutung zu. Sie zeigt auf, welche Position ein Unternehmen auf seinem relevanten Markt
anstrebt (Soll-Positionierung). Ein Industrieunternehmen kann im Markt nur erfolgreich sein,
wenn es sich mit seinen Produkten oder industriellen Dienstleistungen so positioniert, dass
potentielle Kunden diese kaufen (Padberg, 2010, S. 105). Unternehmen müssen über eine
allgemeine Positionierungsstrategie hinausgehen und ein Wertangebot für (potentielle) Kunden schaffen, das eine Unique Selling Proposition (Alleinstellungsmerkmal) erreicht. Um
dieses Ziel zu erreichen, muss eine allumfassende Wertpositionierungsstrategie geschaffen
werden.

Positionierung ist eine Spezialform des Zielgruppenmarketings. Positionierung beginnt nach Ries und Trout mit einem Produkt. Ein Produkt kann sowohl eine Ware, eine Dienstleistung, als auch ein Unternehmen, eine Institution oder eine Person darstellen. Unter Positionierung versteht man weniger, was mit einem Produkt getan wird, sondern eher wie die Gedankenwelt des potentiellen Käufers für das Produkt gewonnen werden kann. Ein Produkt soll in der Gedankenwelt des (potentiellen) Kunden positioniert werden (vgl. Ries/Trout, 1982). Nach Kotler& Bliemel (2006, S. 495) wird Positionierung als „das Bestreben des Unternehmens bezeichnet, sein Angebot so zu gestalten, dass es im Bewusstsein des Zielkunden einen besonderen, geschätzten und von Wettbewerbern abgesetzten Platz einnimmt". Die Festlegung der zukünftigen Stellung des Leistungsangebotes im Industriemarkt und im Wettbewerb gibt die Richtung für einen effizienten Einsatz des Marketing-Mix vor. Die Positionierung bildet damit den Kern für alle zukünftigen Industriegütermarketingaktivitäten. Das Erreichen dieser Positionierung stellt das Ziel jeder Marketingmaßnahme dar. Der Übergang von der Ist- in die Soll-Positionierung gelingt nur durch strategische Unternehmensentwicklungsprozesse. Hierfür muss ein Unternehmen lernen, in Wettbewerbsvorteilen zu denken und entsprechende Maßnahmen mit Hilfe formulierter Positionierungsstrategien umzusetzen (vgl. Kleinaltenkamp/Fließ, 2002, S. 244). Wer sind wir? Was können wir? Wo stehen wir? Wohin wollen wir? Welche Zielgruppen sollen prioritär angesprochen werden? Wie differenzieren wir uns vom Wettbewerb? Wo liegen unsere Stärken gegenüber unseren Konkurrenten? Welches Verhalten gegenüber dem Wettbewerb soll gewählt werden? Dies sind nur einige von vielen Fragen auf die das Unternehmen schlüssige Antworten finden muss, um die eigene Identität nach innen und außen glaubwürdig transferieren zu können, sich optimal auf seinem relevanten Markt zu platzieren und sich gegenüber dem Wettbewerber zu differenzieren. Positionierungsstrategien bilden somit einen wesentlichen Bestandteil zur Verwirklichung der Unternehmensstrategie (vgl. Plinke, 2002, S. 15).

Basis für die Entwicklung von Industriegütermarketingstrategien ist die Bildung strategischer Geschäftsfelder („SGF"). Deren Abgrenzung basiert auf heterogenen Tätigkeitsfeldern einer Unternehmung, die eigenständige Aufgaben zu erfüllen hat. Viele Industrieunternehmen verfügen über eine breite Produktpalette, die unterschiedliche Zielgruppen ansprechen und auf verschiedenen Märkten gehandelt werden. Eine Einteilung in strategische Geschäftsfelder strukturiert das Gesamtunternehmen in heterogene Tätigkeitsbereiche (vgl. Kleinaltenkamp, 2002, S. 61). Jedes SGF bildet eine strategische Einheit „Strategic Business Unit (SBU)" (vgl. Backhaus, 2003, S. 217), die ein Set gemeinsamer Kunden und Wettbewerber teilt (ebd: S. 221), autonome Zielsetzungen verfolgt und eigenständige Wettbewerbsstrategien formuliert und verfolgt[1]. Vor dem Hintergrund der Zielsetzung der Unternehmensstrategie ist die Grundausrichtung der Positionierungsstrategie für jedes SGF festzulegen. Mit der Auswahl einer oder mehrerer Strategien zielt ein Unternehmen darauf ab, die akkumulierten Vorteile zu vergrößern und seine Macht auszubauen. Für deren Formulierung spielen die unterschiedlichen Positionierungsdimensionen auf Industriegütermärkten eine große Rolle, auf denen ein komparativer Konkurrenzvorteil (KKV) (vgl. Kapitel 2.2) basieren kann. Die Literatur setzte sich bisher sehr detailliert mit den einzelnen Positionierungsdimensionen

---

[1]   Agiert ein Unternehmen auf nur einem strategischen Geschäftsfeld, fallen Unternehmens- und Positionierungsstrategie zusammen (vgl. Plinke 2002).

auseinander, vernachlässigte aber die wissenschaftliche Diskussion über die stark vorhandenen Wechselbeziehungen zwischen den einzelnen Dimensionen. Nur mit Hilfe einer tragfähigen, integrierten („wechselseitigen") Positionierungsstrategie gelingt es dem Unternehmen, sich im dynamischen Wettbewerbsumfeld einen dauerhaften komparativen Konkurrenzvorteil zu sichern. Vor der Auswahl von Positionierungsstrategien sollte ein Industriegüterunternehmen zusammenfassend folgende Aspekte prüfen:

Positioniere ich mich, als Unternehmen,

- aufgrund einer besonderen Eigenschaft?
- durch das Angebot eines Nutzens?
- über eine bestimmte Anwendung?
- indem ich nur bestimmte Anwendergruppen anspreche?
- über den Wettbewerb?
- über die Produktkategorie?
- über die Qualität und/oder den Preis? (vgl. Kotler, 2000, S. 48).

Ein breiter Positionierungsrahmen mit mehreren Positionierungsstrategien (Wertpositionierungsstrategie), die sich wechselseitig beeinflussen, bilden einen zentralen Ausgangspunkt für den Erfolg eines Industriegüterunternehmens. Die folgenden Kapitel konzentrieren sich auf die integrierte Positionierung auf Industriegütermärkten anhand der Leistungs-, Standort-, Wettbewerbs- und Kundendimensionen, die die oben genannten Fragen detailliert beleuchten.

4.2.1   Performance

Damit ein Industriegüterunternehmen langfristig am Markt erfolgreich sein kann, muss es gegen seine Wettbewerber, mit Hilfe der Positionierung seines eigenen Leistungsspektrums, bestehen. Die Erzielung bzw. Verteidigung von KKVs erfolgt dabei durch firmenbezogene Ressourcen, Fähigkeiten und Kompetenzen innerhalb der unterschiedlichen Geschäftsfelder (vgl. Backhaus/Voeth, 2010, S. 149 ff). Die Literatur setzte sich in den vergangenen Jahren bereits intensiv mit der Fokussierung von Wettbewerbsvorteilen auseinander (u. a. Backhaus 2003, Kleinaltenkamp/Saab, 2009). Porter konzentrierte sich bei der Einteilung von Wettbewerbsvorteilen vor allem auf niedrige Kosten (Kostenführerschaft), Differenzierung (Einzigartigkeit aus Käufersicht) und der Konzentration auf Schwerpunkte (Porter, 2007). Performancestrategien von Industrieunternehmen definieren sich vor allem auf der Basis innerer Zielfaktoren wie Kosten- und Qualitätsführerschaft, Innovationskraft und technologischer Fähigkeit.

Die **Kostenführerschaft** als Performancestrategie verfolgt dabei das Ziel, der kostengünstigste Hersteller im Vergleich zu den Wettbewerbern zu sein. Typische Merkmale der Preisführerschaft sind neben einer aggressiven Niedrigpreispolitik und einer weitgehenden Standardisierung des Leistungsangebot (d. h. wenige Varianten und Zusatzleistungen) auch die Nutzung effizienter Vertriebswege und die Hervorhebung der attraktiven Preise im Rahmen ihrer Kommunikationsmaßnahmen (vgl. Homburg/Krohmer, 2006, S. 514). Das niedrige Preisniveau resultiert unter anderem aus einer günstigen Standortentscheidung, durch die

Nutzung niedriger Lohn- und Steuerniveaus oder auch durch bewusstes Rationalisieren. Die Einführung von standardisierten Produktionsverfahren zur Massenproduktion („economies of scale") sowie die kontinuierliche Optimierung der Arbeitsteilung (Prozessoptimierung) können dazu führen, die Stückkosten unter das Niveau wichtiger Konkurrenten senken zu können und die Preis- bzw. Kostenführerschaft zu erlangen (vgl. Bathelt/Glückler, 2003, S. 180). Um einen nachhaltigen Kostenvorsprung gegenüber dem Wettbewerber zu erzielen, müssen Kostensenkungsmaßnahmen auf allen Ebenen der Wertschöpfungskette stattfinden. Anlehnend an die Kostenführerschaftsstrategie verfolgt ein Unternehmen mit der **Preis-Mengen-Strategie**, einen komparativen Preisvorteil auf Grundlage eines Kostenvorteils zu erzielen und damit einen hohen relativen Marktanteil zu erzielen (vgl. Backhaus, 2003, S. 253).

Während die Preisführerschaft vor allem an den Kosten für den Abnehmer („kostengünstiger für den Kunden") ansetzt, konzentriert sich die **Differenzierungsstrategie** darauf, die Unternehmensprodukte nicht durch den Einsatz von preislichen Aktionsparametern, sondern durch eine leistungsbezogene Überlegenheit von der Konkurrenz abzuheben (vgl. Günter, 2002, S. 189). Zwei Arten von Differenzierungsstrategien kristallisieren sich hierbei heraus:

Die Differenzierung (die Einmaligkeit) kann einerseits auf der *Basis* **überlegener Produkte** erfolgen, andererseits auf der **Grundlage einer besseren Kundenorientierung** (vgl. Homburg/Krohmer, 2006, S. 515). Erst genannte Differenzierungsstrategie konzentriert sich darauf Produkte so zu positionieren, dass sie im direkten Vergleich mit den Wettbewerben vom Abnehmer als einzigartig und überlegen eingestuft werden. Die kognitive Einstufung des Kunden basiert sowohl auf objektiven (z. B. herausragende Produktqualität, hohe Innovationskraft, einzigartige Technologie, Produktzuverlässigkeit) als auch auf subjektiven Merkmalen (z. B. bekannte Marke). Die Differenzierung auf Basis einer besseren Kundenbeziehung konzentriert sich auf eine starke Kundenorientierung und damit auf den Aufbau von langfristigen Kundenbeziehungen. Durch hervorragenden Service, Zusatzleistungen wie Beratung, Ersatzteilhaltung oder Finanzierungsangebote versuchen Industrieunternehmen, Kunden langfristig an sich zu binden (ebd.: S. 515 f.). Die Erfüllung von Leistungsversprechen von Seiten des Lieferanten (Verlässlichkeit) (vgl. Günter, 2002, S. 186) spielt bei dem Aufbau von Kundenbeziehungen ebenso eine große Rolle wie eine schnelle Reaktions-, Angebotszeit und Lieferzeit („Zeitfaktor") („economies of speed") (Backhaus, 2003, S. 264). Eine schnellere Übertragung von Verfügungsrechten spielt in diesem Fall eine größere Rolle als eine höhere Arbeitsgeschwindigkeit einer Anlage. Letzteres stellt eher ein Qualitätskriterium dar. Gerade auf Industriegütermärkten besitzen für die Kunden die Aspekte „zeitliche Vorsprünge gegenüber den Wettbewerbern durch schnelle und unkomplizierte Anbieter" als auch „Verlässlichkeit" aufgrund ihrer Verpflichtungen und Interessen auf Folgemärkten späterer Wertschöpfungs- und Absatzstufen eine besonders wichtige Bedeutung (ebd.: S. 189). Die Differenzierungsstrategie auf Basis einer besseren Kundenbeziehung ordnet sich den Aktionsfeld-orientierten Strategien zu, d. h. sie ist stark aktionsfeld- bzw. kundenorientiert, was eine marktnahe Lokalisierung (Standort in der Nähe von wichtigen Stammkunden) zur Folge haben kann. Ziel der beiden Differenzierungsstrategien ist es, neben einem einzigartigen Produktimage auch (dadurch) eine starke Kundenbindung zu erzielen. Ähnlich der Differenzierungsstrategie präsentiert sich die **Präferenzstrategie** (vgl. Backhaus, 2003,

S. 249). Kunden werden durch die „Vorliebe" für das eigene Leistungsangebot gewonnen. Präferenzen entstehen dabei weniger über den Preis, sondern über den wahrgenommenen Nutzen der Nachfrager (vgl. Kleinaltenkampm, 2002, S. 161). Durch den Aufbau einer Vorzugsstellung wird die Wechselneigung der Abnehmer minimiert bzw. die Markentreue gesteigert. Unternehmen besitzen aufgrund der nachhaltigen Präferenzwirkung oftmals einen preispolitischen Spielraum, d. h. sie können in der Regel einen höheren Preis verlangen als andere Wettbewerber (Kleinaltenkamp/Saab, 2009, S. 57).

Die **Nischen- bzw. Konzentrationsstrategie** fokussiert sich auf die Ausrichtung auf ein eng abgegrenztes Marktsegment oder einer Marktnische. Dabei werden Märkte durch eine begrenzte Anzahl von Abnehmergruppen, durch festgelegte geographische Räume oder durch die Konzentration auf einen bestimmten Teil des Leistungsspektrums segmentiert (Allen et al. 2008, S. 40). Sie verfolgt das Ziel, sich auf eine begrenzte Anzahl an strategischen Geschäftsfeldern mit hohem Gewinnpotential zu konzentrieren. Die Konzentration auf wenige Märkte und Produkte ermöglicht es, sich wettbewerbsintensiven Märkten zu entziehen und durch interne Ersparnisse einen Kostenvorteil gegenüber den Wettbewerbern zu erlangen (Spezialisierung auf Marktnischen) (Kleinaltenkamp, 2002, S. 159). Die Nischenmärkte verfügen dabei häufig über eine spezifische ausgeprägte Bedürfnisstruktur der Abnehmer.

Hohe Innovationskraft, aber auch einzigartige Technologien können Teil einer Differenzierungsstrategie sein. Industriegüterunternehmen, die (meist) unabhängig von am Markt identifizierten Kundenbedürfnissen neue Leistungsbündel („Innovationen") generieren, verfolgen vor allem eine **Technology-Push-Strategie**. Sie konzentrieren vor allem auf Technologie und technologische (Weiter-)Entwicklung. Eine auf Leistung basierende Triebkraft im Wettbewerb stellen technologische Wandlungsprozesse dar. Diese Strategie kann auf Kundenwünsche treffen und Erfolg haben, aber auch Risiken, z. B. keinen Markt für die Innovation oder die Technologie zu finden, mit sich ziehen. Technologie kann somit die Gewinnsituation der Unternehmen beeinflussen, vor allem wenn die Entwicklungsresultate Lösungen für Kundenprobleme bieten.

Neben den bisher genannten Strategien hat sich in den letzten Jahren aufgrund des starken Margendrucks der Wettbewerb auf dem Industriegütermarkt zugespitzt. Auf Commodity-Märkten, die sich durch einen geringen Innovationsgrad und einem niedrigen Differenzierungsgrad ihres Leistungsangebots auszeichnen, trifft der Kunde seine Kaufentscheidung vor allem auf der Basis des Preises. Anbieter, die nicht in der Lage sind, dem Preisdruck Stand zu halten, müssen versuchen, ihre angebotenen Sachleistungen durch **„value added Commodities"** zu kompensieren (vgl. Adler, 2005, S. 123). Eine leistungsmäßige Veränderung der auf dem Markt angebotenen standardisierten Produkte von Seiten der Anbieter kann gegenüber (potentiellen) Kunden einen Mehrwert schaffen, Kaufpräferenzen auslösen und positive Effekte mit sich bringen. Die Vernachlässigung bzw. Veränderung der Kernleistungen (des Kompetenzbereiches) kann sich aber auch negativ auswirken und zu einem Nachfragerückgang führen. Die **informatorische Differenzierung durch Marken** (Ingredient Branding) oder die **problemlösungsorientierte Differenzierung durch Services** (produktbegleitende Dienstleistungen) (Backhaus/Voeth, 2010, S. 275) zeigen Optionen auf, für

Nachfrager eine „value added Commodity" zu generieren und sich damit gegenüber dem Wettbewerber zu positionieren.

In der Vergangenheit spielten **Ingredient Branding-Strategien** (Intel Inside, GORE-TEX etc.) vor allem für Konsumgüter eine wichtige Rolle (vgl. Kapitel 5.3.2). Für Industriegüter fanden sie nur geringe Beachtung. Erst zu Beginn der 90er Jahre rückten sie für Industriegüterunternehmen zur strategischen Markenführung in den Fokus (vgl. Pförtsch/Müller, 2006, S. 2). Ingredient Branding bezeichnet den „Versuch eines Rohstoff-, Einsatzstoff- oder Teile-Lieferanten, die eigenen Leistungen, die die unmittelbaren Kunden in ihrem Produkt verbauen bzw. für ihre Produktion nutzen, so zu markieren und mit einem spezifischen Markenkern aufzuladen, dass sie für nachgelagerte Wertschöpfungsstufen einen Mehrwert darstellen" (Backhaus/Voeth, 2010, S. 275). Die begleitende Marke (Ingredient Branding) ist in diesem Kontext von der Verarbeitungsmarke (z. B. Valeo Wischersysteme GmbH verarbeitet die Perlglanzpigment-Marke „iriodin" der Firma Merck Chemicals KGaA) zu differenzieren. Sie bleibt bis zum Endabnehmern über alle Marktstufen erhalten, während die Verarbeitungsmarke nicht alle Wertschöpfungsstufen begleitet (ebd.: S. 178). Viele Produkte sind nicht mehr nur das Resultat eines einzelnen Herstellers, sondern das Ergebnis einer Vielzahl mitwirkender Zulieferer. Unter den Zulieferunternehmen ist in den letzten Jahren eine gestiegene Relevanz zu erkennen, durch Markenbildungsprozesse vom Kunden besser wahrgenommen zu werden. Komponenten im Folgeprodukt sollen vom Kunden identifiziert werden können. Das Interesse, aus der Anonymität des Zulieferers herauszutreten, steigt. Die Unternehmen erhoffen sich durch Ingredient Brands, Reputationsgewinne zu erzielen, ihr Ansehen durch die Idee der „begleiteten Marke" zu steigern und sich vom Wettbewerb durch eine „value added Commodity" zu differenzieren. Auf den nachgelagerten Wertschöpfungsstufen gewinnt das Produkt, die Trägermarke, aufgrund des sichtbaren Markensymbols einen Mehrwert (vgl. Chur/Riesner S. 1160 f.). Die „Begleitende Marke-Strategie" kann gleichzeitig einen Pull-Effekt (verkaufsförderndes Instrument) auslösen und die Substitutionsgefahr verringern. Dazu kommt die geringe Abhängigkeit von industriellen Abnehmern (vgl. Baumgarth, 2004, S. 814).

Ebm-papst mit den drei Unternehmen ebm-papst Mulfingen GmbH & Co. KG, ebm-papst St. Georgen GmbH & Co. KG, ebm-papst Landshut GmbH ist heute ein weltweiter Innovationsführer bei energiesparenden Ventilatoren und Motoren. Das Unternehmen entwickelt über 14.500 Produkte im Bereich der Luft- und Antriebstechnik. Fast alle Endgeräteherstellter benötigen Motoren und Ventilatoren (z. B. TV-Geräte, Heizungen, Notebooks, Fahrzeuge, Küchengeräte). Obwohl zahlreiche Endgeräte mit Motoren und Ventilatoren des Unternehmens ausgestattet sind, tragen die Geräte kaum den Namen des Ventilatoren- bzw. Motorenherstellers. Der entscheidende Impuls für eine Ingredient Branding-Strategie kam aufgrund der aktuellen Diskussionen über Klimawandel, CO_2-Ausstoß und Energieeinsparung. Die von ebm-papst entwickelten Produkte verstehen es, Ökologie und Ökonomie perfekt miteinander zu verbinden. Um auf seine Marktstellung noch weiter ausbauen zu können, entschloss sich das Unternehmen, eine Ingredient-Branding-Strategie zu verfolgen. Hierfür wurden die Buying-Center der Kunden kontaktiert, um über den Nutzen zu informieren. Gleichzeitig wurden Anzeigenkampagnen mit bekannten Produktbildern, die auf die Win-Win-Situation eines Ingredient Brands hinwiesen, in auflagenstarken Wirtschaftsmagazinen und -zeitungen positioniert. Personalisiertes Dialogmarketing, das ausführlich über die Nutzen der neuen Strategie informierte, sowie zahlreiche weitere Maßnahmen (eigene Homepage, Mailings etc.) unterstützten die Anzeigenkampagne. Das Unternehmen hat die begleitende Marke-Strategie erfolgreich umgesetzt. Zahlreiche Kunden nahmen den Vorteil des Ingredient Brandings wahr und unterstützen die neue ebm-papst-Differenzierungsstrategie.

(vgl. Klein, 2008, www.ebmpapst.com)

Produktbegleitende Dienstleistungen stellen eine andere Möglichkeit dar, einen substantiellen Mehrwert bei Commodities zu erzeugen. Sie umfassen alle immateriellen („nichtproduktiven") Leistungen, die ein Industriegüteranbieter ihren industriellen Nachfragern zusätzlich zu ihren originären Leistungen offeriert, um die Attraktivität der Kernleistung zu steigern. Ein inhaltlicher Bezug zur originären Leistung ist dabei vorhanden (vgl. Backhaus/Voeth, 2010, S. 276). Kritiker sprechen eher von einem geringen Mobilitätsgrad der Serviceergebnisse und lehnen die Immaterialität als Servicemerkmal ab. Dienstleistungen schließen ihrer Ansicht nach auch Veränderungen an der Gestalt des externen Faktors (z. B. die reparierte Anlage) oder Materialität in Form von gespeicherten Informationen oder Softwareprogramme auf Datenträger ein (vgl. Engelhardt/Reckenfelderbäumer, 2006, S. 221). Industrielle Dienstleistungen besitzen weiter die Leistungseigenschaft, externe Faktoren in den betrieblichen Prozess des Anbieters einzubinden („Integrativität"), d.h. Personen (Nachfrager, Kunde), Objekte (z. B. eine zu reparierende Anlage) und/oder Informationen werden in den Prozess der Leistungserstellung integriert. In der Literatur taucht eine Vielzahl von Begrifflichkeiten auf, die mehr oder weniger synonym verwendet werden. Hierzu zählen neben den Bezeichnungen der industriellen, funktionellen, investiven Dienstleistung auch die Begrifflichkeiten der komplementären, produktdifferenzierenden und Sekundär-Dienstleistung (vgl. Backhaus/Voeth, 2010, S. 276; Engelhardt/Reckenfelderbäumer, 2006, S. 220; Kleinaltenkamp et al., 2004, S. 629). Abbildung 4.4 visualisiert eine Systematisierung von Service-Leistungen.

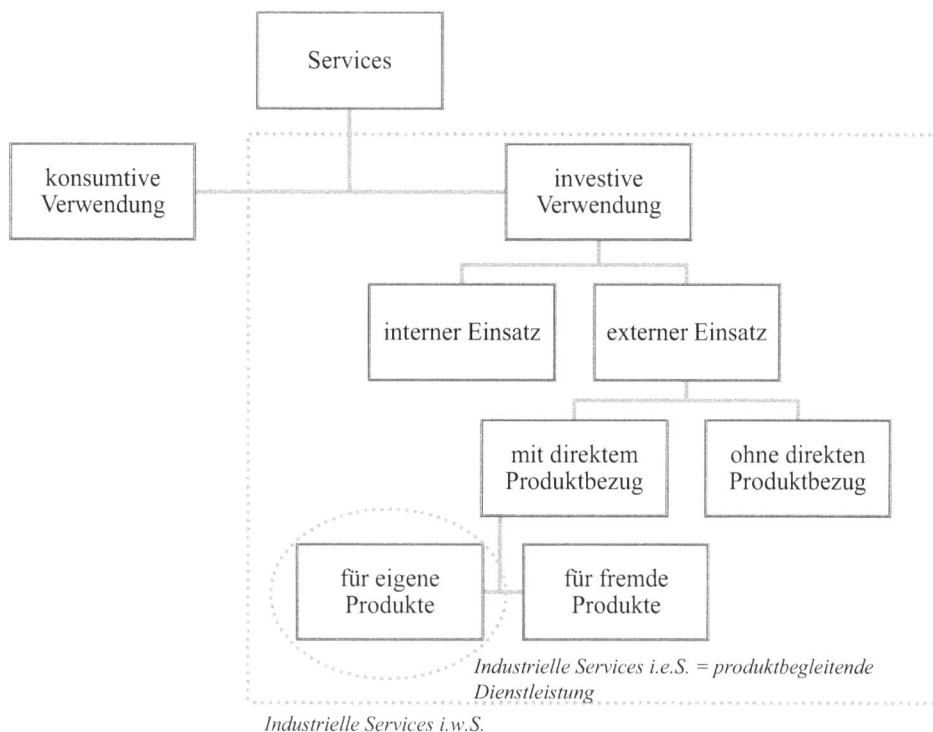

Abb. 4.4   Eingrenzung industrieller Dienstleistungen
(Quelle: in Anlehnung an Engelhardt/Reckenfelderbäumer 2006, S. 222)

Dienstleistungen gegenüber Konsumenten (konsumtive Verwendung) spielen für die Syste-matisierung industrieller Dienstleistungen keine Rolle. Der Fokus liegt auf investiven Dienst-leistungen, d. h. auf Leistungen, die von Organisationen (Nicht-Konsumenten) beschafft werden, um damit weitere Leistungen zu erbringen. Investive Dienstleistungen können im eigenen Unternehmen oder gegenüber externen Kunden erbracht werden. Services können ohne direkten (z. B. produktunabhängig) oder mit direktem Produktbezug (produktspezifi-sche Serviceleistung) angeboten werden. Letzt Genannte verfügen dabei über einen Bezug zum eigenen oder zum fremden Produkt. Leistungen, die für eigene Produkte erbracht wer-den, kennzeichnen die industriellen Services im engeren Sinn. In diesem Kontext wird von produktbegleiten Dienstleistungen gesprochen (vgl. Engelhardt/Reckenfelderbäumer, 2006, S. 223).

Die industrielle Produktion wird immer enger mit der Produktion von Dienstleistungen ver-flochten. Industrielle Services stellen einen zunehmenden wichtigen Faktor auf dem Indust-riegütermarkt dar (vgl. Engelhardt/Reckenfelderbäumer, 2006, S. 211 ff.). Die Immaterialität der produktbegleitenden Serviceleistung und der Einbeziehung der Nachfrager in den Erstel-lungsprozess von industriellen Dienstleistungen führt zu einem großen Imitiationsschutzpotenzial. Servicequalität ist in hohem Maße abhängig von der Motivation und Qualifikation der Mitarbeiter und der auf Dienstleistungen ausgerichteten Unternehmenskultur, die nur schwer von Wettbewerbern nachzuahmen ist. In diesem Kontext ist zu erwähnen, dass die industrielle Produktion durch Dienstleistungen niemals vollständig erodiert wird, weil das Wachstum von industriellen Services mit der Existenz der Produktion verwoben ist. Dennoch müssen sich Industriegüterunternehmen zunehmend mit der produktbegleitenden Service-Thematik auseinandersetzen. Die produktbegleitenden Services lassen sich nach unterschiedlichen Kriterien differenzieren (vgl. Abbildung 4.5):

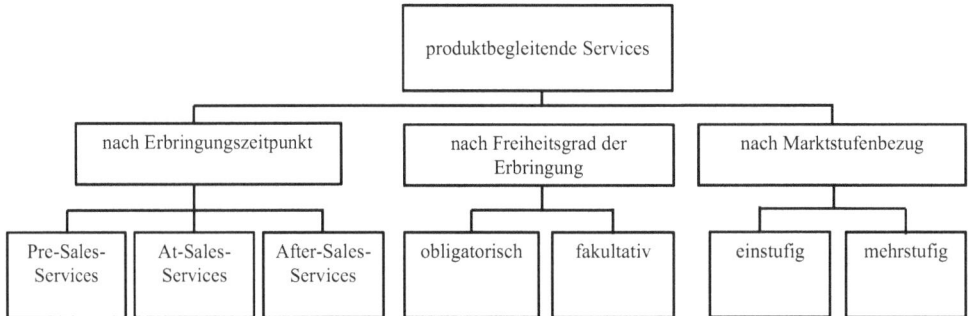

Abb. 4.5 Erscheinungsformen produktbegleitender Dienstleistungen
(Quelle: eigene Darstellung in Anlehnung an Backhaus/Voeth, 2010, S. 277)

Produktbegleitende Dienstleistungen können zu **unterschiedlichen Zeitpunkten** des Kaufs der Kernleistung erbracht werden. Während der Pre-Sale-Service vor dem Verkauf des Produktes erfolgt, findet der At-Sale-Service während des Kaufentscheidungsprozesses statt. Das Angebot von produktbegleitenden Dienstleistungen vor bzw. mit dem Kauf des Produktes wirkt sich stark auf die Vertrauensbildung des Kunden aus. After-Sales-Services werden nach dem Kauf der Kernleistungen erbracht. Sie tragen dazu bei, Kunden langfristig zu sichern (Vertrauenssicherung). Ein weiteres Differenzierungsmerkmal produktbegleitender Dienstleistungen stellt der **Freiheitsgrad der Erbringung** der Leistung dar. Werden die Dienstleistungen vom Anbieter bspw. gesetzlich vorgeschrieben oder kundenseitig zwingend gefordert, so handelt es sich um eine obligatorische Erbringung für den Hersteller. Für die Erlangung eines Wettbewerbsvorteils spielt die fakultative - nicht zwangsweise erwartete - Erbringung von produktbegleitenden Dienstleistungen eine größere Rolle, da diese nicht von allen Marktanbietern erbracht werden muss und somit ein Differenzierungskriterium gegenüber den Wettbewerbern sein kann. Wenn sich die produktbegleitende Dienstleistung an die unmittelbar folgende **Marktstufe** wendet, dann liegt ein einstufiges Angebot vor. Wird das Dienstleistungsangebot des Industriegüterunternehmens vom Kunden ihrer eigenen Kunden in Anspruch genommen, handelt es sich um ein mehrstufiges Angebot (vgl. Backhaus/Voeth, 2010, S. 277 f.).

Die Vermarktung produktbegleitender Dienstleistungen kann sowohl kombiniert mit der produktiven Leistung des Anbieters als auch isoliert und eigenständig erfolgen (vgl. Reckenfelderbäumer, 2004, S. 651). Das hängt vor allem davon ab, ob es möglich ist, die

Kernleistung von der Dienstleistung zu trennen. Eine Separierung gelingt nur, wenn die Dienstleistung nicht ein untrennbarer Bestandteil der Gesamtleistung darstellt (vgl. Backhaus/Voeth, 2010, S. 276). Um Wettbewerbsvorteile zu erlangen, muss der produktbegleitende Service jedoch als Vermarktungsgegenstand ausgebaut werden (vgl. Reckenfelderbäumer, 2004, S. 653). Eine besondere Bedeutung bei der Wettbewerbsdifferenzierung durch die Erstellung produktbegleitender Dienstleistung kommt dabei den Kriterien Schnelligkeit, Flexibilität und Kundenorientierung zu. Sie stellen wichtige Kriterien für eine erfolgreiche Positionierung im Wettbewerbsumfeld dar (vgl. Kuhn et al., 2009, S. 20).

Die Ausführungen haben gezeigt, dass Waren- und Dienste-Produktion zunehmend abhängiger voneinander werden. Dafür sind vor allem die Prozesse wie:

- Komplementarität in neue Produkte
- Der Komplexitätsgrad der modernen Industriegüter nimmt kontinuierlich zu, so dass eine Nutzung nur gemeinsam mit Dienstleistungen erfolgen kann.
- die Auslagerung
- Auslagerungsprozesse von Dienstleistungsaktivitäten aus Industrieunternehmen zeigten in vielen Industriegüterunternehmen erst die Notwendigkeit der Dienstleistungen für die industrielle Fertigung (z. B. „Routine"-Dienstleistungen im Bereich der Bewachung, Reinigung etc.).
- die Regulierung
- Veränderungen in der staatliche Rechtssetzung wie bspw. in Bereichen der Arbeitsbeziehungen, des Umweltrechts, der Hygieneverordnung oder des Steuerrechts erfordern Leistungen nach Beratungsdienstleistungen (u. a. Unternehmensberater, Wirtschaftsprüfer, Steuerberater, Personaldienste).
- die Modernisierung der Produktionsprozesse
- Die Verwissenschaftlichung in der industriellen Produktion und neue Informations- und Kommunikationstechnologien verlangen Dienstleistungen wie Berater- oder Schulungsdienste für Software, Logistikdienste, Marketing- oder auch Finanzdienste.

verantwortlich (vgl. Schamp, 2000, S. 124 f.).

Industriegüterunternehmen, die eine „value addes Commodity-Strategie" verfolgen und versuchen, sich anhand von produktbegleitenden Dienstleistungen gegenüber dem Wettbewerber zu positionieren, verändern nicht selten ihren Unternehmensfokus. Unternehmen wandeln sich von einem „dienstleistenden Hersteller" zu einem „herstellenden Dienstleister" (vgl. Backhaus/Voeht, 2010, S. 277). Wenn Unternehmen nicht mehr nur produktbegleitende Dienstleistungen anbieten, sondern der industrielle Dienstleistungsanteil das gesamte Leistungsangebot dominiert, steigt ein Unternehmen in das Geschäftsmodell des „Performance Contracting" (auch „Betreibermodell" genannt) ein. In diesem Geschäftskonzept werden Produkte, Maschinen, Anlagen oder Systeme nicht mehr an den Kunden verkauft, sondern auf Basis eines langfristigen Rahmenvertrages gegen ein leistungsabhängiges Nutzungsentgelt bereit gestellt. Produkt und produktbegleitende Dienstleistung verschmelzen damit zu einem individualisierten Leistungsbündel, das sich vollständig an den Kundenwünschen und -nutzen orientiert.

Um Mehrwert bei Commodities zu generieren, haben zahlreiche Industriegüterunternehmen ihr Leistungsangebot um produktbegleitende Dienstleistungen erweitert. So hat sich beispielsweise die Schindler Deutschland GmbH, die zwischen 1950 und 1960 ihren alleinigen Fokus auf die Herstellung von Aufzügen und Fahrtreppen legte, von einem Maschinenbauer zu einem Unternehmen entwickelt, welches heute ihren Hauptumsatz durch industrielle Dienstleistungen erzielt (vgl.Voeth/Gawantka, 2005, S. 470). In den 1990er Jahren begann anhand eines veränderten Managementkonzeptes die Neuausrichtung der Schindler GmbH. Auch der ThyseenKrupp-Konzern konzentriert sich heute nicht mehr ausschließlich auf den Bereich der Stahlerzeugung, sondern bietet zahlreiche Dienstleistungen und Engineering-Lösungen an. Ein besonderer Fall stellt die Historie der ehemaligen Mannesmann AG dar. Sie entwickelte sich von einem Röhrenhersteller zu einem Mobilfunkanbieter. Eine ähnliche Geschichte liefert die Preussag AG (heute TUI). Sie zog sich innerhalb von zehn Jahren aus dem Anlagen- und Schiffbau sowie der Stahl- und Metallerzeugung zurück und wurde heute zu einem Dienstleistungsunternehmen der Freizeitindustrie. Diese Beispiele zeigen, wie sich der Fokus der Industriegüterunternehmen im Laufe der Zeit völlig verändern kann (vgl. DHIT, 2000).

4.2.2   Standort

Nachdem in Kapitel 4.2 die Positionierung anhand des Leistungsspektrums des Industriegüterunternehmens behandelt wurde, soll in diesem Abschnitt der industrielle Standort als Element der Positionierung vor dem Hintergrund heterogener räumlicher Standortbedingungen beleuchtet werden. Die Standortentscheidung kann auch Teil einer Differenzierungsstrategie sein, wenn durch die Standortwahl ein einmaliger Wert für den Abnehmer geschaffen wird. Die am Standort existierenden Bedingungen beeinflussen die Produktivität und den Innovationsgrad von Unternehmen. Somit stellt der Standort einen zentralen Bestimmungsfaktor der Wettbewerbsfähigkeit dar. Er kann sogar als Quelle von Wettbewerbsvorteilen verstanden werden. Nach Porter liegt die Ursache von Innovations- und Produktivitätsvorteilen von Industriegüterunternehmen, die innerhalb eines Agglomerationsraumes zusammentreffen, in vier verschiedenen Faktoren, die auch als Diamanten der nationalen Vorteile bezeichnet werden (Porter, 1993, S. 95) (vgl. Abbildung 4.6).

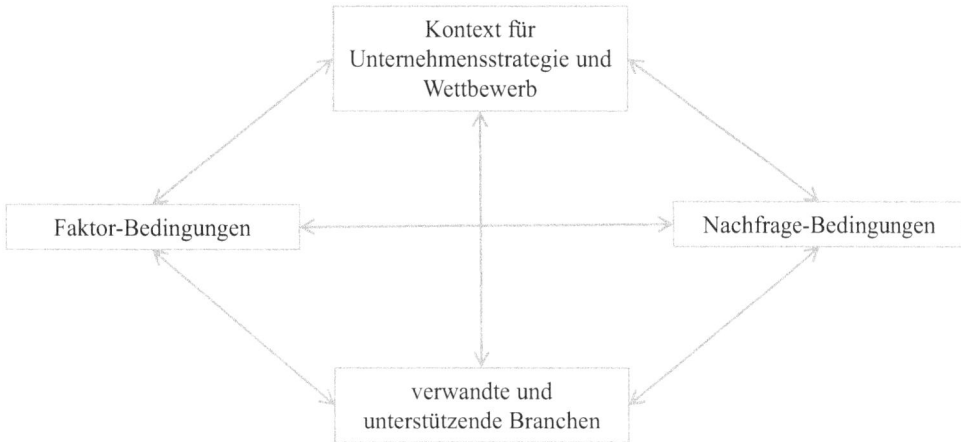

Abb. 4.6 Diamanten der Wettbewerbsfähigkeit (Quelle: eigene Darstellung in Anlehnung an Porter, 1993, S. 95)

Den Diamanten bilden vier unterschiedliche Faktorenbündel, die wechselseitig zusammenwirken und Wettbewerbsvorteile eröffnen. Diese Faktoren stellen den Ausgangspunk für die Bildung industrieller Cluster dar (vgl. Hess, 1998). **Faktorbedingungen** umfassen vor allem die Qualität und die Quantität der Faktorausstattung. Darunter subsummieren sich auch die Art der Faktorbildung und die Reproduktivitätsbedingungen. Industriegüterunternehmen können sich durch ihren Standort aufgrund der Faktorausstattung (Humanressourcen, natürliche Ressourcen, Kapitalressourcen, materielle Infrastruktur, administrative Infrastruktur, Informationsinfrastruktur, wissenschaftliche und technologische Infrastruktur) vom Wettbewerb differenzieren. Unter den natürlichen bzw. Basisfaktoren werden Ressourcen wie Boden, Wasser, Mineralien etc., sowie die klimatische Bedingungen, geographische Lage, Sprache, Zeitzone oder ungelernte Arbeitskräfte und Fremdkapital verstanden. In entwickelten Ökonomien stellen diese Faktoren nur noch selten einen Wettbewerbsvorteil dar, da z. B. Rohstoffe über den Weltmarkt einfach zu beschaffen sind und nicht-ausgebildete Arbeitskräfte global zur Verfügung stehen (vgl. Aiginger, 2006, S. 417). Ein Wettbewerbsvorsprung durch günstige Arbeitskräfte innerhalb eines Standortes ist nur ein kurzlebiger Vorteil. Einerseits kann das niedrige Lohnkostenniveau aufgrund von Entwicklungsfortschritten des Standortes nicht aufrechterhalten werden, andererseits können sich andere, kostengünstigere Standorte entwickeln und positionieren. So werden beispielsweise in China nur noch in den Inlandprovinzen niedrige Löhne gezahlt, während in den anderen Teilen des Landes die Löhne rasch steigen (z. B. Shanghai, Peking) und sich den schon entwickelteren Volkswirtschaften wie Malaysia und Thailand annähern (vgl. Haug, 2011). In modernen Volkswirtschaften besitzen vor allem die fortschrittlicheren Faktoren wie qualifiziertes Humankapitalvermögen und eine gut ausgestattete Infrastruktur eine besondere Relevanz. Neben den physischen und administrativen Infrastrukturbedingungen (u. a. Transport-, Finanz-, Gesundheitswesen, Energie-, Informations- und Kommunikationsnetze) spielt das Vorhandensein der wissenschaftlichen und kulturellen Infrastruktur nicht nur für die Lebensqualität vor Ort, sondern auch für die Wettbewerbsfähigkeit von Industriegüterunternehmen eine große Rolle

(vgl. Raschke, 2008, S. 52). Die Verfügbarkeit von qualifizierten Arbeitskräften an den jeweiligen Standorten gilt als Quelle eines nachhaltigen Wettbewerbsvorteils (vgl. Barthelt/
Glückler, 2003, S. 141). Die räumliche Nähe zu Hochschulen und FuE-Einrichtungen wird
für Unternehmer immer wichtiger. Gerade wissenschaftliche Institutionen (u. a. Universitäten) produzieren sowohl personengebundenes Wissen, als auch personenungebundenes Wissen, welches in Form von qualifiziertem Humankapital und wissenschaftlichem Wissen
Unternehmen zur Verfügung steht. Der Zugang zu spezialisierten Wissensressourcen sichert
vor allem Industriegüterunternehmen in High-Tech-Branchen einen Wettbewerbsvorsprung.
Nicht nur der von Universitäten generierte Output in Form von qualifizierten Arbeitskräften
innerhalb eines Standortes spielt für die Wettbewerbsfähigkeit von Industrieunternehmen
eine große Rolle, sondern auch das veränderte Verständnis der Wissensproduktion und der
Innovationserzeugung als komplexen und interaktiven Prozess von Verflechtungsbeziehungen zwischen unterschiedlichen Wissensakteuren innerhalb einer Region (vgl. Fritsch et al.,
2008). Innovationen werden heute als das Ergebnis von kollektiven Lernprozessen aufgefasst. Entscheidend für die Entstehung von Innovationen ist demnach der Wissensaustausch
zwischen Industrieunternehmen und Wissenschaftseinrichtung. Wissenstransferprozesse im
standortbezogenen Wissenssystem ermöglichen es, eine Spezialisierung weiter zu entwickeln, Kompetenzen zu reproduzieren und die Wettbewerbsfähigkeit auszubauen. Der Aufbau von Kooperationen und die Etablierung von Netzwerken werden für die Entwicklung
von Innovationen zunehmend wichtiger, da Synergien effizient genutzt werden können. Ein
intensiver Wissensaustausch zwischen Wirtschaft und Wissenschaft innerhalb eines Standortes fördert die Schnelligkeit von Prozessen und die Effizienz und Flexibilität in der Produktion. Gleichzeitig hilft räumliche Nähe, Unsicherheiten zwischen Akteuren zu reduzieren und
den Zugang zu innovativen Impulsen zu sichern. Wissenschaftliche Debatten über die räumliche Organisation von Produktionssystemen, Netzwerken und Verflechtungsbeziehungen
zwischen regionalen Akteuren finden sich in den Ansätzen zu Industriedistrikten (vgl. Scott,
1988), innovativen bzw. kreativen Milieus (vgl. Aydalot, 1986) und (territorialen) Innovati-
onssystemen. Alle Konzepte haben gemein, dass die Entwicklung, das Potential und die
Dynamik von Ökonomien bzw. Industrien auf der räumlichen Konzentration von Wissen
basiert (vgl. Ibert, 2006, S. 99). Zur Erzielung von Wettbewerbsvorteilen am Standort, müssen die o. g. Faktoren etabliert und produktiv zum Einsatz gebracht werden.

Nach Porter spielen die **Nachfragebedingungen** einer Branche eine entscheidende Bedeutung, da sie Investitionen und Innovationen (Output) steuern. Die Zusammensetzung der
Nachfrage am Standort (lokal, regional, national) zeigt neben der Größe des Marktes ein
klares Bild der Käuferbedürfnisse. Die Nachfragebedingungen können ein Ausgangspunkt
für Spezialisierung, aber auch für Investitionsmaßnahmen in neue Technologien und zusätzlichen Produktionskapazitäten sein. Ein kleiner und schwieriger Markt, ausgelöst durch un-
günstige Standortbedingungen, wie z. B. das Fehlen von natürlichen Ressourcen, die Festlegung von hohen Standards oder durch eine hohe Besteuerung, kann oftmals eine anspruchs-
volle Nachfrage nach differenzierten Produkten oder industriellen Dienstleistungen begünstigen (Davies/Ellis, 2000, S. 1191). Die besonderen Nachfragebedürfnisse innerhalb eines
begrenzten Raumes fördern die Entwicklung von Innovationen. Gleiche Standortbedingungen für Anbieter und Nachfrager fördern das gegenseitige Verständnis für die Situation,
fördern regionale Netzwerke und führen zur Entstehung von kundenorientierten (innovati-

ven) interaktiven Problemlösungen. Die neuen, für den Nachfrager angepassten Lösungen differenzieren sich stark von Standardlösungen. Unter diesen Umständen können besondere Standortbedingungen die Basis für Wettbewerbsvorteile bilden. Durch Vernetzungsaktivitäten können die Leistungen sogar noch weiter optimiert werden, so dass das regionale Wertsystem Leistungen generiert, die nicht nur lokal, regional oder national, sondern international konkurrenzfähig sind.

Unter den Bereich der wettbewerbsfähigen **verwandten und unterstützenden Branchen** fallen sowohl Zulieferer als auch überschneidende und komplementäre Branchen(segmente) innerhalb eines Unternehmensstandortes, die Kosten-, Koordinations- und Verflechtungsvorteile bringen und die Erzielung eines Wettbewerbsvorteils in einer Industrie stützen. Aus dem Cluster der verwandten und unterstützenden Branchen können enge Beziehungen zwischen Produzenten und Zulieferern resultieren, die Auswirkungen auf Innovationsleistungen und Produktivität einer Branche haben können. Das Vorhandensein von wettbewerbsfähigen Zulieferern am Standort führt für die Abnehmer zu Vorteilen, da deren Produkte als Inputfaktor Auswirkungen auf die Wettbewerbsposition der nachgelagerten Industriegüterunternehmen haben (z. B. Qualitäts- und/oder Kostenvorteil). Räumliche und soziale Nähe der Hersteller zu den Zulieferern kann neben der Einsparung von Logistikkosten und der Verminderung der Kosten bei der Suche nach Informationen über potentielle Zulieferer auch zu einer höhten Geschwindigkeit, zu mehr Flexibilität oder auch zu vertrauensvollen Partnerschaften führen und darüber hinaus positive Wettbewerbseffekte auslösen. Neben dem Zugang zu den Inputfaktoren ergibt sich aufgrund der regionalen und sozialen Nähe eine weitere große Chance durch die Koordination lokaler Wertsysteme (vgl. Raschken, 2008, S. 55). Innerhalb eines homogenen sozio-institutionellen Gefüges können Vertrauensbeziehungen und partnerschaftliche Kooperationen aufgrund der räumlichen Nähe zwischen Hersteller und Zulieferer schneller entstehen. Diese Mechanismen halten das Wertsystem zusammen und verringern den Koordinationsaufwand von Geschäftsbeziehungen. Der dritte Wettbewerbsvorteil aufgrund verwandter und unterstützender Branchen entsteht durch so genannte Spillover-Effekte. Regionale Materialverflechtungen, Wissensaustauschprozesse und Anpassungen zwischen branchenverwandten Industriegüterunternehmen fördern Spillover-Effekten, die die Wettbewerbsfähigkeit der am Standort verflochtenen Unternehmen kollektiv fördert (vgl. Bathelt/Glückler, 2003, S. 82). Ähnliche und lokal konzentrierte Branchen können die Entwicklung der Zulieferindustrie beschleunigen und gemeinsam genutzte Faktorbedingungen aufwerten.

Das letzte Faktorbündel des Diamanten der nationalen Vorteile nach Porter umfasst **standortbedingte Unternehmensstrategien und -strukturen, den Inlandswettbewerb und Wertaktivitäten**. Sie alle stellen wichtige Determinanten der Wettbewerbsfähigkeit dar. Industriegüterunternehmen müssen den Kontext (lokale und kulturelle Besonderheiten) bei der Umsetzung von Managementpraktiken und Organisationsformen berücksichtigen. Erst wenn die an den Standorten vorhandenen Bedingungen den Anforderungen der Branche entsprechen, können Wettbewerbsvorteile erzielt werden. Zu den Kontextvariablen, die Branchen und Unternehmensstrukturen und -strategien prägen, zählen neben dem Vorhandensein von Risikokapital innerhalb einer Region, Sprache, professionelle Standards und Arbeitsethik ebenso staatliche Interventionen, politisch Gegebenheiten und die Reputation der Branche (vgl. Raschken, 2008, S. 57) Nicht nur diverse Kontextvariablen, sondern auch der Wettbewerb im Inland beeinflussen die Unternehmensstruktur und -strategie. Nach Porter ist für die Entstehung eines nationalen Wettbewerbsvorteils in einer Industriebranche oftmals ein starker Inlandswettbewerb verantwortlich. Eine hohe am Standort vorhandene Wettbewerbsintensität aufgrund einer großen Anzahl branchenverwandter Industriegüterunternehmen intensiviert den Druck auf Unternehmen einer Branche, Kosten zu senken, qualitative Verbesserungen und Innovationen auf den Markt zu bringen und neue Geschäftsfelder zu erschließen. Ein starker Wettbewerb fördert somit Investitionen in neue Technologien. Gleichzeitig beinhaltet der standortbezogene Wettbewerb eine weitere wichtige Komponente – den sozialen Mechanismus der Leistungsfähigkeit. Der direkte Vergleich der sich kennenden Unternehmen kann zu einem Konkurrenzkampf um Technologie- und Qualitätsführerschaft, um Macht oder Reputation führen – oftmals abseits jeglicher rationaler Ebenen des Ökonomischen – aber effizient hinsichtlich der Entwicklung neuer unternehmensbezogener Lösungsansätze und der Erhöhung der Produktivität (vgl. Davies/Ellis, 2000, S. 1191). Der lokale Wettbewerb zwischen den Unternehmen bietet mehrere Vorteile gegenüber dem nationalen Wettbewerb. So können die Industriegüterunternehmen am wettbewerbsfähigen Umfeld einen relativen Vorteil aus Basisfaktoren ziehen und bedingt durch die räumliche Nähe zu den lokalen Mitbewerbern den Vorteil des regionalen Wissenstransfers bzw. Spillover-Effekte nutzen und eine Vorteilsposition erlangen.

Die vier Facetten des Diamanten werden von Porter (1993, Kap.3) noch um zwei weitere Erfolgsfaktoren ergänzt, die aber nicht als gleichwertige Faktorenbündel der bereits bestehenden vier aufgefasst werden können. Die Rolle des Staates aufgrund seiner Subventions-, Bildungs-, Forschungs- und Technologiepolitik (und dessen Einfluss auf regionale, lokale Ebene) kann ein Wettbewerbsvorteil aus Standortfaktorensicht darstellen, ebenso wie Zufälle, die durch Kriege, Naturkatastrophen oder andere (historische) Ereignisse herrühren. Beide Bestimmungsfaktoren können sowohl positive als auch negative Auswirkungen auf die Entwicklung von Branchenstrukturen haben.

Zusammenfassend ist festzuhalten, dass solche Industriegüterunternehmen an einem Standort, bei denen die Bestimmungsfaktoren am günstigsten sind, den größten Erfolg verzeichnen. Gute Strukturbedingungen an einem Standort stellen deshalb oftmals den Ausgangspunkt für die Bildung von erfolgreichen industriellen Clustern dar. Damit ein Unternehmen immer erfolgreich am Markt agieren kann, muss es sich ständig an neue Standortbedingungen anpassen, Investitionen in neue Technologien unternehmen und Qualifikationen verbessern (Barthel/Glückler, 2003, S. 150).

Als die BMW Group 1986 in Regensburg ihr neues Werk in Betrieb nahm, ließen sich innerhalb von vier Jahren nach Inbetriebnahme des neuen BMW-Werks 25 Zulieferer im Umkreis von 40 km nieder. Dabei handelte es sich vor allem um kleine Montage-Werke (Sitze, Kabelbäume, Stoßfänger), deren Mitarbeiter vor allem eine hohe Zeitflexibilität mitbringen mussten. Die Zulieferbetriebe wählten dabei vor allem ländliche (wettbewerbslose) Standorte aus, um der Arbeitsmarktkonkurrenz auszuweichen (Standortarbitrage). Die Audi AG errichte sogar im Jahr 1994 für die Produktion des neuen Modells A6 eine Halle für 13 Zulieferer, um schneller und reibungsloser produzieren zu können. So entwickelten sich in Deutschland zahlreiche Produktionskomplexe an unterschiedlichen Standorten. Kleinere und mittlere Zulieferbetriebe gruppierten sich um das große Abnehmerunternehmen. Dabei entstanden besondere Formen von lokalen Netzwerken (vgl. Schamp, 2000, S. 85-91).

4.2.3   Kunde

Eine große Rolle für ein erfolgreiches Produkt spielt die positive Wahrnehmung und das positive Erleben der Produkteigenschaften oder einer industriellen Dienstleistung durch den Kunden. Diese Eigenschaften sollten sich verstärkt an den Interessen und Wünschen des Kunden orientieren. Während in der Vergangenheit häufig die Anbieterperspektive im Vordergrund stand, kommt der Kundenperspektive heute eine besondere Bedeutung zu. Kundenorientierung gilt zunehmend als das zentrale Element des Marketings. Die Kundenzufriedenheit[2] ist ein Maß dafür, inwieweit ein Anbieter dem Leitprinzip der Kundenorientierung folgt. Sieht der Nachfrager einen größeren Nutzen und auf Industriegütermärkten vor allem eine größere Problemlösungsfähigkeit, am Leistungsangebot des Unternehmens als an dem der Konkurrenten, dann können Industriegüterunternehmen einen komparativer Konkurrenzvorteil (KKV) erzielen (vgl. Backhaus/Voeth, 2010, S. 15 f.). Besitzt ein Produkt ein für den Kunden subjektiv bedeutsames Kaufmerkmal (Bedeutsamkeit) und erkennt der Nachfrager den Leistungsvorteil bei dem für ihn wichtigen Merkmal (subjektive Wahrnehmung), so können Unternehmen dauerhaft und gewinnorientiert überleben (ebd.: 24). Alle bereits aufgezeigten Positionierungsstrategien, deren Zweck die Erzielung eines KKV ist, sollten sich an den folgenden nachfrageorientierten Einflussgrößen orientieren:

- Welche Bedürfnisse (Probleme) hat mein potentieller Nachfrager?
- Wie nimmt der Nachfrager das eigene Unternehmen und die Konkurrenten wahr?

Gelingt es dem Anbieter Kundenvorteile zu generieren, eröffnet er den Nachfragern die Möglichkeit, sowohl eine Kosten- als auch eine Qualitätsstrategie zu verfolgen (integrierte Positionierung).

Wie oben dargestellt, spielt deshalb die Berücksichtigung der Kundenperspektive auf Industriegütermärkten eine immer größere Rolle. Während Anbietervorteile vor allem eine

---

[2]   Vergleichsresultat zwischen der tatsächlichen Erfahrung bei Inanspruchnahme einer Leistung (Ist-Leistung) und einem bestimmten Vergleichsstandard des Kunden (Soll-Leistung).

Rentabilisierung für das Unternehmen ermöglichen, sind Kundenvorteile unmittelbar wettbewerbswirksam (vgl. Backhaus/Voeth, 2010, S. 22). Alle Maßnahmen eines Industriegüterunternehmens sollten deshalb auf ihre Kundenorientierung überprüft werden. Ein wichtiger Aspekt stellt dabei die Gestaltung des Leistungsprogramms dar.

Ein Anbieter auf Industriegütermärkten muss entscheiden, wie er sein Leistungsangebot für die Nachfrager formt. Bietet er den Kunden ein individuelles, ein auf den Kunden zugeschnittenes Leistungsbündel oder ein standardisiertes, für mehrere Kunden vereinheitlichtes Leistungsangebot an? Gerade die Differenzierung der Leistungen nach den Interessen einzelner Kunden gewinnt bei der zunehmenden Fokussierung auf Kundenwünsche eine immer größere Bedeutung. Um die Begrifflichkeiten einordnen zu können, ist eine detailliertere Betrachtung notwendig. Zwei Sichtweisen müssen bei der Präzisierung der Begriffe **Individualisierung und Standardisierung** unterschieden werden. Die Gestaltung der Leistungen kann mit Bezug zum „Kunden" oder mit Bezug zum „Wettbewerb" erfolgen. Bei Berücksichtigung der Kunden kann die Leistung entweder spezifiziert oder unspezifiziert erbracht werden. In Bezug zum Angebot der Wettbewerber kann die Leistungsgestaltung differenziert oder undifferenziert erfolgen (vgl. Jacob/Kleinaltenkamp, 2004, S. 604 f.). Aus den genannten Dimensionen lässt sich eine Matrix der Leistungsgestaltung ableiten (vgl. Abbildung 4.7).

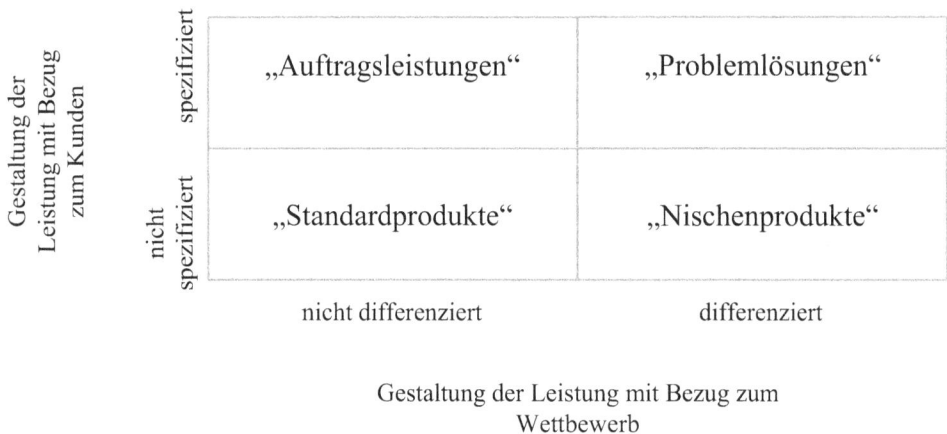

Abb. 4.7   Erscheinungsformen der Leistungsgestaltung

(Quelle: eigene Darstellung in Anlehnung an Jacob/Kleinaltenkamp, 2004, S. 605)

Unter *Problemlösungen* fallen die Leistungen, die sehr kundenspezifisch erbracht werden. Das eigene Leistungsangebot differenziert sich dabei stark gegenüber den Angeboten des Wettbewerbers (besonders im Maschinenbau). Weist das Leistungsangebot hingegen weder eine hohe Kundenspezifität noch ein Differenzierungsvorteil gegenüber dem Wettbewerber auf, handelt es sich um ein **Standardprodukt** (z. B. Märkte für elektronisches Zubehör). **Auftragsleistungen** und **Nischenprodukte** sind Mischformen aus der Individualisierungs- und Standardisierungsstrategie. Erfolgt keine Differenzierung gegenüber dem Wettbewerber, besteht aber ein hohes Ausmaß an Spezifität zum einzelnen Kunden, dann handelt es sich um Auftragsleistungen (besonders industrielle Zulieferleistungen), während Nischenprodukte weniger auf den Einzelkunde zugeschnitten sind, sich aber gegenüber den Wettbewerbsprodukten stark differenzieren (z. B. Serienprodukte, die sich vom Wettbewerber durch technologische Weiterentwicklungen unterscheiden) (vgl. Jacob/Kleinaltenkamp, 2004, S. 605). Im Folgenden werden die „Standardprodukte" (Standardisierung) und die „Problemlösungen" (Individualisierung) als Strategieoption für Industriegüterunternehmen diskutiert.

Konzentriert sich ein Industriegüterunternehmen auf die Leistungsindividualisierung bedeutet das nicht zwingend, dass alle Geschäftsprozesse kundenindividuell ablaufen (vgl. Kleinaltenkamp/Jacob, 2006, S. 24). Vielmehr geht es darum, endgültige Leistungsbündel nach den Wünschen der Kunden zu erbringen. Dabei können Prozesse zur Erzielung der Leistungsergebnisse in standardisierter Form erfolgen. Das Ziel der Leistungsstandardisierung ist die Schaffung von Unikaten. Werden die Leistungseigenschaften nach den spezifischen Anforderungen des Kunden erbracht, ist die Grundvoraussetzung für einen Kundenvorteil geschaffen. Bei der Leistungsgestaltung von Problemlösungen werden Kunden unterschiedlich stark in die Leistungserstellungsprozess integriert. Externe Produktionsfaktoren werden durch den Nachfrager zur Erstellung der Leistung zugeführt. Dabei handelt es sich vorwiegend um Informationen durch den Kunden, die in die Leistungsgestaltung miteinfließen. Die Leistungsindividualisierung ist deshalb durch ein hohes Maß an Interaktion zwischen Anbieter und Nachfrager gekennzeichnet. Dies wiederum wirkt sich auf die zeitliche Reihenfolge der Aktivitäten bei der Leistungsindividualisierung aus. Während bei der Standardisierung die Kaufentscheidung erst nach der Bereitstellung der Leistung fällt, geschieht dies bei individualisierten Leistungen früher. Der Nachfrager trifft seine Kaufentscheidung anhand des vorhandenen Leistungspotentials des Anbieters (vgl. Abbildung 4.7).

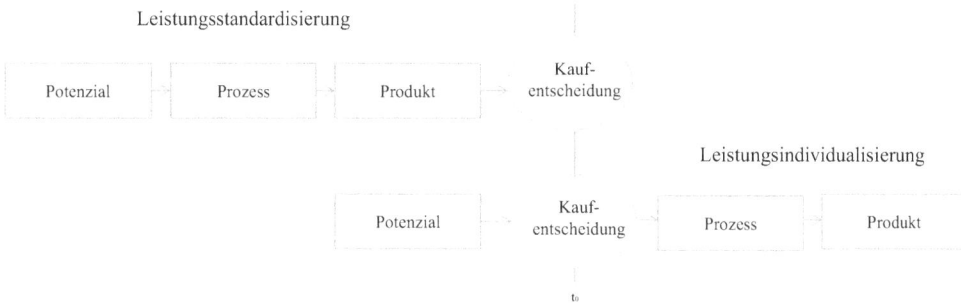

Abb. 4.8   Zeitliche Reihenfolge der Aktivitäten bei Leistungsstandardisierung und Leistungsindividualisierung
(Quelle: Jacob/Kleinaltenkamp, 2004, S. 608)

Gerade für Industriegüterunternehmen, die weder ausschließlich über niedrige Preise noch über einen technologischen Vorsprung gegenüber den Wettbewerbern verfügen, bietet es sich an, eine Strategie der Leistungsindividualisierung zu verfolgen (vgl. Frese et al. 1999, S. 884). Entscheidet sich ein Anbieter für diese Positionierungsstrategie, kann sich der Preisspielraum aufgrund der Einzigartigkeit und der hohen Problemlösefähigkeit der Leistung erhöhen (Erlössteigerungspotential). Darüber hinaus besteht die Möglichkeit, mit einer Differenzierungsstrategie Randmärkte zu bedienen und zur Verringerung von Serviceproblemen beizutragen (vgl. Weiber/Adler, 2002, S. 366). Je stärker das Unternehmen seine Programmtiefe ausweitet (d.h. je größer die individualisierte Produktpalette wird), desto eher können die Produktionskosten u. a. infolge abnehmender Erfahrungswerte und aufgrund des stark zunehmenden Lagerhaltungs-, Ersatzteil- und Verwaltungsaufwands des Unternehmens steigern (vgl. Kleinaltenkamp/Jacob, 2006, S. 35). Somit ist die zunehmende Leistungsindividualisierung auch mit negativen Effekten verbunden. Für den Kunden ergibt sich ein Vorteil hinsichtlich der Einzigartigkeit der Leistung, aber auch Nachteile infolge von Unsicherheiten bzgl. der Erfüllung der Leistungsversprechen („Verhaltensunsicherheit") und des großen Interaktionsaufwandes zwischen ihm und dem Anbieter.

Die Produktvereinheitlichungsstrategie hat zum Ziel, unterschiedliche Kundenbedürfnisse anhand eines vereinheitlichten Produkts zu befriedigen. Dabei wird das Produkt so hergestellt, dass es den „Durchschnittsansprüchen" der Nachfrager gerecht wird. Die Programmtiefe wird eingeengt (d.h. die Variantenvielzahl ist stark reduziert). Hauptgrund für die Wahl einer Vereinheitlichungsstrategie stellt die Vermeidung/Reduktion von Komplexitätskosten dar. Darunter fallen die Kosten, die durch den Komplexitätsgrad eines Produktes entstehen. Die Strategie konzentriert darauf, in fast allen Wertschöpfungsstufen und Unternehmensfunktionen Vereinfachungen zu realisieren (u. a. durch die geringe Anzahl der zu beschaffenden Teile, Verkleinerung des Lieferantenkreises, konzentrierte Lagerhaltung), um damit die Variantenkomplexität zu senken (vgl. Backhaus/Voeth, 2010, S. 590). Die Ausdünnung des Produktsortiments hat zur Folge, dass sich größere Volumina pro Produkt herstellen lassen. Somit werden nicht nur Kosten reduziert, sondern gleichzeitig zeitliche und qualitative Effekt erzielt. Gleichzeitig ist zu berücksichtigen, dass Preisspielräume mit zunehmender Standardisierung kleiner werden. Verfolgt ein Anbieter die Strategie der Leistungsstandardisierung, kann das Unternehmen zwischen unterschiedlichen Arten der Leistungsvereinheitlichung wählen (vgl. Abbildung 4.8).

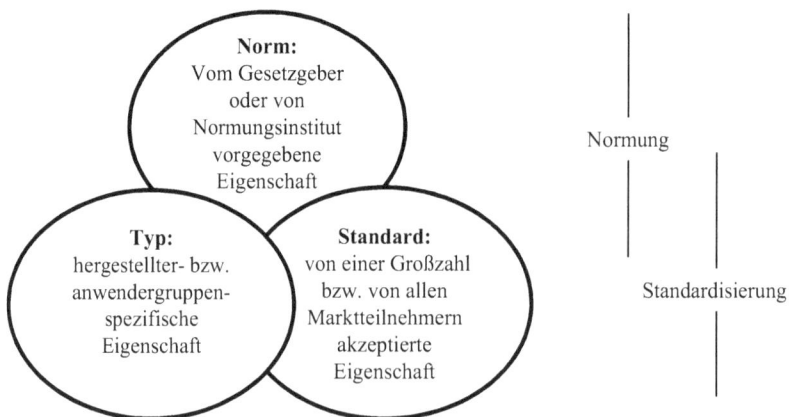

Abb. 4.9   Differenzierung der Leistungsstandardisierungsarten
           (Quelle: eine Darstellung in Anlehnung an Kleinaltenkamp, 1993, S. 20)

Unter *Typ* fallen Ergebnisse der hersteller- bzw. anwendergruppenspezifischen Leistungsstandardisierung, während *Standards* (auch **De-facto-Standards**) Leistungsvereinheitlichun-
gen bezeichnen, die von einer signifikanten Anzahl von Nachfragern akzeptiert werden. Sie
entstehen als Folge einer zunehmenden Marktpenetration (vgl. Backhaus/Voeth, 2010,
S. 595). *Normen* (auch **De-jure-Standard**) differenzieren sich von Standards und Typen
durch rechtlich fixierte Vereinheitlichungen, die oftmals von Normungsinstituten gesteuert
werden. Grundsätzlich bewirken alle Arten zunächst eine Senkung der Kundenbindung. Die
sinkenden Komplexität von Industriegütern, die verfügbaren Informationen zu Produkten
oder die gekennzeichnete Vereinheitlichung reduzieren jedoch die potenziell vorhandenen
Qualitätsunsicherheiten auf der Seite der Nachfrager. Für die Kunden ergibt sich daraus ein
wahrgenommener Qualitätsvorteil (vgl. Jacob/Kleinaltenkamp, 2004, S. 615). Ein weiterer
Vorteil der Leistungsvereinheitlichung aus Kundensicht ergibt sich aufgrund der vorhandenen Kompatibilität zwischen zwei Industriegütern. Können zwei standardisierte Produkte
miteinander in Interaktion treten, dann ergibt sich für den Nachfrager ein spezifischer Nutzen. Diese Güter, deren Nutzen mit zunehmender Anzahl an Usern steigt, werden als Netzef-
fektgüter bezeichnet (vgl. Backhaus/Voeth, 2010, S. 597). Beispiel dafür sind zahlreiche IuK
und CAT-Technologien. So handelt es sich beispielsweise bei Übersetzungsspeichersysteme
(so genannte: Translation Memory Systems (TMS)) um intelligente Datenbanksysteme, die
Übersetzungen speichern, um die Einheitlichkeit von Begrifflichkeiten und Benennungen zu
gewährleisten (vgl. Zajontz et al., 2011, S. 46). Für den Anwender eines Übersetzungsspei-
chersystems des Anbieters Across ist das System wertlos, solange der Geschäftspartner andere Systeme wie z. B. TMS der Anbieter Trados oder Déjà Vu einsetzt. Ein Industriegüterunternehmen muss nun die Entscheidung treffen, welchen Zugang es zur Umsetzung der Standards wählt und welche Führungsrolle er bei der Vereinheitlichung übernehmen möchte (vgl.
Abbildung 4.9).

Zugang

	proprietär	offen
Führer (Entwickler)	Sponsor/Verteidiger	„give away"
Folger (Adopter)	Lizenznahme	„Clone"

Führungsrolle

Abb. 4.10 Positionierungsstrategien der Leistungsindividualisierung
       (Quelle: eigene Darstellung in Anlehnung an Ehrhardt, 2001, S. 114)

Tritt ein Anbieter als Sponsor/Verteidiger auf, dann setzt sich er sich aktiv bei der Formulierung des Standards ein und versucht diesen gleichzeitig, anhand von Eigentumsrechten vor Dritten zu schützen. Wählt ein Anbieter die „give away"-Positionierungsstrategie, übernimmt der Anbieter eine aktive Rolle bei der Verfassung von Standards. Der Zugang zu den Standards ist dabei jedoch für andere Anbieter offen. Besondere Anreize für die Übernahme der Standards werden z. B. durch Vergabe kostenloser Lizenzen geschaffen. Während bei der Lizenznahme der Anbieter ein Nutzungsrecht eines Standards entgeltlich (Lizenzgebühr) erwirbt, übernimmt ein Anbieter bei der „Clone"-Strategie einen frei zugänglichen Standard (vgl. Ehrhardt, 2001, S. 114).

Zusammenfassend lässt sich festhalten, sowohl die Leistungsindividualisierung als auch die Leistungsstandardisierung wirken sich unterschiedlich auf Wettbewerbsvorteile aus. In einem Großteil der Fälle treten die beiden Strategien nicht völlig getrennt voneinander auf, sondern sind miteinander verflochten. Die vorhandene Wissensbasis auf dem Markt hängt stark von dem Erfolg der einzelnen Strategien ab. Besteht ein geringer Wissensstand auf dem Markt, dann ist die Leistungsindividualisierung sowohl für die Anbieter als auch für die Nachfrager attraktiv. Je größer die Wissensbasis wird, desto mehr gewinnt die Leistungsvereinheitlichung für die Nachfrager an Bedeutung. Da sich der Wissensstand in einer Gesellschaft ständig verändert, sind Strategiemodifikationen erforderlich.

Die Sicherstellung eines Kundenvorteils ist bei der Leistungsvereinheitlichung schwieriger zur realisieren als bei der Leistungsindividualisierung. Die Komplexität ist darin begründet, Marktstandards in Kooperation mit Wettbewerbern gewährleisten zu können und so zu formulieren, dass Nachfrager einen Nutzen in der Festlegung eines Standards erkennen. Netzwerkkompetenzen[3], der Aufbau von Kooperationen mit anderen Unternehmen und die Sicherstellung langfristiger Zusammenarbeit mit Wettbewerbern sind hierfür erforderlich und notwendig, um erfolgreich am Markt agieren zu können. Dem Aufbau von Verflechtungsbeziehungen, technologischen Netzwerkbeziehungen und strategischen Allianzen kommt bei der Strategie der Leistungsstandardisierung deshalb eine besondere Bedeutung zu (vgl. Jacob/Kleinaltenkamp, 2004, S. 619).

Ein Industriegüterunternehmen muss in Anbetracht der oben diskutierten Strategien abwägen, in welcher Art und Weise es seine Leistungen auf dem Markt platziert. Dabei muss das Unternehmen eine Positionierungsstrategie wählen, die Kundenorientierung, Kundennutzen, Kosteneffekte, Qualitätskriterien und die eigene Leistungsfähigkeit (integrierte Positionierung) berücksichtigt.

---

[3]   „Netzwerke bestehen aus Akteuren, die durch Austauschbeziehungen nicht marktmäßig Art untereinander verbunden sind. Der Zweck solcher ökonomischen Netzwerke besteht offensichtlich darin, Aktivitäten zu ermöglichen, zu denen die unternehmensinternen Ressourcen nicht mehr ausreichen." (Schamp 2000, S.65)

4.2.4   Wettbewerb

Während sich die vorangegangen Kapitel mit Positionierungsstrategien beschäftigten, die sich vor allem auf Unternehmensleistungen, Schaffung von Kundenvorteilen und auf die positiven Effekte des Unternehmensstandortes konzentrierten, fokussiert das vorliegende Kapitel auf Strategien zur Positionierung gegenüber den Wettbewerbern. Dabei ist zu beachten, dass, bei allen bereits diskutierten Strategien zur Positionierung, die Platzierung gegenüber den Wettbewerbern immer berücksichtigt werden muss. Die Frage nach dem angestrebten Wettbewerbsvorteil bildet ein wichtiger Kern innerhalb der unterschiedlichen Positionierungsstrategien. Alle behandelten Positionierungsstrategien stehen somit in Wechselbeziehungen zueinander (integrierte Positionierung). Je nach Zielinhalten auf Geschäftsfeldebene erhält eine Strategie für das Industriegüterunternehmen eine besondere Priorität, um das Anspruchsniveau der Zielerreichung innerhalb eines strategischen Geschäftsfeldes gewährleisten zu können. Priorisiert das Unternehmen bei Festlegung seines Marktauftritts und seiner Marktbearbeitung konkurrenzgerichtete Strategien, so erfolgt die Positionierung anhand des Verhaltens gegenüber seinen Wettbewerbern auf dem Markt für Industriegüter (vgl. Abbildung 4.10). Dabei handelt es sich vornehmlich um Industriegüterunternehmen, die sich äußerst aktiv gegenüber den Wettbewerbern verhalten.

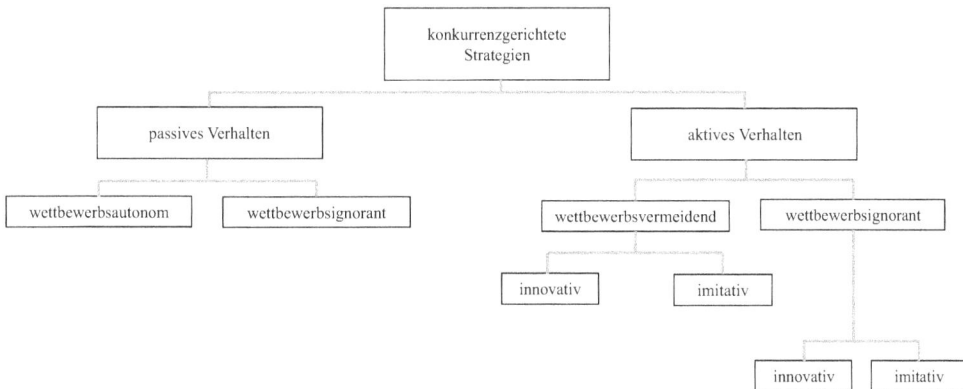

Abb. 4.11 Konkurrenzgerichtete Strategien (Quelle: eigene Darstellung in Anlehnung an Sander, 2004, S. 333)

Verhält sich ein Industriegüterunternehmen gegenüber seiner Wettbewerber *passiv*, dann spielen Konkurrenzaktivitäten bei Unternehmensentscheidungen keine Rolle. Das ist besonders bei großen Unternehmen der Fall, die über eine dominierende Marktstellung verfügen und, aufgrund dessen, ihre Konkurrenten bei Unternehmensentscheidungen nicht explizit berücksichtigen (**wettbewerbsautonom**). Ist sich ein Unternehmen über den Stellenwert der Wettbewerbsorientierung nicht bewusst, dann handelt es sich um ein **wettbewerbsignorantes** (passives) Verhalten. Wenn sich ein Unternehmen gegenüber den Konkurrenten passiv verhält, dann entwickelt es keine wettbewerbsgerichteten Strategien und somit keine auf die Konkurrenten abzielende operativen Maßnahmen (vgl. Sander, 2004, S. 332).

Berücksichtigt das Unternehmen bei eigenen Unternehmensentscheidungen hingegen Aktivitäten der Konkurrenz, so zeigt es ein aktives Verhaltensmuster gegenüber Wettbewerbern. Dabei lassen sich vier Dimensionen aktiven Verhaltens differenzieren:

- wettbewerbsvermeidend entgegen wettbewerbsstellend
- innovativ entgegen imitativ

Die Dimension „wettbewerbsvermeidend entgegen wettbewerbsstellend" nimmt Bezug auf den Zeitpunkt, zu dem auf die Konkurrenten abzielende operative Maßnahmen eingeleitet werden. Unternehmen verhalten sich wettbewerbsvermeidend, wenn unternehmensbezogene Entscheidungen an Handlungen der Wettbewerber angepasst werden. Wettbewerbsstellendes Verhalten ist durch eine offensive Vorgehensweise kennzeichnet. Fühlt das Unternehmen sich durch Aktivitäten des Wettbewerbers bedroht, greift es frühzeitig zu konkurrenzgerichteten Maßnahmen. Die Dimension „innovativ entgegen imitativ" bezieht sich auf das Verhalten des Konkurrenten. Imitieren die Konkurrenten, dann übernehmen sie nach einer gewissen Zeit erfundene Produkte- oder Prozessinnovationen, während ein innovatives Verhalten des Konkurrenten durch eine permanente Suche nach inhaltlichen und prozessualen Innovationen kennzeichnet ist (vgl. Sander, 2004, S. 332 f.).

Durch die Kombination der Dimensionen lässt sich eine aktive Verhaltensstrategie-Matrix hinsichtlich der Wettbewerber ableiten.

Verhaltensdimensionen	innovativ	imitativ
wettbewerbsvermeidend	Ausweichstrategie	Anpassungsstrategie
wettbewerbsstellend	Konfliktstrategie	Kooperationsstrategie

Abb. 4.12 Verhaltensstrategie-Matrix (Quelle: eigene Darstellung in Anlehnung an Meffert et al., 2008, S. 310)

Industriegüterunternehmen, die eine **Ausweichstrategie** verfolgen, versuchen sich dem Wettbewerbsdruck durch innovative, schwer nachzuahmende Produkt- oder Prozesstechnologien zu entziehen. Unternehmen konzentrieren sich dabei auf ein Marktsegment bzw. eine Marktnische mit hohen Eintrittsbarrieren. Unternehmen, die sich vor allem darauf fokussieren, die Marktposition zu halten und am allgemeinen Marktwachstum teilzunehmen, indem sie das eigene Verhalten auf das Verhalten der Konkurrenten anpassen, bedienen sich der **Anpassungsstrategie**. Die **Konfliktstrategie** basiert auf einem aggressiven Markverhalten (z. B. niedrige Preise, intensive Bewerbung) mit dem Ziel durch ein innovatives Verhalten,

Marktanteile zu gewinnen und die Marktführerschaft zu erlangen bzw. zu halten. Potentielle Konflikte mit dem Konkurrenten werden bewusst in Kauf genommen (vgl. Sander, 2004, S. 334). Drei „Angriffsoptionen" sind denkbar.

1. **Direktangriff auf die Kernproduktbereiche**
   Sowohl durch radikale oder inkrementelle Produktinnovationen als auch durch die Festlegung eines niedrigen Produktpreises greift das Industriegüterunternehmen den Kernproduktbereich der Konkurrenten an.
2. **Umzingelung**
   Die Marktposition wird dem Wettbewerber von mehreren Seiten streitig gemacht. Dies kann durch Produktalternativen gegenüber dem Konkurrenzprodukt erfolgen oder durch den Aufbau einer Niedrigpreissegmentmarke.
3. **Flankenangriff**
   Die strategische Überlegung zielt darauf ab, Schwachstellen des Wettbewerbers zu identifizieren und anzugreifen (vgl. Stender-Monhemius, 2002, S. 111 f.).

Verfolgt ein Industriegüterunternehmen die Kooperationsstrategie, strebt es Kooperationen aufgrund eines zu geringen Wettbewerbsvorteils und nicht vorhandenen (beschränkten) Ressourcen (Finanzmittel, Humankapital) mit einem oder mehreren Konkurrenten an. Ziel der Kooperation ist es, durch gemeinsame Aktivitäten Wettbewerbsvorteile zu erzielen (Synergieeffekt) (vgl. Sander, 2004, S. 334). Unternehmen können mit Hilfe von Kooperationen innerhalb der Wertschöpfungskette ihre begrenzten individuellen Kompetenzen zu übergreifenden Kompetenzen über größere Bereiche der Wertschöpfungskette ausdehnen (vgl. Bathelt, 1995).

4.3   Industrial Market Planning

Die Auseinandersetzung mit strategischen Fragestellungen wie Marktsegmenten oder wettbewerbsorientierten Positionierungsansätzen darf auch im Industriegütermarketing nicht isoliert erfolgen. Vielmehr tragen Planungsmethoden zur koordinierten Ausrichtung und zum zielgerichteten Einsatz der Strategieinstrumente und Marketingentscheidungen bei. Dieses Buch unterscheidet dabei zwei Formen einer „Industrial Market Planning":

- Die abgestimmte Organisation strategischer und operativer Marketinginstrumente mit Hilfe von **Marketingplänen** (vgl. z. B. Strauß, 2008).
- Die vertriebsorientierte **Absatz- und Umsatzplanung** im zeitlichen Verlauf als abgeleitetes Kernelement industrieller Marketingpläne (vgl. z. B. Rieg, 2008).

Zur Hinführung auf eine marketing- und vetriebsorientierte Planung soll zunächst auf die Historie unternehmerischer Planungstätigkeit hingewiesen werden. Diese lässt sich grob in vier Entwicklungsphasen unterteilen (vgl. Bea/Haas, 2001, S. 11 ff.):

1. Phase: Planung (ab 1945):
Die Planung der Nachkriegszeit war vorwiegend auf Finanzströme ausgerichtet. Es dominierte die Vorstellung, dass sich wirtschaftliche Aktivitäten in monetären Größen niederschlagen und sich das Unternehmensgeschehen alleinig über diese monetären Größen lenken lässt. In der Budgetierung wurde das Planungshandeln schlechthin gesehen. Diese lieferte eine geeignete Grundlage für die Kontrolle. Unter der Ergebniskontrolle verstand man wiederum die Ermittlung von Soll-Ist-Abweichungen.

2. Phase: Langfristige Planung (ab 1960):
Die Durchführung langfristiger Prognosen war das Ziel der „long range planning"-Prozesse, die in den 60er Jahren einsetzten. Diese beruhten auf einer Verlängerung eines jeweiligen Trends weit in die Zukunft hinein. Signifikante Diskontinuitäten in der Unternehmensumwelt wie der Ölschock des Jahres 1973, der Niedergang der New Economy 2000 sowie die weltweite Finanzmarktkrise im Jahr 2008 stellen die Tauglichkeit der reinen Extrapolationsverfahren immer wieder in Frage.

3. Phase: Strategische Planung (ab 1973)
Die Ölkrise warf die Frage auf, ob Unternehmen solchen Diskontinuitäten wehrlos ausgesetzt sind oder ob diese vorhersehbar wären. Anstelle einer ausschließlichen Beschäftigung mit der Vergangenheit und deren Verlängerung in die Zukunft trat eine systematische Analyse der zukünftigen Chancen und Risiken in den Vordergrund. Anforderungen aus der Umwelt wurden evaluiert und mit den Fähigkeiten des Unternehmens verglichen, auf die Umwelt zu reagieren. In diesem Zusammenhang wurden Frühwarnsysteme wie das Konzept der schwachen Signale (vgl. Ansoff, 1981) oder die Szenario-Analyse (vgl. z. B. Bea/Haas, 2001, S. 127 ff.) entwickelt.

4. Phase: Strategisches Management, grenzenlose Unternehmen (ab 1980, ab 1995)
Durch die in den 80er Jahren einsetzende Globalisierung verstärkte sich die Position des Nachfragers. Dazu setzte in den 90er Jahren eine verstärkte internationale Vernetzung von Unternehmen ein. Unternehmensanteile wurden gekauft, umstrukturiert und wieder verkauft. Das stellte die Unternehmen vor besonders große Herausforderungen bei der Planung. Das integrativ-systemische Denken gewann daher immer mehr an Bedeutung. So wurden im Rahmen von Planungsvorhaben auch Faktoren wie Personal, Organisation oder Unternehmenskultur berücksichtigt. Disziplinen wie Wissensmanagement (vgl. Kuhn, 2003) und kontextuelle Marktforschung gewannen zunehmend an Bedeutung, um valide Informationsgrundlagen für die Planung zu generieren.

4.3.1   Marketingpläne als Strategiekondensat des Industriegütermarketings

Marketingpläne folgen grundsätzlich keinem einheitlichen Schema, sondern gestalten sich äußerst variantenreich. Im Industriegüterkontext werden sie folgendermaßen umschrieben (Ward, 2008): „A marketing plan outlines the specific actions industrial companies intent do carry out to potential customers and markets in their products and/or services. Marketing plans help to implement industrial market strategies. They outline a roadmap that leads companies to achieve their marketing targets." Marketingpläne sind folglich Handlungsleitfäden, die durch die Verarbeitung umfassender Analysen ein möglichst realitätsnahes Bild des Marktgeschehens abbilden und darauf aufbauend konkrete Strategien zur Zielerreichung formulieren.

Marketingpläne gelten als Koordinationsinstrument aller strategischen Überlegungen auf Industriegütermärkten und entspringen dem Ansatz der strategischen Planung. Die allgemeinen Komponenten des strategischen Planungsprozesses sind (vgl. Bea/Haas, 2001, S. 52 f.):

- Zielbildung
- Umweltanalyse
- Unternehmensanalyse
- Strategiewahl
- Strategieimplementierung
- Strategiekontrolle

Diese Komponenten finden sich in nahezu allen Formen von Marketingplänen wieder. Dabei besteht die große Herausforderung jedoch nicht nur in der schrittweisen Abarbeitung der marktorientierten Komponenten durch den Marketingverantwortlichen eines Industriegüterunternehmens. Marketingpläne fördern vielmehr auch die Betrachtung der übergreifenden Prozessperformance bei den involvierten Organisationseinheiten (vgl. Biesalski/Holzer, 2008, S. 140 ff.). Die Umsetzung industrieller Marketingstrategien bedarf folglich einer engen Abstimmung zwischen Vertriebs-/Marketingabteilungen, Einkaufsverantwortlichen, Entwicklern, Fertigungsbereichen, Finanzverantwortlichen, Personalern, Controllern und der Unternehmensleitung. Probleme ergeben sich dabei immer wieder sowohl bei der Strategieumsetzung bzw. -implementierung als auch bei der Strategiekontrolle. Beide Elemente des Marketingplans betreffen Unternehmensbereiche außerhalb des Marketing- und Vertriebsbereichs besonders stark. So ist die nachfrage-/marktgerichtete Neuproduktentwicklung nicht alleine durch Marketingverantwortliche plan- und umsetzbar, sondern wird auch ganz wesentlich durch die Bereitschaft von Entwicklungs- und Fertigungsbereichen beeinflusst, sich an diesem Prozess aktiv zu beteiligen. Insbesondere die in den meisten Unternehmen gut funktionierenden Controlling-Funktionen stellen, sich oftmals als großes Sorgenkind heraus. Controlling-Instrumente haben sich im Kontext allgemeiner Produktionsplanung oder Kostenverfolgung etabliert, beziehen sich jedoch nur in den seltensten Fällen auf die Kontrolle und Steuerung von industriellen Marketingstrategien (vgl. Biesalski/Holzer, 2008, S. 141 f.). Neuere Marketingplan-Konzepte setzen genau an dieser Problematik an und fokussieren insbesondere bei Industriegüterunternehmen besonders stark auf die präzise Abgrenzung messbarer Ziele und Strategiekontrollen (z. B. Strauß, 2008).

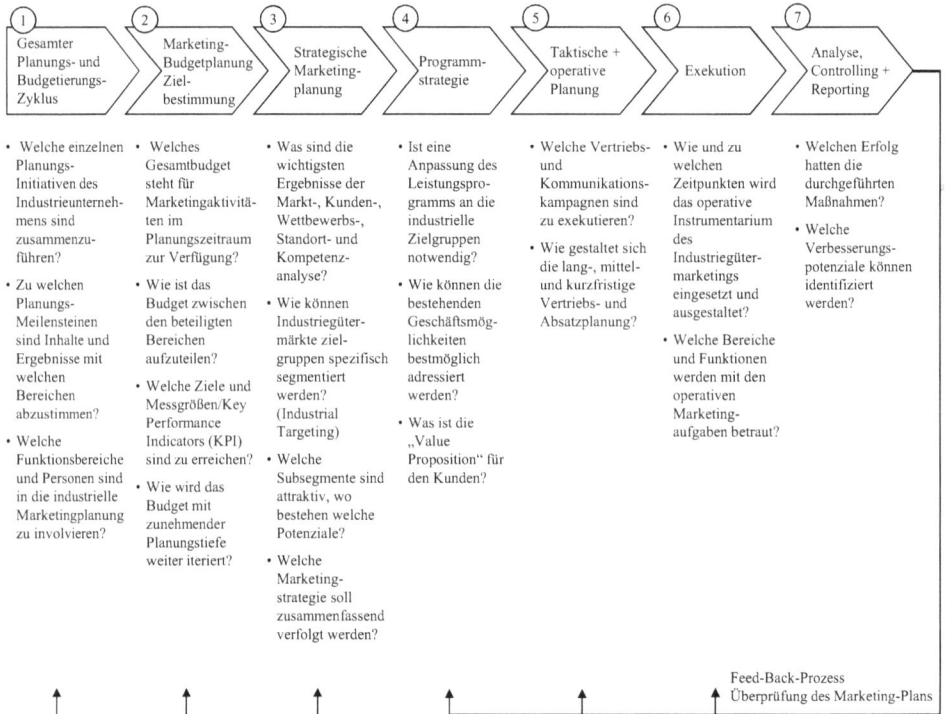

① Gesamter Planungs- und Budgetierungs-Zyklus	② Marketing-Budgetplanung Ziel-bestimmung	③ Strategische Marketing-planung	④ Programm-strategie	⑤ Taktische + operative Planung	⑥ Exekution	⑦ Analyse, Controlling + Reporting
• Welche einzelnen Planungs-Initiativen des Industrieunternehmens sind zusammenzuführen? • Zu welchen Planungs-Meilensteinen sind Inhalte und Ergebnisse mit welchen Bereichen abzustimmen? • Welche Funktionsbereiche und Personen sind in die industrielle Marketingplanung zu involvieren?	• Welches Gesamtbudget steht für Marketingaktivitäten im Planungszeitraum zur Verfügung? • Wie ist das Budget zwischen den beteiligten Bereichen aufzuteilen? • Welche Ziele und Messgrößen/Key Performance Indicators (KPI) sind zu erreichen? • Wie wird das Budget mit zunehmender Planungstiefe weiter iteriert?	• Was sind die wichtigsten Ergebnisse der Markt-, Kunden-, Wettbewerbs-, Standort- und Kompetenz-analyse? • Wie können Industriegüter-märkte ziel-gruppen spezifisch segmentiert werden? (Industrial Targeting) • Welche Subsegmente sind attraktiv, wo bestehen welche Potenziale? • Welche Marketing-strategie soll zusammenfassend verfolgt werden?	• Ist eine Anpassung des Leistungspro-gramms an die industrielle Zielgruppen notwendig? • Wie können die bestehenden Geschäftsmög-lichkeiten bestmöglich adressiert werden? • Was ist die „Value Proposition" für den Kunden?	• Welche Vertriebs- und Kommunikations-kampagnen sind zu exekutieren? • Wie gestaltet sich die lang-, mittel- und kurzfristige Vertriebs- und Absatzplanung?	• Wie und zu welchen Zeitpunkten wird das operative Instrumentarium des Industriegüter-marketings eingesetzt und ausgestaltet? • Welche Bereiche und Funktionen werden mit den operativen Marketing-aufgaben betraut?	• Welchen Erfolg hatten die durchgeführten Maßnahmen? • Welche Verbesserungs-potenziale können identifiziert werden?

Feed-Back-Prozess
Überprüfung des Marketing-Plans

Abb. 4.13 7-Phasen Marketingplan für Industriegüterunternehmen
(Quelle: eigene Darstellung in Anlehnung an Strauß, 2008, S. 51)

In einem ersten Schritt, dem **Planungs- und Budgetierungszyklus** werden für jede Ebene des Marketingplanungsprozesses sämtliche Schnittstellen, Meilensteine und Aktivitäten des Planungsprojektes in Form eines Projektplanes und einer Projektorganisation definiert. Dabei ist es besonders wichtig, die Ansprechpartner anderer Unternehmensbereiche frühzeitig einzubinden und mit in die Verantwortung für die marktorientierte Planung zu nehmen. Auf diese Weise wird verhindert, dass z. B. Ingenieure mit Entwicklungsverantwortung für Plattformprojekte den Marketingplan im Nachgang zu dessen Erstellung boykottieren. Gleichzeitig hat sich in der industriellen Praxis herauskristallisiert, dass eine frühzeitige Abstimmung und Zusammenführung der unterschiedlichen Planungs-Initiativen und Systeme notwendig ist. So gilt selbst eine mittel- bis langfristige Absatzplanung in einem Marketingplan als Determinante für strategische Planungsvorhaben in Fertigung oder Einkauf: Die Anzahl und Morphologie prognostizierter Zielprojekte eines Industriegüterherstellers bestimmt die Sourcing Strategie und damit die einkaufsseitige Lieferantenplanung (Single Sourcing, Dual Sourcing, Multiple Sourcing...).

Im zweiten Schritt erfolgt die **Planung des Marketingbudgets zusammen mit der Bestimmung genereller Marketingziele**. Obgleich die Fixierung der Unternehmensziele und die strategische Positionierung auf Industriegütermärkten entsprechend der Lehrbuchmeinungen zu Beginn der Marketingplanung stehen sollten (vgl. z. B. Sander, 2004, S. 556 f.), zeigt sich eine davon komplett abweichende Vorgehensweise in der unternehmerischen Wirklichkeit. Die Festlegung des verfügbaren Marketingbudgets erfolgt in den meisten Fällen „Top-Down" zu Beginn des Planungsprozesses. Im Hinblick auf eine praxisnahe industrielle Marketingplanung ist daher für eine simultane Betrachtung von Zielfeststellung und Gesamtbudgetplanung zu plädieren. Von hoher Bedeutung ist auch die Aufteilung des Gesamtbudgets auf die beteiligten Funktionsbereiche. Die Integration „marketingferner" Unternehmensfunktionen wie Musterbau oder Einkauf muss zwingend mit der Zuteilung von Marketing-Budgetanteilen verknüpft sein. Nur so werden Marketingaufgaben ernst genommen, nur so ist deren erfolgreiche Umsetzung kontrollierbar, werden Sanktionen gegen „rebellierende" Funktionsbereiche möglich. Die eingangs ermittelten Budgets und deren Aufteilung nach unterschiedlichen Funktionsbereichen und Produktsegmenten sind dann nachfolgend im Laufe des Marketingplanungsprozesses weiter zu verfeinern bzw. zu revidieren (vgl. Strauß, 2008, S. 52).

Eine systematische und fundierte Analyse der Ausgangssituation bildet die Grundlage der dritten Phase, **der strategischen Marketingplanung**. Dabei erfolgt eine intensive Auseinandersetzung mit den Rahmenbedingungen und strategischen Aspekten des Industriegütermarketings, die den vorangehenden Kapiteln und Abschnitten detailliert erörtert wurden. Als Bestandteile der strategischen Marketingplanung gelten z. B. die Segmentierung von Industriegütermärkten und die strategische Positionierung im Wettbewerbs- und Leistungsumfeld (vgl. Abschnitt 4.2). Dem zugrunde liegen wiederum Prozesse zur Informationsbeschaffung auf den fokussierten Industriegütermärkten (vgl. Abschnitt 3.2.). Grundsätzlich muss die Informationsgrundlage für die Erarbeitung der Marketingstrategie dem Kompromiss genügen, hinreichend detailliert und präzise zu sein, um reine Bauchentscheidungen zu vermeiden. Gleichzeitig müssen die eingesetzten Informationen und Analysen auf das Wesentliche fokussiert sein, um keinen „Information-Overload" und keine „Scheingenauigkeit" zu produzieren (vgl. Strauß, 2008, S. 52). Die Marketingstrategie bezieht sich in derselben Phase auf die mittel- bis langfristige Ausgestaltung des industriellen Marketing-Mix im Hinblick auf die Erreichung der anvisierten Ziele. Oftmals werden in dieser Phase alternative Marketingstrategien als Optionen formuliert. Diese werden dann im Rahmen des weiteren Prozesses bewertet und verdichtet. Die Bewertung resultiert wiederum in der Auswahl und Verabschiedung einer Strategieoption (vgl. Strauß, 2008, S. 52). Im Verlauf der systematischen Ausgestaltung der strategischen Marketingplanung muss eine strukturierte Abstimmung mit allen beteiligten Unternehmensbereichen gewährleistet sein.

Bei der **Programmstrategie**, der vierten Phase, werden Marketingprogramme für alle ausgewählten Marktsegmente, Produkte und Dienstleistungen festgelegt. Vor dem Hintergrund der strategischen Marketingplanung kann eine Modifikation oder Anpassung des jeweiligen Produkts oder der Dienstleistung notwendig sein. In diesem Stadium ist dies jedoch überhaupt nur dann möglich, wenn betroffene Funktionsträger wie Plattformentwickler, Konstrukteure und Fertigungsplaner bis zu diesem Punkt bereits an der Erstellung des Marketingplans beteiligt waren. Ist dies nicht der Fall, so sind selbst geringfügige Veränderungen des Leistungsprogramms innerhalb einer Organisation praktisch nicht durchsetzbar. In diesem Zusammenhang ist auch die so genannte „Value Proposition", das Nutzenversprechen des Leistungsprogramms, klar herauszuarbeiten. Dieses richtet sich an zwei Anspruchsgruppen:

Kunde: Das Nutzenversprechen beschreibt, welchen Nutzen der Kunde erlangt. Das Geschäftsmodell definiert sich also nicht über das Produkt oder die Dienstleistung an sich, sondern über deren Nutzengenerierung und damit indirekt über die Bedürfnisbefriedigung beim Kunden. Im Industriegütermarketing ist dabei die getrennte Betrachtung von Nutzwerten bei Endkunden und industriellen Kunden entscheidend. Beispiel: In der Automobilindustrie definiert sich der Nutzen eines Hochdrucksystems zur Diesel-Direkteinspritzung für einen industriellen Kunden wie Daimler oder VW auf andere Weise als für den Endkunden, den Nutzer des Fahrzeugs. Während der Automobilhersteller einen hohen Nutzen aus der einfachen Einbaufähigkeit, der Platzersparnis im Motorraum sowie der Kompatibilität mit anderen Motorkomponenten zieht, sind diese Faktoren für den Endkunden von geringer Relevanz. Nutzwerte, die sich dem Fahrzeugverwender aus dem Einspritzsystem ergeben, sind dagegen Kraftstoffverbrauch, Beschleunigungsvermögen und Fahrspaß. Durch die bewusste Festlegung, welche Bedürfnisse befriedigt werden sollen, impliziert das Nutzenversprechen auch, welche Aktivitäten nicht vom Unternehmen ausgeübt werden. Diese „negative" Auswahl ist entscheidend für die Fokussierung des Unternehmens.

Wertschöpfungspartner: Bestandteil des Nutzenversprechens ist nicht nur die Beschreibung des Nutzens für die Kunden, sondern auch für Partner des Wertschöpfungsprozesses. Das Nutzenversprechen enthält den Nutzen, den die Wertschöpfungspartner, seien es Lieferanten oder Komplementäre, aus der Teilnahme an dem Geschäftsmodell ziehen und diese somit motivieren, Teil des Geschäftsmodells zu werden.

Kritisch anzumerken ist, dass Nutzenversprechen oftmals nur intern, aus Sicht des Unternehmens bzw. der Organisation abgeleitet und mit selbst definierten Produktmerkmalen gleichgesetzt werden. Die Fixierung der dieser Value Propositions ist jedoch ausnahmslos nur unter Einbeziehung der Anspruchsgruppen bzw. Kunden realisierbar.

Das analog des definierten Nutzenversprechens angepasste bzw. positionierte Leistungsprogramm ist nun zielgruppenspezifisch zu adressieren. An dieser Stelle stehen industrielle Vertriebs- und Kommunikationskonzepte im Vordergrund. Dabei besteht die Frage, ob sich Kommunikationsstrategien nur unmittelbar auf die industriellen Kunden oder auch auf Endkunden beziehen.

In der fünften Phase, der **taktischen und operativen Planung**, wird die Frage nach geeigneten Vertriebs- und Kommunikationskonzepten gestellt. Konkret geht es um die Planung der Ansprache industrieller Kunden durch Vertriebsorgane wie Key-Account-Manager, Kundenteams oder klassische Außendienstmitarbeiter. Die taktische und operative Planung stellt insbesondere im Industriegüterkontext ein wesentliches Kernelement des Marketingplans dar, da an dieser Stelle auch die konkrete Vertriebs- und Absatzplanung erfolgt. Das bedeutet, dass auch konventionelle Planungsinstrumente wie die quartalsweise erstellte VPZ-Berichterstattung (VPZ = Verkaufsplanzahlen), die jährliche Wirtschaftsplanung und die langfristige GEP (Geschäftsfeldentwicklungsplanung) in Industriegüterunternehmen als Kernbestandteile der Marketingplanung gesehen werden.

Im sechsten Schritt, der **Exekution,** geht es um die konkrete Ausgestaltung und Umsetzung der operativen Marketinginstrumente, z. B. des Pricings, der Verkaufsverhandlungen oder konkreter Maßnahmen des Markenmanagements wie dem Ingredient Branding etc. (vgl.

Pförtsch/Schmid, 2005, S. 218 ff.). Auch die Organisation der Umsetzung von Marketing-maßnahmen ist Bestandteil der Exekution. Dabei erfolgt eine Zuordnung von Marketingauf-gaben zu Organisationseinheiten bzw. Personen. Verknüpft wird dies mit einer klar struktu-rierten Zeitplanung und der Definition von Meilensteinen zur Erreichung von Marketing-Teilzielen.

In der letzten und siebten Phase des Marketingplans, der **Analyse und dem Controlling** ist es nicht beabsichtigt, die zuvor verabschiedete Strategie komplett in Frage zu stellen. Viel-mehr sollen die Resultate der initiierten Strategien und Maßnahmen systematisch nachver-folgt und operationalisiert werden. Einzelentscheidungen und Detailinhalte des Marketing-plans sind kritisch zu reflektieren, um eine mögliche strategische Neuausrichtung in den Folgeperioden zu gewährleisten. U. a. bieten sich dafür so genannte Marketing-Audits an, bei denen alle Prozessphasen des Marketingplans im Team funktionsbereichsübergreifend während eines Workshops analysiert und im Gesamtzusammenhang neu bewertet werden. Wesentlich für die Kontrollinstrumente des Marketingplans ist deren feste Integration in das Gesamtportfolio aller Controlling-Instrumente des Unternehmens.

Zur generellen sequentiellen Vorgehensweise der Marketingplanung ist zu sagen, dass diese der Anschaulichkeit und Stringenz dienlich ist. In der Praxis ergibt sich jedoch in den meis-ten Fällen ein zeitlich paralleles bzw. rollierendes Vorgehen (vgl. Strauß, 2008). Das bedeu-tet, dass zahlreiche Instrumente gleichzeitig geplant werden, ausgewählte Planungsschritte im Marketingplan vorweggenommen, andere Teilschritte ausgeblendet werden. Auch bezie-hen sich Pläne nicht grundsätzlich auf fest definierte Zeiträume, sondern werden mitunter kontinuierlich fortgeschrieben. Neue Informationen und Marktentwicklungen können dann sukzessive eingearbeitet werden und machen keine komplette Neuauflage eines Marketing-plans notwendig.

Die Robert Bosch GmbH begann im Jahr 2002 mit dem aktiven Einsatz von Marketingplänen im Unternehmensbereich Kraftfahrzeugtechnik (UBK). Diese Pläne beschreiben das systematische Vorgehen zur Aufnahme eines Produktes oder einer Produktplattform in das Sortiment. Unter Produkten sind bei Bosch Erzeugnisse, Komponenten, Module, Systeme und Software zu verstehen. Der Marketingplan begleitet bei Bosch den so genannten „time to market Prozess", d.h. den Zeitraum von der ersten Produktidee bis zum „Start of Production" (SOP). Besonders bedeutsam ist es, dass Bosch bei der Erstellung der Marketingpläne konsequent auf bestehende Planungs- und Controllinginstrumente zurückgreift und die Marketingpläne vollständig in die Zielhierarchie des Unternehmens integriert sind. So erfolgt nicht nur eine Planabstimmung zwischen Vertretern aus Marketing, Vertrieb, Entwicklung und Produktion. Vielmehr findet zusätzlich ein Contracting mit den Vorständen der jeweiligen Geschäftsbereiche statt, die den Marketingplan im Anschluss zur Umsetzung freigeben. Marketingpläne haben bei Bosch einen dynamischen Charakter. Die Überarbeitung eines Plans erfolgt regelmäßig mindestens einmal pro Jahr. Durch die regelmäßige Überarbeitung können Einzelaktivitäten und Strategien kontinuierlich auf Soll/Ist-Abweichungen untersucht werden. Dabei sollen Marktveränderungen z. B. bei der Wettbewerbssituation oder der Gesetzgebung frühzeitig erkannt werden, um notwendige Korrekturmaßnahmen einzuleiten. Im Geschäftsbereich Electrical Drives (ED) wurden auf diese Weise die Potenziale der Markteinführung einer Systemtechnologie zur Verstellung von Cabrioverdecken untersucht. Diese elektrohydraulische Verdecksteuerung besteht aus einem Elektromotor, der eine Außenzahnradpumpe antreibt und über Proportional- und Schaltventile Hydrauliköl in Hydraulikzylinder presst. Über eine derartige Aktuatorik werden Hard- und Softtopverdecke schneller und geräuscharmer geöffnet und geschlossen als mit alternativen Antriebssystemen. Der Marketingplan für die elektrohydraulische Verdecksteuerung umfasste zunächst eine umfassende Analyse des Cabrio-Marktes in Europa, USA und Asien. D.h. es wurden alle denkbaren Fahrzeugmodelle identifiziert, die als Zielprojekte für das Hydrauliksystem in Frage kommen. Eine besondere Herausforderung stellten dabei Prognosen und Erwartungen dar, die hinsichtlich zukünftiger Fahrzeugmodelle skizziert werden mussten. Zusätzlich wurden die Marktanteile der Wettbewerber untersucht sowie deren im Markt befindlichen Erzeugnisse technisch und wirtschaftlich analysiert. Da das System in unterschiedlichen technologischen Komplexitätsgraden appliziert werden kann, erfolgte im Anschluss eine Segmentierung des Cabrio-Marktes. Dabei wurden einfachere, kleine Cabrios wie der Opel Tigra Twin Top oder der Peugeot 307 CC in ein anderes technologisches Zielsegment eingeordnet als Cabrios des Luxussegments wie z. B. der BMW 6er oder der Mercedes SL. Im Rahmen der Strategiefindung und operativen Planung wurden konkrete Zielprojekte definiert. Dabei flossen strategische Überlegungen des Preismanagements mit ein. Die Frage, ob ein Zielprojekt mit einer hohen Akquisitionschance belegt wurde oder nicht, hing sowohl von der Zielpreisvorstellung des jeweiligen Kunden als auch der direkten Beurteilung der System-USPs (Unique Selling Propositions = Alleinstellungsmerkmale) durch den einzelnen Kunden ab. Bosch vermied den taktischen Fehler, das Nutzenversprechen seines Systems im „stillen Kämmerlein" zu Papier zu bringen, sondern präsentierte seinen Kunden Prototypen des Hydrauliksystems und ließ diese im Anschluss selbst darüber urteilen, ob Einzelfunktionen lediglich „nice-to-have" waren oder ein tatsächliches Alleinstellungsmerkmal darstellten.

4.3.2   Absatz- und Umsatzplanung

Die unmittelbar operative Planungstätigkeit auf Industriegütermärkten stellt einen wesentlichen Baustein industrieller Marketingpläne dar. Aufgrund ihrer traditionellen Einbindung in betriebliche Funktionsabläufe sowie ihrer Nähe zu Vertriebs- und Controllingaufgaben soll die Umsatz- und Absatzplanung nochmals gesondert als strategisches Instrument des Industriegütermarketings herausgestellt werden.

Die Eigenschaften von Industriegütermärkten lassen zunächst eine verbesserte Ausgangssituation für die Absatz- und Umsatzplanung im Vergleich zu Konsumgütermärkten vermuten. Bedarfe werden im interindustriellen Kontext oftmals frühzeitig durch Kunden an ihre Zulieferer gemeldet und scheinen über Modellreihenpläne für Enderzeugnisse wie PKWs oder Computer gut prognostizierbar. Gestützt wird diese Annahme durch einen höheren Grad an Interaktion und einem engem Kontakt zwischen den Marktteilnehmern auf Industriegütermärkten. Auch die stärkere Präsenz von Formalismen wie Beschaffungsleitlinien, Lastenheften oder RFQ-Prozessen (RFQ = Request for Quotation) lässt auf eine vergleichsweise einfach umsetzbare Absatzplanung schließen. Dem entgegen steht jedoch der derivative Charakter der industriellen Nachfrage. Diese wird sekundär aus der Nachfrage der nachgelagerten Konsumgütermärkte abgeleitet. Dabei ergibt sich oftmals der für die Planung so kritische „Bullwhip-Effekt" (vgl. z. B. Lechner, 2008). Dieser bezeichnet das Phänomen, das die Variabilität der Nachfrage in den Supply-Chains vom Endkunden über den Handel und die unterschiedlichen Stufen industrieller Anbieter und ihren Zulieferern immer mehr zunimmt. Ursachen dafür finden sich zum einen in der generellen Unsicherheit bei Nachfrageprognosen, die sich in mehrstufigen Supply-Chains immer mehr „aufschaukelt". Zudem erfolgt aus Kostengründen oftmals eine Losbildung bei Bestellungen. Dadurch sollen bestellfixe Kosten minimiert werden. Dem jeweiligen Zulieferer der losbildenden Einheit wird somit ein erhöhter Bedarf suggeriert. Dieser Effekt setzt sich nun in der Zulieferstruktur fort.

Die Absatz- und Umsatzplanung stellt folglich eine der großen Herausforderungen des Industriegütermarketings dar. Dabei bieten die unterschiedlichen industriellen Geschäftstypen spezifische Planungsvoraussetzungen:

- Leistungen im **Produktgeschäft** werden nicht einzelkundenspezifisch, sondern für einen anonymen Markt entwickelt (vgl. Backhaus/Voeth, 2010, S. 206). Bei Folgekaufentscheidungen bindet sich der Käufer nicht an die vormals getroffene Entscheidung. Beide Charakteristika des Produktgeschäfts erschweren die Umsatz- und Absatzplanung. Anonyme Spotmärkte signalisieren eigene Bedarfe nur selten und in der Regel ohne zeitlichen Vorlauf. Da es sich um „Einzeltransaktionen" handelt, stellen Kaufentscheidungen keine Signalgröße für Folgekäufe dar, sind also als Planungsindikatoren ungeeignet.
- Das **Anlagengeschäft** kennzeichnet sich durch die Vermarktung kundenindividueller Leistungen. Da die Auftragsvergabe oftmals über Ausschreibungen erfolgt, werden die Bedarfe der Nachfrager im Anlagenbereich üblicherweise frühzeitig artikuliert und ermöglichen zumindest eine hinreichend gute Kurzfrist-Planung. Ähnlich wie beim Produktgeschäft werden jedoch keine weiteren Kaufprozesse auf Seiten des Nachfragers determiniert. D.h. für eine mittel- bis langfristige Planung können sich Anlagenhersteller nicht auf klar kalkulierbare Zuschlagswahrscheinlichkeiten für Folgeprojekten berufen.

- Im **Systemgeschäft** werden Leistungen häufig für den anonymen Markt konzipiert. Dies gilt nicht für Systeme, die im Zulieferbereich, z. B. der Automobilindustrie, hergestellt werden. In den Fällen bestehender Anonymität werden die Planungsaktivitäten vergleichbar dem Produktgeschäft erschwert. Sind die Nachfrager im Systemgeschäft jedoch identifizierbar, so gilt das zweite Charakteristikum des Systemgeschäfts, der zeitliche Kaufverbund, als Hilfsmittel der Absatz- und Umsatzplanung. Im Systemgeschäft werden nachgefragte Leistungen zeitlich versetzt im Verbund mit anderen Leistungsangeboten erworben. Spezifische Kaufhandlungen z. B. von IT-Systemen lassen Folgekäufe von Software-Updates etc. erwarten. Die Folgekäufe werden damit besser planbar.
- Die strukturell beste Planbarkeit ergibt sich im **Zuliefergeschäft**. Dieses gilt als Kombination aus einzelkundenbezogenen Transaktionen und gleichzeitiger Existenz eines zeitlichen Kaufverbunds. Durch die enge Interaktion mit dem Kunden werden Bedarfe frühzeitig erkennbar und können mit in die Planung einbezogen werden. Durch das individualisierte Leistungsangebot treten Anbieter- und Nachfragerorganisationen häufig in eine längerfristige Geschäftsbeziehung, die das marktgerichtete Planungswesen ihrerseits erleichtert.

Industriebetriebe verstehen die Absatz- und Umsatzplanung generell als strategische Zielplanung. Üblicherweise werden finanzwirtschaftliche Erfolgsgrößen in einer Zielausprägung fixiert und anschließend in ihre Determinanten heruntergebrochen. Die abgeleiteten Absatz- und Umsatzziele müssen folglich mit Projektpotenzialen „gefüllt" werden. Die diesbezügliche Planung erfolgt in unterschiedlichen Ableitungsrichtungen (vgl. Rieg, 2008, S. 20 ff.):

- Bei der retrograden Planung, der **„top down"** Planung, werden Ziele von oberen Unternehmensebenen, z. B. der Geschäftsführung, gesetzt, die dann auf den Folgeebenen zu konkretisieren sind. In großen Industriekonzernen manifestiert sich der retrograde Ansatz oftmals durch eine bloße Vorgabe von Umsatzzielen. Geschäftsführung und Vorstand setzen sich nicht mit den konkreten Handlungsoptionen auseinander, die zur Zielerreichung notwendig sind. Die „Machbarkeit" kann dabei aus dem Blick geraten. Die retrograde Planung eignet sich daher vor allem für kleinere und mittelständische Industriebetriebe, bei denen die Unternehmensleitung selbst beurteilen kann, ob Zielvorgaben über bestehende Projektpotenziale erreicht werden können.
- Bei der progressiven Planung erarbeiten untere Hierarchieebenen Pläne für die Folgeperioden auf einer **„bottom up"** Basis. Die Pläne werden auf den übergeordneten Führungsebenen verdichtet, bis ein unternehmerischer Gesamtplan entsteht. Die progressive Absatz- und Umsatzplanung kommt dadurch zu realistischeren Prognosen, erfolgt aber häufig unkoordiniert und ist zumeist wenig anspruchsvoll.
- Im **Gegenstromverfahren** werden beide Ableitungsrichtungen der industriellen Absatz- und Umsatzplanung kombiniert. Dabei werden grundsätzlich mehrere Planungsrunden durchgeführt. Ausgangspunkt ist zumeist eine „top down" Planung im Sinne der Vorgabe eines Absatz- oder Umsatzziels. Operative Vertriebs- und Marketingeinheiten „füllen" diese Zielvorgaben „bottom up" mit Zielprojekten aus. Auf Basis der neuen Informationen passt die Unternehmensleitung ggf. die ursprünglichen Ziele und Pläne an. In einem dritten Planungsdurchlauf werden die Änderungen wieder in Richtung der operativen Bereiche konkretisiert.

Die operativ Planungsverantwortlichen rekrutieren sich auf Industriegütermärkten in erster Linie aus den Vertriebs- und Marketingfunktionen. Diese agieren „mit dem Ohr am Kunden" und verfügen im Regelfall über eine ausgeprägte Marktkenntnis.

Für die Absatz- und Umsatzplanung wird im industriellen Umfeld zunächst eine Prognose der Gesamtmarktentwicklung durchgeführt. Dies erfolgt auf gleiche Weise im Anlagen-, Produkt-, System- oder Zuliefergeschäft. So eruiert der Hersteller von Gaskraftwerksanlagen den gesamten Neubedarf der Energieversorger Eon, EnBW, Vattenfall und RWE für den deutschen Markt. Der Erzeuger von Flugzeugsitzen prognostiziert die weltweite Flugzeugproduktion von Boeing und Airbus. Gleichzeitig schätzt er die Ausstattungsquoten der Flugzeuge mit Passagiersitzen bei unterschiedlichen Airlines wie Lufthansa, Quantas, Emirates oder Ryan Air ab. Der Zulieferer von DVD-Laufwerken evaluiert die zukünftige Produktion von PCs in Asien.

Nach Darstellung der möglichen Gesamtmarktentwicklungen wird die konkrete Absatz- und Umsatzplanung im Produktgeschäft und auf anonymisierten Systemgütermärkten in den meisten Fällen über Schätzungen, Erfahrungswerte und Zeitreihenverlängerungen durchgeführt (vgl. Homburg/Schenkel, S. 22). Lässt etwa die Wachstumsprognose für Personal Computer auf einen 20%igen Marktzuwachs schließen, so orientiert der Zulieferer von DVD-Laufwerken seine Absatzplanung möglicherweise am bisherigen Verkaufsvolumen, ergänzt dieses um das 20%ige prognostizierte Marktwachstum und justiert um entsprechende persönliche Erfahrungswerte und Einschätzungen. Im Anlagengeschäft, dem Zuliefergeschäft und dem personalisierten Systemgeschäft sind potenzielle Projekte bekannt und identifizierbar. So pflegen viele Industriegüterunternehmen einen so genannten Akquisitionskalender. Dieser zeigt bei allen potenziellen Kunden im Planungszeitraum alle denkbaren Projekte, die zur Akquisition ausstehen. Solche Projekte werden dann oftmals mit unterschiedlichen Akquisitionschancen belegt. Diese reichen von „kein Akquisitionsziel" über „geringe/ mittlere Akquisitionschance" bis zu „hohe Akquisitionschance". Die Hinterlegung der chancenreichen Projekte mit erwarteten Stückzahlen und Bewertung mit prognostizierten Preisen ergibt schließlich in Addition die konsolidierte Absatz- und Umsatzplanung. Automobilzulieferer wie Conti oder DENSO betrachten alle denkbaren Automobilplattformen mit SOPs (SOP = Start of Production) innerhalb der Planungszeiträume. Diese Firmen projizieren ihr eigenes Produktportfolio auf die jeweiligen Plattformen, definieren Zielprojekte und bewerten diese mit Akquisitionschancen. Zahlreiche, insbesondere größere Industriegüterunternehmen setzen ihre Akquisitionskalender inzwischen in Form komplexer und weltweit zugänglicher Datenbankanwendungen um oder integrieren diese in ihr SAP-System. Neben den Marketing- und Vertriebsfunktionen sind auf operativer Ebene häufig auch spezifische Controlling-Mitarbeiter mit in die Planung involviert. Diese bilden die Schnittstelle zwischen der Marktkenntnis der Key-Account- respektive Marketing-Manager sowie der Planungsdokumentation und den Datenbanksystemen. Damit sorgen die Controller für eine Weiterverteilung, Konsolidierung und Weiterverarbeitung der Absatz- und Umsatzpläne in den betrieblichen Abläufen.

Die Tatsache, dass Pläne nicht eintreffen, gilt im industriellen Kontext als alltägliche Erfahrung. Als Ursachen lassen sich prinzipielle Grenzen der Planbarkeit von unternehmensspezifischen Gründen unterscheiden (vgl. Rieg, 2008, S. 34). Als prinzipielle Gründe gelten die mangelnde Vorhersehbarkeit der Zukunft sowie die begrenzte ökonomische Rationalität der Entscheidungssubjekte. Die für eine Prognose notwendigen Informationen lassen sich nur selten mit vollständiger Validität und Reliabilität messen bzw. erheben. Prognoseobjekte verhalten sich unter dem Einfluss vielfältigster wirtschaftlicher, gesellschaftlicher, technologischer und ökologischer Faktoren. Diese komplex mulidimensionalen Abhängigkeiten können von einzelnen Planungsverantwortlichen in ihrer Gesamtheit niemals vollständig erfasst und abgedeckt werden. Zusätzlich besteht das Problem, dass reale Menschen in ihrer Funktion als Mitarbeiter eines Industrieunternehmens ihre Entscheidungen nicht ausschließlich nach ökonomisch rationalen Kriterien treffen. So können die Planungsreaktionen von Key Account Managern auf verschärfte Zielvorgaben oder veränderte Prämiensysteme nicht zuverlässig vorhergesagt bzw. abgeleitet werden. Auch auf Ebene der Führungskräfte finden sich durchaus unterschiedliche Einstellungen zur Planung. Rieg definiert für die Praxis vier Typen (vgl. Rieg, 2008, S. 51):

- Der **programmatische Fantast** sieht in der Planung ein sinnvolles strategisches Vorgehen, allerdings mangelt es ihm am Willen zur Durchsetzung von Plänen. Diese bleiben oft reine Wunschkonstrukte.
- Der **Planungsintellektuelle** versucht die industrielle Realität über möglichst detaillierte Pläne abzubilden und zu gestalten. Dies fördert grundsätzlich eine realistische Planung und Umsetzung, birgt jedoch die Gefahr, sich in Details zu verlieren, damit eine Scheingenauigkeit zu produzieren und einen unverhältnismäßig großen Aufwand in die Planung zu stecken.
- **Planungsasketen** sehen keinen Sinn im Versuch, mit Planung die Wirklichkeit zu prognostizieren und zu beeinflussen. Angesichts der komplexen und veränderlichen Planungsumwelt verlassen sie sich lieber auf Ad-hoc-Entscheidungen.
- Ein **Antiplaner** hält Pläne generell für unsinnig und stellt sich aktiv gegen jede Form der strategischen Zukunftsbetrachtung. Er zieht direktes Handeln und Entscheiden dem Ausarbeiten ausgefeilter Pläne vor.

Zu den unternehmensspezifischen Grenzen der Absatz- und Umsatzplanung zählen:

- Ungeeignete Planungsmethoden, Instrumente und Softwareanwendungen. Dies ist der Fall, wenn z. B. die Eingabemasken der Software zur Absatzplanung unübersichtlich und unergonomisch gestaltet sind und beim verantwortlichen Planer Reaktanzen provozieren.
- Unpassende Organisation der Planung. Diese ergibt sich, wenn beispielsweise einzelne Key Account Manager die marktorientierte Planungsverantwortung für andere, bislang nicht bearbeitete Kunden mit übertragen bekommen.
- Mangelnde Erfahrung der Mitarbeiter. Diese liegt etwa vor, wenn „undankbare" Planungsaufgaben an Berufseinsteiger oder Trainees übertragen werden.

Aus einer Kombination dieser Problemgrößen ergibt sich der besonders im Industriegüterbereich typische „Hockey-Stick"-Effekt der Absatz- und Umsatzplanung. Dieser beschreibt den prognostizierten Absatz- bzw. Umsatzverlauf in der Form eines Hockey-Schlägers. Der typische Verlauf wird in Abbildung 4.13 dargestellt. Ausgehend von den jeweiligen Planungszeitpunkten t_0, t_1, t_2 etc. erfolgt eine zunächst konservative Wachstumsabschätzung im Kurzfristzeitraum. D.h. die Absatz-/Umsatzkurve ist zu Beginn noch sehr flach. Im Mittel- bis

Langfristbereich steigt der Kurvenverlauf dann sehr steil an. Dies kann zumeist durch die herausfordernden top down Zielvorgaben der übergeordneten Hierarchieebenen begründet werden. Die operativ verantwortlichen Planungsmitarbeiter aus Vertrieb oder Marketing erkennen, dass im Kurzfristbereich ein Erreichen der anspruchsvollen Absatzziele nicht möglich ist und planen Zielprojekte noch entsprechend konservativ ein. In mittel- und langfristigen Zeiträumen „trimmen" sie die Verkaufsprognosen jedoch recht rasch nach oben. „Je weiter die Ereignisse in der Zukunft liegen ...", so ihre Denkstruktur, „... desto geringer sind diese konkret beeinflussbar, desto weniger können wir für künftige Abweichungen zur Verantwortung gezogen werden!" (vgl. Homburg/Schenkel, 2006, S. 21 f.). In zukünftigen Planungsperioden wird nun erkennbar, dass der vormals prognostizierte steile Verlauf der Absatzkurve trotz möglichen Wachstums in diesem Ausmaß tatsächlich nicht eingetreten ist. Erneut wird die Kurzfristplanung eher vorsichtig, die mittel- bis langfristige Planung mutig durchgeführt. Der komplette Hockey-Schläger wird also im Zeitablauf nach rechts verschoben. Die Änderung des Basisniveaus des Hockey-Schlägers auf der y-Achse entspricht dem IST-Vektor der tatsächlichen Absatz- bzw. Umsatzentwicklung.

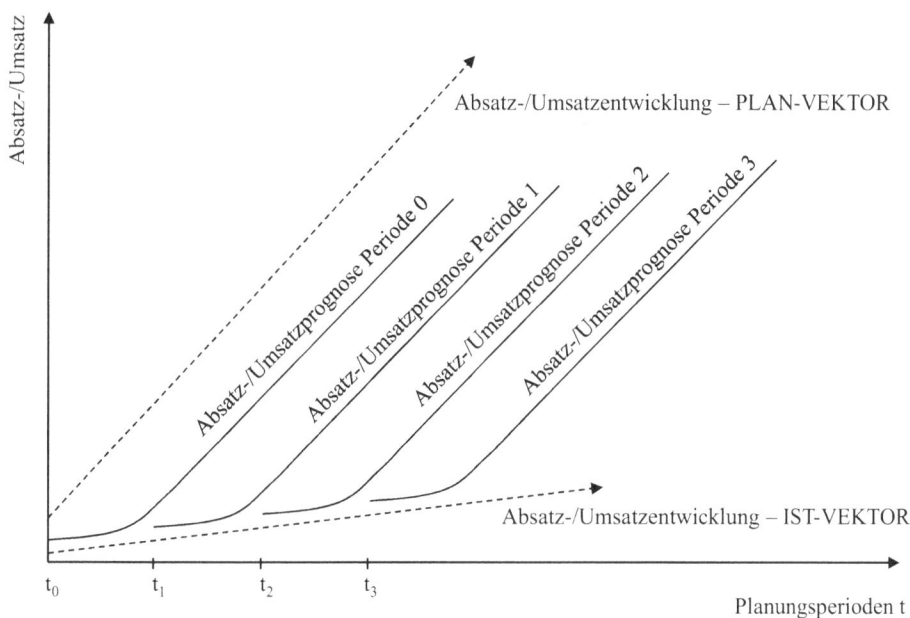

Abb. 4.14 Hockey-Stick-Effekt bei der Planung auf Industriegütermärkten (Quelle: eigene Darstellung)

In seltenen Ausnahmefällen ergibt sich eine zu konservative Planung auch für den mittel- und langfristigen Bereich. Eine Marktunterschätzung zeigt sich zumeist in prosperierenden Schwellenländern, in denen das Industriegüterunternehmen nicht heimisch ist und über nur wenige werthaltige Informationen und Erfahrungen verfügt.

Die Chery Automobile Co., Ltd. wurde 1997 in Wuhu City in der Provinz Anhui im Süd-osten von China gegründet (vgl. auch www.mobile.de). Zwei Jahre später rollte das erste Fahrzeug vom Band. Trotz bescheidener Anfänge wurde Chery bald zum schnellstwachsenden unabhängigen Automobilhersteller Chinas. 2001 begann man mit dem Exportgeschäft; die ersten Autos wurden nach Syrien verschifft. 2002 bestand Chery als erster chinesischer Automobilhersteller den Seitenaufpralltest des nationalen techni-schen Test-Centers in China und erhielt noch im selben Jahr vom TÜV Deutschland die Zertifizierung nach ISO/TS 16949. Innerhalb von 10 Jahren erreichte Chery eine kumu-lierte Produktion von 1 Million Fahrzeugen und sprengte damit die Erwartungen aller in-ternationalen Automobilexperten, Wettbewerber und Zulieferer. Das Kleinwagensegment bedient Chery mit dem Stadtauto QQ. Der viertürige Kleinwagen ist in zwei Motorvarian-ten zu kaufen, als 0.8-l-Dreizylinder mit 52 PS oder als 1.1-l-Vierzylinder mit 53 PS. Der Verbrauch beträgt nach Angaben des Herstellers 3,9 bis 4,4 Liter Benzin, die Höchstge-schwindigkeit liegt bei ca. 130 bis 140 km/h. Das Design der Karosserie mit den freund-lich blickenden, runden Scheinwerfern erinnert stark an den Daewoo Matiz. Europäische und US-amerikanische Zulieferer prognostizierten in Angebotsprozessen für die QQ Plattform im Jahr 2006 eine Produktionszahl von 10 000 - 20 000 Stück. Tatsächlich übersprang Chery bereits im selben Jahr die Marke von 50 000 Fahrzeugen. Im Jahr 2008 wurde die QQ-Produktion bereits verdreifacht. Die Automobilzulieferer begingen also nicht den typischen Hockey-Stick-Fehler bei der Absatz- und Umsatzplanung. Vielmehr fielen die Fahrzeugprognosen viel zu konservativ aus, was zu einer unflexiblen und z.T. unzureichenden Planung von Produktionskapazitäten führte. Einzelne Zulieferer waren nicht in der Lage, die kurzfristig auftretenden Bedarfe und Abrufe von Chery zu bedienen und gerieten dadurch in eine strategisch schlechte Position für zukünftige Projektkoopera-tionen mit dem prosperierenden chinesischen OEM.

5 Operatives Industriegütermarketing

Den strategischen Marketingüberlegungen auf Industriegütermärkten schließt sich der operative Einsatz ausgewählter Marketinginstrumente an. Dabei verzichtet das vorliegende Lehrbuch auf eine vollständig separate Betrachtung der unterschiedlichen industriellen Geschäftstypologien. Die jeweiligen Spezifika des Produkt-, Anlagen-, System- und Zuliefergeschäfts erfordern zweifelsohne eine Ausrichtung auf unterschiedliche Marketingschwerpunkte (vgl. Backhaus/Voeth, S. 181 ff). Eine zu deterministische Zuordnung würde jedoch der betrieblichen Realität widersprechen. So wird die Innovations- und Neuproduktplanung in der wissenschaftlichen Literatur zumeist dem Produkt- und Systemgeschäft zugeschrieben. Dabei finden auch im spezifikationsgeprägten Zuliefergeschäft innovative Plattformentwicklungen statt, in deren Verlauf ähnliche Marketingaktivitäten erkennbar werden, wie bei System- oder Produktgeschäftinnovationen (vgl. Atuahene-Gima/de Luca, 2008, S. 664 ff.).

Vielmehr ist der operative Marketingeinsatz in Industriegüterunternehmen geprägt durch individuelle Akzeptanzniveaus und Integrationsformen einzelner Marketinginstrumente im Spannungsfeld eines ingenieursgeprägten Tätigkeitsumfeldes. Die Frage, welche Marketinginstrumente technologiegetriebene Industriebetriebe einsetzen, muss also vor allem auf Basis der generellen Einstellung des Unternehmens zur Marketingdisziplin beantwortet werden (vgl. Keaveney, 2008, S. 653 ff.). Fließen marktbezogene Aspekte mit in die Produktentwicklung ein oder bleibt die Neuproduktplanung alleine den technischen Funktionen vorbehalten? Ist Pricing eine Marketingaufgabe, bei der neben Kosten auch Kundenziele und Wettbewerbspreise berücksichtigt werden, oder erfolgt die Kalkulation von Preisen strikt auf Vollkostenbasis und liegt im Verantwortungsbereich der Controlling-Abteilungen?

Das in diesem Lehrbuch dargestellte Rahmengerüst des operativen Industriegütermarketings orientiert sich also im ersten Schritt nicht an den industriellen Geschäftstypologien. Stattdessen werden die geschäftstypenübergreifend eingesetzten Marketinginstrumente in einer viergliedrigen Struktur zusammengefügt. Die Auswahl der einzeln dargestellten operativen Marketinginstrumente orientiert sich dabei nicht an der wissenschaftlichen Literatur. Ausgangspunkt hierfür sind Evaluierungen bei nationalen und internationalen Industriegüterunternehmen (vgl. CASE Studien der Dualen Hochschule Baden-Württemberg 2007-2009). Dabei wurden die in den Unternehmen erfolgreich eingesetzten und in funktionale Abläufe integrierte Marketinginstrumente aufgegriffen und konsolidiert. Die vier Kategorien des operativen Industriegütermarketings sind:

- Marketinginstrumente industrieller Leistungserstellung
- Marketinginstrumente industrieller Vertriebsprozesse
- Marketinginstrumente industrieller Außendarstellung
- Internes Industriegütermarketing

Auch wenn für diese Kategorien eine Teilverwandtschaft zum klassischen Marketingmix (vgl. Kotler/Bliemel, 2006) besteht, so existieren dennoch deutliche Abgrenzungen bei der Schwerpunktsetzung und Relevanz der einzelner Instrumente.

Die Marketinginstrumente der industriellen Leistungserstellung beziehen sich in erster Linie auf den zwischenbetrieblichen Leistungsvergleich, die Leistungs- und Innovationsentwicklung sowie die marktorientierte Kontrolle und Steuerung der erbrachten Leistung. Entsprechend intensiv werden daher Aspekte des Benchmarking sowie unterschiedlicher Innovationsmanagement- und Prozesstools wie QFD oder SCRUM diskutiert.

Die Marketinginstrumente der industriellen Vertriebsprozesse fokussieren zunächst auf wesentliche Aspekte des Pricing wie die industriemarktgetriebene Preisbestimmung, die durch den Kunden geforderte Preistransparenz und die Möglichkeiten zu Preisdurchsetzung. Aufgrund der vglw. hohen Transparenz der Industriegütermärkte und der direkten Kontakte zu den Absatzorganen spielt das Industrial Relationship Management eine herausragende Rolle. Auch das Sales- bzw. Vertriebscontrolling gehört in Industriegüterunternehmen oftmals zu den zentralen, vertriebsnahen Marketingaufgaben.

Zunächst von untergeordneter Bedeutung erscheinen Instrumente der industriellen Außendarstellung wie Werbung, PR oder Markenmanagement. Obgleich deren organisatorische Integration tatsächlich nur selten in technologisch geprägten Unternehmenskontexten festzustellen ist, erfährt die industrielle Außendarstellung derzeit einen signifikanten Bedeutungszuwachs. Mögliche Gründe dafür liegen in der zunehmend verstärkten Konkurrenz zu industriellen Anbietern aus so genannten Low Cost Countries wie China, Vietnam oder Indien.

Schließlich erfährt industrielles Marketing auch eine unternehmensinterne Ausrichtung. Insbesondere in großen industriellen Organisationsstrukturen ist das Marketing für Wissensmanagement und für die Steuerung von Mitarbeitern von hoher Bedeutung. Dabei geht es um die Verbesserung der Nutzung von Wissensressourcen und Erfahrungsquellen im Industrieunternehmen. Gleichzeitig wird internes Marketing eingesetzt, um Mitarbeiter zu motivieren, sich entsprechend der vorgegebenen marktorientierten Unternehmensziele zu verhalten.

5.1   Marketing der industriellen Leistungserstellung

Die Entscheidung über Plattformentwicklung, Variantenbildung oder Applikationen industrieller Produkte und Dienstleistungen gilt insbesondere im deutschsprachigen Wirtschaftsraum noch immer als Domäne der Ingenieure. Eine marktgetriebene Leistungserstellung findet sich oftmals nur dort, wo Kunden im Anfrageprozess klare Anforderungen an den industriellen Anbieter stellen. Im Zuliefergeschäft spricht man daher auch von so genannten **Anpas-**

sungskonzepten. Diese stehen immer dann im Vordergrund, wenn der Nachfrager eine eindeutige Dominanzposition gegenüber dem Anbieter hat. Diese Position versetzt den Erstausrüstungskunden (OEM) in die Lage, seine Wünsche gegenüber seinen Zulieferern durchzusetzen (vgl. Backhaus/Voeth, 2010, S. 517). Die nachfrageorientierte Machtverteilung manifestiert sich zumeist in ausgefeilten Spezifikationen und Lastenheften des Kunden, die die Bestandteile, Eigenschaften und die Morphologie des Zielproduktes bzw. der industriellen Dienstleistung bis in kleinste Details vorgeben. Ein Hersteller von Passagierflugzeugen spezifiziert für seinen Kabellieferanten neben der Kabellänge, deren Durchmesser und Farbe auch die genauen Leiteigenschaften, das gewünschte Verhalten bei Temperaturänderung sowie die Flexibilität des Materials. Auch Prüfvorschriften werden durch den Kunden vorgegeben.

Die strengen Prüfvorschriften einer Mobilhydraulik für die Verstellung von Cabrioverdecken oder Heckklappen nehmen einen großen Teil der Lastenhefte ein, die die Automobilhersteller ihren Zulieferern vorgeben. Zu groß ist die Sorge, dass Hydrauliköl bei Undichtigkeit oder schadhaften Stellen ins Fahrzeuginnere gelangen könnte. So besteht oftmals die Forderung, das aus Aluminium, Stahl und dünnwandigen Kunststoffteilen bestehende, mit Öl befüllte Hydraulikaggregat aus 2-3 m Höhe auf eine Betonplatte fallen zu lassen. Diesen Prüfprozess, so die Lastenhefte, sollte das Aggregat ohne erkennbare äußere und innere Beschädigungen überstehen. Aus Sicht vieler Zulieferer ist eine Erfüllung dieser Anforderung nahezu unmöglich, da sie den grundlegenden physikalischen Gesetzen widersprechen würde.

Im Rahmen der technologischen Basiskompetenzen geht man im Anlagengeschäft gleichsam von Anpassungskonzepten aus, da es sich um kundenindividuelle und oftmals an Kundenwünsche angepasste Einzellösungen handelt (vgl. Kleinaltenkamp, 1997, S. 350 ff.). Auch im Systemgeschäft können Anpassungsanforderungen vorliegen, wenn die Gestalt des Systems durch marktbezogene oder technologische Rahmenbedingungen eingeschränkt oder vorgegeben wird. Dies ist z. B. dann der Fall, wenn vergleichbare Leistungen von Wettbewerbern bereits in einer bestimmten Systemgeschäftsform im Markt angeboten werden und später eintretende Anbieter sich an dieser etablierten Systemgestalt orientieren müssen (vgl. Backhaus/Voeth, 2010, S. 450).

Operative Marketingmaßnahmen im Leistungserstellungsprozess dieser Anforderungskonzepte fokussieren vor allem auf die Analyse der bestehenden Anforderungen des Marktes/der Kunden, die Analyse der Anforderungserfüllung durch die Wettbewerber (Benchmarking) sowie die Ableitung geeigneter Reaktionen auf die gestellten Anforderungen. Insbesondere beim letzten Punkt steht in erster Linie die Entscheidung über die Annahme/Erfüllung bzw. die Ablehnung der gestellten Anforderungen im Vordergrund. So können Einzelforderungen aus Spezifikationen und Lastenheften abgelehnt bzw. die Erfüllung besonders komplexer Anforderungen als strategisches Verhandlungsinstrument eingesetzt werden („Wir erfüllen Spezifikationen, die unser Wettbewerber nicht erfüllen kann, und fordern daher einen höheren Preis!").

Im Gegensatz zu den Anpassungskonzepten beschreiben **Emanzipationskonzepte** eine Situation, in der der industrielle Anbieter durch die Einbringung eigener Ideen aktiv auf die Definition des Kundenproblems einwirkt (vgl. Backhaus/Voeth, 2010, S. 528 ff.). Marktangebote werden eigenständig entwickelt, anstatt passiv auf Nachfragerwünsche zu reagieren. Emanzipationskonzepte finden sich hauptsächlich im Produktgeschäft, da hier Leistungen für eine anonyme große Menge an Nachfragern hergestellt werden und spezifische Individualforderungen der Kunden nur selten zum Tragen kommen. Auch im Anlagen-, Zuliefer- und Systemgeschäft bestehen Formen der Emanzipation bei der industriellen Leistungserstellung. So können Zulieferer bestehende Grundbedarfe ihrer Kunden analysieren, darauf aufbauend neue Plattformtechnologien eigenständig entwickeln und diese dann aktiv vermarkten.

Der internationale Flugzeugmarkt ist bislang in zwei Duopole aufgeteilt. Boeing und Airbus bauen die großen Flugzeuge, Bombardier aus Kanada und Embraer aus Brasilien liefern die kleinen Flieger. In dieses kleinere Segment tritt nun der japanische Mitsubishi Konzern ein. Die MRJ90 soll 2011 erstmalig zu Testflügen starten, verfügt über ca. 90 Sitzplätze und setzt auf High-Tech. Ziel von Mitsubishi ist dabei insbesondere ein außergewöhnlich wirtschaftlicher Betrieb seiner neuen Jets. Im Vergleich zu einer Boeing 737 soll die MRJ90 40 % energieeffizienter sein. Der Konzern lässt sich dabei von einer Innovation seines Zulieferers Pratt & Whitney leiten. Der amerikanische Triebwerkhersteller hat einen revolutionären Antrieb entwickelt, der 15 % weniger Treibstoff verbraucht und um die Hälfte leiser ist als herkömmliche Turbinen. Durch die Entkopplung des Luft ansaugenden Fans von der Turbine können beide in einem optimalen Drehzahlbereich arbeiten, der Fan langsam, die Turbine schnell. Beide Elemente sind über ein Getriebe miteinander verbunden (Quelle: MTU). Nachdem das Marktsignal für besonders sparsame Triebwerke erkannt war, führt Pratt & Whitney die Plattformentwicklung im Sinne eines Emanzipationskonzeptes zunächst völlig eigenständig ohne einschränkende Spezifikationsauflagen ihres Kunden durch.

Operative Marketingmaßnahmen der Leistungserstellung bei Emanzipationskonzepten zielen daher schwerpunktmäßig auf Innovationsmanagement und Prozessverbesserungen bei der marktorientierten Neuproduktplanung bzw. Dienstleistungsgestaltung ab.

Der erfolgreiche Einsatz von Marketingaktivitäten im industriellen Leistungserstellungsprozess hängt wesentlich von der Integration und der organisatorischen Akzeptanz von Marketing durch die technischen Funktionen des Unternehmens ab. Auch in Industriegüterunternehmen, in denen Marketingfunktionen formell in den Leistungserstellungsprozess integriert werden, bestehen oftmals Konflikte zwischen Ingenieuren und Marketingverantwortlichen. Experten sprechen vom so genannten „Blame Game" (vgl. Keaveney, 2008, S. 653 ff.). Die Grundlage dafür bilden die Attributionstheorien. Diese beschreiben, wie und wann Menschen Ursachenzuschreibungen vornehmen, um sich das Verhalten von anderen Menschen oder ihr eigenes Verhalten zu erklären. Dabei werden Misserfolge bei der Projektakquisition in Industrieunternehmen häufig dem jeweils anderen Funktionsbereich zugeschrieben. Marketing- und Vertriebsverantwortliche argumentieren, dass Entwickler zu langsam oder zu marktfern entwickelt hätten. Entwickler kontern, Marketing- und Vertriebsmitarbeiter hätten schlecht verhandelt und dem Kunden Unmögliches versprochen. Dabei spielen persönliche

Aspekte und spezifische Charakteristika „typischer Ingenieure" und „typischer Marketing-fachleute" eine herausragende Rolle. Für eine werthaltige Integration von Marketinginstrumenten in den Leistungserstellungsprozess ist ein frühzeitiges „Management" dieser Konflikte notwendig. Als besonders praktikabel haben sich cross-funktionale Teamstrukturen und Aufgabenbeteiligungen herausgestellt. Im Rahmen der individuellen Laufbahnplanung können Karriereschritte für Entwickler eine kurze Station im technischen Marketing oder Vertrieb beinhalten (vgl. Keaveney, 2008, S. 660 f.). Umgekehrt sollten Marktverantwortliche zu regelmäßigen Entwicklungsmeetings eingeladen werden, um ein Verständnis für die internen technischen Abläufe und Probleme zu gewinnen. Innovationsteams sollten aus Vertretern von Marketing und technischen Funktionen zusammengesetzt sein. Dadurch wird sowohl der eine einseitigen Attribution von Erfolgen auf die eigene Funktionsgruppe sowie von Misserfolgen auf die fremde Funktionsgruppe strukturell entgegengewirkt.

5.1.1   Benchmarking

Zu den am häufigsten implementierten Marketinginstrumenten in Industriegüterunternehmen zählt das Benchmarking der Leistungserstellung. Dies gilt insbesondere bei Unternehmen mit einem ausgeprägten **Anpassungskonzept,** d.h. einer engen Ausrichtung der Leistungserbringung am Kunden. Dabei steht die Frage im Vordergrund, auf welche unterschiedliche Weise Wettbewerber mit den Spezifikationen der Kunden umgehen und wie die technisch und kostenseitig beste Lösung umgesetzt werden kann. Im Rahmen eines **Emanzipationskonzeptes** können Benchmarkingstudien wertvolle Hinweise für den Innovationsprozess geben. So übertragen Industrieunternehmen technisch ausgereifte Ansätze etablierter Produktfelder auf neue Produktfelder. Dieses erzeugnisübergreifende Benchmarking drückt sich derzeit z. B. in der Suche der Automobilkonzerne nach effizienten Speichermöglichkeiten für elektrische Energie aus. Der „Tesla Roadster" nutzt die Lithium Ionen Speichermedien der Computerindustrie. Sein Energiespeicher besteht aus 6831 handelsüblichen Akkus für Notebooks.

Grundlagen, Funktionen und Arten des Benchmarking

Ende der 70er Jahre entstand, getrieben durch den Kopiergerätehersteller Xerox, Benchmarking als neue, leistungsstarke Managementmethode zur Erarbeitung von Wettbewerbsvorteilen. Der „benchmark" Begriff entstammt dem Vermessungswesen und kennzeichnet dort eine „Vermessungsmarkierung" bzw. einen Bezugs- oder Referenzpunkt, an dem etwas gemessen wird (vgl. Camp, 1994, S. 15). Im Umfeld rasanter globaltechnologischer Entwicklungen ist die Messung eigener Leistungen am Leistungsstand der unmittelbaren Wettbewerber nicht mehr hinreichend. Erforderlich wird vielmehr eine Ausrichtung an den im internationalen Maßstab gültigen Bestleistungen (vgl. Sabisch/Tintelnot, 1997, S. 11). Demgemäß definiert sich Benchmarking als ständiger Prozess des Strebens eines Unternehmens nach Verbesserung seiner Leistungen und nach Wettbewerbsvorteilen durch Orientierung an den jeweiligen Bestleistungen in der Branche oder an Referenzleistungen anderer Branchen (vgl. Sabisch/Tintelnot, 1997, S. 12). Diese konsequente Orientierung an Bestlösungen bezieht sich im Marketingkontext von Industriegüterherstellern oftmals auf die eigentliche

Leistungserstellung, also das industrielle Produkt oder die industrielle Dienstleistung. Zwei grundsätzliche Ausrichtungen sind denkbar:

- Benchmarking mit dem Ziel, die bisherigen Bestleistungen zu überbieten und selbst Branchen- oder Klassenbester zu werden.
- Benchmarking als Anregung für die Verbesserung der eigenen Leistung, ohne das Ziel zu verfolgen, selbst Bestleister zu sein.

Grundsätzlich werden vier Funktionen des Benchmarking unterschieden und die in diesem Zusammenhang typischen Fragestellungen aufgeworfen (vgl. Sabisch/Tintelnot, 1997, S. 14):

Mess- und Maßstabsfunktion

- Wo steht das Unternehmen im Vergleich mit den unmittelbaren Wettbewerbern und mit ähnlichen Leistungen branchenfremder Unternehmen?
- Welches sind die besten Problemlösungen im Markt (im Sinne von Benchmarks und als objektiver Bewertungsmaßstab)?
- Was werden in Zukunft die besten Problemlösungen sein?

Erkenntnisfunktion

- Was machen andere Industriegüterunternehmen besser oder schlechter als das eigene Unternehmen?
- Weshalb zeigen andere Industriegüterunternehmen eine bessere Performance, was sind die Ursachen dafür?
- Welche Ansätze (Leistungs- und Produktelemente, Prozesse, Strategien, Gesamt- oder Teillösungen) können von anderen Industriegüterunternehmen übernommen werden?
- Welche Anpassungen bewährter Vergleichslösungen sind möglich, sinnvoll oder sogar notwendig?
- Wie können Bestlösungen oder andere Vergleichslösungen als Ausgangspunkt für eigene kreative Problemlösungen genutzt werden?

Zielfunktion

- Welche Veränderungen sind notwendig, um die Wettbewerbsfähigkeit des Industriegüterherstellers in einzelnen Leistungselementen oder insgesamt zu verbessern?
- Welche Ziele sind für die Verbesserung vorzugeben? Kann das betroffene Unternehmen selbst Branchen- bzw. Klassenbester werden?
- Welche Vorraussetzungen müssen geschaffen werden, um den Verbesserungsprozess erfolgreich zu gestalten?

Implementierungsfunktion

- Welche Aktivitäten und Maßnahmen sind notwendig, um die geplanten Verbesserungen umzusetzen?

- Auf welchen Arbeitsgebieten bestehen besonders günstige Bedingungen für die Verbesserung der Wettbewerbssituation? Wo sind Verbesserungen nur schwer umzusetzen?

Über die generellen Benchmarkingfunktionen hinaus werden bestimmte Arten des Benchmarking unterschieden. Das **Organisations-Benchmarking** und das **Strategie-Benchmarking** gelten als Elemente des strategischen Industriegütermarketings und werden zumeist
im Rahmen einer allgemeinen Wettbewerbsanalyse eingesetzt (vgl. Kapitel 4). Das Organisations-Benchmarking setzt sich dabei mit Fragestellungen der Projektstrukturen, der Ablauf
und Aufbauorganisation von bestleistenden Unternehmen auseinander. Auch Vergleiche von
Mitarbeiterstrukturen und internationaler Aufstellung sind Bestandteile des organisationalen
Benchmarking. Das Strategie-Benchmarking beleuchtet optimale Unternehmensstrategien
und vergleicht strategische Zielsetzungen hinsichtlich ihrer Art, ihrer Ausprägung und ihrer
Erreichbarkeit.

Benchmarkingaktivitäten des operativen Industriegütermarketings beziehen sich dagegen auf
die unmittelbare Leistungserstellung. Dazu zählen sowohl das **Benchmarking industrieller
Produkte bzw. Dienstleistungen** als auch das **Prozess-Benchmarking**. Im Mittelpunkt des
Produkt- und Dienstleistungsbenchmarking stehen der Vergleich und die Bewertung der für
die Kundenzufriedenheit und für den Unternehmenserfolg relevanten Produktmerkmale
sowie die Identifikation der hinsichtlich einzelner oder aller Merkmale besten Leistung (vgl.
Sabisch/Tintelnot, 1997, S. 22). Im Prozess-Benchmarking werden die für die Leistungserstellung relevanten Prozessabläufe und ihre Veränderungsmöglichkeiten untersucht. Oftmals
steht dabei die Identifikation von Rationalisierungspotenzialen für die Prozesse der betrieblichen Leistungserstellung im Vordergrund. Besonders interessant ist in diesem Zusammenhang die Anwendung des Prozess-Benchmarking über die Branchengrenzen des Industriegütermarketings hinaus. So können Entwicklungsprozesse besonders innovativer Branchen wie
der Medizintechnik als Benchmarks für den Maschinenbau oder die Fahrzeugindustrie genutzt werden.

Prozess und Organisation des Benchmarking

Der Planung und Umsetzung von Benchmarking sowie der Verarbeitung der Benchmarking-
Ergebnisse liegt ein komplexer Gesamtplanungsprozess zu Grunde. In der praktischen Anwendung ergibt sich die Problematik, dass Benchmarking-Aktivitäten oftmals „mit der Hand
am Arm" initiiert werden und auf wenige Einzelaktivitäten wie die technische Analyse von
Wettbewerbserzeugnissen reduziert bleiben. Der Transfer technischer Analyseergebnisse in
messbaren Kundennutzen unterbleibt in vielen Fällen. Die Benchmarking-Ergebnisse bleiben
ungenutzt und „verschwinden in den Schubladen der Unternehmen". Aus diesem Grund ist
eine integrative Berücksichtung aller notwendigen Prozessschritte eines Benchmarking-
Projektes unabdingbar. Der Gesamtprozess umfasst eine Reihe von Informationstransfers,
Analysetätigkeiten, Planungs- und Kontrollaktivitäten als auch Entscheidungen im Management und die Gestaltung von konkreten Veränderungen im Unternehmen (vgl.
Sabisch/Tintelnot, 1997, S. 28). Dabei zeigt sich die hohe Sinnhaftigkeit einer Übertragung
der übergeordneten Benchmarking-Verantwortung an industrielle Marketingfunktionen.
Auch wenn die technischen Analysen von Wettbewerbserzeugnissen meist durch ingenieurs-

geprägte Funktionen wie Entwicklung oder Musterbau durchgeführt werden, bedürfen die vielfältigen Organisations- und Planungsaufgaben des Benchmarkingprozesses einer zentralen und vor allem marktgerichteten Koordination.

Den Gesamtprozess durchdringen umfassende und gezielte **Informationsbeschaffungsaktivitäten**. Diese sind Bestandteil der Informationsbeschaffung auf Industriegütermärkten (vgl. Kapitel 3). Auch in diesem Rahmen wird zwischen primär- und sekundärstatistischen Informationen differenziert. Auch hier besteht eine Relevanz vergleichbarer Informationsquellen. Nach Art der Quelle werden unternehmensinterne, öffentlich zugängliche sowie externe Informationen, die nicht ohne Zustimmung oder Mithilfe Dritter genutzt werden, unterschieden.

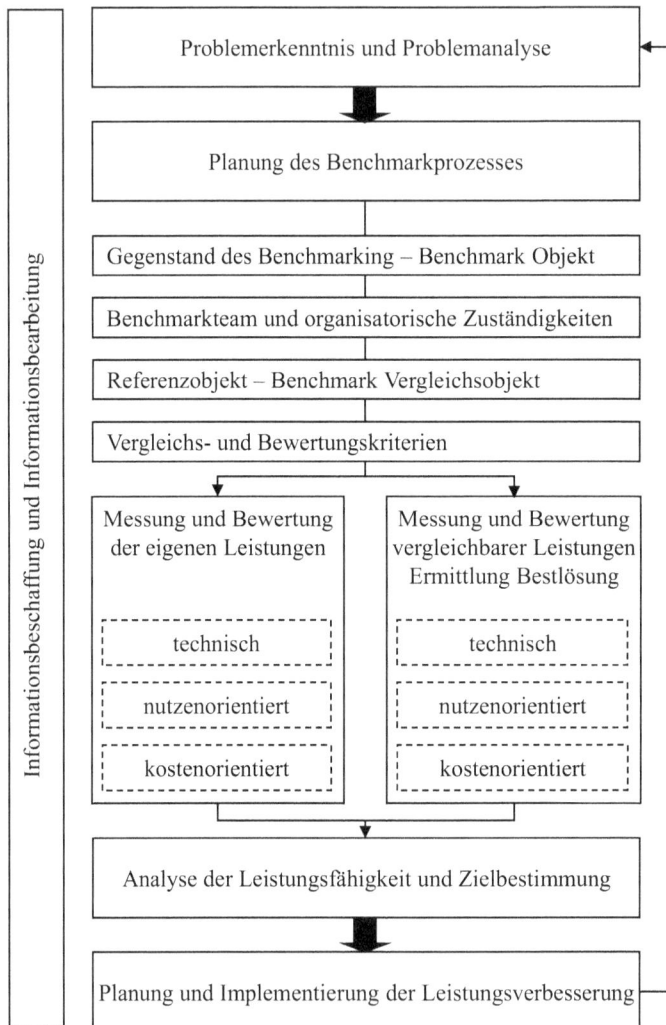

Abb. 5.1   Benchmarking-Prozess der industriellen Leistungserstellung
          (Quelle: eigene Darstellung in Anlehnung an Sabisch/Tintelnot, 1997, S. 29)

Am Anfang eines Benchmarking-Prozesses stehen die **Problemerkenntnis** und die **Problemanalyse**. Benchmarking sollte nicht als Aufgabe um seiner selbst Willen durchgeführt, sondern nur dann eingesetzt werden, wenn auch ein inhaltlich klar erkennbarer Problemzusammenhang besteht. Dabei können die Problemstellungen, die dem Benchmarking-Bedarf zugrunde liegen, unterschiedlicher Natur sein:

- Defizite bei der Leistungserstellung im Vergleich zum Wettbewerb
- Leistungsfähigkeit eigener USPs im Vergleich zum Wettbewerb
- Kundenspezifikationen und Anforderungen, die aus Sicht des gegebenen Leistungsstands des Unternehmens nicht erreicht werden können
- Innovationsdruck aufgrund von Kundenwünschen oder Wettbewerbsaktivitäten
- Generelle Gefahren und Chancen, die sich dem Unternehmen aus der Leistungserstellung ergeben

Grundsätzlich ist es wichtig, die relevanten Kernprobleme zu identifizieren. Je gründlicher ein Problem formuliert wird, desto gezielter kann Benchmarking auch für Veränderungen entsprechender Statussituationen eingesetzt werden. Wenn sich im Rahmen der Problemanalyse z. B. zeigt, dass bei einem bestimmten industriellen Erzeugnis das Design und nicht die technischen Eigenschaften den Ansatzpunkt für Veränderung bildet, führen rein technische Analysen nicht zum gewünschten Ergebnis. Vielmehr sind in diesem Fall Design-Vergleiche zu empfehlen (vgl. Sabisch/Tintelnot, 1997, S. 33).

Bei der **Planung des Benchmarking-Prozesses** wird zunächst das **Benchmark-Objekt** festgelegt. Dabei geht es um eine bestehende oder eine zukünftig zu erstellende unternehmenseigene Leistungseinheit, also ein industrielles Produkt, eine industrielle Dienstleistung oder ein Prozess, die in den Vergleich mit Referenzobjekten im Markt gestellt werden soll. Wenn als Benchmarking-Problem z. B. ein nicht den Kundenerfordernissen entsprechendes Wartungsdesign einer elektronischen Schalttafel identifiziert wurde, so stellt die problembehaftete Schalttafel selbst das Benchmark-Objekt dar. Unmittelbar darauf folgt die Festlegung der Bechmark-Referenzobjekte, also solcher industrieller Produkte oder Dienstleistungen, die vom Markt entwickelt wurden oder noch entwickelt werden und dem eigenen Benchmark-Objekt als Vergleichsmaßstab dienen. Im Beispiel würden insbesondere solche Schalttafeln untersucht, deren Merkmalsausprägungen einen im Sinne des Design-Problems höheren Leistungsstand aufweisen.

Eine besondere Herausforderung besteht bei der Bestimmung des **Benchmarkteams** bzw. der **Organisation personeller und technischer Kapazitäten** für den Benchmarkverlauf. Die Gesamtkoordinationsfunktion, die Formulierung des Benchmark-Problems, der Transfer technischer Eigenschaftsausprägungen in Nutzengrößen sowie die Ableitung strategischer Maßnahmen obliegt insbesondere in größeren Industrieunternehmen den Marketingabteilungen. Auch an strategisch und marktgerichtete Stabsabteilungen von Bereichs- und Geschäftsleitungen wird die Gesamtverantwortung der Benchmarking-Aktivitäten oftmals delegiert. Die Grundprobleme der personellen Einbindungen liegen häufig bei den technischen Funktionen. Die technische Analyse von Fremderzeugnissen wird in der Regel durch eigene technische Funktionen, wie Entwicklungsabteilungen, Musterbau, oder Prüfingenieure durchgeführt. Dabei wird das Thema Benchmarking nur in seltenen Fällen in deren Aufgabenbeschreibung verankert. Eine Bereitschaft der entsprechenden Vorgesetzten zur Freistellung dieser Mitarbeiter für technische Fremdmusteranalysen ist daher nur sehr eingeschränkt gegeben. Nur große Konzerne leisten sich technische Teams oder ganze Abteilungen, die ausschließlich oder mit festgelegten Arbeitsanteilen Benchmark-Analysen durchführen. Ein weiteres Problem besteht, wenn Techniker und Ingenieure Bewertungskomponenten mit in die Analyse einfließen lassen. Eine „politisch heikle" Situation liegt insbesondere dann vor, wenn Entwicklungsverantwortliche des eigenen Benchmark-Objekts für die technische Analyse der Referenzerzeugnisse des Wettbewerbs zuständig sind. Diese verfügen über die größte Fachkenntnis einer technischen Erzeugniskategorie und könnten die Fremderzeugnisse mit fundiertem fachlichem Hintergrund beurteilen. Tatsächlich sind aber eben diese Kompetenzträger nicht gewillt, die eigene Entwicklungsleistung im Vergleich mit den betrachteten Referenzleistungen negativ darzustellen. Daher wird das eigene Benchmark-Objekt allzu häufig geschönt, die Referenzobjekte dagegen kleingeredet. Eine ähnliche Problematik ergibt sich bei der ergänzenden Durchführung von Kosten- oder Preisbenchmarks. Hierzu werden Vertreter des Facheinkaufs im Benchmarking-Team integriert. Diese sollen mögliche Einkaufskosten der Wettbewerber für die Referenzprojekte abschätzen. Auch hier schneidet man sich nur ungern „ins eigene Fleisch". Einkaufspreise für Komponenten der Fremderzeugnisse werden häufig höher abgeschätzt, als sie tatsächlich anfallen, da Facheinkäufer ihre eigene Einkaufsleistung für das eigene Erzeugnis nicht schmälern wollen. Vergleichbares gilt für Mitarbeiter der Fertigung bei der Abschätzung der Produktionskosten für Fremderzeugnisse. Personelle Ausweichmöglichkeiten bestehen vor allem dann, wenn Entwicklungs- oder Einkaufsbereiche mit vergleichbarer Fachkompetenz, jedoch ohne direkten Bezug zum betroffenen Erzeugnis in den Benchmark-Prozess einbezogen werden können. Eine andere Möglichkeit zeigt sich in der Inanspruchnahme von Fremdleistungen. D.h. die technischen Benchmarkanalysen können auch an technisch orientierte Beratungsunternehmen oder Universitäten outgesourced werden. Auch andere Industriebetriebe, die in keinem unmittelbaren Wettbewerbsverhältnis zum eigenen Unternehmen stehen, können als Benchmarking-Partner gewonnen werden. Eine derartige Partnerschaft ermöglicht auch Synergieeffekte, die sich insbesondere auf die Nutzung knapper technischer Analytik-Ressourcen beziehen. So ist die Anzahl an Mess- und Prüfständen, Klimakammern oder Rüttelanlagen und deren Kapazität für längerfristige Analysen von Fremderzeugnissen in den meisten Industrieunternehmen stark begrenzt. Benchmarking-Partner können sich an dieser Stelle aushelfen.

Bei der Auswahl von Vergleichs- und Bewertungskriterien ist insbesondere eine enge Ausrichtung an der definierten Benchmark-Problematik von hoher Bedeutung. So ist eine Fokussierung der Kriterienauswahl auf Faktoren wie Materialeigenschaften oder Beständigkeit nicht zielführend, wenn als Benchmark-Problem einer elektronischen Schalttafel ein mangelhaftes Wartungsdesign diagnostiziert wurde. Weiterhin sind bei der Anzahl der zu berücksichtigenden Kriterien zwei gegenläufige Tendenzen zu beachten (vgl. Sabisch/ Tintelnot, 1997, S. 35):

- Je mehr Kriterien in den Bewertungsprozess einbezogen werden, desto mehr kann dem zugrunde liegenden Komplexitätsgrad der Benchmarking-Untersuchung Rechnung getragen werden.

- Gleichzeitig steigt mit zunehmender Anzahl an Kriterien die Tendenz zur Nivellierung. Das bedeutet, dass das Einzelkriterium mit wachsender Kriterienanzahl einen abnehmenden Einfluss auf das Ergebnis der Gesamtbewertung hat.

Experten sprechen von einer optimalen Anzahl von 15 bis 20 Kriterien. Bleibt man unterhalb dieser Größenordnung, so wird die Komplexität der Bewertung in Frage gestellt, bei einer größeren Kriterienanzahl scheint der Einfluss einzelner Kriterien auf die Gesamteinschätzung des Objekts vernachlässigbar gering zu sein (vgl. Sabisch/Tintelnot, 1997, S. 35). Bei der Auswahl der Kriterien ist darauf zu achten, ob es sich zunächst um eine rein technische Analyse oder eine nutzenbezogene Analyse des Benchmark-Objekts und der Referenzobjekte handelt.

technische Bewertungskriterien	zugehörige nutzenorientierte Bewertungskriterien
Materialdichte	Qualität
Materialart	Sicherheit
Art der Verbindungstechnik (schweißen, kleben, schrauben)	Ausfallrisiken
Temperaturverhalten	Lebensdauer
Dauerlaufeigenschaften	
Verhalten bei Krafteinwirkungen	
CO_2-Emissionen	Umweltverträglichkeit
Ausstoß weiterer Schadstoffe	
Dichtigkeit bei Kreisläufen mit Schmierstoffen und Ölen	
Energieverbrauch	
Gewicht	
EMV-Verhalten	
Trennbarkeit der Materialien	
Kraft, z.B. Drehmoment	Leistung
Leistung, z.B. kW	
Wirkungsgrad	
Geräusch	Komfort
Vibrationsverhalten	
Bauraumbedarf/Maße	Integrations- und Montageaufwand
Anzahl der Schnittstellen	Applikationsaufwand
Systemkomplexität	Serviceaufwand
Erzeugnismorphologie	

Tab. 5.1   Beispiele für technische und zugehörige nutzenorientierte Bewertungskriterien (Quelle: eigene Darstellung)

Während aus der technischen Analyse, wenn aus neutraler Sicht durchgeführt, zu großen Teilen objektiv messbare Größen resultieren, so ist der objektivierte Transfer technischer Ausprägungen in quantifizierbare Nutzengrößen eine besondere Herausforderung. An Mess- und Prüfständen können physikalische Eigenschaften wie Geräusch (dB), Drehmoment (Nm) oder CO_2-Emissionen (gr/km) gut nachvollziehbar erfasst werden. Komplexer ist dagegen die Aufgabe der marktorientierten Unternehmensfunktionen, diese technischen Ausprägungen in einem zweiten Schritt in Nutzengrößen zu transferieren. So besteht z. B. die Frage, ob ein Motoren-Standgeräusch von 81dB (A) auf einer aufsteigenden Nutzenskala von 1-10 Punkten mit 5 Punkten im mittleren Feld oder mit 7 Punkten im guten Leistungsfeld eingeordnet werden sollte. Entscheidend für diesen Transfer ist es daher, für jedes Merkmal die jeweilige aktuelle und zukünftig erreichbare Bestleistung heranzuziehen. Ergibt die technische Analyse der am Markt befindlicher Motoren ein niedrigstmögliches Standgeräusch von unter 60 dB (A), dann gilt dieser Wert als maximale Referenzmarke der Nutzenskala und wird mit 10 Nutzenpunkten bewertet. Die nutzenorientierte Beurteilung des eigenen Benchmark-Objekts erfolgt dann iterativ ausgerichtet an den Nutzenwerten des Bestleistenden und der Nutzenwerte anderer am Markt befindlicher Lösungen. Dem Vorwurf der „Rückwärtsgewandheit" kann man durch eine Prognose einer mit vorhandenen Mitteln und Fähigkeiten erreichbaren zukünftigen Bestleistung begegnen. Die dabei zugrunde liegende Frage lautet: „Was ist der Wettbewerb im Stande, zukünftig zu leisten?"

Aufgrund des mehrstufigen Charakters der Industriegütermärkte und dem Phänomen der abgeleiteten Nachfrage (vgl. Kapitel 2) werden Nutzenkriterien der direkten, aber derivativen industriellen Kunden von Nutzenkriterien der originären Konsumentennachfrage unterschieden. Das grundsätzliche Problem beim Umgang mit Nutzengrößen besteht in einem hohen Grad an Subjektivität und einer durch die Quantifizierung provozierten Scheingenauigkeit.

Neben der Betrachtung von Nutzengrößen werden leistungsbezogene Benchmarking-Analysen oftmals auch mit Kosten- und Preisschätzungen verbunden. Dafür werden das Benchmark-Objekt und relevante Referenz-Objekte in ihre physischen bzw. bei Dienstleistungen in ihre imaginären Einzelteile zerlegt. Mit Hilfe von Vertretern der Einkaufsabteilung erfolgt dann eine Kostenschätzung der jeweils analysierten Teile und Materialien der Wettbewerber. Diese Kosten werden den bekannten Kosten des eigenen Benchmarking-Objekts gegenübergestellt. Vertreter der technischen Funktionen und der Produktionsbereiche unterstützen bei der Kostenabschätzung der zugrundeliegenden Fertigungsprozesse. So können die Herstellkosten der Referenzobjekte abgeschätzt und bei zugrunde gelegten Gemeinkostenanteilen und einer angenommenen Marge Preisszenarien für Bestleister- und Wettbewerbserzeugnisse skizziert werden. Als maßgebliches Problem neben Beurteilungssubjektivität und Informationsunsicherheiten gilt die bereits angesprochene Verzerrung, die dann entsteht, wenn Entwickler, Einkäufer und Produktionsverantwortliche ihre eigene Leistung im Vergleich zu Referenzleistungen des Wettbewerbs beurteilen sollen.

Originäre Nutzenkriterien (Endkunde)	Derivative Nutzenkriterien (industrieller Kunde) Bewertungskriterien
Häufigkeit der Fahrunterstützung	Innovationscharakter
Erlebbarkeit	Einbauort
Schwierigkeit der Fahraufgabe	Integration- und Montage
Lösungsqualität	Fahrzeugkonstruktion
Verkehrssicherheit (obj. und subj.)	Systemperipherie
Wahrnehmbarkeit für andere	Steuergeräteaufwand
Umwelt	Softwarearchitektur
Bedienumfang	Maßnahmen für Reparatur/Wartung
Nutzungsgebühr	technische Leistung
Wartungsaufwand	Energieeffizienz
Beschädigungsgefahr	Montage-/Prüfzeit
Körperliches Wohlbefinden	Montage-/Prüfablauf
Stress/Entspannung	Teilebereitstellung
Langeweile/Kurzweile	
Zeitgefühl	
Kriminalität/Belästigung	

Abb. 5.2   Nutzenkriterien der originären und der derivativen Nachfrage auf Industriegütermärkten am Beispiel der Automobilindustrie (Quelle: eigene Darstellung in Anlehnung an Simon-Kucher & Partner, 2003)

Die Analyse der am Markt befindlichen Bestleistungen und deren Vergleich mit den unternehmenseigenen Benchmarking-Objekten münden in der Ableitung spezifischer **Ziele für die Leistungsverbesserung** im Unternehmen. Dabei steht unter anderem die Frage im Vordergrund, ob die zu erbringende Leistung verfügbare oder zukünftig erstellte Bestleistungen nur in ausgewählten oder in allen Merkmalen erreichen oder gar übertreffen soll. Diese Ziele sollten nicht nur auf den operativen Ebenen des Industriegüterunternehmens abgeleitet, sondern insbesondere durch eine aktive Bestätigung des Managements in die sich anschließenden Verbesserungsprozesse integriert werden. Grundsätzlich können die ermittelten Zielstellungen für die Leistungsverbesserung auf folgende Aspekte gerichtet sein (vgl. Sabisch/Tintelnot, 1997, S. 40):

- Erhöhung der Wettbewerbsfähigkeit des Unternehmens, Aufholen bisheriger Wettbewerbsnachteile
- Erzielung von spezifischen USPs bzw. Wettbewerbsvorteilen
- Anstreben einer „Best-in-Class"-Position

Die Zielsetzungen müssen anspruchvoll, gleichzeitig jedoch realistisch erreichbar sein. Oftmals scheitern Verbesserungsprojekte an einer zu hohen „Messlatte".

Die **Umsetzung der definierten Zielvorgaben** ist die unbedingte Vorraussetzung für die Wertigkeit und Sinnhaftigkeit von Benchmarking-Aktivitäten. Ohne die Implementierung von Verbesserungsmaßnahmen verbleibt Benchmarking auf dem Niveau einer reinen Informationsbeschaffungs- und Analysetätigkeit und wäre lediglich ein weiterer Kostentreiber. Zur Umsetzung von Verbesserungen bei der Leistungserstellung sind die Zielvorgaben aus der Benchmarking-Analyse für die jeweiligen Fachbereiche zu operationalisieren. So sollte die Zielsetzung einer Verdopplung der Akkulaufzeit bei einem mobilen Diagnosegeräts im Maschinenbau z. B. mit klaren Handlungsanweisungen, also einer Überprüfung alternativer Batterietechnologien, oder der Verwendung energieeffizienterer Verbrauchselemente verknüpft sein. Als Vorraussetzungen für die erfolgreiche Umsetzung der Benchmarking-getriebenen Verbesserungsprozesse gelten (vgl. Sabisch/Tintelnot, 1997, S. 40 f.):

- Ein unbedingter Wille aller beteiligten Funktionsträger, die angestrebten Veränderungen zu realisieren und aktiv zu treiben. Dies gilt insbesondere für die Geschäftsführung bzw. das Management.
- Die Akzeptanz der beschlossenen Zielsetzungen bei allen Mitarbeitern und Organisationsbereichen.
- Kreative und unkonventionelle Arbeitsweisen bei der Verfolgung und dem Übertreffen von Bestlösungen.
- Eine Beseitigung von Implementierungsbarrieren sowie die Anwendung eines effizienten Projektmanagements.

Schließlich gewährleistet eine kontinuierliche Weiterführung der Analyse- und Verbesserungsaktiväten einen dynamischen und lebendigen Benchmarking-Prozess. Die Fortführung ist insbesondere deshalb bedeutsam, da sich Bechmark-Objekte nicht nur auf bestehende Marktlösungen und Bestleistungen beziehen, sondern sich im Sinne eines nachhaltigen Erfolges immer auch an zukünftig erreichbaren Leistungen orientieren und messen müssen.

Instrumente des Benchmarking

Im Rahmen der erörterten Prozessmethodik des Benchmarking werden insbesondere bei der Messung und Bewertung der eigenen Leistungen und der vergleichbaren Referenzlösungen unterschiedliche Instrumente eingesetzt. Diese reichen von der einfachen Visualisierung bis zur Verwendung dezidierter Nutzwertverfahren. Die Bandbreite der Instrumente ist dabei äußerst vielfältig, da im Regelfall eine Ausrichtung und Ausgestaltung anhand der jeweils individuellen Situation und des spezifischen Untersuchungsgegenstands vorgenommen werden. Daher dienen die folgenden Darstellungen lediglich als Anschauungsbeispiele, die im Einzelfall an die Anforderungen und Besonderheiten der Benchmarking-Untersuchung angepasst werden müssen.

Eine grundlegende Herausforderung besteht, wie bereits erwähnt, im Transfer technischer Analysewerte in Kundennutzenkriterien. Die Spiegelung physikalischer Größen zu Nutzenskalen wird dabei häufig durch die Benchmarking-Verantwortlichen selbst vorgenommen. Dabei ist eine enge Zusammenarbeit der industriellen Marketingmitarbeiter und der technischen Funktionen unabdingbar. Die folgende Abbildung zeigt einen solchen Transfer am Beispiel des Produktes „Fensterhebermotoren" im russischen Automobilmarkt. Während der

europäische Markt aufgrund einer verbesserten Schnittstellenmechanik zu niedrigen Dreh-
momenten tendiert, gilt ein hohes Drehmoment in russischen Fahrzeugen als positives, mit
hohen Nutzwerten belegtes Leistungskriterium. Dies ist zum einen den robusteren Fahrzeug-
karosserien, zum anderen den extrem niedrigen Außentemperaturen im russischen Winter zu
schulden. Auch bei unter -30 Grad Celsius müssen Zulieferer ein Verstellen der Seitenfenster
gewährleisten.

Technisches Bewertungskriterium	Nutzenkriterium
Drehmoment	Leistung (1-10)
< 5 Nm	1
5-6 Nm	2
7 Nm	3
8-9 Nm	4
10 Nm	5
11 Nm	6
12 Nm	7
13 Nm	8
14 Nm	9
>14 Nm	10

*Abb. 5.3   Transformation technischer Bewertungskriterien in Nutzenkriterien am Beispiel des russischen Marktes für
Fensterhebermotoren (Quelle: eigene Darstellung und Informationen der Firmen Promtech, AvtoVaz, Gaz)*

Während Entwickler und Prüfingenieure die funktionale Wirkungsweisen technischer Leistungsmerkmale gut klassifizieren und interpretieren können, so ist die Beurteilung deren
Wertigkeit für den Kunden Aufgabe marktnaher Funktionsträger aus Vertrieb und Marketing. Diese verfügen im Regelfall über direktere und vielfältigere Kundenkontakte. Eine
höhere Validität und Reliabilität wird im Benchmarking-Prozess insbesondere dann erreicht,
wenn Kunden die Nutzenbewertung der technischen Merkmalsausprägungen selbst vornehmen. In diesem Fall wird der Informationsbeschaffungsprozess der Benchmarking-Analyse
um eine Primärerhebung bei betroffenen und potenziellen Kunden ergänzt. Aufgrund des
hohen Umfangs und Aufwands bei der Abfrage von Nutzenwerten für eine Vielzahl von
Bewertungskriterien ist die Bereitschaft industrieller Kunden zur Teilnahme an derartigen
Erhebungen leider häufig eingeschränkt.

Die ermittelten Nutzwerte werden für das Benchmarking-Objekt und die analysierten Referenzobjekte oftmals in einfachen Visualisierungs-Schemata dargestellt. Diese Darstellungen
eignen sich für einen ersten Überblick oder die Verwendung in einem Management-Report,
geben jedoch wenig Aufschluss über weitergehende Maßnahmen hinsichtlich Produktverbes-
serungen oder Preisstrategien.

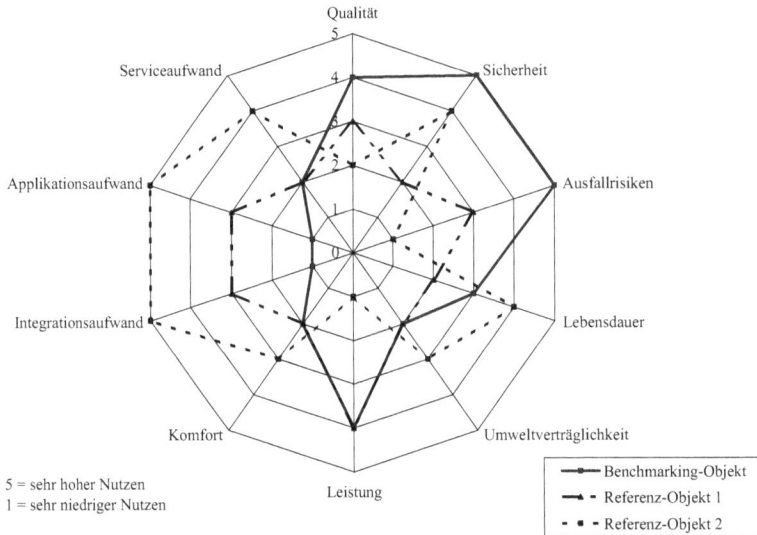

Abb. 5.4   Beispiel einer Visualisierung von Benchmarking-Nutzwerten (Quelle: eigene Darstellung)

Eine weiterführende Verarbeitung der ermittelten Nutzwerte kann im Rahmen einer für Benchmarking-Belange ausgestalteten Nutzwertanalyse erfolgen. Dabei wird zunächst die Bedeutung der unterschiedlichen Beurteilungskriterien bei den relevanten Kunden abgefragt. Im Anschluss erfolgt meist eine Mittlung der evaluierten Kundengewichte. Dabei wird z.T. außer Acht gelassen, dass die einzelnen Kundenaussagen für das Industriegüterunternehmen von unterschiedlicher Bedeutung sein können. So wird z. B. generell eine Ausrichtung an Kunden mit höheren Umsatz- und Projektpotenzialen gegenüber der Ausrichtung an kleineren Kunden präferiert. Dieser besonderen Situation kann durch die zusätzliche Berücksichtigung kundenspezifischer Gewichte Rechnung getragen werden. In einem zweiten Schritt werden die Nutzwerte der analysierten Benchmark-Objekte und Referenzobjekte ermittelt. Durch die Einbeziehung von neuen Technologien als Referenzobjekte wird in der Benchmarking-Analyse eine prognostische Dimension mit einbezogen.

	0-5 Wichtigkeit für Kunde 1	0-5 Wichtigkeit für Kunde 2	0-5 Wichtigkeit für Kunden	Performance Benchmark-Objekt 1 0-10	Performance Benchmark-Objekt 2 0-10	Performance Referenz-Objekt 1 0-10	Performance Referenz-Objekt 2 0-10	Performance Referenz-Objekt 3 0-10	Performance Neue Technologie 1 0-10	Performance Neue Technologie 2 0-10
Qualität	4	5	4,5	4	2	4	2	10	9	6
Sicherheit	3	3	3	4	2	4	3	10	8	10
Ausfallrisiken	3	3	3	2	2	4	6	9	10	9
Lebensdauer	1	3	2	1	6	1	8	2	6	6
Umweltverträglichkeit	2	5	3,5	6	7	8	3	2	10	10
Leistung	2	1	1,5	6	7	10	9	6	7	10
Komfort	1	1	1	2	3	9	10	9	9	4
Integrationsaufwand	3	4	3,5	3	2	6	2	5	9	8
Applikationsaufwand	4	2	3	1	6	6	3	9	10	9
Serviceaufwand	3	2	2,5	8	7	6	3	2	8	7
Gewichteter Nutzwert				103,5	113,5	150	109,5	180,5	242,5	222,5

Tab. 5.2   Beispiel einer Visualisierung von Benchmarkting-Nutzwerten (Quelle: eigene Darstellung)

Der Nutzwert ergibt sich als gewichtete Gesamtpunktzahl (GGPZ), indem die über alle Kunden gemittelten Gewichtungswerte g der Beurteilungskriterien z mit den Beurteilungswerten w_z für die jeweiligen Benchmark-Objekte bzw. die jeweilige Referenzobjekte i multipliziert und über alle Beurteilungskriterien z aufaddiert werden.

$$GGPZ_i = \sum_{z=1}^{Z} g_z \bullet w_{zi}$$

Der Unsicherheit bei der Vergabe von Nutzenwerten für einzelne Bewertungskriterien und Bechmarking- bzw. Referenzobjekte kann durch die Erweiterung zu einem probabilistischen Scoring-Modell begegnet werden. Hierbei werden zusätzlich Wahrscheinlichkeiten für alternative Ausprägungen des Nutzwertes w eines Bewertungskriteriums z abgeschätzt. Z. B. kann auf diese Weise berücksichtigt werden, dass ein industrieller Kunde die Qualität eines Referenz-Objekts mit 60 %iger Wahrscheinlichkeit mit 8 Bewertungspunkten und mit 40 %iger Wahrscheinlichkeit nur mit 5 Punkten beurteilen würde, wenn eine deterministische Aussage nicht möglich erscheint. So ergibt sich die gewichtete Gesamtpunktzahl als:

$$GGPZ_i = \sum_{z=1}^{Z} \sum_{w_z=1}^{W_z} g_z \bullet w_z \bullet P(w_{zi}) \quad \text{bei}$$

$$\sum_{w_{zi}} P(w_{zi}) = 1$$

Auch bei der Anwendung der Nutzwertanalyse im Rahmen des Benchmarking-Prozesses gilt es, die einschlägigen Kritikpunkte an der Methode zu berücksichtigen (vgl. z. B. Berndt, 2005, S. 114 ff.). So besteht die Gefahr einer mehr oder weniger willkürlichen Zusammenstellung von Kriterien, die durch die Abgrenzung der Beurteilungskriterien aus Kunden-Feed-Backs verhindert werden kann. Weiterhin besteht die Möglichkeit, dass Beurteilungskriterien korreliert sind. Mit Hilfe einer Faktorenanalyse können voneinander unabhängige Kriterien (Faktoren) extrahiert werden. Generell wird die Subjektivität bei der Ermittlung der Ausprägungen von Gewichtungs- und Bewertungsfaktoren kritisiert. Einfließende Informationen sollten also auch hier möglichst „kundennah" recherchiert werden. Eine Reduktion der Beurteilung von Benchmarking- und Referenzobjekten auf die Betrachtung des gesamten gewichteten Nutzwertes (GGPZ) sollte unterbleiben. Der quantifizierte Wert bildet lediglich eine Richtgröße, die grundsätzlich ergänzender inhaltlicher Interpretationen bedarf.

5.1.2   Innovation Deployment

Der Begriff Innovation gehört zu den am meisten strapazierten Termini der betriebswirtschaftlichen Literatur. Dabei wird eine aktive Gestaltung des Innovationsprozesses in den Industriegüterunternehmen leider noch viel zu selten als Aufgabe des Marketings betrachtet. Innovationen sind das Ergebnis einer emanzipierten Form der Leistungserstellung (vgl. Backhaus/Voeth, 2010, S. 528 ff.). Das Konzept der Emanzipation wird durch viele Industriebetriebe jedoch missverstanden. Emanzipation heißt, die betriebliche Leistungserstellung nicht alleine reaktiv an Lastenheften und Spezifikationen der Kunden auszurichten, sondern selbstständig neue und werthaltige Erzeugnisse und Dienstleistungen zu entwickeln. Viele Betriebe begehen den Fehler, sich dabei vollständig von ihren Kunden zu emanzipieren und in der Entwicklung bzw. dem „Deployment" der Innovation nicht auf Anforderungen und Hinweise des Marktes zu achten. Ein Tatbestand, der wiederum einem oftmals reinen ingenieursgetriebenen Innovationsprozess geschuldet ist. Deshalb sind die aktive Beteiligung sowie die Übernahme von Koordinations- und Schnittstellenfunktionen von Marketingverantwortlichen im Innovation Deployment eines Industriegüterunternehmens von besonders hoher Bedeutung. In diesem Zusammenhang wird auch immer wieder das Konstrukt der Innovationskultur zitiert (vgl. z. B. Wiedmann/Lippold/Buxel, 2008, S. 43 ff.). Die Innovationskultur bezeichnet eine „spezifische Ausprägung einer Unternehmenskultur der an der Innovationsgestaltung beteiligten Mitarbeiter und Innovationseinheiten, die im wechselseitigen Verhältnis zu den Organisationsmitgliedern steht und diesbezüglich die Entwicklung und Umsetzung von Produkt- als auch von Prozessneuerungen fördert" (Wiedmann et al, 2008, S. 45). Im Mittelpunkt einer innovationsfördernden Kultur stehen also bestimmte Mitarbeiter, die eine Produkt- oder Service-Innovation erzeugen. Entsprechend ist die Innovationskultur in einem Team, einem Projekt, einer Geschäftseinheit oder einem Funktionsbereich sehr viel handlungsprägender und erfolgsbeeinflussender als die Kultur der Gesamtorganisation. Das bedeutet für Industriegüterunternehmen, dass eine harmonische und offene Interaktionskultur zwischen Marketing/Vertriebsfunktionen und technischen Verantwortungsbereichen eine operative Innovationskultur besonders positiv beeinflusst. Wiedmann et al definieren daraus abgeleitete zentrale Dimensionen einer Innovationskultur, die auch einen maßgeblichen Einfluss auf den Deployment-Prozess der industriellen Innovationen im Rahmen der betrieblichen Leistungserstellung ausüben (vgl. Wiedmann et al., 2008, S. 50 ff.):

- Innovationsorientierung: Diese muss insbesondere bei den an der Leistungserstellung beteiligten Funktionsbereichen ausgeprägt sein. Zusätzlich sollte jedoch auch eine grundlegende Denkrichtung vorherrschen, das gesamte Industriegüterunternehmen auf die Notwendigkeit und den Nutzen von Innovationen auszurichten. Als kulturelle Maßnahmen zu Unterstreichung der hohen Relevanz von innovativem Denken und Handeln kristallisiert sich z. B. die Entwicklung von Visionen für Innovationen („Wir werden in fünf Jahren Technologieführer für mobile Energiespeicher sein!") heraus (vgl. z. B. Boutellier/Völker, 1997). Auch die Festlegung von Innovationsstrategien und -zielen sowie eine leistungsorientierte Belohnung der Innovatoren scheint zielführend (vgl. z. B. Vahs/Buhrmester, 2005). Schließlich unterstützt das Kommunizieren von Geschichten und Mythen erfolgreicher Innovationen und Innovatoren eine generelle Innovationsorientierung (vgl. z. B. Ahmed, 1999). So bemüht die BASF AG (Badische Anilin und Sodafabrik) immer wieder die Aussage, dass in einer Welt ohne Ammoniak etwa die Hälfte der Menschheit verhungern würde, weil es keinen Kunstdünger gäbe. Inmitten des Ludwigshafener Stammwerks steht passgenau ein Monument mitsamt Gedenktafel: das zentrale Bauteil der ersten BASF-Ammoniak-Anlage aus dem 19. Jahrhundert. Die Mutter aller Innovationen des Chemie-Riesen.
- Kreativität: Kennzeichen besonders ausgeprägter Innovationskulturen ist die Förderung von Kreativität als Fähigkeit des schöpferischen Denkens und Handelns, z. B. indem Führungskräfte ihre Mitarbeiter zur Ideenentwicklung auffordern und ihnen dafür frei verfügbare Arbeitszeit zur Verfügung stellen (vgl. z. B. Martins/Terblanche, 2003). 3M Co. ist ein Technologie-Konzern, der in den Bereichen Gesundheitsvorsorge, Sicherheit, Elektronik, Telekommunikation, Industrie, Verbraucher- und Büroartikel tätig ist. Dabei konzentriert sich das Unternehmen vorrangig auf Kunden aus der Industrie. Seine rund 20 000 Patente führt 3M auf ein außergewöhnlich kreatives Innovationsklima zurück. Alle Wissenschaftler des Unternehmens können 15 Prozent ihrer Arbeitszeit in eigene Ideen investieren. So entstanden bei 3M auf diesem Weg z. B. selbst leuchtende Verkehrs- und Nummernschilder zur Verbesserung der Sicherheit im Straßenverkehr. Auch wird die Anwendung von Kreativitätstechniken in interdisziplinären Teams empfohlen. Die notwendige Offenheit und Außenorientierung zeigt sich insbesondere in Industriegüterunternehmen dann, wenn marktorientierte Funktionsbereiche eine tragende Rolle im Innovationsgeschehen spielen (vgl. Ernst, 2003).
- Wissen: Auch Wissen gilt als Vorraussetzung für die kreative Realisierung von Innovationen. Wissen muss erzeugt, verbreitet und zielgenau verarbeitet werden (vgl. Kuhn, 2003). Studien zeigen, dass in besonders innovativen Industrieunternehmen eine ausgeprägte und offene Kultur der Wissensentwicklung, -übertragung und -dokumentation besteht (vgl. Thom/Etienne, 2000). Die persönliche Karriereplanung von Mitarbeitern darf nicht an ein „für sich Behalten von Wissen und Kompetenzen" gekoppelt sein. Vielmehr muss das Teilen von Wissen zum Maßstab für die Entwicklung von Mitarbeitern werden. Dies stellt in der industriellen Praxis ein noch immer nahezu ungelöstes Problem dar, da

im natürlichen Wettbewerb zwischen Mitarbeitern Wissensvorsprünge als probates Mittel zur individuellen Nutzenmaximierung gelten.

• Vertrauen: Untersuchungen weisen darauf hin, dass gegenseitiges zwischenmenschliches Vertrauen eine Grundlage für eine Innovationskultur darstellt (vgl. Wiedmann et al, 2008, S. 51). In betrieblichen Organisationen geht es dabei sowohl um eine solide Vertrauensbasis zwischen den Mitarbeitern untereinander als auch zwischen Mitarbeitern und Führungskräften. Vertrauen führt zu einer verbesserten vertikalen und horizontalen Kommunikation im Unternehmen (vgl. Behrends, 2001). Zwischenmenschliches Vertrauen sollte auch die Basis für eine Implementierung kooperativ-delegativer Arbeits- und Führungskonzepte sein. Solche delegativen Führungskonzepte begünstigen die selbstständige Bearbeitung von Innovationen durch Mitarbeiter (vgl. Hauschildt/Salomo, 2007). Problematisch gestaltet sich jedoch die Schaffung einer derartigen Vertrauenskultur. Mitarbeiter können nicht dazu gezwungen werden, offene Vertrauensverhältnisse zu Kollegen und Vorgesetzten zu pflegen. Insbesondere in wirtschaftlich schwierigen Situationen, in denen Mitarbeiter um die Sicherung ihrer Arbeitsplätze fürchten, scheinen Konkurrenz und Ich-Bezogenheit eine innovationsfördernde Vertrauenskultur zu hemmen. Von hoher grundsätzlicher Bedeutung ist das „Vorleben" von Offenheit und Vertrauen durch Vorgesetzte.

• Wandel: Innovationen implizieren Neuerungen (vgl. Wiedmann et al, 2008, S. 51) und setzen Veränderungsprozesse in Gang. Die Initiierung dieser Veränderung ist dabei in hohem Maß von der generellen Wandlungsbereitschaft und der Wandlungsfähigkeit der betroffenen Organisationen abhängig (vgl. Al-Ani/Gattermeyer, 2000, S. 18 ff.). Dabei kann sich die Wandlungsfähigkeit durch eine Flexibilität der Aufbau- und Ablauforganisation, eine flexible „Umschichtung" von Funktionen und Mitarbeitern oder innovative Fortbildungskonzepte kennzeichnen.

• Risiko: Für Innovationen liegen zumeist geringe oder keine Erfahrungswerte über deren Entwicklungsphasen oder deren wirtschaftlichen Erfolg vor. Daher ist die Planung und Umsetzung industrieller Innovationen von der Ideengenerierung über die Markteinführung bis zur Produkteliminierung durch ein sogenanntes Innovations-Risiko geprägt (vgl. Wiedmann et al, 2008, S. 52). Die unternehmerische Bereitschaft, solche Risiken einzugehen ist folglich eine Voraussetzung für eine funktionierende Innovationskultur. Damit verbunden ist die Bereitschaft, Schwierigkeiten, die im Laufe des „risikobehafteten" Innovationsprozesses auftreten, zu akzeptieren und sich für Folgeinnovationen nicht von Misserfolgen abschrecken zu lassen. Risikobereitschaft und Fehlertoleranz sollten jedoch mit der Schaffung eines ausgeprägten Bewusstseins für die Risiken einer Innovation einhergehen. Eine „naive Innovationsgläubigkeit" erweist sich oftmals als kontraproduktiv. Vielmehr sollten Risiken bei Entscheidungen im Innovation Deployment Prozess abgeschätzt und die risikobehafteten Handlungsoptionen sorgfältig gegeneinander abgewogen werden. In Industrieunternehmen existieren häufig vordefinierte Produktentwicklungsprozesse (PEP), in deren Verlauf die Risiken an so genannten Meilensteinen oder Quality Gates bewertet werden (vgl. Vahs/Burmeister, 2005).

Die Daimler AG startete im Jahr 2008 erstmals einen Versuchsballon der besonderen Art. Mit dem „Daimler Innovation Jam" initiierte das Unternehmen einen dreitägigen Online-Workshop im Intranet zum Austausch pfiffiger Ideen und promotete die Marke „Innovation Jam" durch interne Marketingmaßnahmen. Eingeladen waren die rund 10 000 Mitarbeiter aus den Forschungs- und entwicklungsnahen Bereichen des Unternehmens. Drei Foren gaben auf einer eigens gestalteten Online-Plattform die Stoßrichtung vor. Im Forum „Innovation" ging es um Produkt- und Dienstleistungsideen rund ums Automobil. Das Forum „Profitables Wachstum" setzte sich mit neuen Geschäftsideen oder Serviceangeboten für heutige und zukünftige Kunden des Konzerns auseinander. Ein drittes Forum kümmerte sich um die „Interne Zusammenarbeit". Nahezu 2500 Mitarbeiter nahmen am Innovation Jam teil. Bei den moderierten Diskussionen zeigte sich z. B., wie wertvoll bereichsübergreifende Diskussionen sein können. Z. B. entdeckten Ingenieure von EvoBus in Ulm, dass Kollegen aus der Pkw-Entwicklung in Sindelfingen eine ähnliche Produktidee „auf dem Schirm" hatten und sich mit vergleichbaren Schwierigkeiten auseinandersetzen mussten. Von den 311 erarbeiteten Ideen wurde fast ein Drittel zur weiteren Diskussion an die zuständigen Funktionsträger weitergereicht. Alle Teilnehmer waren sich einig, dass der Innovation Jam ein kulturbildendes Element für Daimler sei. In Zukunft plant Daimler, Innovation Jams auch fokussierter auf bestimmte Fragestellungen auszurichten sowie andere Funktionsbereiche des Unternehmens wie Marketing und Vertrieb mit einzubeziehen. (Quelle: Daimler HighTech Report, 2008)

Industrielles Marketing hat also im Sinne eines internen Marketings die Aufgabe, die aufgezeigten Kulturdimensionen im Sinne eines verstärkten Innovationsverhaltens positiv zu beeinflussen (vgl. Stern/Jaberg, 2007, S. 253 ff.). Zusätzlich muss industrielles Marketing direkt im Innovationsprozess mitwirken und diesen koordinierend begleiten. Im Folgenden werden ausgewählte Methoden und Instrumente des Innovation Deployment dargestellt, die Marketingverantwortliche in industriellen Innovationsprozessen einsetzen bzw. an denen marktorientierten Unternehmensfunktionen aktiv mitwirken.

Marktorientierte Produktentstehungsprozesse (PEP)

Produktentstehungsprozesse (PEP) beschreiben die Arbeitsabläufe, ausgehend von der Idee für ein neues Produkt über dessen Entwicklung, Validierung bis hin zur Herstellung und Verkauf (vgl. z. B. Ohms, 2000). Der Begriff ist dem Gedanken des Geschäftsprozessmanagements entlehnt und findet hauptsächlich Anwendung in den klassischen industriellen Branchen wie dem Maschinen- und Anlagebau, der Elektroindustrie oder der Automobilindustrie. Der klassische Produktentstehungsprozess postuliert drei Teilprozesse. Die Produktentwicklung, die Produktionsplanung und die Produktion. In einer ergänzten Version werden industrielle Dienstleistungen wie allgemeine Service- und Instandhaltungsleistungen mit integriert. Den klassischen Produktentstehungsprozess kennzeichnet zunächst jedoch eine gedankliche Loslösung von Innovationsprozessen. D.h. bei der Produktentstehung werden keine marktlichen Aspekte mit berücksichtigt (vgl. Ehrlenspiel, 2003, S. 146). Die Phase der Ermittlung der Kundenbedürfnisse, der Formulierung innovativer Produktideen, deren Bewertung, Vorauswahl und Überführung in Produktvorschläge wird hier noch an einen so genannten Produktdefinitionsprozess (PDP) aus- bzw. vorgelagert (vgl. Gausemeier et al, 2001, S. 44 ff.). In der Praxis haben insbesondere große Industriekonzerne damit begonnen, die markt- und innovationsorientierten Elemente der Produktentstehung fest in den PEP zu integrieren. Für das Zuliefergeschäft sowie in einzelnen Fällen des Produkt-, Anlagen- und des Systemgeschäfts werden Produktentstehungsprozesse dafür nach folgenden Projektkategorien unterteilt:

- Applikationsprojekte: Bei einer Applikation handelt es sich lediglich um eine geringfügige Anpassung einer bereits entwickelten Leistung, zumeist gemäß den Anforderungen der Kunden. Ein Beispiel für das Produktgeschäft sind standardisierte Messedisplays, die in der Applikation mit dem Corporate Design des jeweiligen industriellen Kunden versehen werden. Im Zuliefergeschäft sind diese Applikationsanforderungen durch umfassende Kundenspezifikationen und Lastenhefte definiert.
- Variantenprojekte: Auch Variantenprojekte stellen keine grundsätzlichen technologischen Neuerungen dar. Vielmehr geht es um unterschiedliche Ausprägungen eines Produktes, z. B. Steuergeräte mit unterschiedlich starken Rechnerversionen.
- Plattform-/Erstanwendungsprojekte: Bei der Plattformentwicklung besteht ein hoher Neuigkeits- und Innovationsgrad (vgl. Ulrich/Eppinger, 2004. S. 35 f.). Industrielle Zulieferer verhalten sich nicht entsprechend dem Anpassungskonzept reaktiv gegenüber Kundenanforderungen, sondern entwickeln selbstständig neue Produkte und Dienstleistungen. Ein Beispiel hierfür wäre die Entwicklung eines marktfähigen Aufwindkraftwerks, dass durch das Prinzip erhitzter aufsteigender Luft in einem überdimensionalen Glastrichter eine Turbine antreibt und dadurch Elektrizität erzeugt.
- Grundlagenentwicklung: Der Plattformentwicklung geht die Grundlagenentwicklung voraus. Dies ist insbesondere dann der Fall, wenn für neue Erzeugnisse bestimmte Basistechnologien entwickelt und getestet werden müssen. Aktivitäten der Grundlagenentwicklung beziehen sich z. B. auf neue Materialien, Verbindungs- oder Fertigungstechnologien.

Innovation Deployment findet folglich insbesondere im Bereich von Plattform- und Erstanwendungsprojekten statt, also bei solchen Projekten mit einem besonders hohen Neuigkeitsgrad. Gerade hier werden die frühen Aufgaben im Rahmen des Produktentstehungsprozesses häufig durch die Marketing- und Vertriebsfunktionen verantwortet und koordiniert. Insgesamt werden im PEP die notwendigen Arbeitsschritte der Leistungserstellung in allen beteiligten Funktionsbereichen beschrieben. Die beteiligten Funktionsbereiche sind in der Regel:

- Marketing und Vertrieb
- Produkt-/Plattformmanagement
- Entwicklung
- Anlagenplanung und technische Funktionen
- Entwicklung von Fertigungs- und Prüfverfahren
- Fertigung
- Einkauf
- Logistik

- Rechnungswesen/Controlling
- Qualitätssicherung

Die neuere wissenschaftliche Literatur greift die Integration von Marktaspekten in die Produktentstehung auf. Die Darstellung der Produktentstehungs- und Innovationsprozesse bleibt jedoch oftmals auf recht unspezifische und reduzierte Phasen begrenzt, die dann jeweils im industriell gerichteten Kontext erörtert werden (vgl. Weiber et al, 2006, S. 102 ff.). Während die Festlegung der strategischen Stoßrichtung die generellen strategischen Aspekte des Industriegütermarketings wie Marktsegmente und Positionierungskonzepte betrifft (vgl. Kapitel 4), fokussiert der Teil der Ideenfindung auf operative Kernaufgaben des industriellen Marketings. Über verschiedene Formen primärer Evaluierungen wie Kundenbefragungen (vgl. Kapitel 3) oder Kundenworkshops werden hier marktorientierte Ansatzpunkte für den Innovationsprozess gefunden. Dabei wird jedoch oftmals vernachlässigt, dass Innovationen durchaus durch die industriellen Anbieter selbst initiiert werden können, diese Initiativen gleichzeitig einer marktlichen Validierung bedürfen. Weitere Phasenschritte der Produktentstehungsprozesse in der Literatur sind die eigentliche Entwicklung der Produkttest sowie die Markteinführung (vgl. Ernst, 2005, S. 251 ff.).

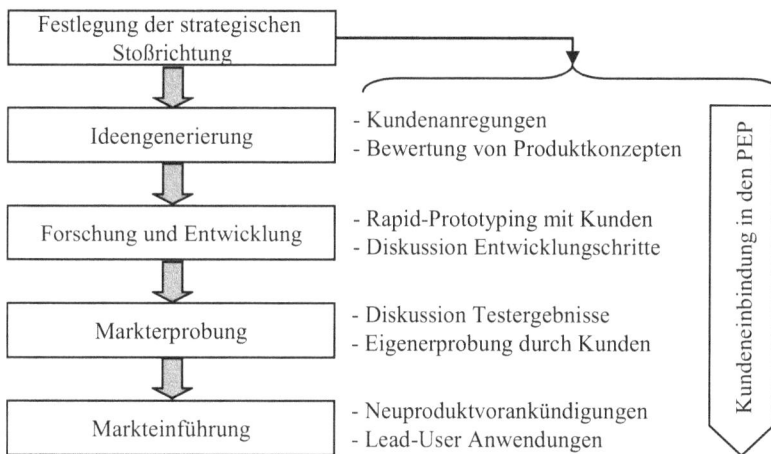

Abb. 5.5   Phasen eines allgemeinen Produktentstehungs- und Innovationsprozesses (Quelle: eigene Darstellung in Anlehung an Balderjahn/Schnurrenberger, 2001, S. 421, Weiber et al, 2006, S. 108)

Marketingexperten fordern die Einbindung der Kunden in alle Entstehungsphasen. So können generierte Ideen in einem schnellen Prototypenbau, dem so genannten Rapid-Prototyping, haptisch umgesetzt und in der Entwicklungsphase mit dem Kunden diskutiert werden (vgl. z. B. Gebhardt, 2000/Trapp, 2007). Produkttests sind unter Beteiligung der Kunden auswertbar und Key-Accounts werden als Lead-User für Erstanwendungen und Pilotprojekte eingesetzt. Diese Einbindung bedingt neben zahlreichen Vorteilen jedoch auch einige Risiken (vgl. Backhaus/Voeth, 2010, S. 215).

Chancen:

- Zeitersparnis durch frühzeitige Marktkorrektur
- Kostenersparnis bei Kostenteilung
- Qualitätsverbesserung durch Kundenorientierung
- Gewinnung von Lead-Usern (Produktgeschäft) und Erstanwendungsprojekten (Anlagen- und Zuliefergeschäft)
- frühzeitige Reduktion von Marktrisiken
- Imagevorteile durch Referenzkunden
- Akquisition neuer Projekte und Kunden
- Erleichterung beim Eintritt in neue Märkte
- Gewinnung von Informationen über Wettbewerber

Risiken:

- potenzieller Know-how Abfluss an Nachfrager
- Verzögerung des PEP durch Koordinations- und Abstimmungsprozesse mit Nachfragern
- Opportunistisches Verhalten des Nachfragers (z. B. Weitergabe von Informationen an Wettbewerber)
- fehlerhafte Identifizierung der Lead User
- falsche Kompromisse beim Ausgleich divergierender Interessen von unterschiedlichen Kunden

Typische Produktenstehungsprozesse der industriellen Praxis umfassen neben den Prozess/Projektphasen auch Arbeitspakete und Meilensteine:

- Phasen: Nach DIN 69901 ist die Projektphase ein zeitlicher Abschnitt eines Projektablaufs, der sachlich gegenüber anderen Abschnitten getrennt ist.
- Arbeitspakete sind den Prozessphasen zugeordnete Aufgabencluster, die zur Ausführung an die verantwortlichen Funktionsbereiche oder Cross-funktionalen Teams weitergeleitet werden.
- Als Meilensteine/Milestones werden bedeutende Ereignisse bezeichnet, die in der Regel den Abschluss einer Projektphase markieren.

Analog dieser erweiterten Sichtweise kennzeichnen sich branchenspezifische innovationsorientierte Produktenstehungsprozesse durch eine höhere Granularität als die meisten Ansätze der wissenschaftlichen Literatur. Die folgende PEP-Struktur ist ein Kondensat aus den Produktenwicklungsprozessen von fünf namentlich nicht genannten Industriegüterunternehmen (vgl. Abbildung 5.6). Der Schwerpunkt liegt dabei auf Unternehmen der klassischen Zulieferbranchen, des Anlagengeschäfts und des Systemgeschäfts. Am Ende jeder PEP-Phase erfolgt die Bewertung der zugehörigen Arbeitspakete. Markt-, angebots- und vertragsorientierte Bausteine werden federführend durch Marketing- und Vertriebsfunktionen bei so genannten „Vertriebsbewertungen" beurteilt, entwicklungs- und fertigungsorientierte Bausteine durch die jeweils einschlägigen Funktionsbereichen bei so genannten „Qualitätsbewertungen". Für beide Formen von Meilensteinen/Bewertungsschritten spielen unterschiedliche Musterphasen eine wichtige Rolle:

- A-Muster erfüllen die angestrebte technische Funktion weitestgehend, entsprechen jedoch nicht den endgültigen Maßen und Normen. A-Muster werden zumeist im Musterbau hergestellt und bestehen nur teilweise aus endgültigen Werkstoffen.
- B-Muster eignen sich für Erprobungen im Zusammenhang mit den möglichen Endanwendungen. Teile und Komponenten entspringen Versuchs- oder Hilfswerkzeugen. Dabei werden weitgehend endgültige Werkstoffe verwendet.
- C-Muster entsprechen den Spezifikationen der Plattform, der Erstanwendung oder des Varianten- bzw. Applikationsprojektes eines Kunden. Insbesondere im Zuliefergeschäft spricht man von „seriennaher Fertigung" und der „Verwendung von Serienwerkzeugen".
- D-Muster sind Erstmuster für den Kunden. Dabei stammen alle Teile aus Serienwerkzeugen und es besteht bereits ein vollständig aufgebauter Fertigungs-, Montage- und Prüfprozess.

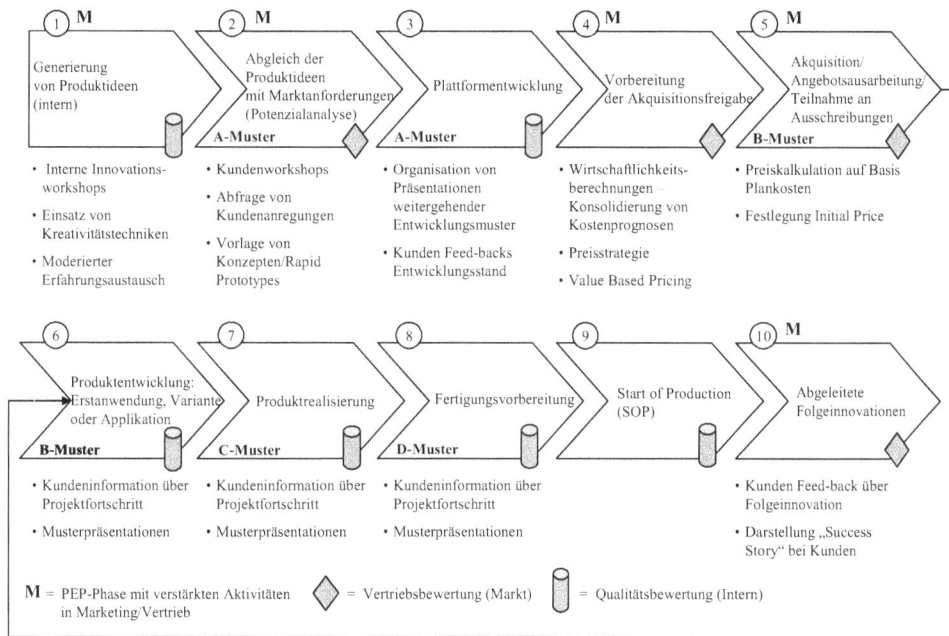

Abb. 5.6   Industrieller Produktentstehungsprozess (PEP) für Innovationen (Quelle: eigene Darstellung)

Die Festlegung der strategischen Stoßrichtung wird in der industriellen Praxis der allgemeinen Marketing- und Unternehmensstrategie zugesprochen und ist nur sehr selten im eigentlichen Produktentstehungsprozess integriert. Daher gilt die Generierung von Produktideen als erste PEP-Phase (**PEP 1**). Auch in den meisten marktlich ausgerichteten Industrieunternehmen ergeben sich die ersten Ideenansätze z.T. auf der Basis von existenten Kundenprojekten, meist jedoch zunächst getrieben aus internen Entwicklungsinitiativen. Schon in dieser Phase sollte industrielles Marketing die internen Innovationsinitiativen durchdringen und in der Gesamtorganisation transparent machen. Innovationsansätze können sich so gegenseitig „befruchten" und Entwicklungsteams wertvolle Anregungen durch fachlich und organisatorisch außenstehende, dem Unternehmen aber zugehörige Mitarbeiter erhalten. In diesem Zusammenhang übernehmen Marketingverantwortliche z. B. die Organisation und Moderation interner Innovationsworkshops zur Ideenfindung und zum Erfahrungsaustausch. Dabei ist auch der Einsatz von Kreativitätstechniken zur Generierung von Produktideen üblich (vgl. Rabl, 2009, S. 75 ff.):

Brainstorming/Brainwriting

Brainstorming gilt als älteste und bekannteste Kreativitätstechnik. Sie dient der Sammlung von Ideen in sehr kurzer Zeit, indem spontane Einfälle zu einer definierten Fragestellung kommentarlos gesammelt werden (vgl. Osborn, 1963, S. 141). Brainstorming-Sitzungen finden in heterogenen Gruppen von 4 bis 12 Teilnehmern statt. Dabei wären zur Innovationsfindung in einem Industriegüterunternehmen idealerweise Teilnehmer aus den zentralen Funktionsbereichen Entwicklung, Musterbau, technische Funktionen, Fertigung, Einkauf, Marketing und Vertrieb zu nennen. Auf starke hierarchische Unterschiede der Teilnehmer ist zu verzichten, um die diese in ihren freien Äußerungen nicht zu hemmen. Eine Sitzungseinheit sollte nicht länger als 20 bis 45 Minuten dauern. Die Ideenproduktion erfolgt in Wellen, d.h. es werden mehrere Sitzungseinheiten hintereinander geschaltet. Osborn formuliert vier wesentliche Grundregeln:

- Kritik an den vorgebrachten Ideen ist verboten
- Es zählt Quantität vor Qualität, d.h. es sollen möglichst viele Ideen in kurzer zeit produziert werden
- Ideen anderer Teilnehmer sollen aufgegriffen und weiterentwickelt werden
- Auch unkonventionelle Ideen sollen geäußert werden

Ein unabhängiger und versierter Moderator (ggf. aus dem Marketing) muss die Einhaltung der Regeln überwachen und soll die Teilnehmer zu Beiträgen stimulieren. Alle Vorschläge werden protokolliert und anschließend einem Bewertungsprozess unterzogen. Alternativ können spontane Ideen auch im Rahmen eines Brainwritings (vgl. Rohrbach, 1969, S. 74 ff.) entwickelt werden. Diese sollen möglichst zahlreich in kurzer Zeit schriftlich dokumentiert werden. Dabei gelten dieselben Regeln wie beim Brainstorming. Brainwriting eignet sich insbesondere dann, wenn bei einer mündlichen Diskussion Konflikte oder Spannungen erwartet würden oder besonders dominante Mitarbeiter unter den Teilnehmern sind (vgl. Rabl, 2009, S. 88). Zu den bekanntesten Formen des Brainwriting zählt die Methode 653, bei der 6 Personen innerhalb von 5 Minuten 3 Ideen auf ein vorbereitetes Formular schreiben und dieses anschließend reihum an den Nächsten weiterreichen. Bei insgesamt fünf Durchläufen können die Teilnehmer die Ideen der anderen kommentieren, ergänzen oder weiterentwickeln (vgl. Vahs/Burmester, 2005, S. 170 f.). Durch das Brainwriting erfolgt eine automatische Protokollierung.

Osborn-Checkliste

Auch die Osborn-Checkliste gilt als Weiterentwicklung des Brainstromings. Die Checkliste bildet eine Anleitung in Form eines Fragekatalogs, die grundlegend neue Ansatzpunkte und Lösungen ermöglichen soll. Im Industriegüterkontext eignet sich die Osborn-Checkliste insbesondere, wenn Produkt- oder Serviceinnovationen auf der Basis bereits existenter Erzeugnisse oder Prozesse entwickelt werden sollen. Osborn formuliert neun Fragen, die kreatives Denken gezielt in andersartige Bereiche und Richtungen lenken. Die einzelnen Fragen sollen dabei nicht nur oberflächlich beantwortet, sondern im Rahmen von kurzen Brainstroming-Sitzungen auf unterschiedliche Lösungsansätze hin erörtert werden (vgl. Rabl, 2009, S. 85; Backerra et al, 2002, S. 64 f.):

<u>Anders verwenden?</u> Wie lassen sich bestehende Produkte, Services, Komponenten alternativ verwenden? Wie können diese nach Modifikation gebraucht werden?

<u>Substituieren?</u> Durch was können Teile, Komponenten, Materialien ersetzt werden? Ist der Prozess veränderbar, ein Verfahren oder der Standort?

<u>Adaptieren?</u> Welche Ähnlichkeit besteht mit bestehenden Leistungen? Welche Parallelen können gezogen werden? Was ist kopierbar?

<u>Rearrangieren?</u> Was lässt sich vertauschen? Gibt es eine andere mögliche Reihenfolge?

<u>Modifizieren?</u> Hinzufügen von Formen, Komponenten, Bedeutungen …

<u>Umkehren?</u> Lässt sich positiv und negativ vertauschen? Sind Rollen vertauschbar? Können Ursache und Wirkung vertauscht werden?

<u>Magnifizieren?</u> Was kann vergrößert werden? Länger? Höher? Breiter? Schwerer? Häufiger? Zusammenfügen? Multiplizieren?

<u>Minifizieren?</u> Was kann man weglassen? Kürzer? Kleiner? Leichter?

<u>Kombinieren?</u> Was ist kombinierbar? Elemente? Absichten? Ideen?

Morphologischer Kasten

Die Morphologische Methode bzw. der Morphologische Kasten zählt zu den sytematisch-logischen Verfahren der Ideengenerierung (Zwicky, 1971, S. 43 ff.). Im Mittelpunkt steht die systematische Ermittlung aller möglichen Lösungen eines komplexen Problems indem Lösungen für seine elementaren Teilprobleme gesucht werden. Das Gesamtproblem wird dabei in voneinander unabhängige Problemelemente zerlegt, für die jeweils getrennt Ideen gesammelt werden (vgl. Rabl, 2009, S. 87). Die morphologische Analyse vollzieht sich in fünf Schritten (vgl. Berndt, 2005, S. 107):

- Umschreibung und zweckorientierte Verallgemeinerung des Problems
- Bestimmung der Parameter des Problems
- Aufstellen des morphologischen Kastens

- Analyse und Bewertung der Lösungsmöglichkeiten
- Auswahl der optimalen Lösung

Zunächst wird das Problem von einer Kleingruppe oder von einer einzelnen Person so allgemein wie möglich definiert, um das Spektrum möglicher Lösungsideen nicht zu stark einzugrenzen. Das Problem wird anschließend in seine jeweiligen Elemente/Parameter zerlegt. Der Morphologische Kasten selbst bildet eine Matrix, bestehend aus Parameter und Parameterausprägungen, in die die unterschiedlichen Lösungswege eingetragen werden (vgl. Abbildung 5.7). Die Problemelemente werden untereinander und die Ausprägungen waagerecht angeordnet. Dabei ist entscheidend, dass die Parameter für die Lösung relevant, für alle Ausprägungen gültig und voneinander logisch unabhängig sein sollten (vgl. Rabl, 2009, S. 87; Schröder, 2008, S. 260).

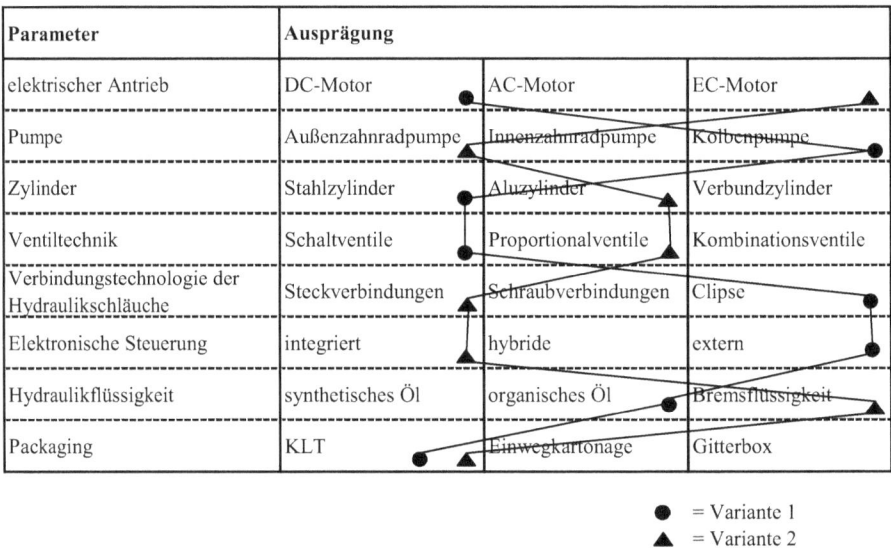

Parameter	Ausprägung		
elektrischer Antrieb	DC-Motor	AC-Motor	EC-Motor
Pumpe	Außenzahnradpumpe	Innenzahnradpumpe	Kolbenpumpe
Zylinder	Stahlzylinder	Aluzylinder	Verbundzylinder
Ventiltechnik	Schaltventile	Proportionalventile	Kombinationsventile
Verbindungstechnologie der Hydraulikschläuche	Steckverbindungen	Schraubverbindungen	Clipse
Elektronische Steuerung	integriert	hybride	extern
Hydraulikflüssigkeit	synthetisches Öl	organisches Öl	Bremsflüssigkeit
Packaging	KLT	Einwegkartonage	Gitterbox

● = Variante 1
▲ = Variante 2

Abb. 5.7   Industrieller Produktentstehungsprozess (PEP) für Innovationen (Quelle: eigene Darstellung)

Die Morphologische Methode wird in unterschiedlichsten Kontexten des Industriegütermarketings eingesetzt. Dabei übernehmen Marketingverantwortliche zumeist die Koordination, Organisation und Moderation. Die Festlegung der Parameter und ihrer Ausprägungen erfolgt meistens durch Entwicklungsabteilungen und technische Funktionen.

Denkhüte von De Bono

Bei den Denkhüten von De Bono handelt es sich um eine Form der Gruppendiskussion, bei der die Gruppenmitglieder durch verschiedenfarbige Hüte repräsentierte Rollen einnehmen (vgl. De Bono, 1990). Dabei entspricht jeder einzelne Hut einer bestimmten Denkweise bzw. einem bestimmten Blickwinkel. Dadurch soll ein effektiver und effizienter Diskurs über das

Thema erreicht werden, ohne eine Blickrichtung außer Acht zu lassen. Die jeweiligen Hüte stehen für:

- Weiß: analytisches Denken, objektive Konzentration auf Tatsachen und Anforderungen
- Rot: Emotionen und Empfindungen, Konzentration auf z.T. subjektive Meinungen und Gefühle
- Schwarz: kritische Auseinandersetzung, Betrachtung von Risiken, Skepsis, Problemen, Ängsten und Kritik; was kann im schlechtesten Fall passieren? (Worst-Case-Szenario)
- Gelb: optimistische Auseinandersetzung, was kann im besten Fall passieren (Best-Case-Szenario)
- Grün: kreatives und assoziatives Denken, Kreativität
- Blau: ordnendes, moderierendes Denken auf der Metaebene, „Big Picture"

Die Teilnehmer bekommen einen Hut oder eine Karte in einer der festgelegten Farben. Entscheidend ist es, sich vor der Diskussion auf die entsprechende Farbe mit ihren geforderten Eigenschaften einzustellen und bei der Diskussion „in der Farbe zu bleiben". Grundlage der Methode von De Bono ist das parallele Denken. Alle bei der Diskussion beteiligten Personen/Mitarbeiter haben grundsätzlich die gleiche Hutfarbe und wechseln die Hüte gemeinsam. Ziel dabei ist es, Konflikte zu vermeiden und dennoch alle Positionen zu berücksichtigen. Aufgrund dieses Effekts findet die De Bono Methode in industriellen Innovationsprozessen verstärkt Anwendung, da gerade zwischen den beteiligten Funktionsträgern aus Entwicklung, Vertrieb, Marketing, Einkauf etc. durch unterschiedliche Interessenslagen natürliche Konflikt- und Spannungspotenziale bestehen.

Auch in der zweiten Phase des Produktenstehungsprozesses (**PEP 2**) besteht eine intensive Einbindung industrieller Marketingfunktionen. Intern getriebene Produktideen werden in dieser Phase mit Markt- und Kundenanforderungen abgeglichen. Marketing- und Vertriebsverantwortliche organisieren hierzu Kundenworkshops, fragen Innovationsanregungen der Kunden ab und legen den Leading Customers erste Konzeptstudien, A-Muster bzw. Rapid Prototypes zur Beurteilung vor. Als Ansprechpartner werden alle relevanten Mitglieder des Buying-Centers bzw. in Frage kommenden Industrial-Lifestyle-Typen des Kunden herangezogen (vgl. Kapitel 4). Methodisch werden dafür insbesondere einschlägige Verfahrensweisen der primärstatistischen Informationsbeschaffung auf Industriegütermärkten eingesetzt (vgl. Kapitel 3). Dabei wird angenommen, dass sich die durch Kunden artikulierten Innovationsstatements zumeist auf generelle Bedarfe und auf Hinweise hinsichtlich der Verbesserungen bestehender Produkte und angestrebter Innovationen beziehen. Nur selten bilden Kundenwünsche dagegen den Gesamtumfang einer so genannten Sprunginnovation ab (vgl. Stern/Jaberg, 2007, S. 140). Allerdings bieten sie häufig die Initialzündung und die Motivation für den Innovationssprung. Kundenworkshops stellen eine sinnvolle Plattform für die Entwicklung innovativer Produktkonzepte dar. Unterschieden werden Kundenworkshops, bei denen eine Anzahl von 5-10 ausgewählten Kunden eingeladen werden (u. a. im Produktgeschäft, z.T. im Systemgeschäft) von Kundenworkshops, die aus Gründen des Informationsschutzes lediglich mit einem Kunden durchgeführt werden (Zuliefergeschäft, Anlagengeschäft). Gerade im Rahmen des Innovation Deployment Prozesses ist auch die Einbindung zukünftiger bzw. potenzieller Kunden notwendig. Die Dauer der Innovationsworkshops mit Kundenbeteiligung reicht von wenigen Stunden bis zu zwei Tagen. Auch so genannte Kundenpraktika werden für einen begrenzten Zeitraum immer häufiger durchgeführt. Dabei hospitieren insbesondere industrielle Zulieferer im Entwicklungs- und Leistungserstellungsprozess ihrer Key-Accounts. Diese Form der Kundennähe im Innovationsprozess institutionalisiert sich auch durch so genannte Resident Engineers. Das sind in der Regel Fertigungsfachleute und Entwickler, die für ein optimales Schnittstellenmanagement entlang der Wertschöpfungskette beim Kunden positioniert werden und in ihrer Funktion auch Anregungen bzgl. eigener Innovationsvorhaben abfragen können. Die Präsentation weitergehender Entwicklungsmuster und das Einholen entsprechender Kunden-Feed-backs bilden die Arbeitspakete der dritten Phase des Produktentstehungsprozesses (**PEP 3**).

Phase 4 und 5 (**PEP 4**) (**PEP 5**) umfassen die Aufgabenpakete der Akquisition und der Angebotsausarbeitung. Marketingaufgaben beziehen sich an dieser Stelle insbesondere auf Aspekte des industriellen Preismanagement wie die Festlegung der Preisstrategie, der Preiskalkulation sowie der Festlegung einer Erstbepreisung, des so genannten Initial Pricing Prozess (vgl. im folgenden Abschnitt zu Pricing).

In der 6. bis 9. Phase (**PEP 6**) (**PEP 7**) (**PEP 8**) (**PEP 9**) stehen die technische Entwicklung und fertigungstechnische Umsetzung der Innovation im Vordergrund. Auch hier beziehen sich Marketingaktivitäten vorwiegend auf die Berichtserstattung, Musterpräsentationen und den kritischen Diskurs mit den relevanten Kunden.

Nach dem „Start of Production" (SOP), dem Beginn der Anlagen- bzw. Serienproduktion, fokussiert der Produktentstehungsprozess in Phase 10 (**PEP 10**) wieder vermehrt auf marketingrelevante Aufgabenstellungen. So wird die Innovation auch bislang nicht beteiligten Bestands- und Potenzialkunden mit Hilfe kommunikationspolitischer Maßnahmen vorgestellt (vgl. Abschnitt zur industriellen Außendarstellung). Insbesondere die Institutionalisierung einer „Success Story" in Verbindung mit der Leistungsinnovation ist von zentraler Bedeutung. Die Auseinandersetzung mit Kunden über die Notwendigkeit von Anpassungen oder die Sinnhaftigkeit von Folgeinnovationen schließt den Innovationskreislauf bzw. führt diesen in neue Produktentstehungsprozesse über.

Quality Function Deployment (QFD)

Quality Function Deployment (QFD) gehört zu den Instrumenten der Leistungserstellung und Innovationsplanung, die gerade in Industrieunternehmen besonders häufig eingesetzt werden. QFD kann sinngemäß übersetzt werden als „Instrument zur Planung und Entwicklung von Qualitätsfunktionen entsprechend den vom Kunden geforderten Eigenschaften" (Saatweber, 2007, S. 25). Unternehmensfunktionen mit Kundennähe wie Marketing und Vertrieb spielen im Rahmen der QFD-Innovationsentwicklung eine herausragende Rolle. Die am Markt bzw. beim Kunden evaluierten Anforderungen werden schrittweise in geeignete Produkt- bzw. Dienstleistungsmerkmale übersetzt. Diese Übersetzung erfolgt mittels aufeinander abgestimmter Planungs- und Kommunikationsprozesse aller beteiligten Unternehmensbereiche. Trotz unterschiedlicher Ansätze der QFD-Methodik bestehen folgende gemeinsamen Merkmale (vgl. Schröder/Zenz, 1996, Sp. 1698):

- konsequente Ausrichtung an Kundenanforderungen
- Verknüpfung von Kundenanforderungen mit messbaren technischen Qualitätsmerkmalen
- Einsatz von multifunktionalen, konsensverpflichtenden Teams
- mehrstufiger Planungsprozess, der unter Verwendung von Planungs- und Kommunikationsmatrizen als House of Quality bezeichnet wird.

Grundsätzlich umfasst QFD die beiden Instrumente Qualitätsplanungsteam und House of Quality (HoQ). Das Qualitätsplanungsteam besteht aus Vertretern aller am Innovations-, Entwicklungs- und Entstehungsprozess beteiligten Unternehmensbereiche wie Marketing, Vertrieb, Einkauf, Entwicklung, Konstruktion, Fertigung, Logistik und Service. Diese Projektgruppe steuert den gesamten Innovations- und Produktentwicklungsprozess und gewährleistet, dass die einzelnen Funktionsbereiche nicht isoliert und sequenziell, sondern gemeinsam und synchron arbeiten (vgl. Rabl, 2009, S. 130).

Das House of Quality (HoQ) ist ein Matrizensystem, das der Dokumentation von Denkprozessen und Planungsentscheidungen des Qualitätsplanungsteams dient und der Form eines Hauses entspricht. Dadurch wird das House of Quality zum Kernelement des QFD-Prozesses.

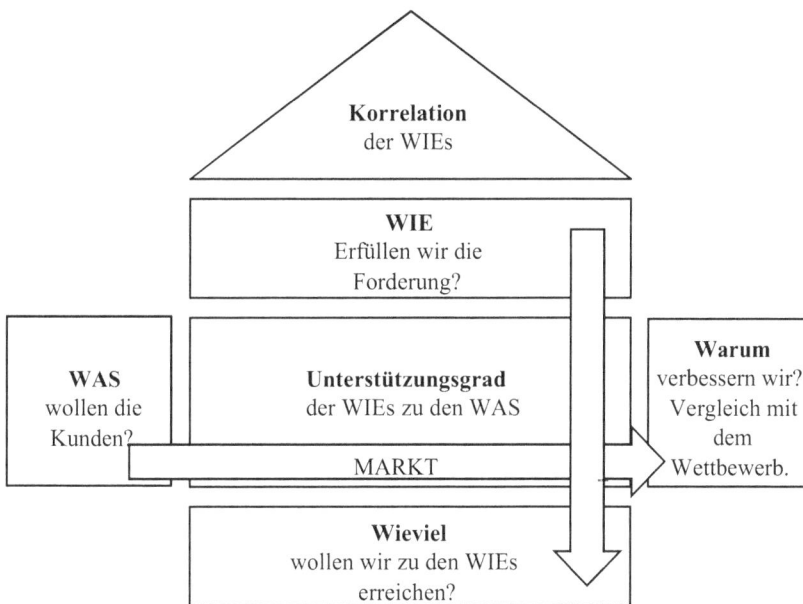

Abb. 5.8   Grundstruktur des House of Quality (Quelle: Saatweber, 2007, S. 67)

Abbildung 5.8 zeigt die stark vereinfachte Übersicht des ersten House of Quality der QFD Phase 1 (vgl. Saatweber, 2007, S. 67). Die horizontale Hauptachse zeigt die Marktausrichtung, die vertikale Achse zeigt an, wie das Unternehmen mit produkt- oder dienstleistungsbezogenen Lösungsansätzen (Technik) die Forderung des Kunden erfüllen will:

Schritt 1: Die „Stimme des Kunden" bildet die Eingangsgröße des ersten HoQ. Im „WAS"-Teil der Produktanforderungen werden die Kundenwünsche an die Leistungserstellung eingetragen. Diese Forderungen sind dabei gleichzeitig zu gewichten (vgl. Abb. 5.9). Die Dokumentation der Kundenanforderungen und ihrer Gewichte muss dabei zwingend aus interaktionsgetriebener und verwendungssegmentorientierter Marktforschung entstehen. Dem Anspruch einer konsequenten Ausrichtung auf Kundenforderungen kann nicht Genüge getan werden, wenn Zielparameter und deren Gewichtungen nur intern ohne Einbezug der Kunden festgelegt werden.

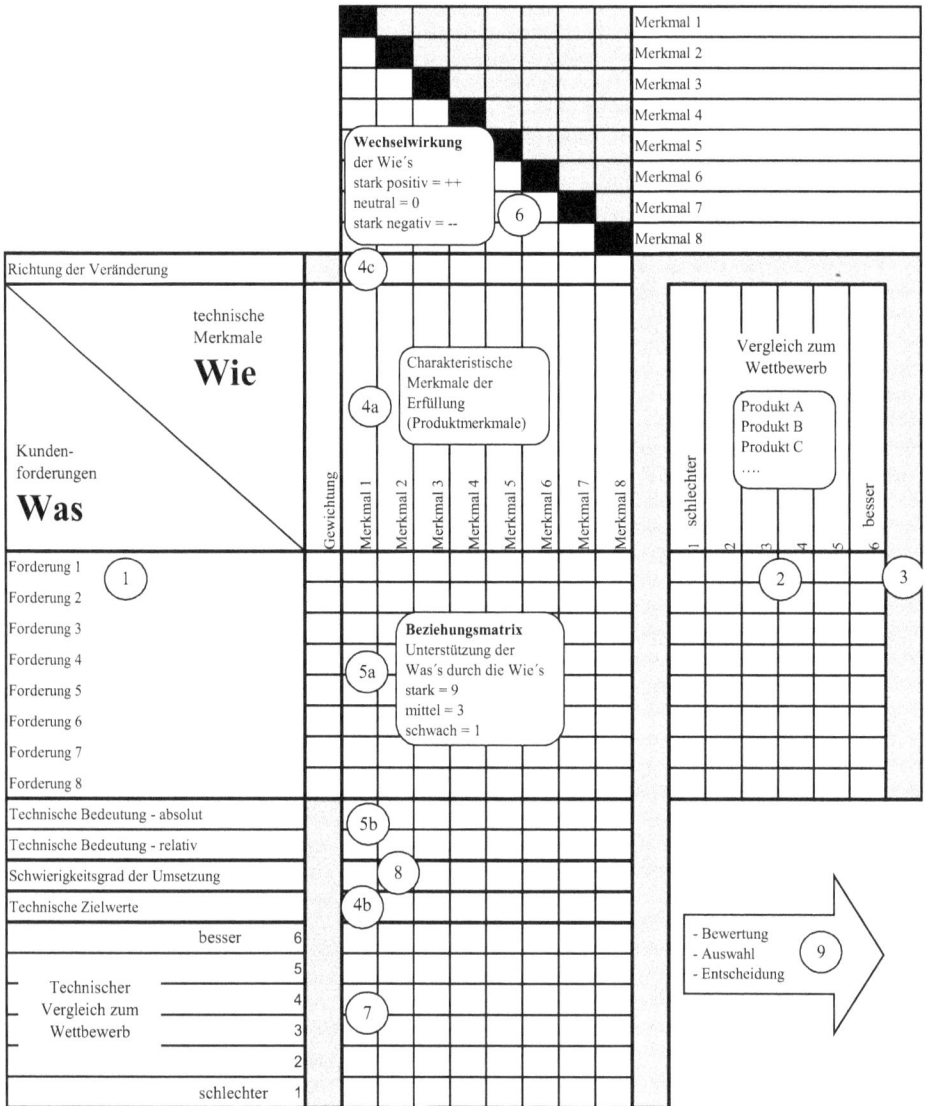

Abb. 5.9   Detaildarstellung des House of Quality (Quelle: Saatweber, 2007, S. 91)

Schritt 2: Im rechten Bereich des HoQ wird der Vergleich zum Wettbewerb vorgenommen (vgl. Saatweber, 2007, S. 201). Dabei sollen die subjektiven Informationen und Meinungen des Kunden eingetragen werden. D.h. der Kunde beurteilt die Konkurrenzsituation aus seiner Sicht. Der industrielle Zulieferer befragt seine Kunden, wie diese sein bereits bestehendes Produkt im Vergleich zu den marktbedeutenden Konkurrenzprodukten hinsichtlich des Erfüllungsgrades (Zufriedenheit) ihrer wichtigen Forderungen einstufen. Eine subjektive Form der Beurteilung ist zulässig, da auch industrielle Kunden beim Kauf nicht alleine nach rationalen und messbaren Kriterien entscheiden, sondern auch emotionale Faktoren berücksichtigen.

Schritt 3: Der Wettbewerbsvergleich kann optional um Zusatzinformationen ergänzt werden. Vermerkt werden z. B. besondere Aktivitäten von Wettbewerbern oder Reklamationen, die als Gründe für die vergleichende Leistungsbeurteilung gelten. Diese Kausalitätszusammenhänge bilden eine gute Grundlage für weitere Entscheidungsvorgänge im Innovationsprozess.

Schritt 4: Im vierten Schritt werden die Merkmale (WIEs) gesucht, die als Lösungsansätze für die jeweiligen Kundenforderungen (WAS) interpretiert werden können (4a). Im unteren Bereich des HoQ wird für jedes dieser Merkmale ein technischer Zielwert definiert (4b). Schließlich wird die Veränderungsrichtung des technischen Zielwertes im Sinne einer Optimierung beschrieben (erhöhen, verringern, gleich bleiben). Bei der Definition der Leistungsmerkmale ist auf eine möglichst lösungsneutrale Vorgehensweise zu achten, so dass keine spezielle technische Problemlösung vorweggenommen wird (vgl. Rabl, 2009, S. 137). Wichtig ist auch, dass alle Merkmalsausprägungen objektiv messbar sind und gezielt verändert werden können.

Schritt 5: Die Beziehungsmatrix bildet das „Herz" des House of Quality. Hier wird die Beziehung zwischen den einzelnen Kundenanforderungen und den technischen Leistungsmerkmalen dargestellt. Im Mittelpunkt steht die Frage, wie stark die einzelnen Merkmale (4a) die Kundenanforderungen unterstützen bzw. zu deren Erfüllung beitragen (1). Dieser Zusammenhang wird in der Regel mit Symbolen oder Zahlen (9-3-1) bewertet (vgl. Rabl, 2009, S. 137). Über eine Addition der Spaltenwerte wird die absolute bzw. bei Quotientenbildung auch die relative Bedeutung der technischen Merkmale ermittelt (5b). Die Gewichte betonen folglich diejenigen technischen Leistungsmerkmale, die in der Produktentwicklung eine wesentliche Rolle spielen.

Schritt 6: Im Dach des HoQ findet sich eine Korrelationsmatrix. Diese beschreibt die Wechselwirkung der Merkmale untereinander. In der Korrelationsmatrix wird eingetragen, wie stark die einzelnen Leistungsmerkmale positiv oder negativ korrelieren (vgl. Rabl, 2009, S. 137). Die Korrelationsmatrix ist deshalb von hoher Bedeutung, da technische Leistungsmerkmale aufgrund von Wechselbeziehungen nicht immer frei gestaltet werden können. Vielmehr existieren Zielkonflikte, die durch die Matrix transparent gemacht werden.

Schritt 7: Den technischen Vergleich der einzelnen Leistungsmerkmale mit Fremdprodukten führen in der Regel Experten aus den technischen Funktionsbereichen durch (vgl. Saatweber, 2007, S. 221). Dazu werden Daten und Informationen aus den Benchmarking-Aktivitäten des Unternehmens herangezogen. Das eigene, aus dem Innovationsprozess hervorgehende Produkt bzw. die eigene Dienstleistung wird bezüglich ihrer Qualitätsmerkmale vorzugsweise mit den Wettbewerbsprodukten verglichen, die aus der Arbeit zu Schritt 2 bekannt sind. Dabei sollte insbesondere ein vergleichbares Produkt des jeweiligen Marktführers mit einbezogen werden. In Schritt 7 sollte zusätzlich ein Vergleich des technischen Wettbewerbs mit der Bewertung aus der Sicht des Kunden erfolgen. Erkennbar wird jetzt die Differenz zwischen der tatsächlichen bzw. selbst interpretierten Leistungsfähigkeit (7) mit der vom Kunden empfundenen Leistungsfähigkeit (2). In Schritt 2 wird gefragt: „Wie sieht mich der Kunde im Vergleich zum Wettbewerb?" Im Vergleich wird gefragt: „Stimmen die subjektiven Bewertungen der Kunden mit den selbst ermittelten Werten aus dem technischen Vergleich (7) überein?" Ist die Kundenmeinung schlechter als das eigene Versuchsergebnis, so kann ein Imageproblem vorliegen, das wiederum durch die Marketing- und Vertriebsabteilungen zu beheben ist. Oder aber, der aus den Benchmarking-Ergebnissen resultierende technische Vergleich zum Wettbewerb erweist sich als zu einseitig bzw. geschönt (siehe Problematik des Benchmarking in Abschnitt 5.1.1).

Schritt 8: An dieser Stelle wird der Schwierigkeitsgrad der Umsetzung eingetragen. Für jedes einzelne Leistungs- bzw. Qualitätsmerkmal schätzt das QFD-Team die Schwierigkeit bei der Merkmalsveränderung in der festgelegten Optimierungsrichtung ein (vgl. Rabl, 2009, S. 138). Auch dieser Schwierigkeitsgrad wird zumeist durch eine numerische Skala von 1-5 oder 1-10 ausgedrückt.

Schritt 9: Im Schritt 9 erfolgt nochmals ein Review sowie eine endgültige Auswahl der wichtigen und kritischen Produktmerkmale, die im nächsten House of Quality bearbeitet werden. Alle Räume und Skalen des ersten HoQ sind vollständig gefüllt und transparent dargestellt (vgl. Rabl, 2009, S. 138). Aus den ausgewählten kritischen Produktmerkmalen (WIE) des ersten HoQ werden die Anforderungen des zweiten HoQ (WAS) formuliert.

Die QFD-Methodik endet nicht bei der Konzeptentwicklung eines innovativen Produkts bzw. einer innovativen Dienstleistung. Vielmehr dekliniert QFD alle Planungsschritte der Produktentstehung stringent durch und verknüpft diese miteinander. Dafür werden für unterschiedliche QFD-Phasen verschiedene HoQ hintereinander geschaltet. Entscheidend ist der Grundsatz, dass die Ergebnisse des vorangegangenen HoQ zu den Eingangsgrößen des nachfolgenden Hauses werden (vgl. Rabl, 2009, S. 139). In jedem HoQ werden Ziele (WAS) und Umsetzung (WIE) zueinander in Beziehung gesetzt. Das „WIE" der vergangenen Phase wird dabei zum „WAS" des nächsten HoQ. Als Resultat ergibt sich ein Kaskadenmodell mit mehreren Phasen. Zahlreiche Industrieunternehmen nutzen dieses Modell als Rahmengerüst der innovationsgeprägten Produktentwicklung. Ausgehend von relevanten Marktinformationen führen vier weiter HoQ bis zur Produktions- bzw. Verfahrensplanungsphase (vgl. Rabl, 2009, S. 139):

Phase 0 – Informationsbeschaffung: Diese Vorphase des ersten House of Quality dient der Erfassung der Kundenanforderungen (WAS des ersten HoQ). Vor allem in dieser Phase befinden sich Marketing- und Vertriebsabteilung in einer besonderen Bringschuld und beeinflussen durch die Quantität und Güte der beschafften Informationen in hohem Maß die Qualität der folgenden QFD-Häuser. Bereits beschriebene Instrumentarien der industriellen Informationsbeschaffung, der Marktsegmentierung und der Kundenpositionierung bilden das operative Kerngerüst der Phase 0.

Phase 1 – Konzeptplanungsphase – Produkt- und Plattformplanung: Unter Verwendung der in Phase 0 ermittelten Eingangsgrößen bzw. Kundenanforderungen, erfolgt in Phase 1 (HoQ1) die eigentliche Produktplanung. Zentrale Aufgabe ist es, die Kundenforderungen (WAS) in Merkmale (WIE) zu übersetzen, die in der „Sprache der Entwickler" verständlich und umsetzbar sind. Marketingverantwortliche koordinieren die, in dieser Phase eingesetzten Instrumente wie unterschiedliche Kreativitätstechniken oder Target Costing.

Phase 2 – Teile und Komponentenplanungsphase: Die kritischen Produktmerkmale der Phase 1 (WIE) werden hier zu den zu erreichenden Zielelementen (WAS). Dabei erfolgt die konstruktionstechnische Entwicklung eines Konzeptes, bei der die Teile im Vordergrund stehen. Besonders bedeutsame oder problematische Teile werden detailliert untersucht. Methoden, die in dieser Phase eingesetzt werden, sind die Fehler Möglichkeiten und Einflussanalyse (FMEA) (vgl. z. B. AIAG, 2008), Wertanalysen oder Zielkostenbetrachtungen (vgl. Rabl, 2009, S. 140). Die kritischen Produktmerkmale (WAS) werden an dieser Stelle zu Qualitätsmerkmalen (WIE) übersetzt.

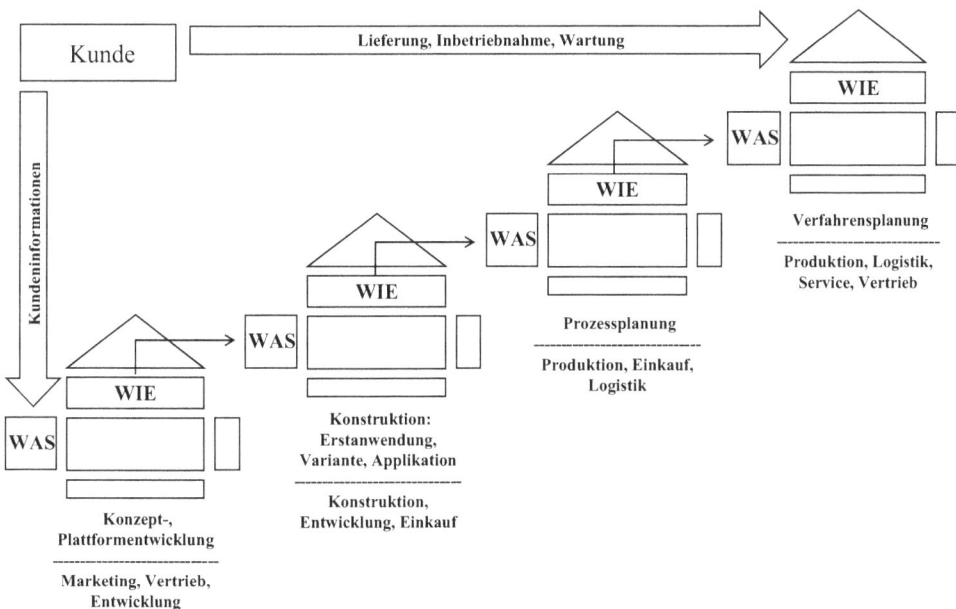

Abb. 5.10 QFD-Prozess (Quelle: in Anlehnung an Rabl, 2009, S. 140)

Phase 3 – Prozessplanungsphase: Hier werden für die Teilemerkmale des ersten HoQ zugehörige Prozessmerkmale entwickelt. Die Qualitätsmerkmale der Phase 2 werden zu Zielgrößen (WAS), die über bestimmte Prozessmerkmale (WIE) erreicht werden. In Phase 3 werden üblicherweise typische Instrumente der Prozessplanung und Prozesssteuerung eingesetzt, wie Design for Assembly (vgl. z. B. Boothroyd, 2005), Design for Manufacturing oder statistische Prozesssteuerungsverfahren.

Phase 4 – Produktions- bzw. Verfahrensplanungsphase: Im letzten HoQ werden den Prozessmerkmalen (WAS) detaillierte Produktionsangaben (WIE) wie Arbeits- und Prüfanweisungen sowie weitere Schulungsunterlagen und Dokumentationen gegenübergestellt (vgl. Rabl, 2009, S. 141).

Die strukturierte Einbindung aller beteiligten Funktionsbereiche in den Innovations- bzw. Produktentwicklungsprozess gehört zu den wesentlichen Stärken der QFD-Methode. Durch die teamorientierte Vorgehensweise kann sich kein Beteiligter nach dem Fehlschlagen einer Innovation in einseitigen Schuldzuweisungen ergehen, da der Prozess vollständig durchlässig ist. Vorteilhaft ist auch, dass die Innovations- und Produktentstehung „mit dem Ohr am Kunden" erfolgt und ein besseres Kundenverständnis auch in „kundenferne" Unternehmensbereiche transferiert wird. Problematisch ist, dass die QFD-Methode aufgrund ihrer hohen Komplexität rasch unübersichtlich wird. Auch der hohe Grad an Subjektivität bei der Dokumentation von Kundenforderungen, Merkmalen und Wettbewerbsvergleichen wird oftmals bemängelt.

5.1.3   Scrum

Scrum ist eine Methode der Produkt-Entwicklung, die auf den Grundlagen des Wissensmanagements entworfen wurde (vgl. Nonaka/Takeuchi, 1995). Dabei besteht keine Fokussierung auf der Innovationsorientierung der Produktentwicklungsprozesse (vgl. Abschnitt 5.1.2. Innovation Deployment). Vielmehr liegt Scrum der Gedanke zugrunde, dass Entwicklungs- und Entstehungsprozesse betrieblicher Leistungen derart komplex sind, dass sie sich nicht in große abgeschlossene Phasen unterteilen lassen. Auch seien einzelne Arbeitsschritte nicht mit der Granularität von Tagen oder Stunden pro Mitarbeiter planbar (vgl. Schwaber/Irlbeck, 2007). Produktiver sei es, wenn einem Entwicklungsteam ein fester äußerer Rahmen mit einer sehr groben Granularität vorgegeben wird. Innerhalb dieses Rahmens soll sich das Team schließlich selbst organisieren. Alle mit dem sogenannten *Product Owner* abgestimmten Arbeitspakete werden in eigener Verantwortung abgearbeitet. Besonders kennzeichnend ist dabei, dass Scrum die Verwendung traditioneller Werkzeuge zur Projektsteuerung und Teamstrukturierung konsequent ablehnt.

Die ersten Scrum ähnlichen Ansätze entstammen den Produktionssystemen der japanischen Automobilindustrie. Insbesondere Toyota gilt als Vorreiter agiler Entwicklungs- und Fertigungsprozesse. Das Toyota-Production-System hat im weltweiten Automotive-Umfeld Vorbildcharakter und stellt die für Scrum typische gleichzeitige Weiterentwicklung aller am Prozess Beteiligten in den Vordergrund. Derzeit wird Scrum hauptsächlich im Kontext der agilen Softwareentwicklung verwendet, findet aber auch wieder zunehmend Einzug in klassische Industrieunternehmen. Gerade dort obliegt die Koordinationsfunktion der Scrum-Methode oftmals marketingorientierten Aufgabenträgern.

Seine Erfinder bezeichnen Scrum als eine Grundüberzeugung und eine Philosophie und schreiben der Methode damit einen ausgeprägten unternehmenskulturellen Charakter zu (vgl. Gloger, 2008, S. 10 f.). Scrum verfügt über eine Arbeitsweise mit klar definierten Rollen, einem sehr einfachen Prozessmodell und einem klaren und übersichtlichen Regelwerk. Der Begriff „Scrum" heißt auf Deutsch „Gedränge" und ist zunächst im sportlichen Umfeld leicht verständlich darstellbar. Beim Rugbyspiel stehen sich zwei Mannschaften in einem kreisförmigen Gebilde, dem Gedränge, gegenüber und versuchen gemeinschaftlich den Gegner daran zu hindern, Raum zu gewinnen (vgl. Gloger, 2008, S. 10 f.). Im übertragenen Sinne entsteht ein derartiges Gedränge auch, wenn mehrere Fachdisziplinen eines Industriegüterunternehmens zusammenarbeiten müssen, um ein neues Produkt zu entwickeln. Diese Situation ist geprägt durch Bereichsegoismen und individuelle Funktionskulturen. Scrum versucht den Rahmen zu schaffen, um dieses Gedränge produktiv zu nutzen. Der Scrum-Prozess besteht aus sechs Rollen, sechs verschiedenen Formen von Meetings und neun so genannten Artefakten. Diese Artefakte kennzeichnen zunächst die eigene Scrum-Begriffswelt (vgl. Gloger, 2008, S. 16 ff.):

- Die **Product Vision** enthält die grundlegende Idee für das Projekt, das Produkt oder die Dienstleistung.
- Die zu entwickelnden Produktfunktionalitäten werden **Product Backlog Items** genannt.
- Alle **Produkt Backlog Items** werden in einer Liste erfasst. Diese wird als *Product Backlog* bezeichnet.
- Der Ideengeber (**Product Owner**) legt gemeinsam mit dem Team das **Sprint Goal** fest. Dieses bildet die Zielfeststellung bzw. die Messlatte für alle Aktivitäten des Scrum-Teams zu einem vereinbarten Projektzeitpunkt. Die Sprints stellen dabei die jeweiligen Arbeitsphasen zwischen den jeweiligen Projektmeilensteinen dar.
- Das **Selected Product Backlog** entsteht in dem vorbereitenden Meeting der ersten jeweiligen Sprint-Einheit (**Sprint Planning Meeting 1**). Es enthält diejenigen Funktionalitäten (**Backlog Items**), welche das Team nach eigenen Aussagen realistisch zum definieren Sprint-Ende liefern kann. Dabei orientiert sich das **Selected Product Backlog** eng am vereinbarten **Sprint Goal**.
- Als Aufgaben werden alle Aktivitäten bezeichnet, die zum Erreichen des Sprint-Ziels (**Sprint Goal**) beitragen und dabei helfen, die geforderten Funktionalitäten zu entwickeln.
- Im **Sprint Backlog** werden die Aufgaben dokumentiert, die zur Erreichung des **Sprint Goals** abgearbeitet werden müssen. Die Festlegung dieser Aufgaben erfolgt im Sprint Planning Meeting 2. Das Sprint Backlog wird täglich überarbeitet und aktualisiert. Neue Aufgaben werden hinzugefügt, bewältigte Aufgaben abgehakt.
- Der **Releaseplan** bildet eine Übersicht aller **Backlog Items**. Im Mittelpunkt des **Releaseplans** steht die Information in welcher Arbeitsphase (**Sprint**) ein bestimmtes **Backlog Item** durch das Team erarbeitet wird.
- Das **Impediment Backlog** stellt eine Übersicht aller Blockaden dar, die beseitigt werden müssen, um die Arbeitsproduktivität eines Teams zu erhöhen
- Ziel des Scrum-Prozesses ist die Transformation von **Product Backlog Items** in verwendbare und funktionierende Leistungselemente bzw. Produkte, so genannte **Usable Functions** (im Softwarekontext **Usable Software**). Zum Ende jeder Sprinteinheit soll ein Produkt-Inkrement, eine darstellbare Teilfunktionalität entwickelt sein.

Die Aktivitäten im Zusammenhang mit den definierten Artefakten werden durch sechs unterschiedliche Scrum-Rollen ausgeführt (vgl. Gloger, 2008, S. 14 ff.):

Product Owner – der Visionär

Der Ideengeber einer Produktentwicklung nennt sich Product Owner. Dieser arbeitet voneinander losgelöste Ideenbestandteile zu einer Product Vision aus. Der Product Owner trägt er die Verantwortung dafür, dass das Scrum-Team die gewünschten Funktionalitäten (Produkt Backlog Items) in der richtigen Reihenfolge entwickelt. Weiterhin zeichnet er für die Projektergebnisse und den finanziellen Gesamtaufwand verantwortlich.

Das Team – die Lieferanten

Das Team zeichnet für die „Lieferung" des Produktes verantwortlich. Es umfasst alle Personen, die an der direkten und operativen Leistungsentwicklung beteiligt sind. Kerngedanke ist die Eigenorganisation und die weit reichenden und dezentralen Entscheidungsbefugnisse des Teams. Das Team bewegt sich dabei innerhalb eines vorgegebenen Prozess- und Organisationsrahmens. Es steuert die Quantität der Arbeitspakete selbst und trägt gleichzeitig die Verantwortung für die Darstellung der angestrebten Leistungsfunktionalitäten.

Der Scrum Master – der Change Agent

Der Scrum Master verfügt nicht über eine Weisungsbefugnis, übernimmt gegenüber dem Team gleichwohl eine koordinierende Funktion. So gehören die Beseitigung von Problemen und Hindernissen zu den Hauptaufgaben des Scrum Masters im Arbeitsprozess. Dies gilt auch für Schulungen aller am Projekt beteiligten Personen.

Der Kunde – der Finanzierer

Der Kunde erwirbt das Produkt bzw. die Dienstleistung bzw. hat diese in Auftrag gegeben. Dabei kann es sich sowohl um den „klassischen" externen Kunden als auch um einen internen Kunden, d.h. eine Bereichsleitung oder einen anderen Geschäftsbereich des Industriegüterunternehmens handeln.

Der Anwender – der Nutzer

Der Anwender einer Leistung/eines Produktes gilt als wesentliche Informationsquelle, da er die unterschiedlichen Funktionalitäten, also die Product Backlog Items, verwenden wird. Im Idealfall wird der Anwender daher durch das Scrum-Team in den Produktentwicklungsprozess einbezogen. Im industriellen Zuliefergeschäft könnte es sich dabei z. B. um einen Resident Engineer eines OEM handeln, der seinen Entwickler in den Produktentstehungsprozess seines Zulieferers einbindet. Insbesondere bei den Sprint Planning Meetings scheint eine Beteiligung des Anwenders zielführend.

Der Manager – die Bereichsleiter

Eine infrastrukturelle Rolle im Scrum-Prozess spielt das Management einer Organisation. Dieses generiert den Rahmen, innerhalb dessen sich Scrum Master und Product Owner bewegen und hilft dem Scrum Master bei der Beseitigung der von ihm identifizierten Probleme. Auch entscheidet das Management über die Bereitstellung von notwendigen Ressourcen.

Die Scrum Meetings bilden die definierten Meilensteine im Scrum-Prozess. Folgende Meetings werden unterschieden (vgl. Gloger, 2008, S. 15 ff.):

Sprint Planning Meeting I – Anforderungen klären

Im ersten Sprint Planning Meeting wird die erste Arbeitsphase, also der erste Sprint vorbereitet. Teilnehmer sind der Product Owner, der Scrum Master, das Team, das Management und im Idealfall der Anwender. Im Rahmen dieser Zusammenkunft werden die gemeinsamen Ziele für den anstehenden Sprint definiert. Ausgehend von der Zielsetzung selektiert das Team die Anzahl von Backlog Items, die in der kommenden Arbeitsphase umgesetzt werden sollen. Diese werden im so genannten Selected Product Backlog dokumentiert. Entscheidend dabei ist die Eigenverantwortlichkeit des Teams. Weder Scrum Master noch Management greifen in die Entscheidung des Teams über die Anzahl der zu bewältigenden Backlog Items ein.

Sprint Planning Meeting II – Design und Planung
Die Umsetzungspotenziale des im ersten Sprint Planning Meeting vereinbarten Ziels sind Gegenstand der Diskussion im Sprint Planning Meeting II. Die Teammitglieder beraten den Aufbau der umzusetzenden Funktionalitäten, die Herstellung von Mustern und Prototypen sowie die Generierung der notwendigen Dokumentationen. Ziel des Meetings ist die Erstellung des Sprint Backlogs, einer Liste aller zu bewältigenden Aufgaben.

Daily Scrum – Koordinieren und Feed-Back
Auch die tägliche Abstimmung des Scrum-Teams gilt als besonders charakteristisches Merkmal der Methode. Die Teammitglieder treffen sich für 15 Minuten zu einem Daily Scrum. In diesem durch den Scrum Master moderierten Meeting sprechen sich die Teammitglieder über die tagesgenaue Aufgabenverteilung ab. Die Teammitglieder wählen dabei selbst die Aufgabe, die sie als Nächstes übernehmen wollen und informieren den Scrum Master über Probleme und Hindernisse. Durch die Daily-Scrum-Taktung wird der Arbeitsdruck auf alle Teammitglieder aufrechterhalten. Ein „Verbummeln" von Entwicklungstagen wird weitestgehend vermieden.

Estimation Meeting – Vorausplanen und Schätzen
Die Teammitglieder aktualisieren das Product Backlog zusammen mit dem Product Owner in der Regel mindestens einmal pro Sprint. Dabei werden neue Schätzungen zu den Umsetzungen der Backlog Items gegeben und ggf. neue Backlog Items in das Product Backlog aufgenommen. Die Reihenfolge der zu bearbeitenden Backlog Items wird in Abhängigkeit veränderter Informationslagen angepasst. Auch der Releaseplan des Projektes wird aktualisiert und ggf. ergänzt.

Sprint Review – Resultate präsentieren
Nach Abschluss einer Arbeitsphase, eines Sprints, präsentieren die Teammitglieder die erarbeiteten Funktionalitäten bzw. Backlog Items. Dabei werden lediglich diejenigen Funktionalitäten präsentiert, die sich in einem „produktiven Zustand" befinden. Das können einzelne, bereits ausführbare Softwarefunktionalitäten sein, aber auch darstellbare Funktionen eines klassischen Industrieerzeugnisses, wie der Bewegungszyklus eines Roboterarms oder der separate Steuervorgang eines Elektronikbauteils. Funktionalitäten, die nicht getestet oder instabil sind, werden vom Review ausgenommen und gelten als nicht geliefert.

Sprint Retrospektive – sich ständig verbessern
In der Retrospektive erfolgt rückblickend eine Analyse der Arbeitsprozesse. Ziel dabei ist die Verbesserung der Effektivität. Die Ergebnisse der Retrospektive werden im Impediment Backlog dokumentiert und gelangen über diesen Kanal als Verbesserungsvorschläge in die Sprint Planning Meetings.

In Scrum sind alle Aktivitäten an einem iterativen, d.h. wiederholenden und inkrementellen, d.h. auf Zuwachs basierenden Prozessrahmen ausgerichtet (vgl. Schwaber, 2007, S. 120). Eine Iteration von Entwicklungsaktivitäten findet nacheinander statt und wird durch die jeweiligen Sprint-Einheiten dargestellt. Das Ergebnis jeder Iteration ist ein Inkrement des Produktes bzw. der Dienstleistung. Dieses Inkrement zeigt sich durch zusätzlich umgesetzte Funktionalitäten. Innerhalb einer iterativen Arbeitsphase finden tägliche Iterations- und Inspektionsschleifen im Rahmen des Daily Scrum statt.

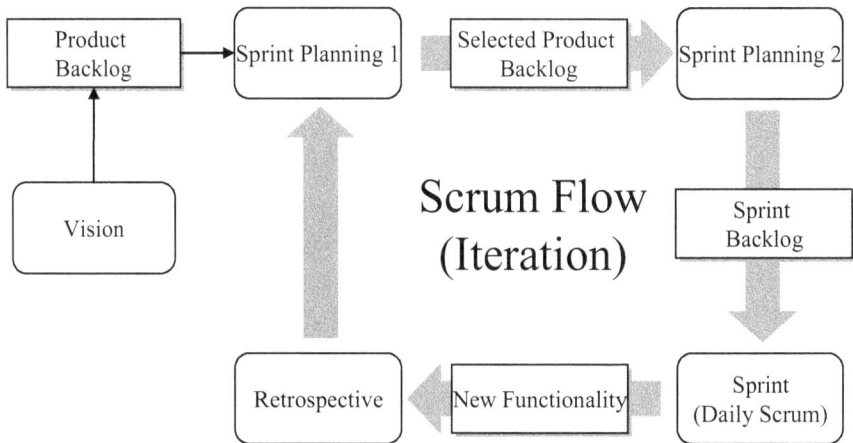

Abb. 5.11 Scrum-Prozess (Quelle: in Anlehnung an Gloger, 2008, S. 13)

Das Kernstück von Scrum bildet die Iteration. Das Scrum-Team setzt sich mit den vorgegebenen Anforderungen auseinander, prüft die verfügbaren Technologien und bewertet die eigenen Kompetenzen, Qualifikationen und Möglichkeiten. Es bestimmt selbständig und gemeinsam, wie die Funktionalitäten erstellt werden und modifiziert die Lösungsansätze täglich (vgl. Schwaber, 2007, S. 121). Diese tagesgenauen Veränderungen sind dabei durch auftretende Komplexitäten, Hindernisse und neue Informationsstände getrieben. „Das Team findet heraus was getan werden muss, und wählt den besten Weg dafür aus" (Schwaber, 2007, S. 121). Der kreative und eigenständige Prozess ist folglich ein zentrales Charakteristikum der Scrum-Methode.

Volle Terminkalender, unterschiedliche Standorte – es ist gar nicht so einfach, alle Beteiligten kurzfristig an einen Tisch zu bekommen. Die Netviewer AG entwickelt B2B-Lösungen für die Organisation unternehmensinterner oder übergreifender Meetings über das Internet. Neben dem Produkt „Meet" bietet das Karlsruher Software-Haus mit über 260 Mitarbeitern „Support" an, eine Software für die schnelle und effiziente Fernwartung von Computern. Der Entwicklungsleiter der Netviewer AG setzte sich bereits seit dem Beginn der „Scrum-Bewegung" mit der Methodik auseinander und implementierte diese erfolgreich für die operative Softwareentwicklung. So werden alle Entwicklungsaufgaben für die beiden Produkte „Meet" und „Support" in bis zu fünf Scrum-Teams abgearbeitet. Bei der Netviewer AG wird Scrum nicht alleine für Entwicklungsprojekte neuer Software mit Projektcharakter eingesetzt, sondern ist fest in allen operativen Entwicklungs- und Applikationstätigkeiten verankert. Die Rolle des Product-Owners übernehmen verantwortliche Produktmanager, die als Schnittstelle zwischen Marketing/Vertrieb und Softwareentwicklern agieren. Die Product-Owner geben die umzusetzenden Funktionen vor. Die softwaretechnische Detailplanung wird durch das Team selbständig vorgenommen. Die jeweiligen Sprints dauern bei der Netviewer AG ca. 2 Wochen. Daneben finden tägliche Daily Scrums statt, bei denen sich die Teams 15 min über den tagesgenauen Arbeitsstand austauschen. Backlogs werden bei Netviewer z.T. in tabellarischen Dokumenten oder aber in freieren, Mind-Map-Strukturen dargestellt. Das Verfahren führt zu einer höheren Leistungstransparenz des Einzelnen, trifft aber in der Entwicklungsorganisation auf eine große Akzeptanz.

5.2 Marketinginstrumente industrieller Vertriebsprozesse

Die enge Verwandtschaft der Fachdisziplinen Marketing und Vertrieb wird durch gemeinsame Abhandlungen in zahlreichen wissenschaftlichen Veröffentlichungen erkennbar (vgl. z. B. Winkelmann, 2008). Zudem beinhalten Marketingprozessmodelle vertriebsorientierte Bestandteile, wie die Distributionspolitik (vgl. z. B. Schröder/Olbrich/Kenning, 2009) oder das Preismanagement (vgl. z. B. Nagle/Hogan, 2007). Auch wenn einzelne Experten die klare Trennung der Disziplinen und Verantwortungsbereiche von Vertrieb und Marketing beschwören, so sieht die unternehmerische Realität, insbesondere im Kontext der Industriegütermärkte, ganz anders aus. Kernaufgaben des Marketing liegen hier weniger in der Gestaltung und Verbreitung kommunikativer Inhalte. Im Mittelpunkt stehen vielmehr solche Aufgaben, die oftmals durch Vertriebsabteilungen operativ wahrgenommen werden, bislang jedoch ohne die zugehörigen Entscheidungen strategisch zu planen und zu koordinieren. Zu solchen vertriebsnahen Marketingprozessen gehören das Preismanagement, das marktorientierte Vertriebscontrolling sowie CRM-Aktivitäten auf B2B-Basis. Gerade mittelständische und stark ingenieursgeprägte Industriegüterunternehmen wagen erste Marketingschritte im Rahmen bestehender Vertriebsstrukturen und beauftragen Vertriebsmitarbeiter oder in Vertriebsabteilungen integrierte Marketingmitarbeiter mit der strategischen Entwicklung und Ausführung der genannten Aufgaben. Selbst in größeren Industriekonzernen mit abgrenzbaren Marketingabteilungen ist eine enge Abstimmung und eine gegenseitige Zuarbeit von Marketing- und Vertriebsfunktionen unabdingbar. Marketingverantwortliche koordinieren z. B. generelle Preisstrategien und Preisbildungsmechanismen, während die Vertriebsverantwortlichen die Preise innerhalb definierter „Preis-Ranges" durchsetzen bzw. verhandeln. Marketingfunktionen konstruieren und koordinieren CRM-Systeme, die wiederum von Vertriebsmitarbeitern befüllt und gepflegt werden. Gegenstand dieses Abschnittes ist die Darstellung und Diskussion derjenigen Marketinginstrumente, die einen engen Bezug zu den industriellen Vertriebsprozessen aufweisen.

5.2.1   Pricing

Globalisierte Einkaufs- und Sourcingprozesse sind auf Industriegütermärkten schon seit vielen Jahrzehnten übliche Praxis. Durch die massiven Entwicklungsschritte von Ländern wie China und Indien sowie die Finanz- und Wirtschaftskrise in den Folgejahren nach 2008 nahm der Wettbewerbsdruck neue Dimensionen an. Die Industriegüterunternehmen westlicher Wirtschaftsnationen können sich nicht mehr alleine auf ihre Alleinstellungsmerkmale und Produktqualitäten berufen. Auch Leistungen mit herausragenden Kundennutzenmerkmalen müssen preislich wettbewerbsfähig sein. In diesem Abschnitt wird die Preismanagement-Disziplin als vertriebsorientiertes Marketinginstrument vor dem Hintergrund betriebswirtschaftlicher Transferprozesse zwischen industriellen Unternehmen beleuchtet. Dabei wird zunächst auf die preispolitischen Besonderheiten im Industriegütermarketing eingegangen. Unterschiedliche Fokussierungen ergeben sich dabei insbesondere durch die Pricing-Spezifika der jeweiligen Geschäftstypen Produkt-, Anlagen-, System- und Zuliefergeschäft. Zunehmende Bedeutung erlangt die strategische Perspektive des Preismanagements. Die oftmals unter Zeit- und Kundendruck gefällten Preisentscheidungen industrieller Key Account Manager folgen immer noch zu selten einem „roten Faden". Während allenfalls die Struktur der Kostenkalkulation nach festen Schemata angewandt wird, so ist die geplante Ausrichtung an marktlichen Preisbestimmungsfaktoren oder Nutzenkriterien noch immer die Ausnahme. Die strategische Pricing-Betrachtung auf Industriegütermärkten bildet die Basis für die Diskussion unterschiedlicher Preisbildungsverfahren im Hinblick auf ihre Anwendungspotenziale. Dabei finden kostenorientierte Ansätze ebenso Berücksichtigung wie nutzen- oder wettbewerbsorientierte Pricing-Instrumente. Abschließend werden spezifische Instrumente zur Unterstützung von Preisverhandlungen vorgestellt. Dazu zählen sowohl Kaufpreisanalysen bzw. Kostenoffenlegungen als auch der verhandlungstaktische Umgang mit Kundenspezifikationen bzw. Lastenheften im Anlagen- und Zuliefergeschäft.

Bedeutung des Pricing im Industriegütermarketing

Die Preissensitivität und der Wunsch nach Preistransparenz fallen auf Konsumgütermärkten üblicherweise sehr unterschiedlich aus. Neben Konsumenten, die vor jeder Kaufentscheidung mehrere Fachgeschäfte und alle einschlägigen Internetseiten besuchen, existieren solche, die ihre Kaufentscheidung unreflektiert, z. T. im Affekt, zumindest ohne weitere Informationsbeschaffung durchführen. Hier besteht ein grundlegender Unterschied zu den Industriegütermärkten. Einkäufer und Beschaffer industrieller Unternehmen haben ein professionelles

Interesse daran, industrielle Leistungen zu bestmöglichen Preisen zu beziehen. Das Kernelement ihrer Arbeitstätigkeit besteht in der Formulierung von Leistungsanforderung, der Beschaffung von Preisinformationen, den Preisvergleichen sowie dem Verhandeln von Preisen. Daraus ergibt sich bereits eine grundsätzliche und besondere Bedeutung eines effizienten Preismanagements für den Anbieter industrieller Leistungen, um die Zahlungsbereitschaft industrieller Kunden möglichst zielgerichtet abgreifen zu können. Die Spezifika des Preismanagements auf Industriegütermärkten leiten sich aus den jeweiligen Geschäftstypen ab:

Im **Produktgeschäft** werden Leistungen nicht einzelkundenspezifisch, sondern für eine Gruppe von Nachfragern oder für einen anonymen Gesamtmarkt entwickelt (vgl. Backhaus/Voeth, 2010, S. 206). Aus dem Sachverhalt, dass sich die Produktmärkte in der Regel durch Einzeltransaktionen ohne Verbundwirkungen auf andere Transaktionen kennzeichnen, ergeben sich einige Besonderheiten für preispolitische Überlegungen. Bei einfachen und standardisierten Leistungen im Produktgeschäft, so genannten Commodities (vgl. Kleinaltenkamp, 2001, S. 757 f.) wird oftmals die Feststellung einheitlicher Marktpreise angestrebt (vgl. Sander, 2004, S. 457 ff.). Dies gilt z. B. für Büromaterialen oder einfache EDV-Ausstattung. Bei einer ausgeprägten Heterogenität der Zahlungsbereitschaften industrieller Kundengruppen führt die Setzung von Einheitspreisen jedoch dazu, dass die Zahlungsbereitschaften der Nachfrager nicht umfassend „abgeschöpft" werden (vgl. Backhaus/Voeth, 2010, S. 229 ff.). Eine differenzierte Evaluierung der Zahlungsbereitschaften ist also notwendig. Dies gilt auch insbesondere dann, wenn es sich bei den Leistungen nicht um Commodities, sondern um Speciality-Goods, also Güter mit geringem Standardisierungsgrad zwischen den Leistungen der Wettbewerber handelt. Die geringe oder gar fehlende Vergleichbarkeit führt in diesem Spezialfall dazu, dass auch die zugehörigen Marktpreise nicht direkt einander gegenübergestellt werden können. Backhaus/Voeth fordern in diesem Zusammenhang ein systematisches Zahlungsbereitschaftsmanagement, bei dem folgende Aufgaben bewältigt werden müssen (vgl. Backhaus/Voeth, 2010, S. 229 ff.):

- Quantifizierung der Zahlungsbereitschaft unterschiedlicher Kunden bzw. Kundensegmente,
- Festlegung von Marktpreisen, die an den Zahlungsbereitschaften der Kunden ausgerichtet sind,
- Aufbau von Preissystemen, um die Unterschiede bei den Zahlungsbereitschaften der industriellen Kunden abschöpfen zu können.

Für die Etablierung eines Zahlungsbereitschaftsmanagements gilt wiederum die Beschaffung von Informationen als vorbereitende Kerntätigkeit (vgl. Kapitel 3). Dabei sind sowohl unternehmensinterne als auch marktorientierte Informationen von hoher Bedeutung (vgl. Backhaus/Voeth, 2010, S. 229 ff.):

- Bei so genannten Kaufdaten-bezogenen Verfahren ermitteln industrielle Anbieter die Zahlungsbereitschaft ihrer Kunden aus deren Kaufverhalten bzw. Nicht-Kaufverhalten der Vergangenheit. Unterschiedliche Preissetzungen der Vergangenheit werden dabei an Projektzuschlägen bzw. Projektablehnungen einzelner Kunden gespiegelt. Problematisch gestalten sich diese Verfahren dann, wenn bei besonders innovativen Produkten keine

Vergangenheitsdaten vorliegen oder sich aber die Umfeldbedingungen des Marktes im Zeitablauf verändert haben.

- Kaufangebot-basierte Verfahren ermitteln Zahlungsbereitschaften über empirisch erhobene Kaufangebote. Im Rahmen einer empirischen Erhebung können potenzielle Kunden Zahlungsangebote für eine definierte Leistung abgeben. Bei realen Geschäftstransaktionen finden sich Kaufangebot-basierte Verfahren in Form von Auktionen oder Lotterien. Diese stellen jedoch auf eine sehr spezielle Kaufentscheidung ab und setzen Güterknappheiten voraus. Eine Knappheit liegt dann vor, wenn die Kunden davon ausgehen, dass mehr Interessenten vorhanden sind, als Leistungseinheiten zur Verfügung stehen. Kaufangebot-basierte Verfahren sind daher nur eingeschränkt in der Erfassung von Zahlungsbereitschaften einsetzbar.

- Präferenzdaten-basierte Verfahren suchen, die Zahlungsbereitschaft industrieller Kunden über deren Präferenzen zu ermitteln. Direkte Verfahren analysieren die Zahlungsbereitschaft über die direkte Abfrage von Preisbereitschaften, „wie viel wären Sie maximal bereit für diese Leistung zu bezahlen?". Eine weitere Möglichkeit besteht in der Anwendung von Kosten-Nutzen-Analysen bzw. der kundenorientierten Evaluierung von Preis-Leistungsverhältnissen (vgl. Abschnitt 5.2). Als indirektes Verfahren zur Messung von Zahlungsbereitschaften haben sich unterschiedliche Formen der Conjoint-Analyse etabliert (vgl. z. B. Voeth, 2000).

Neben der Ermittlung von Zahlungsbereitschaften bestehen die Kernelemente des Pricing im Produktgeschäft in den unterschiedlichen Formen der Preisdifferenzierung sowie dem unterstützenden und konditionenbasierten Instrument der Rabattpolitik. Homburg und Krohmer unterscheiden folgende Formen der Preisdifferenzierung (vgl. Homburg/Krohmer, 2006, S. 729 ff.):

- Spezifische Merkmale der Kunden werden bei der personen- bzw. institutionenbezogenen Preisdifferenzierung herangezogen. Im Industriegüterkontext können z. B. die Unternehmensgröße, die Branche oder auch psychologische Faktoren wie das Verhandlungsgeschick des Kunden mit einbezogen werden.

- Bei der räumlichen Preisdifferenzierung erfolgt die Ausrichtung an geographischen Teilmärkten, z. B. in Form von Ländermärkten, Regionen oder Kontinenten. Große Industriegüterunternehmen differenzieren ihre Preisstrategien oftmals nach der so genannten Triade (Europe, Americas (Nord-, Mittel- und Südamerika) sowie Asia Pacific).

- Bei der zeitlichen Preisdifferenzierung werden in Abhängigkeit vom Kaufzeitpunkt unterschiedliche Preise gesetzt. Dies gilt z. B. für standardisierte Logistikdienstleistungen, die durch Industrieunternehmen in unterschiedlichen Auslastungsphasen zu unterschiedlichen Preisen in Anspruch genommen werden.

- Die leistungsbezogene Preisdifferenzierung berücksichtigt die Veränderung von leistungsbezogenen Produktmerkmalen. Von Preisdifferenzierung wird dabei jedoch nur gesprochen, wenn die Unterschiede zum Ursprungsprodukt nicht so groß sind, dass in den Augen des industriellen Kunden ein neues Produkt entsteht. Typische Beispiele sind die Preisdifferenzierung von Economy-, Business- und First-Class-Flügen.

- Mengenbezogene Preisdifferenzierungen ergeben sich in Abhängigkeit der kundenseitig nachgefragten Menge. Auf Industriegütermärkten ist die strategische Preissetzung gegenüber einem Kunden dabei nicht nur durch die jeweilige projektbezogene Absatzmenge, sondern z. T. auch durch Jahresvolumina oder prognostizierte Verkaufsumfänge mit beeinflusst.

Weiterhin gilt die Rabattpolitik als typisches Instrument der Preispolitik im Produktgeschäft. Sie funktioniert als indirekte Form der Preisdifferenzierung, da die Abschöpfung individueller Zahlungsbereitschaften nicht über unterschiedliche Listenpreise, sondern mittels der individuellen Ausgestaltung von Rabattkonditionen erfolgt (vgl. Backhaus/Voeth, 2010, S. 243). Dadurch lässt sich zum einen eine transparente Differenzierung von Listenpreisen „verschleiern"; potenzielle Unzufriedenheiten preislich benachteiligter Industriekunden werden so vermieden. Zum anderen können durch die Gestaltung des Verhältnisses von Listenpreis und Rabatt auch zusätzliche akquisitorische Effekte erzielt werden. Diese Effekte kommen besonders dann zum Tragen, wenn Einkaufsabteilungen industrieller Kunden Provisionen in Abhängigkeit der verhandelten Rabatte erhalten. Neben Rabatten, die den ursprünglichen Grundpreis zum ausgewiesenen Rechnungspreis reduzieren, werden auch Boni als strategisches Pricing-Instrument verwendet. Nach Begleichung des Rechnungspreises durch den industriellen Kunden erfolgen Bonuszahlungen quasi rückwirkend für die Erreichung bestimmter Umsatzziele, Bestellraten oder als Werbekostenzuschüsse und mindern damit den tatsächlich erzielten Preis nachträglich. Auch wenn die durch Rabattinstrumente bewirkten Intransparenzen aus Anbietersicht gewollt sein können, so führen diese im Innenverhältnis oftmals zu Unübersichtlichkeit und fehlenden Informationsstrukturen bzgl. des Preises. Gerade bei einer hohen Anzahl von Artikeln im Produktgeschäft werden Listenpreise undifferenziert bzw. oftmals sogar einheitlich linear nach oben oder unten angepasst. Wenn der Außendienst über die Rabattkompetenz und somit den eigentlichen Preisgestaltungsspielraum verfügt, so geht eine strategische Ausrichtung der Preispolitik durch die Vertriebsleitung verloren (vgl. Backhaus/Voeth, 2010, S. 246 f.). Gefordert sind somit konsistente Preissysteme aus Listenpreis- und Rabatten, die sowohl die Preissensitivität der industriellen Nachfrager als auch der Wettbewerber mit einbeziehen.

Durch die oftmals oligopolistische Angebotsstruktur auf **Anlagemärkten** ergeben sich besondere Bestimmungsfaktoren des Preismanagements aufgrund der unmittelbaren Einflussnahme der jeweiligen Mitanbieter. Mitanbieter sind diejenigen Industrieunternehmen, die ihrerseits Leistungen zur fertigen „Anlage" des Kunden beitragen. Im Spannungsfeld von Nachfragern, Wettbewerbern, Mitanbietern und Kostendruck ergeben sich eine Reihe von Problemen bei der Bestimmung und Artikulation des Angebotspreises (vgl. Esser, 1993; vgl. Backhaus/Voeth, 2010, S. 356):

- Aufgrund des hohen Individualitätsgrades der einzelnen Projekte im Anlagengeschäft liegen keine gängigen „Marktpreise" vor. Der industrielle Anbieter kann Marktinformationen nur eingeschränkt bzw. ergänzend in die Preisbetrachtung einfließen lassen. Preise werden vorwiegend auf der Basis interner Kostenüberlegungen ermittelt. Dabei müssen in erster Linie die projektspezifischen Einzelkosten gedeckt werden. Darüber hinaus ergibt sich der Kostendruck aus der notwendigen Deckung der unabhängig vom Projekt anfallenden Gemeinkosten (vgl. Plinke, 1998, S. 125; vgl. Backhaus/Voeth, 2010, S. 336).

- Der kalkulierte Angebotspreis muss im Anlagengeschäft z.T. mit den Teilpreisen der Mitanbieter abgestimmt werden, da die Gesamtpreisvorstellung aus allen Teilangeboten die Wahrscheinlichkeit des Projektzuschlags- bzw. der Projektablehnung maßgeblich bestimmt.
- Aus der Langfristigkeit von Projekten des Anlagengeschäfts entstehen Preisrisiken. Dies äußert sich z. B. durch potenzielle Materialkostenveränderungen oder entstehende Wechselkursrisiken im Zeitablauf. Die Mitanbieter müssen gemeinsam entscheiden, wie diese Risiken abgedeckt werden können.
- Auch wenn die Preisbildung auf Anlagemärkten in erster Linie durch interne Kostentreiber determiniert wird, so ist die Abstimmung des ermittelten Preises mit den Marktgegebenheiten unerlässlich. Die erbrachte Leistung weist zwar einen besonders hohen Grad an Individualität auf, der Vergleich mit Referenzprojekten des Wettbewerbs zur Spiegelung der eigenen Preissetzung ist jedoch dennoch sinnvoll. Auch die Kaufpreisvorstellungen der Kunden, meist ausgedrückt in vorgegebenen Zielpreisen, sollten mit in die Preisfindung einbezogen werden.

Eine mitanbieterbezogene Preispolitik fokussiert auf die koalitionsinternen Verhandlungen der Mitanbieter über die Abstimmung der jeweiligen Teilpreise und deren Verdichtung zu einem Gesamtpreis. Dabei entstehen Zielkonflikte zwischen den beteiligten industriellen Anbietern (vgl. Backhaus/Voeth, 2010, S. 356 ff.). Für einen einzelnen Anbieter ist sein individuelles Preisdurchsetzungspotenzial gegenüber den anderen Mitanbietern entscheidend. De Oliveira Gomes formuliert fünf Gruppen von Faktoren zur Beurteilung des Preisdurchsetzungspotenzials gegenüber den Mitanbietern (vgl. de Oliveira Gomes, 1987, S. 23 ff.; vgl. Backhaus/Voeth, 2010, S. 346):

- Unternehmensbezogene Faktoren beziehen sich zumeist auf die Kapazitätsauslastung eines Mitanbieters. Je höher dessen Kapazität ausgelastet ist, desto rigidere Preisdurchsetzungsansprüche wird er erheben, da bei zusätzlichem Projektaufkommen ggf. neue, kostenverursachende Kapazitäten aufgebaut werden müssen.
- Bei projektbezogenen Faktoren gilt die Stärke des Preisdurchsetzungspotenzials eines Anlagenherstellers gegenüber seinen Mitanbietern umso größer, je geringer die Substituierbarkeit seiner eigenen Leistungsanteile ist.
- Mitarbeiterbezogene Faktoren liegen dann vor, wenn die industriellen Angebotspartner in der Vergangenheit bereits miteinander gearbeitet haben und aus diesem Grund Zugeständnisse machen oder preisliche Benachteiligungen des Partners aus vergangenen Projekten ausgleichen wollen.
- Kundenbezogene Faktoren äußern sich in Kundenpräferenzen gegenüber bestimmten Anbietern. Industrielle Anbieter, denen dieses Privileg zuteilwird, verfügen über ein größeres Preisdurchsetzungspotenzial gegenüber ihren Mitanbietern.
- Konkurrenzbezogene Faktoren berücksichtigen das Preisniveau eines Mitanbieters gegenüber seinen Konkurrenten. Ist dieses in Relation zum Wettbewerb niedrig, so kann der industrielle Anbieter seine Preisvorstellung gegenüber den Mitanbietern besser durchsetzen.

Im Gegensatz zum Anlagengeschäft werden im **Systemgeschäft** Preise i.d.R. nicht kunden-individuell, sondern bezogen auf Marktsegmente oder ganze Märkte formuliert (vgl. Back-haus/Voeth, 2010, S. 419 ff). Dabei geht es beim System-Pricing nicht alleine um die Bepreisung der Kernleistung bzw. der Einstiegsinvestition, sondern auch der Folgeinvestitionen und der ggf. angebotenen systembegleitenden Services. Insbesondere die Determiniertheit des jeweiligen Systems spielt dabei eine entscheidende Rolle: Bei unbestimmten Systemen geht der industrielle Kunde von Folgeinvestitionen aus; deren konkrete Ausgestaltung und somit auch Preissetzung zum Zeitpunkt der Einstiegsinvestition noch weitgehend unbekannt sind. Beispiele sind Entscheidungen zugunsten bestimmter EDV-Betriebssysteme wie Windows, Mac/OS oder Linux, welche üblicherweise Folgeinvestitionen in Form unterschiedlicher Anwendungssoftware bedingen, diese aber zum Entscheidungszeitpunkt in Gänze noch nicht absehbar sind. Im Gegensatz dazu sind die Folgeinvestitionen bei determinierten Systemen bei der Einstiegsinvestition bereits bekannt und können preislich konkretisiert werden. So führt die Entscheidung eines expandierenden Industrieunternehmens für die Ausstattung seiner Büroräume mit bestimmten Möbelsystemen zu klar kalkulierbaren Folgeinvestitionen bei der Ausstattung weiterer, geplanter Außenstellen.

Insbesondere bei den unbestimmten Systemen bestehen auf Kundenseite folglich erhebliche Unsicherheiten bzgl. der Gesamtpreiserwartungen. Diese Unsicherheiten kann der industrielle Anbieter durch Bündelungen abfedern. Dabei wird die Einstiegsinvestition mit Teilen der erwarteten Folgeinvestitionen zusammengefasst. Durch diese Zusammenfassung reduziert sich auch bei der Preisbildung der Systemgeschäftscharakter. Die Unsicherheit zukünftiger Kosten wird für den Systemnachfrager reduziert.

Ein weiteres Spezifikum für die Preispolitik im Systemgeschäft ist die Offenheit des Systems. Proprietäre Systeme, die nur durch einen industriellen Hersteller im Markt angeboten werden und deren Folgeinvestitionen im Regelfall nur mit der Einstiegsinvestition dieses Herstellers kompatibel sind, bedingen hohe Unsicherheiten der industriellen Nachfrager. Diese gehen oftmals mit Reaktanzen und Misstrauen im Preisbildungs- und Angebotsprozess einher. Offene Systeme, die aufgrund flexibler Vergabe von Folgeinvestitionen nur eine geringe Systembindung für Nachfrager aufweisen, werden von den Kunden bevorzugt. Wenn Monopolstellungen im Systemgeschäft für die Erstinvestition durch hinzukommenden Wettbewerb „aufgebrochen" werden, reduzieren diese Kunden ihre Preisbereitschaft augenblicklich. Monopolanbieter werden so z.T. zur „Öffnung" ihrer bis dato rein proprietären Systeme gezwungen.

Grundsätzlich weist das Pricing im Systemgeschäft eine große inhaltliche Nähe zum Pricing im Produktgeschäft auf. Hinsichtlich der o. g. Besonderheiten müssen sich Pricing-Verantwortliche im Systemgeschäft in ihren Preisentscheidungen kontextspezifisch verhalten. Aus Anbieterseite müssen die Preise für Einstiegs- und Folgeinvestitionen simultan geplant werden, da Anbieter insbesondere mit proprietären Systemen oftmals preisliche Quersubventionen zwischen Einstiegs- und Folgeinvestitionen vornehmen, um die Wahrscheinlichkeit des Projektzuschlags zu erhöhen. Als Extremform der Quersubventionierung von Einstiegsinvestitionen durch Folgeinvestitionen gilt das „Follow the Free"-Pricing-Prinzip. Um ihr System in kurzer Zeit bei der anvisierten Zielgruppe zu verbreiten, geben die Anbieter ihr Erzeugnis zunächst kostenlos an ihre Kunden ab. Über die Folgeinvestitionen (Zusatzleistungen, Updates etc.) sollen dann Erlöse generiert werden. Diese Pricing-Form entstammt der Software-Industrie. Zahlreiche Anbieter stellen Basisversionen ihrer Software kostenlos zur Verfügung. Neue Programmversionen und Zusatzmodule sind im Folgenden kostenpflichtig. Quersubventionen sind jedoch mit zahlreichen Risiken verbunden. So bestehen Akzeptanzprobleme, wenn Kunden zu dem Eindruck gelangen, dass die Einstiegsinvestition nur durch die unverhältnismäßig teure Bepreisung der Folgeinvestition zu einem günstigen Preis angeboten wird (Unzufriedenheit der Kunden). Bei offenen Systemen, bei denen der Nachfrager die Folgeinvestitionsentscheidung auch zugunsten eines Wettbewerbers fällen kann, erweisen sich Quersubventionen als hoch riskant für den Anbieter, da die Preissetzung für die Einstiegsinvestition u. U. alleine nicht zur Deckung der zugehörigen Kosten ausreicht.

Auch die Preisbündelung gilt als Instrument, das industrielle Systemanbieter insbesondere dann einsetzen müssen, wenn Nachfrager aufgrund individueller Unsicherheitsempfindungen die Summe aller Systemleistungen im Zusammenhang beurteilen wollen. Bei allen Preisentscheidungen ist zu berücksichtigen, ob beim Kunden unterschiedliche Zahlungsbereitschaften für inhaltlich divergierende Systembestandteile bestehen, die dann für die gesamte Systembetrachtung konsolidiert werden müssen (vgl. Backhaus/Voeth, 2010, S. 463 ff.).

Bei der Preisfestsetzung für die Gesamtsystemleistung müssen Systemanbieter auch die Dynamik relevanter Preisdeterminanten im Zeitablauf beachten, da insbesondere bei der Kalkulation der weit in die Zukunft reichenden Folgeinvestitionen Risiken bzgl. der Kostendeckung bestehen (vgl. Backhaus/Voeth, 2010, S. 469 f.):

- Kosten, die bei der Fertigung einzelner Systemkomponenten anfallen, können im Zeitablauf aufgrund der Realisierung von Erfahrungskurveneffekten abnehmen. Gleichzeitig sind jedoch auch Kostensteigerungen z. B. bei Löhnen oder Rohstoffen möglich.
- Auch die Verhaltensweisen der Wettbewerber ändern sich im Zeitablauf. Insbesondere beim Angebot „offener" Systeme müssen Anbieter auch Prognosen über das zukünftige Preisverhalten der Wettbewerber mit in die Gesamtkalkulation einbeziehen. Dabei sollte abgeschätzt werden, ob die Wettbewerber ihre Preise in der Zukunft beibehalten, reduzieren oder erhöhen.
- Auch die Zahlungsbereitschaft der industriellen Kunden kann sich im Zeitablauf ändern. Eine Verringerung der Zahlungsbereitschaft ergibt sich z. B. dann, wenn angebotene Systemkomponenten im Zeitverlauf nicht mehr den Kundenerwartungen entsprechen, da vergleichbare Marktlösungen inzwischen über zusätzliche Funktionen, ein ansprechenderes Design o.ä. verfügen.

Ähnlich dem Anlagengeschäft charakterisiert sich das **Zuliefergeschäft** durch eine besonders stark individualisierte Preispolitik (vgl. Diller, 2008, S. 464). Diese ergibt sich insbesondere durch die individuelle, an den Spezifikationen der Kunden ausgerichtete Leistungserstellung. Auch die verschärfte Konfrontation mit dem Wettbewerb gilt als wesentliche Determinante der Preisbildung in den Beziehungen zwischen Zulieferern und OEM´s. Diese Intensivierung des Wettbewerbs gründet auf so genannten Multisourcing-Strategien der Hersteller bzw. OEM´s. So betreiben Automobilhersteller ein aktives Risikomanagement, wenn sie den Lieferauftrag für ein Bremsensystem nicht nur an einen Zulieferer, sondern aufgeteilt an zwei oder drei Firmen vergeben. Auf diese Weise soll für den Fall vorgesorgt werden, in dem ein einziger Zulieferer z. B. aus Qualitätsgründen lieferunfähig wird und der Automobilhersteller sein Fahrzeug nicht fertigstellen kann. Backhaus/Voeth beschreiben zwei grundsätzlich konzeptionelle preispolitische Richtungen für Zulieferer (vgl. Backhaus/Voeth, 2010, S. 524 ff.):

- Bei einer passiven Preispolitik orientiert sich der Zulieferer stark am Preisniveau der Wettbewerber bzw. den Zielpreisvorstellungen der industriellen Kunden. Diese Form der Preispolitik ist grundsätzlich kostenorientiert, da sie eine Anpassung der Kostenstruktur an das bestehende Markt- bzw. Zielpreisniveau voraussetzt. Für diese reaktive Form des Pricing ist die Kenntnis über die Kostenstrukturen der unmittelbaren Wettbewerber von großer Bedeutung. Kerninstrumente der Informationsbeschaffung und des Benchmarking bilden folglich die Voraussetzung, um Transparenz über die Kostenstrukturen der Wettbewerber zu schaffen (vgl. Abschnitte zur Informationsbeschaffung und zum Benchmarking). Aus den Analysen resultieren oftmals unterschiedliche Kostensenkungsprogramme. Diese beziehen sich z. B. auf die Rationalisierung von Fertigungsprozessen, die Verlagerung von Produktion und/oder Entwicklungstätigkeit in so genannte Low Cost Locations wie Indien oder China, das Outsourcing von Wertschöpfungsstufen und die damit verbundene Verringerung der Fertigungstiefe sowie die Entwicklung von Zuliefernetzwerken, die über gemeinsame Einkaufs- oder Entwicklungsaktivitäten Synergieeffekte erzielen.
- Bei der aktiven Preispolitik erfolgt eine bewusste Differenzierung des Angebotspreises eines Zulieferers vom Preisniveau der Wettbewerber. Dabei ist diese Abgrenzung in umkämpften Commodity-Märkten zumeist mit einer Unterbietung des Marktpreisniveaus verbunden. Oftmals ist auch eine Zielpreisvorstellung eines industriellen Kunden ausschlaggebend, die unter dem zum jeweiligen Zeitpunkt bestehenden Marktpreisniveau liegt. Diese offensive Vorgehensweise zeigt sich insbesondere dann, wenn Zulieferer einen beim OEM etablierten Wettbewerber verdrängen wollen. In seltenen Fällen führt eine aktive Preispolitik im Zuliefergeschäft auch zu einer Preissetzung oberhalb des Wettbewerberlevels. Dies ist nur dann möglich, wenn Zulieferer dem OEM z. B. Produkt- oder servicespezifische Alleinstellungsmerkmale bieten können oder über politische Privilegien bei einem industriellen Kunden verfügen, die sich ggf. aus einer langjährigen Zusammenarbeit oder gar Keiretsu-ähnlichen Beziehungen ergeben (Keiretsu = eng verbundene japanische Unternehmensgruppen).

Ein weiteres wesentliches Merkmal des Pricing im Zuliefergeschäft ist der üblicherweise längerfristige Zeitraum einer Lieferbeziehung innerhalb eines Projektes. Ein Zulieferer, der den Zuschlag für die Ausstattung eines Passagierflugzeuges mit Hydraulikkomponenten erhält, liefert diese Komponenten für gewöhnlich über mehrere Jahre bis hin zum gesamten Produktlebenszyklus des Jets. Preisvereinbarungen werden in der Regel für den kompletten Lieferzeitraum getroffen, wobei industrielle Kunden in Jahrespreisverhandlungen oftmals nachverhandeln wollen. Durch die Unsicherheit der Abrufmengen, die in konjunkturellen Tieflagen gegenüber den Planungen der OEMs schwanken können, wären Preisaussagen der Zulieferer, die an eine fixierte Jahresabnahmemenge über eine bestimmte Laufzeit gekoppelt sind extrem risikobehaftet. Bei reduzierten Abrufen sind die OEMs üblicherweise nicht bereit, höhere Stückpreise zu bezahlen. Bei gleichen Preisen und reduzierten Abnahmemengen besteht die Gefahr, dass sich projektspezifische Investitionen z. B. in Fertigungsanlagen nicht amortisieren, da ein unverändertes Fixkostenvolumen (bei Vollkostenrechnung) auf eine reduzierte Anzahl von abgesetzten Erzeugnissen verteilt werden muss. Die bestehenden Stückpreise würden dann ggf. nicht ausreichen, um die Selbstkosten je Stück zu decken. Zulieferer müssen diese Unsicherheitsfaktoren durch die Zuhilfenahme von Staffelpreisen im Angebot abfedern. Im Angebot werden dabei unterschiedliche Szenarien abgedeckt. D.h. neben dem Preis für die eigentlich nachgefragte Menge werden Preise für abweichende, in der Regel reduzierte Mengenszenarien angeboten. Abbildung 5.12 zeigt eine Situation, in der die tatsächlichen Ist-Abrufe die Planmengen der Kundenanfrage unterschreiten. Dabei wird bei einem zugrunde gelegten, projektspezifischen Investitionsvolumen deutlich, wie unterschiedlich sich ein Staffelpreisangebot im Vergleich zu einem „eindimensionalen" Preisangebot auf den Stückdeckungsbeitrag auswirkt.

	Periode 1	Periode 2	Periode 3	ges. Laufzeit
Angefragte Menge	20.000	30.000	34.000	84.000
Tatsächliche Menge	15.000	28.000	25.000	68.000
Spezifische Projektkosten	2.000.000 €			
		Ist-Menge = 68.000		
Menge über ges. Laufzeit	50.000-60.000	60.000-80.000	84.000	80.000-100.000
Preisangebot je Stück ohne Staffel			28 €	
Preisangebot je Stück mit Staffel	42 €	35 €		28 €
Spezifische Kosten je Stück (Ist)		29 €	29 €	
Deckungsbeitrag je Stück (Ist)		6 €	-1 €	

Abb. 5.12 Wirkung von Staffelpreisen (Quelle: eigene Darstellung)

Durch die längerfristige Lieferbeziehung ergibt sich ein weiteres Spezifikum der Preisbildung im Zuliefergeschäft. Bei der Produktion ein und desselben Zuliefererzeugnisses über einen Zeitraum von mehreren Jahren entstehen dem zuliefernden Industrieunternehmen Lern- bzw. Erfahrungskurveneffekte durch sukzessive Prozessverbesserungen oder Fertigungsrationalisierungen. Diese Effekte sind mit Kosteneinsparungen verbunden. Basierend auf diesem generellen Effekt fordern industrielle Kunden zumeist so genannten Ratio bzw. Preisabbauraten im Zeitablauf der Lieferbeziehungen. D.h. die OEMs möchten an diesen Ratioeffekten partizipieren und erwarten von ihren Zulieferern jahresbezogene Preisabschläge.

Ein Beispiel für eine tendenziell passiv ausgerichtete Preispolitik im Zuliefergeschäft findet sich im Produktbereich Aktuatorensysteme der Robert Bosch GmbH. Bosch hatte zunächst sämtliche Rationalisierungspotenziale für die Herstellung von elektrischen Kleinantrieben wie Fensterhebermotoren, Sitzverstellmotoren oder Schiebedachantriebe an seinem badischen Standort Bühl ausgereizt. Die Fertigungslinien sind dort hochautomatisiert und bewirken auf diese Weise relativ geringe Lohnanteile an den Herstellkosten. Elektrische Kleinmotoren sind jedoch zunehmend dem Commodity Sektor zugehörig und können sich nur schwer durch technische Alleinstellungsmerkmale auf dem Erstausrüstungsmarkt differenzieren. Bedingt durch eine Zulieferlandschaft, in der „Billiganbieter" auch den Commodity-Sektor der Automobilzulieferer zunehmend dominieren, musste Bosch nach weiteren Kostensenkungsalternativen suchen, um preislich noch wettbewerbsfähig zu bleiben. Die Konsequenz war die Ausdehnung der Fertigungsstandorte in Richtung typischer Low-Cost-Standorte wie China oder Osteuropa sowie die Entwicklung einer kostenoptimierten Technologie.

Preisstrategien im Industriegütermarketing

Die besondere Rolle von Preisstrategien im Industriegütermarketing ergibt sich aus der Langfristigkeit der Auswirkung preispolitischer Entscheidungen auf ökonomische Größen wie Absatz, Kosten und Gewinn, aber auch auf die Beständigkeit industrieller Geschäftsbeziehungen (vgl. Diller, 2008, S. 472 ff.). Preisstrategien sind „…aufeinander abgestimmte, also ganzheitliche und an langfristigen Unternehmenszielen ausgerichtete Ziel- und Handlungskonzepte der Preispolitik, welche auf die Erschließung und Sicherung von Erfolgspotenzialen der Unternehmung abzielen" (Diller, 2004, S. 950). Die jeweiligen Marktgegebenheiten und Entwicklungen stehen im Vordergrund der Formulierung einer Preisstrategie. Gleichzeitig gilt es, auf die preispolitischen Kompetenzen, Stärken, aber auch die Grenzen des preisbildenden Industrieunternehmens Rücksicht zu nehmen. Diller spricht dabei von einem so genannten „preisstrategischen Fit" (vgl. Diller, 2004, S. 951).

Abhängig vom Geschäftstyp des Unternehmens ergeben sich unterschiedlichste Spielräume für die Ausgestaltung der Preisstrategien. In der Zulieferindustrie wird die Marktmacht der Original Equipment Manufacturer (OEM) durch enorme Konzentrationsprozesse befeuert (z. B. Akquisitionspläne von Fiat im Zuge der Wirtschaftskrise 2009). Dadurch existieren oftmals kundenseitige Preisdiktate und ein damit verbundener Preisdruck auf die industriellen Zulieferunternehmen. Preisstrategien sind in diesem Fall auf *Kostenstrategien* zu reduzieren. Im Fokus stehen nicht die zeitpunktbezogenen Kosten einer Leistung für einen Kunden, sondern die vollständigen Life-Cylce-Costs über die gesamte Nutzungsdauer der industriellen Leistung. Diese beziehen z. B. auch Betriebs- und Unterhaltskosten mit in die Betrachtung ein.

Anbieter im Systemgeschäft dagegen haben über die multioptionale Gestaltung von Preisen für Kern- und Zusatzleistungskomponenten die Möglichkeit, differenzierteste Preisstrategien zu entwickeln und zu implementieren. Bei hoch spezifischen Leistungen wie im Anlagegeschäft sind monopolartige Marktpositionen erreichbar, wenn sich ein industrieller Kunde für eine längere Zeit an einen einzelnen Anbieter bindet. Gleichzeitig erhöht sich die Verhand-

lungsmacht der Kunden, d.h. das Abhängigkeitsverhältnis dreht sich, wenn sich die projektspezifischen Investitionen, die durch den Zulieferer vorab erbracht werden müssen, nicht im
Kontext anderer Kundenprojekte einsetzbar sind oder große Umsatzanteile mit diesem einen
Kunden erwirtschaftet werden. Im Fall von Präferenzstrategien geht es darum, Preisspielräume auszuloten, die durch starke Marktpositionen, vor allem aber durch leistungssteigern-
de Aktivitäten, z. B. zusätzliche Kundennutzenstiftende Produkteigenschaften, erzielt werden
können (vgl. Diller, 2004, S. 951). Diller leitet den strategischen Charakter der industriellen
Preispolitik aus drei wesentlichen Sachverhalten ab (vgl. Diller, 2004, S. 950):

- Formulierung eines langfristig orientierten Zielsystems für die preispolitischen Aktivitä-
  ten,
- Ableitung, Differenzierung und Selektion bestimmter Kundensegmente im industriellen
  Markt nach preispolitischen Gesichtspunkten („Preissegmentierung"),
- Aufbau eines integrierten und konsistenten Preisimages durch die abgestimmte und koor-
  dinierte Anwendung des preispolitischen Instrumentariums.

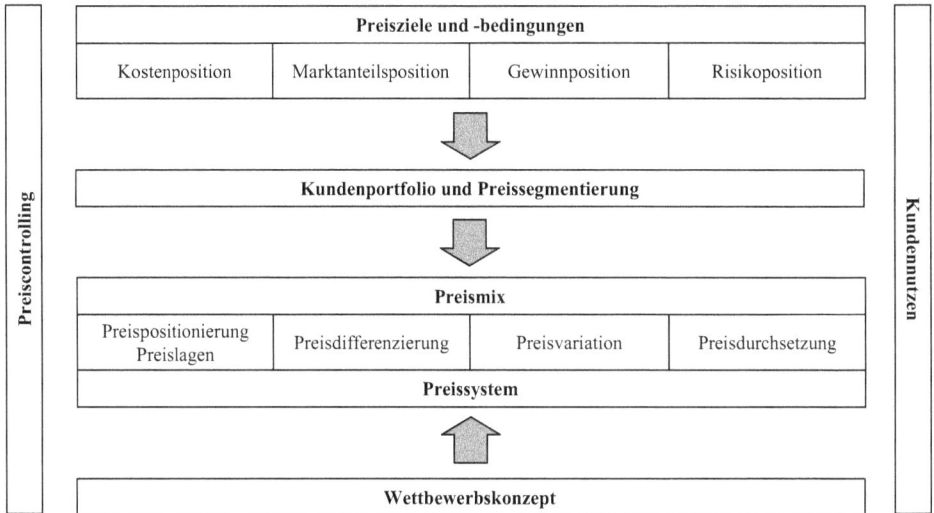

Abb. 5.13 Teilmodule von industriellen Preisstrategien (Quelle: in Anlehnung an Diller, 2004, S. 953)

Ausgehend von industriellen Preiszielen und den fokussierten Preissegmenten beschreibt
Diller vier Unterkonzepte des strategischen Preis-Mix (vgl. Diller, 2004, S. 952): Die Preispositionierung und die Preislagenpolitik, das Konzept der Preisdifferenzierung, die Konzeption der Preisvariation und das Preisdurchsetzungskonzept. Diese vier Konzepte geben strategische Leitlinien für die operativen Preisentscheidungen auf Industriegütermärkten vor.
Ihrerseits orientieren sie sich an den jeweiligen Preiszielen und Nebenbedingungen des anbietenden Industriegüterunternehmens (vgl. Diller, 2004, S. 952).

Diller definiert zunächst vier unterschiedliche **Zielkategorien** der industriellen Preispolitik:

Die Fixierung bzw. Verbesserung der **Kostenposition** eines industriellen Anbieters wird durch die Dynamik der Kostenentwicklung und die zunehmende Wettbewerbsintensität unabdingbar. Insbesondere in Hochlohnländern wie Deutschland sind Industrieunternehmen bestrebt, die Lohnkostennachteile durch eine intelligente Fertigungs- und Produktionsplanungsstruktur auszugleichen (vgl. Diller, 2004, S. 954). Fixkostendegressionseffekte bei steigender Auslastung führen zu geringeren Stückkosten und bewirken einen größeren preispolitischen Spielraum. So entwickeln manche Zulieferbetriebe Plattformstrategien, bei denen einzelne Komponenten in unterschiedlichen Modellen und Modellreihen als Gleichteile benutzt werden.

Die Volkswagen AG verfolgt eine ausgeprägte Plattformstrategie und implementierte eine der weltweit größten Pkw-Plattformen, die so genannte PQ35 (P = Plattform, Q = Einbaulage des Motors – Quer, 3 = Fahrzeugklasse/Golfklasse, 5 = Fahrzeuggeneration/Golf der fünften Generation). Die wesentlichen Merkmale einer gemeinsamen Plattform im Fahrzeugbau sind Fahrwerk und Antrieb. Wichtig ist auch, dass unterschiedliche Karosserien zum Teil gleiche Fixationspunkte haben, so dass Radaufhängung, Motor, Getriebe und weitere Komponenten ausgetauscht werden können. Modelle, die im VW-Konzern auf der PQ35-Plattform liefen bzw. z.T. noch immer laufen, sind VW-Golf, VW-Jetta, Škoda Octavia, Seat Leon, Seat Toledo, Audi A3, VW-Scirocco und weitere. Seine Kostenposition im Markt verbessert VW durch die Anfrage hoher Stückzahlen gleichartiger Zulieferteile für die PQ35-Plattform.

Gleichzeitig besteht ein preisstrategisches Ziel jedoch auch in der Optimierung der *Risikoposition* eines industriellen Anbieters, da der Aufbau von Produktionskapazitäten mit der Auslastungsproblematik eben dieser Kapazitäten einhergeht und im industriellen Wettbewerbsumfeld oftmals in Preiskriegen mündet. So werden die von industriellen Anbietern angestrebten Skimming-Strategien verständlich, bei denen am Beginn des Produktlebenszyklus ein relativ hoher Preis gefordert wird, der dann im weiteren Verlauf stufenweise abgesenkt wird (vgl. Diller, 2004, S. 955). Dadurch sollen sich insbesondere die hohen Anfangsinvestitionen, z.T. bedingt durch den Kapazitätsausbau, schneller amortisieren. Durch die Verkürzung der Produktlebenszyklen und die Einschränkung von Innovationsvorsprüngen einzelner Unternehmen durch eine verstärkte Dynamik und Transparenz in den Industriegütermärkten nimmt die Durchsetzbarkeit von Skimming-Vorteilen jedoch zunehmend ab (vgl. Siems, 2009, S. 59 ff.). Wesentlich ist die Vermeidung eines ruinösen Kapazitätswettbewerbs, wobei es insbesondere große Anbieter mit einer starken Marktposition auf die Verdrängung ausgewählter Wettbewerber „anlegen" können (vgl. Diller, 2004, S. 955).

Über die Verbesserung der individuellen Kostenposition zählt die Erreichung bestimmter **Marktanteilsziele** zu den eigentlich originären preisstrategischen Zielen im Industriegüterkontext. Das ausgeprägte Wachstumsstreben zahlreicher Industriebetriebe ist jedoch insbesondere dann problematisch, wenn dieses durch permanente Ertragszugeständnisse „erkauft" wird (vgl. Diller, 2004, S. 956). Dies kann insbesondere dann in einer preisstrategischen Sackgasse münden, wenn industrielle Kunden die preispolitische „Abwärtsspirale" durch die jährlich wiederkehrende Forderung nach der Weitergabe von erzielten Ratioeffekten mittels hoher Preisabbauraten „befeuern".

Schließlich zählt die Preispolitik auch im industriellen Bereich als größter Hebel für die Verbesserung der **Gewinnsituation** eines Unternehmens (vgl. Diller, 2004, S. 996). Die Notwendigkeit der Abwägung zwischen Gewinn- und Mengensteigerung wird auch auf Industriegütermärkten zunehmend akzeptiert (vgl. Simon et al, 2009, S. 29). Das Unternehmensziel „profitables Wachstum" wie es in der Zwischenzeit von zahlreichen Herstellern aus Zuliefer, -System- und Produktgeschäft verfolgt wird, macht dies deutlich.

Diller geht davon aus, dass ein definiertes **Wettbewerbskonzept** zu den zentralen Elementen einer fundierten Preisstrategie gehört (vgl. Diller, 2004, S. 996). Er unterscheidet dabei zwischen horizontalen und vertikalen Wettbewerbskonzepten. Während industrielle Anbieter bei horizontalen Wettbewerbskonzepten die preispolitisch relevanten Wettbewerber derselben Branchenstufe beschreiben und das beabsichtigte Verhalten gegenüber diesen entwickeln, beschäftigen sich vertikale Wettbewerbskonzepte vielmehr mit den Möglichkeiten und Grenzen der Kooperation mit Wettbewerbern und Kunden entlang der Wertschöpfungskette.

Der **strategische Preismix** umfasst nunmehr die generelle unternehmensspezifische Kombination von preispolitischen Grundausrichtungen (vgl. Diller, 2004, S. 960):

Das so genannte **Preissystem** definiert zunächst eine grundsätzliche Logik der unternehmerischen Preisbildung. Dabei geht es um die Auswahl zwischen Komplettpreisen und einzelnen Preisbausteinen eines Preisbaukastens oder um die Entscheidung zwischen ein- oder mehrteiligen Tarifen, wie sie im Strommarkt mit Basispreis und verbrauchsabhängigem Nutzungsentgelt üblich sind. Auch die Frage nach einer Nutzungsgebühr je Einheit oder Pauschalangeboten bzw. Flatrates konstituieren das Preissystem gleichermaßen wie die Unterscheidung zwischen Fixpreisen nach Preisliste und individuell verhandelten Preisen. Dieses Preissystem steht in einem engen Zusammenhang zu dem oder den dominanten operativen Preisbildungsverfahren der jeweiligen Branchenmärkte (vgl. Diller, 2008, S. 60ff.).

Nicht nur in Konsumgütermärkten, sondern auch auf Industriegütermärkten sind die angebotenen Produkte und Services bestimmten Leistungs- und Qualitätsniveaus zuordenbar. Dabei ist der funktionale Verwendungszweck dieser Erzeugnisse oftmals gleich. Die **Positionierung** der industriellen Leistungen in unterschiedlichen Qualitätsklassen im Preis-/ Qualitätsfeld wird als Preispositionierung bezeichnet. Im Zentrum steht dabei eine Profilierung des eigenen Preis-/Leistungsangebotes in Abgrenzung zum Wettbewerbsumfeld. Diller bemerkt, dass in den letzten Jahren oftmals eine Polarisierung von Industriegütermärkten zu beobachten war, bei denen die unteren und oberen Marktschichten an Bedeutung gewinnen, die mittleren Marktbereiche an Bedeutung verlieren (Diller, 2004, S. 961).

Von einer Preisdifferenzierung spricht man, wenn Leistungen gleicher oder ähnlicher Art zum gleichen Zeitpunkt zu unterschiedlichen Preisen verkauft werden. In einem weiteren Sinne kann die Differenzierung sowohl über den Preiszähler (Preis pro Einheit) als auch über den Preisnenner (Quantität oder Qualität der Leistung) erfolgen (vgl. Diller, 2004, S. 961). Preisdifferenzierungen ersten Grades sind auf Industriegütermärkten insbesondere im Falle einer individualisierten Preisfindung üblich, wie sie im Anlagen- oder Zuliefergeschäft häufig aufzufinden ist. Preisdifferenzierungen zweiten Grades sind stärker leistungs- oder mengenbezogen. Das Bündel aus Preis und Leistung differenziert sich hierbei nicht nur durch den eigentlichen Preis. Der industrielle Anbieter versucht vielmehr so genannte „Value-

Konzepte" zu entwickelt, die mit einer höchstmöglichen Wertgenerierung für den Kunden verbunden sind. Der „Wert", der eine Preisdifferenzierung nach oben im Industriegütermarkt rechtfertigen kann, entsteht z. B. durch verbesserte Qualität, zusätzliche Serviceleistungen oder dadurch, dass ein Industrieerzeugnis schneller, kostengünstiger oder auf eine andere Weise prozessoptimierender beim Kunden eingesetzt werden kann (vgl. Diller, 2004, S. 962).

Die **Preisvariation** kennzeichnet die Nacheinanderschaltung unterschiedlicher Preise, ohne dass der industrielle Kunde die Möglichkeit hat, den Kaufakt auf bestimmte Zeitpunkte oder Perioden auszurichten oder zu verlegen. Als typisch gilt das so genannte Peak-Load-Pricing, bei dem das Preisniveau in Zeiten hoher Nachfrage erhöht und in Zeiten sinkender Nachfrage reduziert wird. Insbesondere im Rahmen der Erbringung von Dienstleistungen hat sich mit dem Yield-Management eine besondere preispolitische Disziplin durchgesetzt, die in einem dynamischen Prozess Kontingente bestimmten Preisklassen zuordnet. Abhängig von der jeweiligen Nachfragesituation bzw. der jeweils aktuellen und veränderlichen Nachfrageprognose kann die Preishöhe an die Nachfragesituation angepasst werden. Dadurch kann sowohl das frühere Kaufen, als auch das späte Kaufen des Kunden vor Verfall der Dienstleistungskapazität belohnt werden (vgl. Simon et al, 2009, S. 432 ff).

Große Luftfahrtgesellschaften wie American Airlines, die Lufthansa oder Singapore Airlines arbeiten seit vielen Jahren auch im Firmenkundengeschäft (B2B) mit ausgefeilten Yield-Management-Ansätzen. Dabei werden zunächst ausgehend vom frühestmöglichen bis zum letztmöglichen Buchungszeitpunkt kurz vor Abflug statistische Daten zum „normalen" Buchungsverhalten erhoben. Es erfolgt also eine Dokumentation aus Erfahrungswerten zahlreicher vergleichbarer Flüge der Vergangenheit, zu welchem Buchungszeitraum welche Anzahl an Sitzplätzen z. B. der Businessclass gebucht wurden. Basierend auf diesen Erfahrungswerten werden Sitzplatzkontingente der Businessclass für Firmenkunden zu, je nach Buchungszeitpunkten, unterschiedlichen Preisen zugeordnet. Beginnt nun der Buchungszeitraum eines bestimmten Fluges wird permanent, d.h. Tages- und z.T. sogar Stundengenau die Abweichung des tatsächlichen Buchungsverhaltens von dem (aus den Vergangenheitsdaten ermittelten) erwarteten Buchungsverhalten analysiert. Sinkt die Buchungsrate unter die erwartete Buchungszahl zum jeweiligen Zeitpunkt, wird der Preis für das definierte Kontingent an Businessclass-Plätzen im Firmenkundengeschäft dynamisch reduziert. Bei Buchungsraten oberhalb des erwarteten Buchungsverhaltens passt das Yield-Management-System den Preis nach oben an.

Die **Preisdurchsetzung** zielt zunächst darauf ab, die industriellen Kunden von der Vorteilhaftigkeit der eigenen Preisstellung zu überzeugen. D.h. im engeren Sinne geht es um die grundsätzliche Koordination des Angebotswesens und die Vorbereitung der operativen Schnittstellen sowie der bei der Preisdurchsetzung involvierten Mitarbeiter und Abteilungen auf die Interaktion mit dem Kunden. Die Preisverhandlung der Vertriebsfunktionen sollte im Optimalfall durch ein effizient agierendes Preisteam unterstützt werden. Dieses setzt sich in den Industriegüterunternehmen oftmals aus Vertretern von Vertrieb, Marketing und Controlling zusammen. Als eine entscheidende Strategiekomponente im Rahmen der Preisdurchsetzung gilt auch die Preiskompetenz derjenigen Personen, die die Preise direkt mit dem industriellen Kunden verhandeln. Manche, insbesondere kleinere und mittelständische Unternehmen oder die Anbieter von Anlagen, behalten die Entscheidung über Preise, die sich außerhalb eines vorab kalkulierten Ergebnisrahmens bewegen, grundsätzlich dem Management bzw. der Geschäftsleitung vor. Im standardisierten Seriengeschäft wird den operativen Vertriebsmitarbeitern dagegen meist eine größere Preiskompetenz eingeräumt.

Preisbildungsverfahren auf Industriegütermärkten

Auf die unterschiedliche Gewichtung individualistischer oder standardisierter Preisbildungskonzepte wurde bei der Auseinandersetzung mit preispolitischen Besonderheiten der jeweiligen Geschäftstypen bereits eingegangen. An dieser Stelle sollen nochmals die Kerntypen der auf Industriegütermärkten angewendeten operativen Preisbildungsverfahren im Überblick dargestellt werden (ausführliche Auseinandersetzungen mit den Verfahren der Preisbildung finden sich in den einschlägigen Werken zum Preismanagement, vgl. Simon et al, 2009; Diller, 2008; Siems, 2009). Es wird darauf hingewiesen, dass sich in den meisten Fällen der industriellen Praxis eine Kombination aus kosten- und markt- bzw. nutzenorientierten Preisbildungsmethoden als sinnvoll erweist. Noch immer bestehen sowohl auf Seiten der Vertreter von Controlling-Disziplinen auf der einen und Marketing-Vertretern auf der anderen Seite jeweils dogmatische Vorstellungen über die „richtige" Art, Preise zu bilden. Erfahrungen aus Unternehmen unterschiedlichster Geschäftstypen zeigen, dass weder puristische „Cost-Plus"-Kalkulationen noch ausgefeilte „Value-Based-Pricing"-Ansätze Heilsbringer in ihrer singulären Anwendung sind, sondern sich gegenseitig ergänzen müssen.

Nach wie vor ist die **kostenbasierte Ermittlung von Preisen** im Industriegüterbereich am weitesten verbreitet (vgl. Simon et al, 2009, S. 450). „Preiskalkulationen auf Vollkostenbasis beruhen auf dem Prinzip eines prozentualen Gewinnzuschlags g auf die im Rahmen der Kostenträgerrechnung ermittelten Stück- oder Selbstkosten k_i eines Produktes i." (Diller, 2008, S. 310). Die so genannte Cost-Plus-Regel lautet $p_i = k_i * (1 + g/100)$, wobei p_i den Stückpreis darstellt. Die Verfahrensweise zur Bestimmung der Selbstkosten wird eng durch das Leistungsprogramm des jeweiligen Industrieunternehmens bestimmt. So verändert sich das Kalkulationsverfahren z. B. wenn der industrielle Anbieter keine Produkte sondern industrielle Dienstleistungen/Services anbietet. Als flexibelstes Verfahren gilt die Zuschlagskalkulation, bei der die Kostenträger-Einzelkosten und die Kostenträger-Gemeinkosten indirekt mittels eines Kostenverteilungsschlüssels einer Produkteinheit zugerechnet werden (vgl. z. B. Steger, 2006, S. 279 ff.). In den meisten Unternehmen werden zur Verteilung der auf den Hauptkostenstellen gesammelten Gemeinkosten für Material, Produktion, Verwaltung und Vertrieb folgende Schlüsselgrößen verwendet (vgl. Diller, 2008, S. 311).

- Materialgemeinkosten (GK_M) / Materialeinzelkosten (EK_M)
- Fertigungsgemeinkosten der Fertigungshauptstelle j (GK_{FJ}) /Fertigungseinzelkosten (EK_{FJ})
- Verwaltungs- und Vertriebsgemeinkosten (GK_{VW} bzw. GK_{VT}) / Herstellkosten

1	I	EK_M	Fertigungsmaterial (Materialeinzelkosten)	Materialkosten	Herstellkosten	Selbstkosten (k_j)
2		GK_M	Materialgemeinkosten			
3	II	EK_{FL}	Fertigugslöhne (Fertigungseinzekosten)	Fertigungskosten		
4		GK_{FL}	Fertigungsgemeinkosten der Fertigungshauptstelle A (als prozentualer Zuschlag auf den Fertigungslohn der Fertigungshauptstelle A)			
5			Fertigungsgemeinkosten der Fertigungshauptstelle B (als prozentualer Zuschlag auf den Fertigungslohn der Fertigungshauptstelle B)			
6		EK_{FS}	Sondereinzelkosten der Fertigung			
7	III	GK_{VW}	Verwaltungsgemeinkosten (als prozentualer Zuschlag auf die Herstellkosten)			
8	IV	GK_{VT}	Vertriebsgemeinkosten (als prozentualer Zuschlag auf die Herstellkosten)			
9		EK_{VT}	Sondereinzelkosten des Vertriebs			

Abb. 5.14 Schema der Zuschlagskalkulation (Quelle: in Anlehnung an Diller, 2008, S. 311)

Das Schema der Zuschlagskalkulation ergibt sich für ein produzierendes Industriegüterunternehmen analog Abb. 5.14. Für die Kalkulation der Selbstkosten k_i gilt folglich (Diller, 2008, S. 312):

$$K_i = \left\{ \left[EK_M * \left(1 + \frac{Z_M}{100} \right) \right] + \left[\sum_{j=1}^{n} EK_{FLj} * \left(1 + \frac{Z_{FLj}}{100} \right) + EK_{FS} \right] \right\} * \left[\left(1 + \frac{Z_{VW} + Z_{VT}}{100} \right) \right] + EK_{VT}$$

Dabei ergeben sich die prozentualen Zuschlagssätze (Z_M, Z_{Fj} [j entspricht dem Index der Fertigungsstelle], Z_{VW} und Z_{VT}) je aus den mit 100 multiplizierten Quotienten zwischen den jeweiligen Gemein- und Einzelkosten. Um für die Stückpreisermittlung notwendigen Stückkosten k_i zu ermitteln, werden die gesamten Selbstkosten K_i durch die Produktionsmenge der jeweiligen Periode (q_i) dividiert (vgl. Diller, 2008, S. 312).

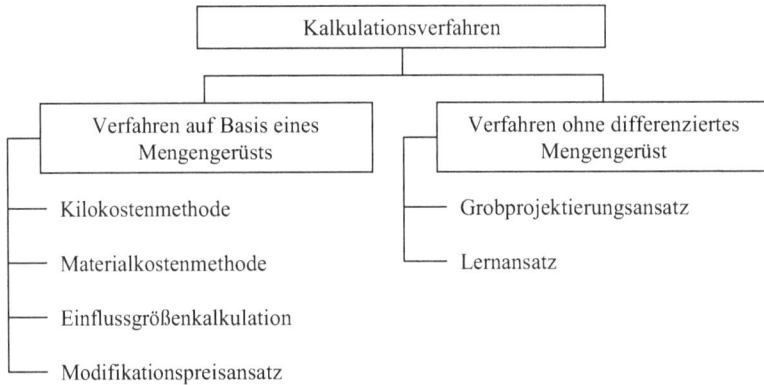

```
                          ┌─────────────────────────┐
                          │   Kalkulationsverfahren  │
                          └─────────────────────────┘
           ┌────────────────────────┐      ┌────────────────────────────┐
           │ Verfahren auf Basis eines│      │ Verfahren ohne differenziertes│
           │     Mengengerüsts       │      │       Mengengerüst         │
           └────────────────────────┘      └────────────────────────────┘
              ─── Kilokostenmethode              ─── Grobprojektierungsansatz
              ─── Materialkostenmethode          ─── Lernansatz
              ─── Einflussgrößenkalkulation
              ─── Modifikationspreisansatz
```

Abb. 5.15 Spezielle Kalkulationsverfahren auf Industriegütermärkten (Quelle: Simon et al, 2009, S. 451)

Spezielle Vorab-Kalkulationsverfahren bzw. Kostenschätzungsverfahren im Industriegüterkontext werden unterschieden nach „Verfahren ohne Mengengerüst" und „erfahren auf der Basis eines Mengengerüsts" (vgl. Simon et al, 2009, S. 450f.):

Grundlage der **Kilokostenmethode** ist die Berechnung eines Angebotspreises auf Basis von Erfahrungskostenwerten je „Kilogramm Anlage". Neben Gewichtsgrößen sind auch andere Maßeinheiten wie z. B. „Kubikmeter umbauter Raum" oder auch „Längenmeter Produktionsanlage" denkbar (vgl. Simon et al, 2009, S. 451). Ziel bei der Kilokostenmethode ist die Abschätzung eines groben Angebotspreises.

Der **Materialkostenmethode** liegt die Annahme einer konstanten Relation zwischen Material-, Lohn- und Fertigungskosten zugrunde. Wenn diese Relation aus vergangenen Aufträgen/Projekten bekannt ist, können die Herstellkosten z. B. auf Basis der Materialkosten abgeschätzt werden.

Bei der **Einflussgrößenkalkulation** werden dagegen mehrere Kostenfunktionen verwendet. Zunächst erfolgt die Identifikation unterschiedlicher Kosteneinflussgrößen, die als unabhängige Variablen in einer multiplen Regressionsanalyse bzgl. ihres Einflusses auf die Höhe der Herstellkosten untersucht werden. Die anschließende Kostenschätzung erfolgt mit Hilfe der vormals erstellten Regressionsgleichung. Das Einflussgrößenverfahren wird in der industriellen Praxis nur selten angewendet.

Beim **Modifikationspreisansatz** bilden vergleichbare und bereits realisierte Projekte die Basis für die Kostenabschätzungen. Dabei werden die Gesamtkosten aus vergleichbaren Angeboten um entsprechende Korrekturfaktoren modifiziert. Solche Korrekturfaktoren können veränderte Materialpreisentwicklungen, länderspezifische Bedingungen, spezifische Logistikkosten oder unterschiedliche Inflationsraten sein.

Ein technisches Grobkonzept (das oftmals durch die verantwortlichen Projektentwickler zur Verfügung gestellt wird) bildet die Grundlage für den **Grobprojektierungsansatz.** Dabei werden die einzelnen Komponenten des Grobkonzeptes mit den zu erwartenden Kosten bewertet. Dieser Kostenblock wird schließlich um projektspezifische Vertriebseinzelkosten wie Transport und Logistikkosten oder Reisekosten ergänzt, um einen kundenspezifischen Basispreis zu erhalten. Werden zudem auch besondere Liefer- und Zahlungsbedingungen berücksichtigt, so liegt der so genannte, die Ausgangspreisforderung bestimmende, „anfragenadaptierte Basispreis" vor (vgl. Simon et al, 2009, S. 452).

Bei dem in der Praxis ebenfalls nur selten konsequent umgesetzten **Lernansatz** werden die Kosten- und Preisinformationen bereits realisierter Projekte systematisch in einer Datenbank abgespeichert. Bei der Kostenkalkulation neuer Projekte wird dann auf die einzelnen Kostenblöcke in der Datenbank zugegriffen. Diese separaten Kostenblöcke bilden nun die Grundlage der Angebotskalkulation.

Das Cost-Plus-Verfahren erweist sich in seiner Anwendung bei der Preisbildung als pragmatisch und vergleichsweise einfach in der Handhabung. Zudem bietet sich diese kalkulationsbasierte Vorgehensweise an, wenn Informationen über den Absatzmarkt, wie z. B. der Verlauf einer Preis-Absatzfunktion, nicht vorliegen (vgl. Siems, 2009, S. 70). Es zeigt sich auch, dass zahlreiche Industriegüterunternehmen unternehmenspolitisch ohnehin stark kostenorientiert ausgerichtet sind und sich sowohl strategische, als auch unmittelbar operative Vertriebs- und Marketingentscheidungen an Kostengesichtspunkten orientieren. Da im Anlagengeschäft oder bei komplexen Zuliefererzeugnissen Marktpreise oftmals nicht oder nur schwer identifizierbar sind, scheinen auch hier die kostenorientierten Preisbildungsverfahren für manche Anbieter zunächst ohne Alternative zu sein.

Die Kernkritik an den Cost-Plus-Verfahren, die insbesondere den Marketingwissenschaften entspringt, ist hauptsächlich in der fehlenden Berücksichtigung von Zahlungsbereitschaften der industriellen Nachfrager begründet. Der durch das Unternehmen intern festgelegt Gewinnzuschlag entspricht aufgrund fehlender Marktbetrachtungen oftmals nicht dem maximal erreichbaren Gewinn (vgl. Siems, 2009, S. 70).

Auch die preislichen Verhaltensweisen von Wettbewerbern und deren Reaktionen auf eigene Preissetzungen bleiben bei einer singulären Anwendung des Cost-Plus-Verfahrens unberücksichtigt. Simon (vgl. Simon, 1992, S. 150) spricht auch von dem Problem eines Zirkelschlusses, da bei der Vollkostenkalkulation die von der Verkaufsmenge abhängigen Kosten als Basis zur Preiskalkulation verwendet werden, obwohl der daraus resultierende Preis ja die Verkaufsmenge determiniert. Ein wesentlicher Kritikpunkt findet sich auch in der Vollkosten-Kalkulationsmethodik selbst, da insbesondere in den hart umkämpften Zuliefer- und Produktmärkten des Commodity-Geschäftes die nicht verursachungsgerechte Zuschlüsselung von Gemeinkosten zu den industriellen Erzeugnissen die preisliche Wettbewerbsfähigkeit z.T. stark einschränkt.

Im Jahr 2007 führte der Verband Deutscher Maschinen- und Anlagenbauer (VDMA) zusammen mit einem privatwirtschaftlichen Marktforschungsinstitut eine Erhebung bei Maschinenbauern und Unternehmen der Elektronikindustrie durch. Dabei ergab sich, dass über zwei Drittel der befragten Unternehmen ihre Preisbestimmung lediglich nach klassischer Zuschlagskalkulation auf Vollkostenbasis durchführen (vgl. Siems, 2009, S. 71; Mahnel, 2007, S. 32). Aus Experteninterviews des Zentrums für empirische Forschung an der Dualen Hochschule Stuttgart mit Unternehmen vergleichbarer Branchen ging Folgendes hervor (vgl. Kuhn, 2009, S. 419 ff.): Insbesondere große mittelständische Industriebetriebe und Industriekonzerne mit hohen Gemeinkostenanteilen wie z. B. Valeo, Voith, Würth, Siemens oder Thyssen Krupp stehen vor Problemen, wenn Commodity Erzeugnisse, die sich nicht durch herausragende Produkteigenschaften vom Wettbewerb differenzieren können, unter einem hohen preislichen Wettbewerbsdruck am Markt eingeführt werden. Auf Basis des gesamten Volumens der Herstellkosten des jeweils vergangenen Geschäftsjahres und des dazu ins Verhältnis gesetzten gesamten Gemeinkostenvolumens bestimmen die meisten dieser Unternehmen einmal im Jahr einen prozentualen Gemeinkostenzuschlagssatz. Dieser wird nach dem Gießkannenprinzip auf alle (auch die unterjährig neu eingeführten) Erzeugnisse verteilt und liegt in den deutschen Industrieunternehmen dieser Branchen-Kategorien oftmals zwischen 10% und 20%. Dies ist aus Vertriebs- und Marketingsicht der Betriebe insbesondere deshalb „widersinnig", da die zusätzlichen erzielbaren Deckungsbeiträge häufig zur Deckung von Fixkosten in Form nicht ausgelasteter Kapazitäten/Maschinen betragen, selbst jedoch vielfach gar keinen oder nur einen geringen zusätzlichen Verwaltungs- respektive Gemeinkostenaufwand verursachen. Nur sehr wenige deutsche Unternehmen, die den Maschinenbau- oder Elektronikbranchen zugehörig sind, zeigen den „Mut", Preiskalkulationen auf Teilkostenbasis durchzuführen.

Auch die besonders im Zuliefergeschäft gängige Praxis einer Preiskalkulation auf Plankostenbasis erschwert eine marktadäquate Bepreisung neuer Industrieerzeugnisse. Angebote werden insbesondere im Anlagen- und Zuliefergeschäft oftmals Jahre vor dem Serienstart bzw. der Erstellung des jeweiligen Industrieerzeugnisses abgegeben. Die zum Abgabezeitpunkt des Angebotes vorliegende Kostenbasis ist folglich eine sehr unsichere Größe. Diese Unsicherheit treibt Unternehmensbereiche, die zur Abgabe von Kostenschätzungen für die Kalkulation verpflichtet sind (wie z. B. die Einkaufsabteilungen für die Materialkosten oder die Fertigungsbereiche für die Produktionskosten) dazu, Sicherheitspuffer in die abgegebene Kostengröße „einzubauen". In Summe führen diese Sicherheitspuffer zu kalkulierten Herstellkosten, die häufig über den vergleichbaren Herstellkosten bereits mit der Leistung etablierter industrieller Anbieter liegen. Dieser Effekt verstärkt zusätzlich die Wirkung prozentualer Gemeinkostenzuschlagssätze, die nicht nur auf marktübliche Herstellkostenniveaus, sondern auf die deutlich höheren Planherstellkosten angewendet werden und dadurch selbst auch in Form höherer Absolutbeträge anfallen.

Im Gegensatz zu den Konsumgütermärkten konfrontieren industrielle Kunden die anbietenden Unternehmen ständig und auf systematische Weise mit Vergleichen zur Preissetzung unmittelbarer oder mittelbarer Wettbewerber. Dem durch den Wettbewerb bedingten Preisdruck sehen sich zwar auch Konsumgüterhersteller ausgesetzt. Den strategischen Einsatz des

„Druckmittels Wettbewerbspreis" perfektionieren jedoch vor allen Dingen die Einkäufer großer industrieller Unternehmen. Dabei wird das „Instrument Wettbewerbspreis" durch die Einkäufer insbesondere im Rahmen von Erstprojekt- oder auch Jahrespreisverhandlungen genutzt. Die Frage nach Sinn und Unsinn von **wettbewerbsorientierten Preisbildungsver-fahren** stellt sich daher nur vordergründig. In der Realität müssen industrielle Anbieter auf die Konfrontation mit den vermeintlich niedrigeren Wettbewerbspreisen reagieren. Entscheidend dabei ist die Preistransparenz aller Anbieter auf dem Markt.

Diese Transparenz kann im Produktgeschäft zumindest zum Teil gegeben sein kann (z. B. Standardpreise für bestimmte gestaffelte Abnahmemengen von Büromaterialien). Deutlich geringer fällt sie in der Regel im Systemgeschäft aus, wo die z.T. die individuelle Verhandlung über bestimmte Zusatzoptionen oder die zusätzliche Ausgestaltung standardisierter Basissoftwaresysteme eine Preistransparenz gegenüber Mitwettbewerbern verhindert. Noch geringer fällt die Preistransparenz im Zuliefer- und Anlagengeschäft aus, wo Preise größtenteils kundenindividuell ausgehandelt werden.

Die Interpretation der durch den Kunden lancierten Wettbewerbspreise bedarf eines ausgefeilten Wissensmanagements (siehe Abschnitt zum Wissensmanagement auf Industriegütermärkten). Oftmals ist die Wettbewerbs-Preisinformation der Kunden im Sinne unrealistisch niedriger Preise „gefärbt". Nur wenn industrielle Anbieter es schaffen, die preispolitischen Spielräume ihrer Wettbewerber annäherungsweise abzuschätzen, sind sie in der Lage, mit Kundenaussagen gezielt umzugehen. Bei der Etablierung eines solchen Wissensmanagements ist es (im Rahmen der gesetzlich zulässigen Möglichkeiten) nicht unüblich, dass Abschätzungen über die Preisbildungsmöglichkeiten der Wettbewerber mit Hilfe von ehemaligen Mitarbeitern dieser Wettbewerber durchgeführt werden, die in der Vergangenheit zum anbietenden Unternehmen gewechselt sind und somit über ein entsprechendes Know-How verfügen.

Ein aktiv gesteuertes wettbewerbsorientiertes Pricing ist auf industriellen Märkten insbesondere dann üblich, wenn außer einer hohen Marktpreistransparenz sehr homogene Produkte bzw. Leistungen angeboten werden. Solche Situationen sind insbesondere auf Rohstoffmärkten (Öl, Gas, Strom) anzutreffen. Die Marktstrukturen verleiten die beteiligten Anbieter auch immer wieder zur Kartellbildungen bzw. entsprechender Marktpreisabsprachen.

Grundsätzlich werden zwei Verfahren der wettbewerbsorientierten Preisbildung unterschieden (vgl. Simon et al, 2009, S. 192 ff.): Im Rahmen der **Anpassungsstrategie** werden Preise in Höhe eines so genannten Orientierungspreises festgesetzt. Die Orientierungsmarke bildet dabei oftmals die Preissetzung des Preis- und oder Marktführers. Der „Preisfolger" muss bei seiner Verhaltensweise insbesondere vergleichbare Kostenstrukturen zwischen ihm und dem Preisführer annehmen können. Die **Nischenstrategie** zielt dagegen bewusst auf eine Differenzierung zu den Wettbewerbspreisen ab. Solche Preispositionen können in einem bislang nicht abgedeckten Bereich zumeist am unteren oder am oberen Ende der Preisskala zu finden sein. Diese Strategie ist insbesondere dann sinnvoll, wenn sich eine ausreichende Zahl potenzieller Industriekunden hinsichtlich Produkt- und Preisvorstellung in dieser Nische finden.

Wettbewerbsorientierte Preisbildung wird oftmals spieltheoretisch interpretiert. Das bedeutet, dass alle beteiligten Anbieter bzw. Wettbewerber als Spieler agieren, die ihre Preissetzung in Kenntnis der Preise oder der Erwartung der Preissetzung ihrer Mitwettbewerber bestimmen (vgl. z. B. Nagle et al, 2007, S. 325). Die „übertriebene Anziehungskraft des Wettbewerbs" kann jedoch dazu führen, dass ein „Spiel mit negativer Summe" entsteht. Ein Anbieter senkt seinen Preis, in der Erwartung, dass seine Mitwettbewerber die Preise beibehalten. Diese Mitwettbewerber agieren jedoch auf gleiche Weise und so entsteht ein so genannter Preiskrieg (vgl. Rao et al, 2008, S. 75 ff.). Pricing-Experten wie Nagle et al und Rao et al postulieren, dass Preiskriege durch die stärkere Fokussierung auf die Generierung von Wettbewerbsvorteilen zu vermeiden wären. Diese seien über die Schaffung von Alleinstellungsmerkmalen bei Produkteigenschaften und Leistungsqualität zu erzielen. Auf Industriegütermärkten ist dies besonders dann schwierig, wenn sich auf bereits „ausentwickelten" Commodity-Märkten keine Ansatzmöglichkeiten für solche Differenzierungsmerkmale mehr bieten.

Eine interessantere Möglichkeit zur Vermeidung von Preiskriegen auf Industriegütermärkten zeigt sich in der selektiven Preisgestaltung, die zu mehr Intransparenz führt und die unmittelbare Vergleichbarkeit der Anbieterpreise bewusst einschränkt (vgl. z. B. Rao et al, 2008, S. 86 ff.). Dabei kann z. B. der Preis einer Leistung neben dem Basisproduktpreis Preise für eine oder mehrere Serviceleistungen enthalten, die Preissetzung bzw. die Preisabbauraten im Zeitablauf können an bestimmte Abnahmebedingungen oder Mengenstaffeln geknüpft sein oder es werden bestimmte Cross-Price-Angebote abgegeben (z. B. Preis für Motor und Elektronik zusammen anstatt Einzelpreise für beide Komponenten).

Aufträge im Industriegütermarketing werden auch oftmals auf der Basis von **Auktionen** bzw. **Submissionen** vergeben. Dabei wirkt insbesondere das Internet als Verstärker hinsichtlich der Anwendung dieser Preisbildungsform (vgl. Simon et al, 2009, S. 452). Es gibt grundsätzlich zwei unterschiedliche Vorgehensweisen hinsichtlich der Zuordnung des „aktiven Parts" im Verhandlungsprozess. Bei der ersten Vorgehensweise bietet der industrielle Nachfrager Preise für ein angebotenes Erzeugnis, bei der zweiten Vorgehensweise können sich die industriellen Anbieter mit ihren Preissetzungen gegenseitig unterbieten.

Im ersten Fall werden potenziellen Industriekunden Kaufangebote in Form von Auktionen oder Lotterien unterbreitet. Die industriellen Nachfrager können entsprechende Zahlungsangebote machen (vgl. Backhaus/Voeth, 2010, S. 231). Dabei existieren unterschiedliche Formen von Auktionen (vgl. Backhaus/Voeth, 2010, S. 231):

- Bei der klassischen **Höchstpreisauktion** erhält derjenige Kunde den Zuschlag, der für das Produkt bzw. die Leistung den höchsten Preis anbietet. Zunächst wird davon ausgegangen, dass sich die industriellen Kunden bei der Höhe ihres Kaufgebotes durch ihre individuelle Zahlungsbereitschaft leiten lassen. Bei Höchstpreisauktionen ist jedoch zusätzlich der Effekt beobachtbar, dass Bieter ihre Gebote an der vermuteten Zahlungsbereitschaft der Mitbieter ausrichten. Die Höchstpreisauktion gilt deshalb als nicht anreizkompatibel im Hinblick auf die Ermittlung von Zahlungsbereitschaften, da der Kunde mit der höchsten Zahlungsbereitschaft lediglich die Zahlungsbereitschaft des Kunden mit der zweithöchsten Zahlungsbereitschaft zugrunde legt. Ein an dieser Zahlungsbereitschaft ausgerichtetes Angebot reicht aus, um den Zuschlag zu erhalten (vgl. Sattler/Nitschke, 2003, S. 365).

- Im Gegensatz zur Höchstpreisauktion wird die **Vickrey-Auktion** als anreizkompatibel bezeichnet. Nach Abgabe eines verdeckten Angebotes erhält wiederum der Bieter mit dem höchsten Preisangebot den Zuschlag. Der erfolgreiche Bieter muss dann jedoch lediglich den Preis des zweithöchsten Gebots entrichten. Da also nicht der höchste Bietpreis bezahlt werden muss, besteht für die Bieter kein Anlass dafür, ihre tatsächliche Zahlungsbereitschaft nicht kundzutun.
- **Lotterien** finden nur in sehr seltenen Fällen eine praktische Anwendung im Industriegüterkontext. Bei einer Lotterie geben Kunden wiederum verdeckte Preisgebote ab. Aus diesen Geboten wird im Lotterieverfahren zufällig ein Angebot gezogen. Alle Anbieter, die Angebote oberhalb dieses Preises abgegeben hatten, erhalten den Zuschlag, bzw. sind verpflichtet, das Erzeugnis zu dem entsprechenden Preis abzunehmen.

Im zweiten Fall der so genannten Ausschreibungen bzw. Submissionen werden die potenziellen industriellen Anbieter durch den Kunden aufgefordert, Angebote für genau spezifizierte Leistungen abzugeben (vgl. Simon et al, 2009, S. 452). Nicht nur staatliche Institutionen wenden das Verfahren der Ausschreibung an, sondern auch industrielle Kunden im Zuliefergeschäft wie z. B. Automobilhersteller. Aus Sicht der industriellen Anbieter werden zwei Entscheidungsprobleme unterschieden (vgl. Simon et al, 2009, S. 452):

- die grundsätzliche Entscheidung über die Teilnahme an einer Ausschreibung
- die Festlegung der Preishöhe bei Teilnahme am Angebotsprozess („Competitive Bidding")

In der zweiten Entscheidung geht es also darum, den höchstmöglichen Preis zu treffen, der im Rahmen der wirtschaftlichen Situation des Unternehmens ein rentables Projekt verspricht und der gleichzeitig noch unter dem Angebot des preislich niedrigsten Konkurrenten liegt. Bei den so genannten „sealed-bid-first-price"-Verfahren kann nur ein Gebot abgegeben werden ohne Möglichkeit einer nachträglichen Anpassung (vgl. Simon et al, 2009, S. 453). Dieses Verfahren gilt üblicherweise bei öffentlichen Auftragsvergaben. Im privatwirtschaftlichen Kontext sind industriellen Kunden freier in der Gestaltung von Bietverfahren. In der Praxis werden daher zumeist mehrere Angebotsrunden durchgeführt (vgl. Bertz, 2007, S. 38).

Die erste Grundvorraussetzung für eine belastbare Preisaussage durch den industriellen Anbieter besteht in der detaillierten und eindeutig aussagekräftigen Spezifikation der zu erbringenden Leistung durch den Kunden. An dieser Stelle tritt bereits eine fundamentale Schwäche des Ausschreibungsverfahrens zutage, die beide Verhandlungsparteien im Rahmen der bilateralen Auseinandersetzung nach der Entscheidung für einen Anbieter oftmals zu strategischen „Verhandlungsscharmützeln" nutzen. Die Festlegung einer zu 100% eindeutigen Spezifikation ist insbesondere bei technisch komplexen Erzeugnissen im Zuliefer- oder Anlagengeschäft nur sehr selten möglich. Auch wenn die potenziellen Anbieter im Vorfeld des Competitive Biddings Fragen zur technischen Spezifikation stellen können und im Regelfall auch ein Präsentationstermin zur Vorstellung der jeweiligen technischen Lösung angesetzt wird, so ist die Fixierung kleinster Feinheiten im Sinne eines einheitlichen Verständnisses der Verhandlungspartner realistisch nicht umsetzbar. D.h. nach dem Zuschlag an einen Anbieter kann dieser bestimmte Spezifikationslücken nutzen, indem er gegenüber dem Kunden artikuliert, von bestimmten kostengünstigeren Materialien oder Prozessen ausgegangen zu sein, die das niedrigere Preisangebot rechtfertigen. Umgekehrt nutzen auch die industriellen Kunden oftmals die ungenaue Spezifikation, um die Anbieter später mit Leistungsforderungen zu konfrontieren, die gemäß der Leistungsbeschreibung erwartet werden.

> Kaufangebot-bezogene Bieterverfahren werden in der Automobilindustrie häufig in der Form von Online-Bidding-Events durchgeführt. Nach einer technischen Präsentation beim Kunden wird ein Termin vereinbart, bei dem sich die Zulieferer auf einer Online-Plattform mit zuvor zugesendeten Zugangsdaten einloggen und sich dann innerhalb eines festgelegten Zeitraums gegenseitig unterbieten können. Die Anbieter bleiben gegenseitig anonym. Nur dem Kunden, dem Automobilhersteller ist bekannt, von wem das jeweilige Angebot stammt. Beispiele für derartige Online-Bidding-Plattformen sind Covisint (www.covisint.com) oder SupplyOn (www.supplyon.com). Auch wenn sich diese Bietverfahren insbesondere bei einfacheren Commodity-Erzeugnissen in zahlreichen Angebotsprozessen etabliert haben, so enden diese Verfahren nur selten mit einer definitiven Entscheidung für einen Anbieter. Wenn z. B. der einflussreiche Entwicklungsleiter eines Automobilherstellers einen Anbieter favorisiert, der nicht als Preisbenchmark aus dem Bietverfahren hervorgeht, so wird in vielen Fällen nachverhandelt, vielfach zum Ärger der Anbieter. Die Ernsthaftigkeit der Online-Bidding-Verfahren wird deshalb in der Automobilindustrie immer wieder in Frage gestellt. Auch bei unklaren Spezifikationen ist das Bietverfahren mit Abgabe des günstigsten Preises nicht immer abgeschlossen. Anbieter beginnen über Spezifikationen zu feilschen. Sie behaupten z. B., dass Sie in der Kalkulation einer bestimmten Leistungskomponente den marktüblichen Kunststoff anstelle der vom Automobilhersteller erwarteten hochwertigeren, aber auch teureren Aluminiumlegierung vorgesehen hätten und argumentieren, dass diese den Preis selbstverständlich nochmals erhöhen würde.

Value-Konzepte betonen im Pricing das so genannte Preis-Leistungs-Verhältnis. Im Mittelpunkt steht die Preiswürdigkeit eines Angebotes. Neben dem Preis dient insbesondere die Leistungskomponente der Differenzierung gegenüber dem Wettbewerb (vgl. Diller, 2008, S. 263). In diesem Zusammenhang wurde der Begriff eines überlegenen Nettokundennutzens definiert. Dieser ergibt sich dann, wenn ein industrieller Anbieter seinem Kunden einen möglichst hohen Gegenwert für den zu entrichtenden Preis bieten kann. Dabei scheint zunächst der Differenzierungsspielraum auf der Leistungsseite erheblich höher als auf der Preisseite. Das Kernproblem besteht jedoch darin, dass sich Value-Ansätze insbesondere im Bereich der Industriegütertransaktionen auf eine interne Zuordnung von Kundennutzenwerten zu Leistungselementen beschränken. D.h. es wird nicht die direkte Meinung des Kunden darüber eingeholt, welcher Leistungskomponente er welchen Nutzen zuordnet. Vielmehr erfolgt diese Zuordnung oftmals am „grünen Tisch" der industriellen Anbieter selbst. Dabei werden die Nutzenaspekte einzelner Leistungselemente für den Kunden oftmals überschätzt. Eine Kernüberlegung des Value-Ansatzes ist in diesem Zusammenhang insbesondere die enge Verknüpfung zwischen Produktentwicklung (als Instrument zur Beeinflussung der Leistungs-, respektive Nutzenkomponenten) und Preisfindung. Die Produktentwicklung erfolgt in Industrieunternehmen jedoch vielfach völlig losgelöst von Kundennutzenüberlegungen.

Dabei zeigt sich die oftmals starke „Ingenieursprägung" industrieller Anbieter, die z.T. nahezu alle technisch machbaren Leistungsoptionen am Enderzeugnis umsetzen. Dieses Overdesign ist wiederum mit höheren Kosten verbunden und führt häufig zu Preissetzungen, die weit oberhalb der Zielpreisvorstellungen der Industriekunden liegen. Zur Eigenrechtfertigung werden diese Leistungskomponenten oftmals nachträglich mit angeblich hohen Nutzenwerten für Kunden belegt, um im Sinne von Preis-Leistungsverhältnissen hohe Angebotspreise zu rechtfertigen. In diesem Fall verbleiben Value-Konzepte als Methode zur Preisbildung auf einem abstrakten und marktfernen Niveau. Value-Ansätze können im Pricing also nur dann erfolgreich sein, wenn sie mit einer strengen und „ehrlichen" Ausrichtung an den tatsächlichen Kundenanforderungen einhergehen. Ein funktionierendes Value-Pricing muss folglich immer durch industrielle Marktforschungsaktivitäten hinsichtlich der Anforderungsprofile und Nutzenvorstellung aller fokussierten Kundencluster verbunden werden. Nur derartige marktorientierte Value-Konzepte sind in ihrem Einsatz auf Industriegütermärkten zielführend.

Die Firma Feucom T. Schulte-Frankenfeld GmbH & Co. KG produziert klassische Feuerlöschgeräte und liefert diese insbesondere an Firmenkunden und Händler. Feucom hat das Ziel, seinen Kunden „...durch überragende Qualität, ständige Innovation und kompetente Beratung Spitzenprodukte zu bieten, die allen Anforderungen gerecht werden oder diese übertreffen." Dabei entwickelt Feucom Produkte wie die so genannte Feucom-S-Klasse, einen Feuerlöscher mit folgenden Produktmerkmalen: „Schlagknopfarmatur mit Ventil aus Hochleistungskunstoff, Pulverbeschichtetem Behälter mit einer Lebensdauer von 25 Jahren, hochwertiger Standring aus schlagzähem Kunstoff und integrierter Schlauchaufname" (Quelle: www.feucom.de). Die konsequente Ausrichtung der Firma Feucom auf eine Technologie- und Qualitätsführerschaft im Segment der Feuerlöschgeräte führte das Unternehmen in kürzester Zeit an die Leistungsspitze der Branche. Gleichzeitig stellt sich jedoch die Frage, ob bei einem Standarderzeugnis „Feuerlöscher" die von Feucom verfolgte Technologieführerschaft mit einer entsprechenden Preisbereitschaft potenzieller Kundenkreise korrespondiert.

Marktorientiertes Value-Pricing im Industriegüterbereich sollte seinen Handlungsfokus also zunächst auf die Ermittlung von technischen Kundenanforderungen und der Zuordnung von Ausprägungen des Kundennutzens zu einzelnen Leistungskomponenten legen. Der durch den Kunden angegebene Nutzen für ein Leistungsmerkmal des industriellen Anbieters wird auch immer durch die Nutzenversprechen der Mitwettbewerber beeinflusst. Die Grundlage der Nettonutzenbetrachtung definiert sich wie bereits erwähnt durch Preis-Leistungsverhältnisse. Das bedeutet bei einem Leistungsmerkmal:

$$PLV_i = \frac{p_i}{l_{i1}}$$

p_i = Preis von Produkt i

l_{i1} = Ausprägung Leistungsmerkmal 1 bei Produkt i

Da für eine realistische industrielle Kaufentscheidung immer mehrere Leistungsmerkmale Berücksichtigung finden müssen, gilt analog:

$$L_i = \sum_{j=1}^{n} g_j \, l_{ij}$$

g_j = Gewichtungsfaktor von Leistungsmerkmal j

l_{ij} = Ausprägung des Leistungsmerkmals j von Produkt i

Die Gewichtungsfaktoren für die Leistungsmerkmale/Produktkomponenten müssen beim marktorientierten Value-Ansatz wiederum durch Informationsbeschaffungsaktivitäten bei den industriellen Kunden „akquiriert" werden. Das gilt ebenso für die Ausprägung der Leistungsmerkmale j. Dabei können diese Leistungsmerkmale gerade bei Industriegütererzeugnissen in Form von tatsächlich technisch messbaren physikalischen Größen angegeben werden, wie z. B. Kraft (Nm, N), Gewicht, Geschwindigkeit, Kennzahlen des Materialverschleißes etc. Der komplexere zweite Schritt besteht in der Transformation der technischen Merkmalsausprägungen in tatsächliche Nutzenwerte bei einem Kunden.

Im folgenden Beispiel geht es um die marktorientierte Value-Bepreisung eines Elektromotors, bei dem sowohl die wesentlichen Leistungsmerkmale sowie deren Gewichtungen beim Kunden erfragt werden. Auch die Zuordnung von Nutzengrößen zu den Ausprägungen der Leistungsmerkmale beim Eigenerzeugnis und den ummittelbaren Wettbewerbserzeugnissen werden mit einbezogen. Im ersten Schritt erfolgt die Konsolidierung der beim Kunden angefragten Gewichtungsfaktoren zu durchschnittlichen Gewichtungswerten:

Leistungsmerkmale	Kunde 1	Kunde 2	Kunde 3	Mittelwert
Leistung	5	4	4	4,3
Gewicht	3	2	3	2,7
Einbauraum	4	1	3	2,7
Lebensdauer	2	2	2	2,0
Montagefähigkeit	4	2	2	2,7
Summe	18	11	14	14,3
Leistung	28%	36%	29%	**31%**
Geräusch	17%	18%	21%	**19%**
Einbauraum	22%	9%	21%	**18%**
Lebensdauer	11%	18%	14%	**14%**
Montagefähigkeit	22%	18%	14%	**18%**
1 - weniger wichtig				
3 - wichtig				
5 - sehr wichtig				

Es zeigt sich, dass die industriellen Kunden im Schnitt die Leistung der Elektromotoren als wesentlichstes Leistungselement charakterisieren. Verglichen werden nun die Leistungsdaten der betrachteten Erzeugnisse. Den Kunden werden sowohl die technischen Leistungsmerkmale des eigenen Erzeugnisses als auch diejenigen der unmittelbaren Wettbewerbserzeugnisse vorgelegt.

Produkte	Eigener Motor	Motor Wettbewerber 1	Motor Wettbewerber 2
Leistung (Anzugsmoment)	11,3 Nm	12,4 Nm	6,3 Nm
Gewicht	0,63 kg	0,76 kg	0,52 kg
Einbauraum (L x B x H in mm)	162x100x40	180x100x45	150x95x35
Lebensdauer (in h)	10000h	12000h	8000h
Montagefähigkeit	mittel	sehr gut	schlecht
Preis	zu bestimmender Preis	7,20 €	5,10 €

Die Kunden müssen im Folgenden den technischen Leistungswerten individuelle Nutzwerte zuordnen. Diese werden wiederum für alle Kunden gemittelt.

Produkte	Eigener Motor	Motor Wettbewerber 1	Motor Wettbewerber 2
Leistung (Anzugsmoment)	4	5	1
Gewicht	3	1	4
Einbauraum (L x B x H in mm)	2	1	4
Lebensdauer (in h)	3	5	1
Montagefähigkeit	3	5	1
Preis	zu bestimmender Preis	7,20 €	5,10 €

Dabei signalisiert die 5 einen besonders hohen, die 1 einen besonders niedrigen Nutzwert. Oftmals wird nach dieser Nutzenbetrachtung die Value-Preisbildung lediglich anhand des „unmittelbarsten" Wettbewerbserzeugnisses weitergeführt. Zumeist wird dasjenige Wettbewerbserzeugnis gewählt, das in seinen Eigenschaftsausprägungen und Nutzwerten den Kundenanforderungen am nächsten entspricht. Im Beispielfall ist dies das Erzeugnis des Wettbewerbers 1.

Value Driver	Gewicht.	Eigener Motor		Motor Wettbewerber 1		Relativer Nutzenvorteil im Vergleich zum Wettb.
		Nutzwert	Gewicht. Nutzwert	Nutzwert	Gewicht. Nutzwert	
Leistung	31%	4	1,2	5	1,5	-0,3
Gewicht	19%	3	0,6	1	0,2	0,4
Einbauraum	18%	2	0,4	1	0,2	0,2
Lebensdauer	15%	3	0,4	5	0,7	-0,3
Montage	18%	3	0,5	5	0,9	-0,4
Summe		15	3,1	17	3,5	
Preis					7,20 €	
Preis/Leistung					2,0	

Die Nutzwerte der betrachteten Erzeugnisse werden mit den bei den Industriegüterkunden ermittelten Gewichten multipliziert. Anschließend wird der relative gewichtete Nutzenvorteil des eigenen Industrieerzeugnisses durch Subtraktion des gewichteten Nutzwertes des Wettbewerbserzeugnisses vom gewichteten Nutzwert des eigenen Erzeugnisses für jedes Leitungsmerkmal ermittelt. Dabei können je nach Leistungsfähigkeit die relativen gewichteten Nutzenvorteile negative oder positive Vorzeichen annehmen.

Value Driver	Relativer Nutzenvorteil im Vergleich zum Wettb.		Preis-Zuschlag/Abzug geg. Wettbew.
Leistung	-0,3		-0,1€
Gewicht	0,4	Anwendung einer „Preisregel": Multiplikation der relativen Nutzenvorteile im Vergleich zum Wettbewerb mit einem „Preisadder je Nutzeneinheit".	0,2€
Einbauraum	0,2		0,1€
Lebensdauer	-0,3		-0,1€
Montage	-0,4		-0,2€
Summe			-0,17€

Preis bester Wettbewerber	7,20€	Preis pro Nutzeneinheit	0,42 €	Preis W1	7,20€
Summe Nutzenwerte bester Wettbewerber	17			**Eigener Preis**	**7,03€**

Um, ausgehend von dem bekannten Wettbewerbspreis, einen nutzenorientierten Preis für das Eigenerzeugnis zu ermitteln, wird eine „Preisregel" definiert. Dabei kann z. B. der Marktpreis des besten Wettbewerbers durch den Gesamtnutzenwert seines Produktes geteilt werden. Dadurch ergibt sich ein Geldbetrag je Nutzeneinheit (0,42 €), der anschließend mit den relativen Nutzenvorteilen/Nutzennachteilen je Leistungselement multipliziert wird. Pro Leistungselement ergibt sich somit ein positiver oder negativer „Preisadder". Alle „Preisadder" werden mit dem Wettbewerbspreis verrechnet und führen so zu einer nutzenbasierten Preisindikation für den industriellen Anbieter.

Das Kernproblem der Value-Konzepte besteht in der konkreten Evaluierung der Nutzwerte bei Industriegütern. Simon et al beschreiben fünf unterschiedliche Methoden der Nutzenmessung (vgl. Simon et al, 2009, S. 448):

- Firmeninterne Bewertung durch eigene Mitarbeiter: Hier besteht die größte Verzerrungsgefahr. Grundvoraussetzung ist eine ausgezeichnete Kenntnis über die Kundenpräferenzen.
- Wirtschaftlichkeitsrechnungen: Dabei bilden Kundeninterviews die Basis für einen Kostenvergleich, bei dem die ermittelten Kosten für das eigene Erzeugnis mit den Erzeugniskosten des durch den Kunden präferierten Wettbewerbserzeugnisses verglichen werden.
- Bewertung durch Fokusgruppen: Angebote und Angebotskonzepte werden hierbei mit Fokusgruppen (z. B. externen Beratern, Kundenmitarbeitern, ehemalige Kundenmitarbeitern etc.) diskutiert. Ziel dabei ist die Erhebung der Zahlungsbereitschaft fokussierter Kunden.
- Wichtigkeits-Bewertung: Hierbei werden Personen zur Wichtigkeit bestimmter Merkmale des Angebots befragt.
- Conjoint-Measurement: Bei Conjoint-Measurement-Verfahren werden Kunden hinsichtlich ihrer Kaufpräferenz für verschiedene Produktangebote befragt. Dabei erfolgt eine rechnergestützte und systematische Variation der Leistungsmerkmale. Im Ergebnis werden unterschiedliche Teilnutzenwerte für verschiedene Merkmale und deren Ausprägungen ermittelt.

Backhaus/Voeth betrachten Value-Konzepte mehr als preisstrategische Grundüberlegungen denn als operative Pricing-Instrumente, da (vgl. Backhaus/Voeth, 2010, S. 365 f.):

- Preise der Wettbewerbserzeugnisse im Stadium der Angebotsphase insbesondere im Anlagen- und Zuliefergeschäft nur näherungsweise bekannt sind.
- alle Annahmen in Bezug auf die Quantifizierung von Nutzengrößen auf Schätzangaben basieren und das Projektentscheidungsverhalten auch von diesen konsolidierten Nutzengrößen abweichen kann.

5.2.2   Industrielle Verhandlungen

Ausgehend von der festgelegten Preisstrategie und der ermittelten Preishöhe suchen industrielle Anbieter nun ihren Preis entsprechend den definierten Zielvorstellungen bei ihrem Kunden durchzusetzen. Verhandlungen sind als Interaktionen über die Konditionen des Leistungsaustausches zwischen einem industriellen Anbieter und seinem Kunden definiert (vgl. Geiger, 2007, S. 1). Auch wenn bei den Verhandlungsvorgängen in Industrieunternehmen zunächst eine reine Vertriebszuordnung unterstellt wird, gelten industrielle Verhandlungen auch als „Teildisziplin" eines vertriebsorientierten Industriegütermarketings. Abhängig von Umfang und Ausmaß der zu verhandelnden Themenkomplexe existieren insbesondere auf der Anbieterseite zahlreiche Interdependenzen mit wesentlichen Entscheidungsfeldern des Marketings (vgl. Geiger, 2007, S. 1). Als zentrales Vermarktungsmerkmal der Industriegüter gilt, dass Verkaufspreise nur in seltenen Fällen durch den Hersteller festgelegt werden und der Nachfrager diese Preissetzung akzeptiert bzw. bei fehlender Preisakzeptanz vom Kauf Abstand nimmt (vgl. Atkin/Skinner, 1975). Vielmehr bilden sich Preise als Ergebnis aus Verhandlungen zwischen den beteiligten Interaktionspartnern. Darüber hinaus ist auf Industriegütermärkten nicht nur der eigentliche Verkaufspreis Gegenstand des Verhandlungsprozesses. Insbesondere bei Industriegütern, die zum Zeitpunkt der Verhandlung noch nicht erstellt sind (wie im Anlagen- oder Zuliefergeschäft üblich), gehören auch Verhandlungen über Produktspezifikationen oder Zusatzleistungen wie produktbegleitende Services zu den Gegenständen der wechselseitigen Auseinandersetzung. Geiger fasst die Verhandlungsge-genstände auf Industriegütermärkten wie folgt zusammen (vgl. Geiger, 2007, S. 2):

- die hardware- und softwaretechnische Ausgestaltung der Leistung
- den Umfang der Nebenleistungen bzw. Services
- die zu erbringenden Teilleistungen der Vertragsparteien, wie z. B. gemeinsame For-schungs- und Entwicklungsaktivitäten oder Werbekampagnen
- Logistikleistungen und das Vorhalten definierter Lagerbestände
- Haftungsumfänge, Nachbesserungen und Garantien
- Zahlungsbedingungen und Konditionen
- Kernpreis der industriellen Leistung, des Produktes

Bezogen auf den Preis besteht die Kernproblematik bei industriellen Verhandlungen in der Divergenz zwischen der Preissetzung des Anbieters und der Zielpreisvorstellung des indust-riellen Kunden. Durch den Verhandlungsprozess wird der zu erzielende Verkaufspreis für alle Beteiligten im Vorfeld nur sehr begrenzt planbar (vgl. Mussweiler/Galinski, 2002, S. 21 f.). Die gesamte Verhandlungssituation ist für alle industriellen Verhandlungspartner mit einer erheblichen Unsicherheit verbunden. Diese Unsicherheit bezieht sich generell auf die nicht vorhersehbaren Reaktionen und Entscheidungen des Interaktionspartners. Zudem besteht auch eine spezifische Unsicherheit des Anbieters über die Verhandlungsführung, da diese im Wesentlichen von einzelnen Vertriebsmitarbeitern abhängt und nur bedingt durch den gesamten „Organismus" des Industrieunternehmens beeinflusst werden kann. Dabei regeln die Industriegüterunternehmen die Entscheidungsspielräume ihrer Vertriebsmitarbei-ter im Verhandlungsprozess sehr unterschiedlich. Studien wie die der Unternehmensberatung Mercuri International, kommen zu pauschalisierten Ergebnissen, dass ca. 60% der befragten Industrieunternehmen einen Verhandlungsspielraum von bis zu 30% gewähren (vgl. Voeth/ Rabe, 2004, S. 1018; Mercuri International, 2003). Derartige Statements sind jedoch nur eingeschränkt aussagefähig, da Verhandlungskompetenzen immer sehr unternehmensindivi-duell geregelt sind. Eine deutliche Korrelation besteht zumindest zwischen der Größe eines industriellen Anbieters und der Granularität der zugeordneten Verhandlungskompetenzen. Besonderes große Industriekonzerne stufen die Zuordnungen der Preisverhandlungskompe-tenzen zumeist sehr fein ab.

Ein großer mittelständischer deutscher Hersteller von Elektronikbauteilen (ca. 20000 Mitarbeiter) gliedert seine Vertriebsorganisation hierarchisch in einen Vertriebsvorstand, in Geschäftsbereichsleitungen mit Vertriebverantwortung, Vertriebs-Abteilungsleiter, Vertriebs-Gruppenleiter sowie Sachbearbeiter im Vertrieb. Die Festlegung der Preisbildung erfolgt bei Serienerzeugnissen nach dem Cost-Plus-Verfahren. Lediglich bei neuen Erzeugnisplattformen und Produktinnovationen werden so genannte „Initial Prices" nach dem Value-Prinzip ermittelt. Die Höhe des Gewinnzuschlags im Cost-Plus-Verfahren gilt als Maß für die Zuordnung von Verhandlungskompetenzen zu den jeweiligen Vertriebsmitarbeitern. Während Vertriebssachbearbeiter bei einem Gewinnzuschlagssatz auf Selbstkosten von >8% frei mit ihren Kunden verhandeln können, müssen diese bei reduzierten Zuschlagsätzen von 6-8% die Zustimmung bzw. Unterschrift des Abteilungsleiters einholen. Dieser wiederum ist verpflichtet, sich bei einem Gewinnanteil von 2-4% bei seiner Geschäftsbereichsleitung rückzuversichern. In der höchsten Eskalationsstufe spricht das Unternehmen vom so genannten „Strategic Override". Dieser liegt vor, wenn Projekte mit einer Preishöhe verhandelt werden, die zu einem negativen Stückgewinn führen würde. In diesem Fall muss der Vertriebsvorstand der Verhandlung zu diesen vermeintlich unrentablen Konditionen zustimmen. Der „Strategic Overrdide" wird bei unternehmenspolitisch wichtigen Projekten positiv beschieden. Wenn sich z. B. durch die geringe Preissetzung die Projektzuschlagswahrscheinlichkeit für ein weiteres, wichtiges Projekt erhöht. Als problematisch gilt dabei insbesondere die Unsicherheit bei der Ermittlung der Höhe der für zukünftige Projekte kalkulierten Kosten. Entsprechen diese Kosten nicht der späteren Realität, so wird auch die Zuordnung von Verhandlungskompetenzen analog festgelegter Gewinnzuschlagsgrenzen ad absurdum geführt. (der Name des angesprochenen Unternehmens wurde anonymisiert, die Höhen der Gewinnzuschlagsgrenzen wurden in Übereinstimmung mit dem Unternehmen als fiktive Werte dargestellt)

Ein grundlegender Zielkonflikt besteht auf der Seite des industriellen Anbieters (vgl. Raiffa/Richardson/Matcalfe, 2002, S. 85 f.; Voeth/Rabe, 2004, S. 1018):

- Der Anbieter möchte einen möglichst hohen Preis erzielen, um den eigenen Nutzen (z. B. Umsatz/Gewinn) zu maximieren.
- Gleichzeitig hat er ein Interesse daran, den Projektzuschlag bzw. Auftrag des industriellen Nachfragers zu erhalten. Dadurch ist er grundsätzlich bereit, dem Preisdruck des Nachfragers in Maßen nachzugeben.

Aufgrund der bislang untergeordneten Behandlungen dieses Dilemmas im Verhandlungskontext hat eine Reihe von Wissenschaftlern wie Voeth, Herbst, Geiger oder Rabe in den letzten Jahren damit begonnen, wissenschaftstheoretische Erklärungen für das Zustandekommen von Verhandlungsergebnissen zu finden. Problematisch dabei ist, dass die industrielle Verhandlung kein Phänomen darstellt, das alleine als betriebswirtschaftliche Interaktion gekennzeichnet werden kann. Vielmehr steht der Versuch eines interdisziplinären Forschungsansatzes aus Betriebswirtschaftslehre, Soziologie und Psychologie noch aus. Nur ein solcher Ansatz würde eine annähernd realitätsgerechte Auseinandersetzung mit dem Thema versprechen. Voeth/Rabe (vgl. Voeth/Raabe, 2004, S. 1019 ff.) haben die derzeitigen Forschungsansätze zu Verhandlungen, insbesondere Preisverhandlungen wie folgt dargestellt.

Unterschieden wird zwischen theoretischen und managementbezogenen Ansätzen (vgl. Voeth/Rabe, 2004, S. 1019):

Theoretische Ansätze versuchen Verhandlungsprozesse und deren Ergebnisse systematisch zu analysieren und zu erklären. Dabei stehen konkrete Handlungsempfehlungen zunächst im Hintergrund. Bei den theoretischen Ansätzen werden Ansätze mit einem spieltheoretischen Hintergrund von solchen mit einem verhaltenswissenschaftlichen Hintergrund unterschieden.

Managementbezogene Ansätze verfolgen dagegen rein normative Zielsetzungen. Dabei werden in der Regel konkrete Handlungsempfehlungen vorgeschlagen. D.h. den verhandelnden Parteien werden Anleitungen zu einer optimalen Verhandlungsführung vorgeschlagen, die ihrerseits aus Erkenntnissen der industriellen Praxis stammen.

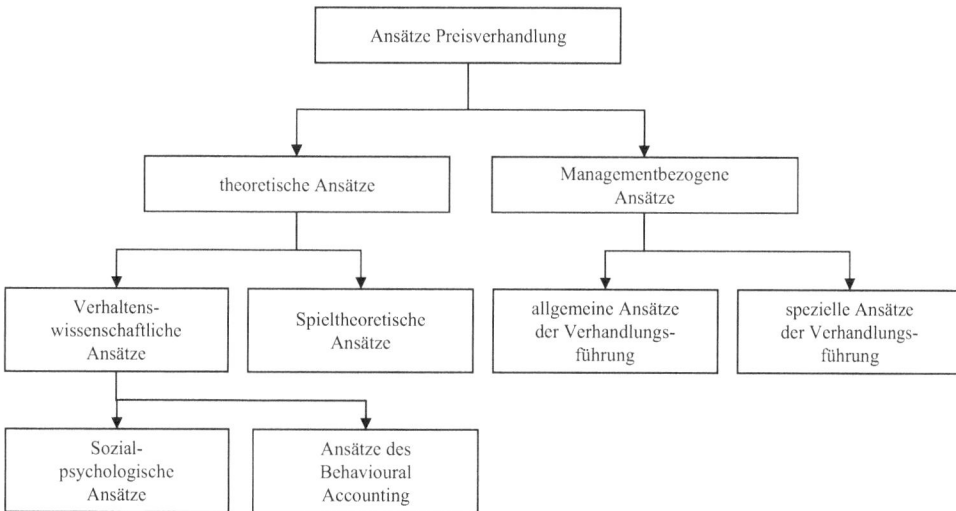

Abb. 5.16 Forschungsansätze zu Preisverhandlungen (Quelle: Voeth/Rabe, 2004, S. 1020)

Bei den theoretischen Ansätzen wird in der wissenschaftlichen Literatur oftmals die Spieltheorie zitiert (vgl. z. B. Osborne/Rubinstein, 1995). Die Spieltheorie setzt sich mit künstlich modellierten und größtenteils vereinfachten Entscheidungssituationen auseinander, in denen Entscheidungsträger als „Spieler" in einem wechselseitigen Abhängigkeitsverhältnis zueinander stehen. Die Entscheidung eines Spielers ist mit Auswirkungen auf das Spielergebnis anderer Spieler verbunden. Das bedeutet, dass ein Entscheidungsträger/Spieler im Rahmen seiner Entscheidungsfindung die möglichen Entscheidungen/Handlungsweisen seiner Interaktionspartner antizipieren muss (vgl. Voeth/Rabe, 2004, S. 1021). Dabei berücksichtigen so genannte nicht-kooperative Spiele, dass die beteiligten Entscheidungsträger nicht miteinander kommunizieren und keine Absprachen bzw. Vereinbarungen treffen können. Kooperative

Spiele berücksichtigen eine mögliche Kommunikation und Absprachen zwischen den Interaktionspartnern (vgl. Voeth/Rabe, 2004, S. 1021). Genau diese Ausgangssituation gilt als Charakteristikum industrieller Verhandlungen. Mit den Preisverhandlungen streben industrielle Anbieter und Nachfrager die Aushandlung eines beiderseitig bindenden Vertrages an. Die Spieltheorie versucht auf dieser Basis Verhandlungsergebnisse zu erklären bzw. optimale Verhandlungsziele für die jeweiligen Verhandlungsführer zu entwickeln. Auch wenn die Spieltheorie aus wissenschaftstheoretischer Sicht eine ausgezeichnete Basis für die Verhandlungsforschung darstellt, ist der Transfer deren Erkenntnisse in einen industriepraktischen Verhandlungskontext nur sehr eingeschränkt möglich. Ähnlich wie in den volkswirtschaftlichen Disziplinen der Mikro- und Makroökonomie existieren zahlreiche Ceteris-Paribus-Prämissen wie z. B. die absolute Rationalität der Verhandlungsführer. Tatsächliche verhandlungspolitische Empfehlungen lassen sich daher nicht oder nur schwer ableiten.

Bei den verhaltenswissenschaftlichen Ansätzen wird versucht, solche Variablen zu identifizieren, die den Prozess und das Ergebnis industrieller Verhandlungen beeinflussen (vgl. Voeth/Rabe, 2004, S. 1023). Wie bei allen partialanalytischen Forschungsansätzen werden jeweils Hypothesen über Wirkungszusammenhänge formuliert, die im Anschluss einer empirischen Überprüfung unterzogen werden. Da diese Analysen im forschungspraktischen Zusammenhang nur schwierig zu realisieren sind (Teilnahme eines Forschers an reellen Preisverhandlungen), reduzieren sich die Evaluierungsansätze oftmals auf experimentelle Designs.

Sozialpsychologische Ansätze untersuchen die Verhandlungsprozesse und Verhandlungsergebnisse im Hinblick auf die Beeinflussung durch soziale Einflussfaktoren wie Persönlichkeitsmerkmale, soziodemographische Variablen oder die Einbettung der Verhandlungsführer in ihr individuelles, soziales Umfeld. Bazerman et al. stellen die unterschiedlichen verhaltenswissenschaftlichen Forschungsansätze dar und kommen zu dem Schluss, dass bislang keine signifikanten Zusammenhänge zwischen sozialen Einflussfaktoren und Verhandlungsergebnissen nachgewiesen werden konnten (vgl. Bazerman et al, 2000, S. 281). Auch die Berücksichtigung von situativen Variablen als Einflussgrößen auf die Verhandlungsführung führt bislang lediglich zu wenigen Ansatzpunkten für konkrete Maßnahmen (vgl. Voeth/Rabe, 2004, S. 1024). Dagegen beschäftigt sich die kognitive Verhandlungstheorie mit einzelnen, bedeutenden Determinanten von Verhandlungsergebnissen (vgl. Voeth/Rabe, 2004, S. 1025):

- Empirische Untersuchungen zeigen die Bedeutung von *Ankerwerten*. So ist z. B. feststellbar, dass das erste genannte Angebot in einer Preisverhandlung den abschließenden Preis entscheidend beeinflusst (vgl. z. B. Poucke/Buelens, 2002; Voeth / Rabe, 2004). Gleiches gilt, wenn der industrielle Kunde eine Zielpreisforderung stellt.
- Als *Reservationspreis* gilt der Preis, zu dem der industrielle Zulieferer (Kunde) gerade noch bereit ist zu verkaufen (kaufen).
- Der *Aspirationspreis* gilt als das jeweilige Verhandlungsziel der Verhandlungspartner. Gemeint ist das jeweils bestmöglichste Verhandlungsergebnis, das aus Sicht des Verkäufers bzw. des Käufers erzielt werden kann.

Mit dem „ZOPA" (Zone of Possible Agreement)-Modell integriert Raiffa erstmalig spieltheoretische und verhaltenswissenschaftliche Überlegungen (vgl. Raiffa/Richardson/Metcalfe, 2002, S. 109 ff.). Basis des ZOPA-Modells ist die Annahme, dass die Verhandlungspartner jeweils individuelle Grenzpreise festlegen, zu denen das Geschäft/die Transaktion gerade noch durchgeführt wird. Die Differenz zwischen diesen beiden Reservationspreisen bildet lt. Raiffa den Verhandlungsbereich, innerhalb dessen das zu erwartende Verhandlungsergebnis liegt (vgl. Voeth/Rabe, 2004, S. 1026). Wenn die Differenz zwischen dem Reservationspreis des Käufers und des Reservationspreis des Verkäufers positiv ist, so kann eine Verhandlungseinigung zwischen den Interaktionspartnern erzielt werden. Bei einer negativen Differenz wird das Scheitern der Verhandlungen erwartet (vgl. Voeth/Rabe, 2009, S. 1026).

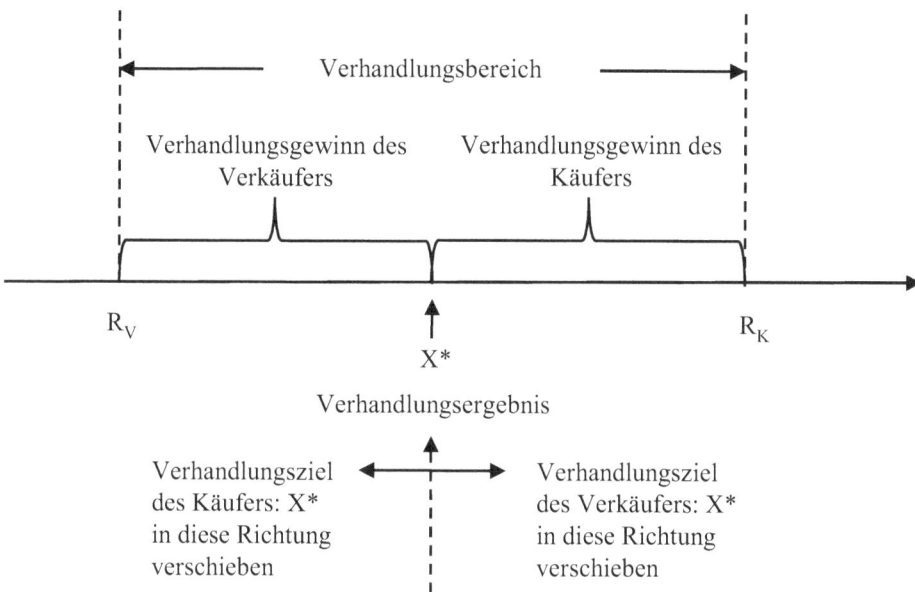

Abb. 5.17 „ZOPA"-Modell nach Raiffa (Quelle: Raiffa/Richardson/Metcalfe, 2002, S. 111; Voeth/Rabe, 2004, S. 1026)

Verhandlungsansätze, die auf dem Aspirationspreis beruhen, gehen davon aus, dass vor allem die Zielsetzungen der an der Verhandlung beteiligten Parteien Einfluss auf das Verhandlungsergebnis haben. Industrielle Zulieferer, die ihren Marketing- bzw. Vertriebsmitarbeitern eine höhere Zielanspannung z. B. in Bezug auf die Gewinnvorgaben vorgeben, erzielen statistisch bessere Verhandlungsergebnisse (vgl. Voeth/Rabe, 2004, S. 1027). Verhandlungsziele gelten als Ankerwerte (dies gilt auch für das nachfragende Industriegüterunternehmen).

Verhaltenswissenschaftliche Ansätze des Behavioural Accounting fokussieren auf die Erlösplanung. Dabei besteht die Grundsatzfrage, inwieweit vorhandene Kosteninformationen das Verhandlungsverhalten der Vertriebsmitarbeiter beeinflussen (vgl. Voeth/Rabe, 2004, S. 1027). In den Industrieunternehmen wird sehr kontrovers diskutiert, ob den Verhandlungsführern die Kostenkalkulation auf Vollkostenbasis zugänglich sein soll, um damit den Verhandlungsdruck zu erhöhen, oder ob dies kontraproduktiv ist, da die zugrunde liegende Kostenbasis oftmals auf unsicheren Plangrößen basiert (siehe Problematik der kostenbasierten Preisermittlung). In der betrieblichen Realität sind Vertriebs- und Marketingfunktionen bereits oftmals schon direkt bei der Kalkulation beteiligt.

Bei den managementbezogenen Verhandlungsansätzen werden so genannte allgemeine von speziellen Ansätzen der Verhandlungsführung unterschieden (vgl. Voeth/Rabe, 2004, S. 1030ff.). Allgemeine Ansätze abstrahieren von einer konkreten Verhandlungssituation und formulieren situationsübergreifende Verhaltensregeln. Voeth/Rabe erklären, dass in der Literatur eine Vielzahl derartiger allgemeiner Ansätze existiert, stellen jedoch dabei die besondere Bedeutung des so genannten Harvard-Konzeptes heraus. Die Grundüberlegung des Harvard-Konzeptes bildet die Hypothese, dass Verhandlungsergebnisse oftmals weit von den Zielvorstellungen der beteiligten Interaktionspartner abweichen, da sich die Verhandlungsführer auf das Verteidigen und Erreichen ihrer individuellen Positionen konzentrieren (vgl. Voeth/Rabe, 2004, S. 1028 f.). Das Harvard-Konzept stellt dagegen eine sachbezogene Verhandlungsweise in den Vordergrund, bei der gemeinsame Lösungen durch alle Beteiligte erarbeitet werden sollen. Im Mittelpunkt steht die strikte Trennung von emotionalen und sachlichen Aspekten. Die Entwickler des Konzeptes konstatieren, dass in Verhandlungssituationen die persönlichen Beziehungen oftmals mit sachlichen Aspekten verflochten werden, was zu Missverständnissen und Verhandlungsproblemen führen kann. Als exemplarisch gelten Situationen, in denen industrielle Kunden ein Preisangebot des Zulieferers ablehnen, auch wenn dieses unterhalb ihrer Zielpreisvorstellung liegt, aber mit, aus ihrer Sicht unverhältnismäßig hohen, Gewinnmargen für den industriellen Zulieferer verbunden ist. Als weiteres Kernelement des Harvard-Konzeptes gilt die Fokussierung auf Interessen anstatt auf Positionen. Positionen implizieren eine bereits feststehende Verhandlungslösung aus der Sicht eines Verhandlungspartners. Dabei kollidieren die unterschiedlichen Positionen der Verhandlungspartner häufig. Hinter diesen Positionen stehen jedoch Interessen. Das Harvard-Konzept empfiehlt, sich in der Verhandlung verstärkt auf Problemlösungen zur Befriedigung der jeweiligen Interessenslagen zu konzentrieren. Dabei sollte der industrielle Anbieter z. B. untersuchen, ob gemäß der gesamten Interessenslage seines Kunden eine höhere Preisforderung durch zusätzliche Services z. B. im Logistikprozess oder bei der Wartung der industriellen Erzeugnisse kompensiert werden kann. Damit verbunden ist der Vorschlag der Harvard-Konzeption, dem Kunden grundsätzlich mehrere Wahlmöglichkeiten z. B. in Form alternativer Preis-/Servicekombinationen anzubieten. Zuletzt schlägt das Konzept vor, dass die Verhandlungsparteien die entwickelten Problemlösungsalternativen möglichst objektiv bewerten, wobei auf eine faire Auswahl der zugrunde Bewertungskriterien geachtet werden sollte (vgl. Voeth/Rabe, 2004, S. 1029). Das Harvard-Konzept liefert somit eine pragmatische Orientierungshilfe für den Verhandlungsstil. Grundvoraussetzung ist jedoch, dass sich beide Verhandlungspartner analog dieses Verhandlungsstils verhalten müssen, um zu einem zielführenden Verhandlungsergebnis zu kommen. Das ist insbesondere dann unrealistisch, wenn die Interaktionspartner nicht in gleicher Form vom erzielten Verhandlungsergebnis abhängig sind.

Spezielle Managementansätze der Preisverhandlung fokussieren nahezu ausschließlich auf den Preis. Im Vordergrund stehen dabei konkrete Techniken der Preisargumentation, Reaktionsmechanismen auf Preiseinwände der industriellen Kunden oder Empfehlungen für die

Vorbereitung von und das Verhalten in Preisverhandlungen (vgl. die Aufstellung von Voeth/Rabe, 2004, S. 1030). Voeth/Rabe verweisen auf eine Reihe kürzerer Praxisbeiträge, die bezogen auf einzelne Branchen Empfehlungen auf der Basis von Best-Practices ableiten.

Auch die Preisfindungsmethode des Value-Pricing findet immer wieder im Zusammenhang mit den speziellen Ansätzen der Preisverhandlung Erwähnung. Dabei wird vor dem Hintergrund bestehender Preis-/Leistungsverhältnisse die Argumentation der Leistungswerte im Rahmen der Verhandlungsvorgänge in den Vordergrund gestellt (vgl. Voeth/Rabe, 2004, S. 1030). Diese Wertargumentation soll den nachfrageseitigen Preisdruck abmildern. Genau wie bei der Value basierten Preisermittlung besteht die Vorraussetzung in der Abbildung einer detaillierten Kundennutzenrechnung, bei der die wertbeeinflussenden Leistungsfaktoren des industriellen Erzeugnisses evaluiert und monetär bewertet werden. Neben dem hohen Aufwand besteht die Hauptproblematik in der Zuordnung von Nutzenwerten zu den einzelnen Leistungsmerkmalen. Auch die interne Vertriebsakzeptanz der Value-orientierten Preisargumentation beim industriellen Zulieferer bedarf zunächst eines Umdenkprozesses weg von einer kostenorientierten hin zu einer wertorientierten Argumentationsweise (vgl. Voeth/Rabe, 2004, S. 1030).

Im Folgenden sollen zwei spezielle Partialansätze der Preisverhandlungen beschrieben werden, die in den vergangenen Jahren insbesondere im Anlagen- und Zuliefergeschäft eine hohe Bedeutung erfahren haben und die wissenschaftstheoretisch bislang noch wenig diskutiert wurden:

- Kaufpreisanalysen (Sales Price Analysis) bzw. Kostenoffenlegungen (Cost Disclosures)
- Interpretationen von Lastenheften bzw. Spezifikationen

Unter Kaufpreisanalysen (Sales Price Analysis) bzw. Kostenoffenlegungen (Cost Disclosures) versteht man Vorgänge, bei denen industrielle Zulieferer ihren Kunden Transparenz über den im Angebot dargestellten Verkaufspreis verschaffen (vgl. Carroll et al, 1997, S. 95 ff.). Dabei werden in der Regel „grobe" Kostenblöcke offen gelegt, wie z. B. der gesamte Block aller Materialkosten (Materialeinzelkosten und Materialgemeinkosten). In einer differenzierteren Darstellung erhält der Kunde z. B. Strukturinformationen über prozentuale Anteile von Materialkosten, Fertigungskosten sowie einen Block aus Vertriebs-/Verwaltungsgemeinkosten zusammen mit dem Gewinnanteil bzw. der kalkulierten Marge des Zulieferers. Generell sind Kaufpreisanalysen mit unterschiedlichen Zielsetzungen der beteiligten Verhandlungspartner verbunden und stehen jeweils in einem engen Zusammenhang zu den Preisverhandlungen. Sie scheinen zunächst getrieben durch die industriellen Kunden, werden in einzelnen Fällen jedoch auch durch den Zulieferer als Verhandlungsinstrument aktiv eingesetzt.

- Industrielle Kunden versuchen über Preis- bzw. Kostentransparenz Argumente und Potenziale für Kostenreduktionen abzuleiten. Erkennen die Kunden z. B., dass der Materialkostenblock im Vergleich zu den konkurrierenden Zulieferern deutlich höher liegt, so wird dem anbietenden Unternehmen in der Verhandlung ein reduziertes Preisziel vorgegeben. Dies erfolgt oftmals mit der Argumentation, die angebotenen Materialpreisanteile würden nicht dem Marktpreislevel entsprechen und die Einkäufer des Zulieferers sollten zunächst erfolgreicher mit ihren eigenen Zulieferern verhandeln. Industrielle Nachfrager „verkaufen" diese Zielanspannung oftmals als Hilfe bzw. wertvollen Hinweis für den Zulieferer, um diesen in die Lage zu versetzen, identifizierte Kostensenkungspotenziale „auszuschöpfen". Es wird dabei argumentiert, dass die Zulieferer von der Kompetenz der oftmals größeren Industriekunden profitieren würden. Diese schicken z.T. ihre Berater zu den Anbietern, um beispielsweise Einkäufer zu schulen oder die Produktion effizienter zu gestalten (vgl. Hoffjan, 2009). Nicht zwangsläufig kommt es beim Austausch von Kosteninformationen jedoch zu einer Win-Win-Situation für beide Parteien. Abnehmer bekommen Informationen, die ihre Verhandlungsposition enorm stärken können. Im Kontext der Verhandlungen gerät die „Hilfestellung" oftmals zur Grauzone. Die vorgegebene Zielanspannung bei einzelnen Kostenblöcken basiert nicht immer auf günstigeren Wettbewerbsangeboten. Industrielle Kunden „pokern" wenn Sie den kostengünstigeren Wettbewerb vorschieben, dieser jedoch über gar keine günstigere Materialkostenstruktur verfügt. Manche Abnehmer suchen sich die laut Kalkulation ihrer Zulieferer kostengünstigsten Positionen heraus. Sie „basteln" sich daraus einen kostenoptimalen fiktiven Wunschlieferanten zusammen. Dieser stellt dann diejenigen Kosten dar, die die Abnehmer maximal einzugehen bereit sind (vgl. Hoffjan, 2009). In vielen Fällen sind industrielle Nachfrager mit dieser Verhandlungsform erfolgreich. Verfügen die Anbieter jedoch über detaillierte Informationen bzgl. der Kostenstrukturen auf den beteiligten Märkten, so kann „der Schuss auch nach hinten losgehen".

Ein deutscher Anbieter von Industriehydraulik und Pneumatiksystemen wurde von seinem Kunden mit der Aussage konfrontiert, der Angebotspreis läge 40% oberhalb des Marktpreisniveaus. Im Ergebnis der angestoßenen Kostenoffenlegung erklärte der Kunde, der Hersteller würde die im System verwendeten Pneumatikkomponenten zu teuer einkaufen. Wettbewerber würden bei vergleichbaren Stückzahlen lediglich einen Bruchteil des Einkaufspreises bezahlen. Schnell wurde für den Zulieferer offensichtlich, dass sein Kunde die angeblichen Wettbewerbsinformationen nur verhandlungstaktisch einsetzt. Der Zulieferer beschäftigte einen Projekteinkäufer, der just ein Jahr zuvor von demjenigen Wettbewerber abgeworben war, den der Kunde im Falle dieser Preisverhandlung ins Feld führte. Dieser Einkäufer konnte (ohne dabei konkrete Betriebsgeheimnisse seines ehemaligen Arbeitgebers zu verletzen) die Kundenaussage ad absurdum führen. Der Zulieferer zeigte sich in den weitergehenden Verhandlungen unnachgiebig, argumentierte schlüssig und gewann das Projekt.

- Da Kostenoffenlegungen in der Mehrzahl der Fälle aktiv durch die Nachfrager gefordert werden, sehen sich die industriellen Anbieter zunächst oftmals in einer defensiven Rolle. Sie versuchen die Preistransparenz möglichst minimal zu halten und Offenlegungen wenn möglich „abzuwehren". Dies geschieht aus Angst davor, durch den Kunden in eine Verhandlungssackgasse getrieben zu werden. Insbesondere bei größeren Zulieferern mit mehreren Geschäftsbereichen, die mit denselben Kunden verhandeln, ist ein effizientes Wissensmanagement (siehe Abschnitt zum Wissensmanagement) unabdingbar. Zeigt sich z. B. der Geschäftsbereich A eines industriellen Anbieters bereit, neben dem Materialkostenblock Informationen über Fertigungs- und Gemeinkosten zur Verfügung zu stellen, so wird ein Geschäftsbereich B, der sich bzgl. der Kostentransparenz restriktiver zeigt, durch den Kunden mit der höheren Offenlegungsbereitschaft von A konfrontiert werden. Eine funktionierende Informationspolitik und klare, unternehmensinterne Regeln bilden die Grundlage für Kaufpreisanalysen, die in der Verhandlung nicht zum Nachteil der Anbieter gereichen. Im konkreten Fall können Unternehmen z. B. nur solche Kennzahlen offen legen, die keine Rückschlüsse auf die Gewinnmarge zulassen (vgl. Hoffjan, 2009). Insbesondere die Ableitung und Abschätzung von Gewinnanteilen durch den Kunden sollte aus Sicht des Zulieferers unbedingt vermieden werden. Lediglich in Sonderfällen, in denen der Zulieferer aus strategischen Gründen (unbedingter Projektgewinn) ein Kundenprojekt mit einer sehr geringen oder gar negativen Gewinnmarge kalkuliert, können detaillierte Kostenoffenlegungen sinnvoll sein. Ähnlich wie der industrielle Kunde, können auch Anbieter die Kaufpreisanalysen/Kostenoffenlegungen als verhandlungstaktisches Instrument nutzen. Eine Möglichkeit besteht im Einbau so genannter Puffer. Wer große Mengen an Materialien oder Rohstoffen einkauft, zahlt meist geringere Preise als auf dem Spotmarkt (vgl. Hoffjan, 2009). Zulieferer können nun die Spotmarktpreise statt die wirklichen Kosten an die Abnehmer weitergeben und sich dadurch einen Verhandlungspuffer „erarbeiten". Der Erfolg dieser Vorgehensweise hängt wiederum stark von der Fachkenntnis der Kostenanalytiker der Kunden ab. Eine elegante Variante besteht auch in der künstlichen Umschichtung von Kostenblöcken für die Argumentation gegenüber dem Kunden. Dies gilt insbesondere dann, wenn Anbieter an bestimmten Kostenstellen signifikante Kostenvorteile gegenüber ihren Wettbewerbern im Markt identifizieren und diese Kostenvorteile über Schichtungen in der Kaufpreisanalyse „verstecken". Wenn sich z. B. der Angebotspreis an den Wettbewerbern im Markt oder an Kundenwertabschätzungen orientiert und aufgrund von signifikanten Kostenvorteilen bei der Fertigung zu einer hohen Gewinnmarge führt, können Anbieter Teile der Marge den Fertigungskosten zuschlagen, um über eine gleichmäßigere Kostenverteilung eine solidere Argumentationsgrundlage für die Verhandlung zu entwickeln.

Auch die von industriellen Kunden vorgegebenen Lastenhefte bzw. Produktspezifikationen können insbesondere von Anbietern im Anlagen- und Zuliefergeschäft als Verhandlungsinstrument genutzt werden. In den Lastenheften und Spezifikationen beschreiben die Nachfrager detailliert die Anforderungen und Eigenschaften der nachgefragten Leistungen. Die Spezifikationen beziehen sich also zum einen auf die morphologisch physikalischen Merkmale wie Maße, Gewicht, Bauraumeigenschaften und Materialien, geben aber auch Qualitätsziele vor. Als solche gelten z. B. die Laufzeit, die Geräuschentwicklung, der Energieverbrauch oder die Resistenz gegenüber physischen Einwirkungen bzw. Materialbeständigkeit. Im Sinne der bei den Value- orientierten Pricing- Ansätzen maßgeblichen Preis-/Leistungsverhältnisse, liegt dem zu verhandelnden Preis eine durch den Kunden selbst spezifizierte bzw. geforderte Leistung zugrunde. Auch diese definierte Leistung kann im Interaktionsprozess der industriellen Partner zum Gegenstand der Verhandlung werden (vgl. spezielle Value-Ansätze bei Verhandlungen). Der geringen Zielpreisvorstellung eines Kunden kann der Anbieter beispielsweise mit dem Vorschlag begegnen, günstigere Materialien zu verwenden oder aber auf eine einfachere und damit kostengünstigere Verbindungstechnik auszuweichen. Damit erschließt sich der industrielle Zulieferer also zwei „Stellhebel" der Verhandlungen, Preis und Leistung.

Eine verhandlungstaktische Nutzung der Spezifikationen ergibt sich bei so genannten Spezifikationslücken. Diese liegen insbesondere dann vor, wenn Leistungseigenschaften und Anforderungen im Lastenheft durch den Kunden nicht eindeutig geklärt werden und der Anbieter diese Unklarheiten als Interpretationsspielräume in den Verhandlungen nutzt. Dabei sind folgende Konstellationen denkbar:

- Der Anbieter wird mit einer Zielpreisvorstellung seines Kunden konfrontiert, die er hinsichtlich des Angebotspreises nicht bedienen kann oder nicht bedienen will. Er identifiziert Spezifikationslücken im Lastenheft und legt diese zu seinen Gunsten aus. Das bedeutet, dass, z. B. bei Unklarheiten über die Materialverwendung, mit dem jeweils günstigeren Material kalkuliert wird. Fehlende Prüfprozesse werden in der Kalkulation nicht berücksichtigt usw. Dadurch reduziert der Anbieter seine Kostenbasis und ist im Laufe der Verhandlungen in der Lage, den Preis in Richtung der Zielpreisvorstellung seines Kunden zu reduzieren.
- Als „Anfängerfehler" bei Verhandlungen gilt die Vorstellung, grundsätzlich mit einem hohen Preis in die Verhandlungen einzusteigen. Dieser könne ja dann im Verhandlungsverlauf beliebig gesenkt werden. Tatsächlich müssen sich Zulieferer den Vorwurf der Unglaubwürdigkeit gefallen lassen, wenn diese zunächst auf einem hohen Angebotspreis beharren und die Höhe mit ihrer internen Kostensituation begründen. Sobald mit einem günstigeren Wettbewerbsangebot konfrontiert, „zieht" der Anbieter seinen Preis plötzlich beliebig weit nach unten. Der Kunde fragt sich in berechtigter Weise, aus welchem Grund eine Preisreduktion (kostenargumentiert) bislang unmöglich war und jetzt auf den Konfrontationsdruck des Wettbewerbs derart unmittelbar funktionieren kann. Genau wie Preisanhebungen müssen industrielle Verhandler auch jede Preisreduktion im Verhandlungsprozess argumentativ belegen. So sind Reduktionen des Angebotspreises z. B. bei einer Ausweitung der Angebotsmenge gut nachvollziehbar. Spezifikationslücken können auch hier genutzt werden. Bei einer beabsichtigten Preissenkung im Verhandlungsverlauf kann der industrielle Anbieter z. B. damit argumentieren, er sei aufgrund der unklaren Spezifikation bisher von einem höherwertigen Material ausgegangen. Das geringwertigere Material vorausgesetzt sei nochmals eine Preisreduktion um x% möglich.

Ein mitteldeutsches Maschinenbauunternehmen beteiligte sich am Bietprozess für eine größere Fertigungsanlage mit einem Auftragsvolumen von insgesamt 35 Millionen Euro. Aufgrund von Unsicherheiten bzgl. der Fertigungskosten sowie der unklaren Materialkostenentwicklungen beinhaltete der Angebotspreis einen hohen Kostenpuffer. Das nachfragende Unternehmen lehnte das Angebot aus Preisgründen zunächst ab und argumentierte mit einem Wettbewerbsangebot, welches 20% unterhalb des vorliegenden Angebotspreises platziert war. Die Geschäftsführung des Maschinenbauunternehmens entschied kurzerhand politisch, den Angebotspreis auf das Niveau des Wettbewerbers abzusenken. Der Kunde beschied dem Unternehmen darauf „Unglaubwürdigkeit" und vergab den Auftrag direkt an den Wettbewerber.

5.2.3 Industrial Relationship Management

Die zunehmende Austauschbarkeit von Leistungen auf Industriegütermärkten („Commodisierung") zwingt Anbieter dazu, Strategien zu entwickeln, um sich von Wettbewerbern differenzieren zu können (vgl. Kapitel 4.2). Während in den 80er Jahren Industriegüterunternehmen ihren Fokus auf die Herstellung von standardisierten Produkten, sprich auf die Gestaltung eines für mehrere Kunden vereinheitlichtes Leistungsangebot legten, um Skaleneffekte zu generieren, gewinnt seit den 90er Jahren die Leistungsindividualisierung zunehmend an Bedeutung. Die Bereitstellung von individuellen, auf die Bedürfnisse der Nachfrager zugeschnittenen Leistungen bringt Veränderungen hinsichtlich der Geschäftsbeziehungen zwischen Anbieter und Nachfrager mit sich. Kundenorientierung und Kundennähe bis hin zur Neuausrichtung sämtlicher Geschäftsprozesse auf den Kunden stehen oftmals im Mittelpunkt des Interesses von Industriegüterunternehmen (vgl. Rese, 2002, S. 19). Anders als auf Konsumgütermärkten herrschen auf Industriegütermärkten enge Anbieter/Kunden-Beziehungen, die auf wiederholenden Interaktionsprozessen basieren. Dabei entstehen oftmals transaktionsfördernde oder -behindernde (technologische) Abhängigkeitsbeziehungen zwischen Anbieter und Nachfrager (z. B. Zulieferer spezialisierter Bauteile, Anbieter von individuell gestalteten Maschinen, Softwarehersteller) (ebd.: 21). Die Ausrichtung auf individuelle Kunden und die kleine Anzahl an Anbietern und Kunden auf dem Markt industrieller Güter stellt das Industriegütermarketing vor besondere Herausforderungen (vgl. Günter/Helm, 2004, S. 459). In diesem Zusammenhang gewinnt das Management von Geschäftsbeziehungen im Marketing (Industrial Relationship Management) eine immer größere Rolle. Ein Wandel des Marketings in Richtung Geschäftsbeziehungsmanagement ist erkennbar. Vor allem im Zuliefergeschäft rückt das Beziehungsmarketing zunehmend in den Mittelpunkt. Die Marketingmaßnahmen konzentrieren sich nicht mehr nur auf eine Einzeltransaktion, sondern sie orientieren sich stark an den Kunden über den kompletten Lebenszyklus der Geschäftsbeziehung (vgl. Backhaus/Voeth, 2010, S. 500).

Nach Plinke (2007, S. 23) sind Geschäftsbeziehungen „eine Folge von Markttransaktionen zwischen einem Anbieter und einem Nachfrager, die nicht zufällig ist". Die Nichtzufälligkeit der Verbindungen zwischen den Einzelmarkttransaktionen in einer Geschäftsbeziehung besagt, dass auf der Seite der Nachfrager und/oder der Anbieter Gründe existieren, die eine planmäßige Verknüpfung zwischen den Markttransaktionen notwendig bzw. sinnvoll erscheinen lassen oder de facto zu einer Verknüpfung führen. Somit lassen sich Geschäftsbeziehungen als eine Folge von Markttransaktionen definieren, zwischen denen eine innere Verbindung besteht (vgl. Kühne, 2007, S. 9). Die Gestaltung der Geschäftsbeziehungen wird in einem großen Ausmaß von den Leistungsinhalten bestimmt. Industriegüter besitzen aufgrund ihrer Komplexität, ihres hohen Erklärungsbedarfs, ihres großen Anteils an Erfahrungswerten und aufgrund der hohen Vertrauenskomponente eine besondere Relevanz beim Aufbau von Geschäftsbeziehungen (vgl. Silber, 2007, S. 70f.). In Abgrenzung zu Einzeltransaktionen besitzen Geschäftsbeziehungen im Industriegütervertrieb weitere Merkmale:

- Jede einzelne Transaktion wird von komplexen Prozessen gegenseitiger Einflussnahme zwischen Anbieter und Nachfrager begleitet, die ökonomische Zielsetzungen beinhalten.
- Die Prozesse wechselseitiger Einflussnahme basieren oftmals auf einem intensiven engen Kontakt zwischen den Geschäftspartnern.

- Der Aufbau und die Stabilisation der Geschäftsbeziehungen sollen zu langfristigen, belastbaren und profitablen Beziehungen zwischen Anbieter und Nachfrager beitragen.
- Um beiderseitige Vorteile aus der Geschäftsbeziehung ziehen zu können, müssen sowohl Anbieter als auch Nachfrager Investitionen in Form von Sach- und Humankapital tätigen (vgl. Silber, 2007, S. 70).

Das Industrial Relationship Management konzentriert sich bei der Gestaltung der Marketing-Maßnahmen auf die Beziehungspflege, die Stabilisierung und den Ausbau langfristiger Geschäftsbeziehungen und auf das Wiederkaufverhalten zwischen dem Anbieter und dem Kunden (vgl. Plinke, 1997, S. 5). Diller/Kusterer (1988, S. 4) verstehen unter dem Management von Geschäftsbeziehungen die Gesamtheit von Maßnahmen, Grundsätzen und Leitbildern, die langfristige Beziehungen anbahnen, steuern und kontrollieren sollen.

Phasen industrieller Geschäftsbeziehungen

Bevor sich das Marketing auf ein effektives und konsistentes Management von Geschäftsbeziehungen fokussieren kann, ist es aufgrund der komplexen Bündel wechselseitiger Prozesse und der Langfristigkeit von Geschäftsbeziehungen notwendig, zwischen den einzelnen Phasen industrieller Geschäftsbeziehungen zu differenzieren. Dabei ist zu beachten, dass die Dauer der Geschäftsbeziehung von der Intensität der Beziehung zwischen anbietendem Unternehmen und dem Kunden abhängig ist. Die Beziehungsintensität lässt sich mit Hilfe von

- psychologischen Indikatoren (z. B. Beziehungsqualität, Vertrauen, Verpflichtungen, Zufriedenheit etc.),
- verhaltensbezogenen Indikatoren (z. B. Kaufverhalten, Informationsverhalten, Integrationsverlustverhalten, Referenzverhalten, Loyalität)
- ökonomischen Indikatoren (z. B. Kundenumsatz, Kundenwert, Kundendeckungsbeitrag)
- und interaktionsbezogenen Indikatoren (z. B. Kontaktfrequenz, Kontaktpunkte und ihre Wertigkeit, Wechselseitigkeit der Interaktion)

beschreiben (vgl. Silber, 2007, S. 71). Gleichzeit ist zu beachten, dass die Phasen der Geschäftsbeziehung (Dauer, Interaktionsgrad, Beziehungsintensität) von der Beschaffenheit des Leistungsbündels abhängen.

In jeder Phase der industriellen Geschäftsbeziehung bestehen charakteristische Beziehungsintensitätsmuster, d.h. Kunden-Lieferanten-Beziehung entwickeln sich phasenspezifisch. Es lassen dabei drei Hauptphasen unterscheiden, die jeweils einen spezifischen Ressourceneinsatz erfordern:

1. Kundengewinnung
2. Kundenbindung
3. Kundenrückgewinnung

Die Hauptphasen lassen sich noch weiter untergliedern und mit der Beziehungsintensität verknüpfen (vgl. Abbildung 5.18).

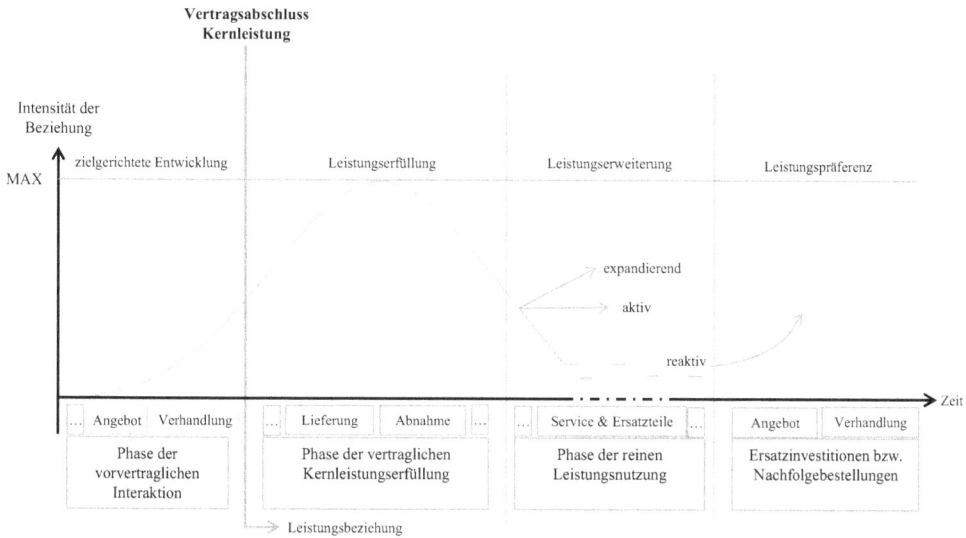

Abb. 5.18 Phasen industrielle Geschäftsbeziehungen
(Quelle: eigene Darstellung in Anlehnung an Silber, 2007, S. 72)

Die erste **Phase der vorvertraglichen Interaktion** beinhaltet mehrere problembezogene Informationsaustauschdialoge, Schritte der Angebotserstellung und Verhandlungsgespräche und schließt mit der Vertragsunterzeichnung über das ausgehandelte Leistungspaket ab. Die Intensität nimmt innerhalb der ersten Phasen stetig zu. Im zweiten Zyklus, der **Phase der kernleistungsbezogenen Vertragserfüllung,** konzentriert sich der Anbieter auf die Erstellung seiner Leistungen. Die Phase endet, wenn alle vertraglichen Verpflichtungen von Seiten des Kunden erfüllt sind. Abbildung 5.18 verdeutlicht, dass die Beziehungsintensität zwischen Anbieter und Nachfrager ein lokales Maximum erzielt und bis Ende der zweiten Phase wieder abnimmt, was durch vertraglich fixierte Zusatzleistung (z. B. Beratungs-, Servicevereinbarungen) des Anbieters zu erklären ist. Während in der **Phase der reinen Leistungsnutzung** die Nutzung der Kernleistungen durch den Kunden im Vordergrund steht und Interaktionen sich vor allem auf das Service- und Ersatzteilgeschäft beschränken, stehen in der abschließenden **Phase der Ersatzinvestitionen bzw. Nachfolgebestellung** Überlegungen des Kunden über die Entsorgung, Modernisierung und Ersatzbeschaffung im Mittelpunkt des Interesses. Die Beziehungsintensität kann in der dritten Phase ein lokales Minimum erreichen, während in der vierten Phase bei Wiederholungskaufabsichten die Intensität der Beziehung wieder zunehmen kann (vgl. Silber, 2007, S. 73 f.)

Abbildung 5.18 macht deutlich, welchen Schwankungen die industriellen Geschäftsbeziehungen unterliegen. Die Hauptschwierigkeit des industriellen Geschäftsbeziehungsmanagements liegt darin, das Niveau einer hohen Beziehungsintensität über einen langen Zeitraum aufrechterhalten zu können. Wenn dies dem Industriegüterunternehmen gelingt, dann sind gute Voraussetzungen für die Kundenrückgewinnung und für den Ausbau der industriellen

Geschäftsbeziehungen geschaffen. Der Aufbau von langfristigen Geschäftsbeziehungen sollte dabei so gestaltet sein, dass die Leistungsbeziehung die Transaktionskosten sowohl für Anbieter als auch für Nachfrager minimiert. Weitere Vorteile einer langfristigen industriellen Geschäftsbeziehung zeigt Tabelle 5.3.

Vorteile für den Kunden	Vorteile für den Anbieter
• Einsparung von assoziierten Transaktionskosten der Beschaffung • Verringerte Stückkosten durch eine optimierte Koordination von Produktion und Auslieferung • Realisierung von Zeit- und Kostenvorteilen in Entwicklung und Produktion durch eine intensivierte Zusammenarbeit • Kontinuität, Stabilität und Absicherung der Versorgung • Reduktion und Verteilung von Geschäftsrisiken • Privilegierte Behandlung bei potentiellen Versorgungsengpässen und auftretenden Krisen • Verbesserte Möglichkeiten der Einflussnahme auf den Lieferanten durch erweiterte persönliche Kontakte • Gemeinsame Finanzierung von Projekten in Forschung und Entwicklung • Der Zugriff auf Entwicklungen des Lieferanten steigert das Innovationspotential des Kunden. • Verbesserte Identifikation von Markt- und Produktchancen durch Kombination von Kunden- und Lieferantenwissen • Positiver Imagetransfer von Lieferanten auf Kunden	• Einsparung von assoziierten Transaktionskosten des Vertriebs • Verringerte Stückkosten durch eine optimierte Koordination von Produktion und Auslieferung • Verbesserte Möglichkeiten zur Erweiterung der Geschäftsbeziehungen auf neue Geschäftsfelder • Realisierung zusätzlicher Erträge durch eine erweiterte Partizipation am Wachstum und dem Bedarf des Kunden • Größere Kontinuität im Geschäft durch gemeinsame Planung und gegenseitige Verpflichtungen • Längerfristig planbare Absatzvolumen zu geringeren Stückkosten steigern die Wettbewerbsfähigkeit • Erhöhte Wechselkosten für den Kunden sichern das Umsatzpotential des Lieferanten. • Eine finanzielle Unterstützung oder eine feste Abnahme verringern die Unsicherheit für spezifische F&E-Projekte. • Der Zuwachs an Kundenwissen beinhaltet ein hohes Verbesserungs- und Innovationspotential. • Zunehmender Referenzwert des Kunden • Positiver Imagetransfer vom Kunden auf den Lieferanten

Tab. 5.3   Vorteile industrieller Geschäftsbeziehungen aus Kunden- und Anbietersicht
       (Quelle: eigene Darstellung nach Silber, 2007, S. 77)

Management industrieller Geschäftsbeziehungen

Unternehmen haben festgestellt, dass Kunden, das wertvollste Gut ihres Unternehmensbesitzes darstellen (vgl. Kuhl/Stöber, 2006, S. 533). Da Kunden unterschiedlich stark (manchmal gar nicht) zum wirtschaftlichen Erfolg des anbietenden Unternehmens beitragen, ist ein wertorientiertes Kundenmanagement notwendig (vgl. Günter/Helm, 2004, S. 459). Der Wertbeitrag des Kunden hinsichtlich der Anbieterziele bestimmt die Auswahl, den Aufbau, die Gestaltung, die Sicherung sowie die Beendigung der industriellen Geschäftsbeziehung zu den spezifischen Nachfragern (Helm/Günter, 2003, S. 11). Erfolgreiches Kundenmanagement auf Industriegütermärkten erfordert eine Effektivitäts- und Effizienzorientierung (vgl. Günter/Helm, 2004, S. 459). Kundenorientierung, Kundenzufriedenheit und Kundenbindung fokussieren auf effektivitätsorientierte Ansätze, während der Kundenwert ein effizienzorientiertes Kriterium des Kundenmanagements darstellt. Der Unternehmenserfolg hängt vom Zusammenspiel dieser vier „Ks" ab (ebd.: 460). Im Kontext von Industriegüterunternehmen muss an dieser Stelle berücksichtigt werden, dass in den Aufbau und in das wertorientierte Management von industriellen Geschäftsbeziehungen sowohl auf Nachfrager- als auch auf Anbieterseite (vgl. 3.1) unterschiedliche Organisationen und Individuen involviert sind (vlg. Silber, 2007, S. 81), die in unterschiedlichen Phasen der Geschäftsbeziehung Einfluss auf Prozesse nehmen.

Abb. 5.19 Erfolgreiches Kundenmanagement – die vier „Ks" (Quelle: eigene Darstellung in Anlehnung an Günter/Helm, 2004, S. 460)

Kundenorientierung gilt als Grundbedingung für die Gewinnerzielung eines Unternehmens. Dabei sollen alle marktrelevanten Maßnahmen des Anbieters zur Verbesserung des Kundennutzens (gegenüber Konkurrenzangeboten) beitragen. Auf Industriegütermärkten handelt es sich vor allem um derivative Kundennutzen, die auf eine Problemlösung abzielen. Kundenorientierung im Kontext von Industriegütern bedeutet deshalb, dass Probleme der Nachfrager erkannt und Lösungsansätze dafür geschaffen werden. Die **Kundenzufriedenheit** resultiert aus einer kundenorientierten Verhaltensweise. (vgl. Helm/Günter, 2003, S. 12). Zufriedenheit kann auch als die „situativ erlebte Qualität der gesamten Angebotsleistung durch den Kunden" (Schambacher/Kiefer, 2003, S. 13) verstanden werden. Zufriedenheit setzt sich also nicht allein aus der Produktqualität, sondern auch aus der Dienstleistungsqualität und der Qualität der kundenbezogenen Prozesse zusammen. Dienstleistungsqualität umschreibt hierbei primär Aspekte wie die Zuverlässigkeit, die Flexibilität und die Reaktionsfähigkeit eines Unternehmens, wohingegen kundenbezogene Prozesse beispielsweise die Handhabung von Reklamationen und Beschwerden oder die Schnelligkeit der Angebotserstellung beschreiben (vgl. Homburg/Rudolph, 2001, S. 15 ff). Eine hohe Kundenzufriedenheit ergibt sich, wenn zwischen der subjektiven Erwartung, die aus einem bestimmten Vergleichsstandard des Kunden entstammt (Soll-Leistung), und der tatsächlichen Erfahrung bei Inanspruchnahme einer Leistung (Ist-Leistung) mindestens Kongruenz besteht oder die Erwartung übertroffen wird (vgl. Ahlert, 2003, S. 90ff). Vergleichsstandard können Erwartungen des Kunden, frühere Erfahrungswerte mit anderen/gleichen Produkten oder Idealvorstellungen sein. Kundenzufriedenheit stellt eine wesentliche Voraussetzung der *Kundenbindung* dar. Dabei sollen die Geschäftsbeziehungen verfestigt und gefördert werden (vgl. Helm/Günter, 2003, S. 12). Die Hauptziele des wertorientierten Kundenmanagements sind die Akquisition von Neukunden, deren Selektion und die Kundenpflege sowie die Beendigung von Geschäftsbeziehungen, wenn es sich um unprofitable, nicht erfolgsversprechende Kundenbeziehungen handelt bzw. wenn der Kundenwert zu gering ausfällt. Die Bewertung von Kundenbeziehungen sollte vor allem bei effizienzorientierter Betrachtung vorgenommen werden, insbesondere wenn das Unternehmen Ansätze des wertorientierten Kundenmanagements verfolgt. Bisher wurden derartige Bewertungsverfahren vor allem im Konsumgüterbereich verwendet, wo Anbieter und Kunden keine engen Beziehungen pflegen. Um Marketingstrategien auf bestimmte Kunden(gruppen) und deren individuellen Bedürfnissen ausrichten zu können, gewinnen spezielle Methoden und Bewertungsverfahren zur Messung des Kundenwertes auch im Industriegüterbereich an Bedeutung (z. B. eindimensionale ABC-Analyse, Punktbewertungsverfahren, Kundenportfolio, Rentabilitätsanalyse, Customer Lifetime Value (CLV)) (Günter/Helm, 2004, S. 456). Mit der Analyse und Interpretation des Kundenwerts können Handlungsempfehlungen und Lösungsansätze markt-, segment- oder auch einzelkundenspezifisch abgeleitet werden (ebd.: 475).

Für die Gestaltung des Management industrieller Geschäftsbeziehungen ergeben sich in den unterschiedlichen Phasen der Kundenbeziehung (vgl. Abbildung 5.18) spezifische Aufgaben, die unter Berücksichtigung der Effizienz- und Effektivitätskriterien (vgl. Abbildung 5.19) vom anbietenden Unternehmen implementiert werden müssen (vgl. Plinke, 1997, S. 42 f.):

1. Identifikation neuer Geschäftskontakte mit Potenzial (u. a. Identifikation neuer wertträchtiger Geschäftskontakte, Kontaktaufnahme zu potentiellen Geschäftskunden)
2. Beurteilung und Auswahl der Kunden (u. a. Bewertung potentieller Geschäftskunden mit Hilfe von transaktionsorientierten Verhaltenseigenschaften)
3. Gewinnung neuer Kundenbeziehungen (u. a. Maßnahmen zur Kundenakquisition)
4. Betreuung und Pflege bestehender Kundenbeziehungen (u. a. Kundenbindungs-, Kundenrückgewinnungsmaßnahmen)
5. Beendigung verlorener Kundenbeziehungen (u. a. Maßnahmen zur konsequenten, geplanten und strukturierten Einstellung der Geschäftsbeziehung)
6. Controlling aller Aktivitäten im Kundenbeziehungsmanagement (vgl. Plinke, 1997, S. 42 f.)

Geeignete Marketinginstrumente zur Erfüllungen der genannten Aufgabenbereiche des Industrial Marketing Managements stellt Tabelle 5.4 zusammen.

Instrumente zur Gewinnung von Neukunden	Instrumente zur Betreuung und Pflege bestehender Kunden- beziehungen	Instrumente zur Kundenrückgewinnung	Instrumente zur Been- digung verlorener Kundenbeziehungen
• Direkte Anschreiben • Direkte Empfehlungs- fundierung • Direkte Leistungsver- sprechen/Garantieren • Finanzierungskonditio- nen • Gestaltung attraktiver Leistungsbündel • Messeteilnahme • Persönlicher Verkauf • Preisgestaltung/ Rabatte/Boni • Produktdemonstra- tionen • Referenzkunden • Roadshows • Rücknahmegarantie • Telefonmarketing – Cold Calling • Testsysteme • Verkaufsförderung • Vertriebspartner- schaften • Wertschöpfungsorien- tierte Beratung • Website zur Vertriebs- unterstützung • Communities und Diskussionsforen	• Aufbau von Wechsel- barrieren • Beschwerdemanage- ment • Cross Selling • Exklusivvertrag/ Rahmen-/ Servicevertrag • Gemeinsame F&E- Projekte • Key Account Mana- gement • Kundenzufrieden- heitsumfragen • Kundenbeiräte • Mailings, Newsletter, Kundenzeitschriften • Kundenspezifische Preisbildung • Abgestimmte Waren- logistik • Wertschöpfungs- und Marketingpartner- schaften • Persönliche Beziehung und Kommunikation • Regelmäßiger Kun- denkontakt • Schulung und Zertifi- zierung von Kunden- personal • Technischer Service und Hotline • Value Added Services • Verknüpfung der Geschäftsprozesse • Website zur Service- unterstützung	• Rückgewinnungs- angebote • Innovationsbetonte Leistungsgestaltung • Kommunikation der Beziehungsmehrwerte • Korrektur gemachter Fehler • Information zur Feh- lervermeidung • Rabatt- und Bonussys- teme • Spezifische Leistungs- versprechen/ Garantien • Verstärkung der per- sönlichen Kommuni- kation • Wiedergutmachung gegenüber den Kunden • Zeitbegrenzte Über- nahme von Kunden- risiken	• Aufarbeitung gesam- meltes Kundenwissen • Abwicklung gegensei- tiger Verpflichtungen • Basiskontaktpflege • FMEA • Kundengespräche über den Beziehungsverlauf • Gespräche über weite- re Zusammenarbeit • Regelmäßige Informa- tion über Innovation

Tab. 5.4   Marketinginstrumente für das Industrial Relationship Management (Quelle: eigene Darstellung nach Silber, 2007, S. 89)

Um die Marketinginstrumente konsequent im Unternehmen umzusetzen zu können, muss die Vertriebsorganisation über entsprechende Strukturen verfügen bzw. Voraussetzungen für die Umsetzung der unterschiedlichen Marketingmaßnahmen schaffen. Eine Maßnahme zur Betreuung und Pflege bestehender Kunden stellt der **Key-Account-Management-Ansatz** dar, der mittlerweile auch in vielen Industriegüterunternehmen als Organisationskonzept Verwendung findet (vgl. Zupancic/Belz, 2004, S. 579). Das Schlüsselkundenkonzept basiert auf einem Managementansatz, der die Verantwortung aller zentralen Aktivitäten, die einen strategisch wichtigen Geschäftskunden betreffen, auf eine Organisation oder ein Individuum innerhalb des anbietenden Unternehmens überträgt. Durch die personelle Kontinuität und die intensivere, exklusivere Betreuungsmöglichkeiten können langfristige Geschäftsbeziehungen aufgebaut werden (vgl. Kleinaltenkamp/Rieker, 1997, S. 164).

Marktorientierte Führung auf Industriegütermärkten mittels CRM

Während das Beziehungsmarketing seinen Fokus auf die Gestaltung der Marketinginstrumente in allen Phasen der Geschäftsbeziehungen legt, konzentriert sich Customer Relationship Management (CRM) als Bestandteil des Beziehungsmarketings nur auf das Segment der Kundenseite. Dazu kommt, dass sich der CRM-Ansatz weitaus stärker auf die ökonomischen Aspekte der Kundenbeziehung konzentriert. Der CRM-Ansatz hat sich in den vergangenen Jahren stark durchgesetzt. Zahlreiche Überlegungen und Ideen zur Kundenorientierung werden in dem Konzept synergetisch zusammenfügt. Setzt man sich in der Literatur mit CRM auseinander, fällt auf, dass viele Definitionen den CRM-Ansatz auf seine technologischen Komponenten beschränken. Die Begriffe CRM und CRM-Systeme werden häufig synonym verwendet. Während CRM-Systeme dabei helfen, Kundeninformationen zu bewerten und zu segmentieren, um Handlungsempfehlungen ableiten zu können (vgl. Menger, 2007, S. 37), greift der CRM-Ansatz weiter. „CRM ist eine kundenorientierte Unternehmensstrategie, die mit Hilfe moderner Informations- und Kommunikationstechnologien versucht, auf lange Sicht profitable Kundenbeziehungen durch ganzheitliche und individuelle Marketing-, Vertriebs- und Servicekonzepte aufzubauen und zu festigen" (Hippner/Wilde, 2002, S. 6 f.). Bedürfnisse des einzelnen Kunden lassen sich durch CRM besser ermitteln und individueller befriedigen. Neue Gestaltungsbedingungen, Verfahren und moderne informations- und kommunikationstechnologische Möglichkeiten helfen dabei, beziehungsorientierte Problemanalysen durchzuführen, um werdträchtige Kundenbeziehungen zu etablieren und zu stabilisieren (vgl. Köhler, 2001, S. 83). Das Customer Relationship Management setzt sich somit aus zwei zentralen Bereichen zusammen:

1. CRM erfordert den Einsatz von integrierten Informationssystemen (CRM-Systemen). Nur durch sie ist es möglich, Kundendaten zusammenzuführen.
2. CRM basiert auf einer kundenorientierten Unternehmensstrategie.

Unter Berücksichtigung der zwei Bereiche lässt sich eine CRM-Konzeption aufstellen. Diese sollte, neben den Kundengruppen, die Kanäle ihrer Bearbeitung sowie die hierzu notwendigen Instrumentarien enthalten (Wehrmeister, 2001, S. 113 ff.). Weiter sollten die organisatorischen und personellen Rahmenbedingungen und die zur Kundenbearbeitung notwendigen kundenorientierten Geschäftsprozesse festgelegt werden. Auf Grundlage des konzeptionellen

Rahmens erfolgt die Auswahl und die Implementierung eines für das Unternehmen geeigneten CRM-Systems (vgl. Hippner/Wilde, 2006, S. 18).

Obwohl das CRM-Konzept für das Management industrieller Geschäftsbeziehung keine radikalen Neuerungen zeigt, da Geschäftsbeziehungen auf Industriegütermärkten schon immer starke Berücksichtigung finden, bringt der Ansatz neue Sichtweisen und Impulse für den Industriegütervertrieb mit. So rückt im CRM-Ansatz die **Ressource Information** in den Vordergrund. Die Hervorhebung eines kundenorientierten Informationsmanagement innerhalb des CRM-Konzeptes wirkt sich auf das Management industrieller Geschäftsbeziehung aus. Informationsorientierte Komponenten werden ergänzend in das Geschäftsbeziehungsmanagement integriert. Leistungsfähige **Informations- und Kommunikationstechnologien** unterstützen Industriegüterunternehmen dabei, Kundensegmentierungen durchzuführen, Kundenprozesse zu skizzieren und Kundenmaßnahmen zu steuern (vgl. Reinecke/Sausen, 2002, S. 4). Der CRM-Ansatz bietet in seiner technischen Komponente hierfür ein Konzept an (vgl. Silber, 2007, S. 93). CRM ermöglicht weiter eine strukturierte Planung, Steuerung und Kontrolle kundengerichteter Aktivitäten mittels einer vordefinierten **nachfrage- und effizienzorientierten Prozessorganisation**. Ein neuer Impuls bietet der CRM-Ansatz durch die ganzheitliche Betrachtung des **Geschäftsbeziehungslebenszyklus** ausgewählter Kunden. So kann der Ansatz ermöglichen, dass am Ende eines Lebenszyklus der Geschäftsbeziehung weitere Potentiale des Kunden (z. B. Bedarf an technischen Dienstleistungen) erkannt werden. (ebd.: 94 f.).

Silber (2007, S. 95-100) leitet auf Basis der durch den CRM-Ansatz entstandenen neuen Impulse Konzeptschwerpunkte für den Industriegütervertrieb ab. CRM bietet sich demnach für folgende Aktivitäten besonders an:

- Aktive Selektion der Kunden
- Informationsplanung der Vertriebsprozesse
- Informationsorientierte Auswahl und Anwendung der Marketinginstrumente
- Entwicklung spezifischer Strategien für das Kundenbeziehungsmanagement

Basierend auf den unterschiedlichen Phasen der Geschäftsbeziehungen (unabhängig von den unterschiedlichen Geschäftstypen im Industriegütermarketing) und der spezifischen Aufgaben innerhalb des industriellen Geschäftsbeziehungsmanagement lässt sich ein Modell für den CRM-Prozess im Industriegüterbereich ableiten, welches ausgewählte CRM-Maßnahmen berücksichtigt, mittels derer die festgelegten Ziele des Industriegütervertriebs erreicht werden sollen (vgl. Abbildung 5.20). Das Modell bildet die wesentlichen Funktionsbereiche mit ausgewählten Teilaktivitäten des Industriegütervertriebs ab.

Identifikation neuer Geschäftskontakte | **Betreuung und Pflege bestehender** | **Beendigung verlorener**
Beurteilung und Auswahl | Kundenbeziehungen | Kundenbeziehungen

Kundengewinnung   **Kunden-**   **Kundenentbindung**

Marketing
- Markt- und Bedarfsanalyse
- Produktmanagement und Preisgestaltung
- Werbung und Verkaufsförderung
- Konzeption Marketingkampagnen

Finanzwesen

Kundenbetreuung und Schlüsselkontaktpflege
- Präsenz vor Ort
- Kundenkommunikation
- Bearbeitung Kundenanfragen
- Verknüpfung Geschäftsprozesse
- Beschwerdemanagement
- Hot Line & Serviceanfragen
- Reparatur, Wartung und Instandhaltung vor Ort
- Ersatzteilversorgung
- Modernisierung & Erweiterung
- Leistungserweiterung
- Kooperation Entwicklung

Verkauf

Verkauf

Verkauf
- Klärung Kundenstatus für die Zukunft
- Bewertung der Probleme und Differenzen in der Beziehung
- Ableitung Konsequenzen für das Beziehungsmanagement

Verkauf
- Entwicklung Kundenkontakt und Opportunität
- Preiskalkulation und Angebotserstellung
- Konzeption Finanzierungsalternativen
- Vertragsverhandlungen

Auftragsabwicklung

Kundenservice

Technischer Service
- ggf. Demontage
- ggf. Entsorgung
- Klärung Servicestatus

Engineering
- Entwicklung und Problemlösung
- Leistungsspezifikation
- Kundenspezifische Leistungsanpassung

Technischer Service

Engineering

Kundenservice
- ggf. Rückwarenabwicklung
- Auflösung Prozessverknüpfung

bindung

Finanzwesen
- Prüfung Kreditwürdigkeit
- Zahlungsabwicklung

Finanzwesen
- Abschluss Kundenkonto
- Klärung offener Positionen

Auftragsabwicklung
- Auftragsabwicklung und Fakturierung
- Logistik und Versand

Management Unterstützung und Controlling aller Aktivitäten im Kundenbeziehungs management

Technischer Service
- Projektorganisation
- Implementierung oder Installation
- Kundenschulung und Inbetriebnahme

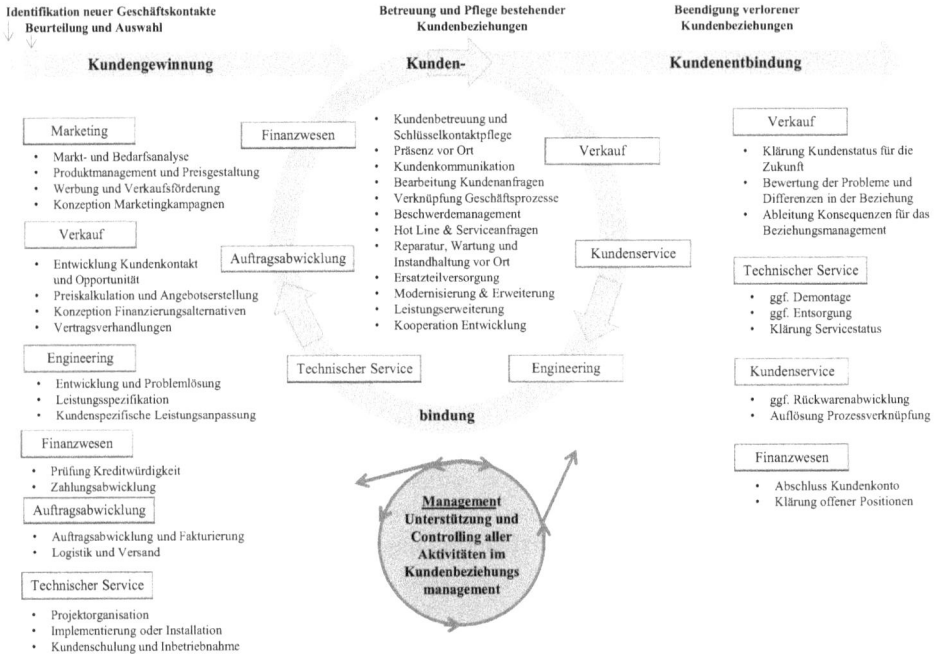

Abb. 5.20 CRM-Prozess im Industriegütervertrieb aus Anbietersicht (Quelle: eigene Darstellung in Anlehnung an Silber 2007, S. 121)

Das Modell zeigt, dass mit der „Identifikation neuer Geschäftskontakte" und der „Beurteilung und Auswahl der Kunden" der CRM-Prozess startet und mit der „Beendigung verlorener Kundenbeziehungen" endet. Der gesamte CRM-Prozess stellt sich in einem Zyklus dar. Er beginnt mit der Gewinnung neuer Kunden und wird im Rahmen der Betreuung und Pflege bestehender Kundenbeziehungen mehrfach durchlaufen und zwar so lange bis für den Anbieter und den Nachfrager Vorteile bestehen (vgl. Silber, 2007, S. 121). Bei der Gestaltung eines CRM-Prozesses ist darauf zu achten, dass die CRM-Konzeption alle Aktivitäten im Managements der Geschäftsbeziehungen über den kompletten Geschäftsbeziehungslebenszyklus sowie die festgelegten Kundenbeziehungsstrategien und den Einsatz der Informationstechnologie (CRM-System) berücksichtig. Im Industriegütervertrieb sind oftmals viele Funktionseinheiten und Fachabteilungen am CRM-Prozess beteiligt, so dass die Schnittstellen zwischen den unterschiedlichen Organisationen koordiniert werden müssen, um die vertriebliche Leistungsfähigkeit halten bzw. erhöhen zu können.

> Die Leuze electronic GmbH & Co. KG mit Sitz im baden-württembergischen Owen, in der Nähe von Stuttgart, gilt als einer der Innovationsführer im Bereich der Optosensorik für die industrielle Automation. Die stark verteilte Geschäftskunden-Datenbasis stellte für das Unternehmen in der Vergangenheit eine große Schwierigkeit dar, proaktiv in den Markt zu agieren. Eine strategische Neuausrichtung war gefragt. CRM als ein kundenorientierter Managementansatz sollte dem Unternehmen helfen, profitable Kundenbeziehungen aufzubauen, zu pflegen und zu stablisieren. Die Einführung einer CRM-Lösung im Unternehmen brachte im Vorfeld jedoch große Probleme mit sich. Es fehlte ein Gesamtüberblick über die bereits vorhandenen Daten. Es kostete viel Zeit, die bestehenden Daten abzugleichen. Im Rahme der CRM-Strategie kam es im Unternehmen zu einem kompletten Neustrukturierung der Vertriebsorganisation. Eine große Schwierigkeit seit der Einführung von CRM liegt darin, eine Durchgängigkeit in allen Prozessen zu schaffen. Diese sollte von der Angebotserstellung, über das Verfolgen des Angebots bis zum Abschluss des Angebots reichen. Ähnliche Probleme treten bei mehrstufigen Kampagnen auf. Ergebnisse von Nachfassaktionen sollten festgehalten werden, um bei der nächsten Kampagne besser darauf eingehen zu können. IT-Unterstützung ist für ein effizientes Kundenmanagement dabei unerlässlich. Die Einführung von CRM übernahm ein fünfköpfiges Team in Zusammenarbeit mit der IT-Abteilung, was zur Mitarbeitermotivation beitragen sollte. Die strategische Neuausrichtung hat sich für das Industriegüterunternehmen aber gelohnt. Die Zeit für die Angebotserstellung wurde halbiert und das Kundenzentrum verzeichnet 40% mehr ausgehende als eingehende Anrufe. Die Umsetzung einer CRM-Strategie war bei Leuze deshalb so erfolgreich, da sie in kleinen Schritten erfolgte, die Nutzerakzeptanz groß war und die Unternehmensziele klar und deutlich formuliert wurden.
>
> (vgl. Hoffmann, 2008)

5.2.4   Preis- und Vertriebscontrolling

Die Entscheidungen, die Marketing- und Vertriebsmitarbeiter auf allen Ebenen der Pricing- und Vertriebsprozesse treffen, werden insbesondere im Kontext der Industriegüterbranchen im Hinblick auf ihre Wirksamkeit oftmals hinterfragt. Die Optimierung und Anpassung strategischer und operativer Elemente der Preissetzung sowie der industriellen Verhandlungen bilden die Basis des Vertriebs- bzw. Preiscontrollings. Im Kern geht es um eine Koordination der Informationsversorgung zur Rationalitätssicherung des Preismanagements im Kontext der Vertriebs- und Verhandlungsaktivitäten. Diese Informationsversorgung umfasst im Wesentlichen die Identifizierung, die Beschaffung und die Aufbereitung von preisentscheidungsrelevanten Informationen (vgl. Diller, 2008, S. 434).

Die Zielsetzung des Preiscontrollings besteht in einem operationalisierten Sinn in der Sicherstellung der Effektivität des Preis- und Vertriebsmanagements, um die definierten Pricing-Ziele zu erreichen (vgl. Florissen, 2005. S. 215). Florissen definiert unterschiedliche Instrumentalziele des Preiscontrollings, die sich unverändert auf die Gegebenheiten der Industriegütermärkte übertragen lassen (vgl. Florissen, 2005, S. 217):

- Informationsbereitstellung: Sicherstellung der Versorgung des Preismanagement mit vollständigen, sicheren und aktuellen Informationen für die strategische und operative Preisbildung, Verhandlung und die Preis- bzw. Verhandlungskontrolle
- Preiszielbildung: Sicherstellung eines ambitionierten, die Zielerreichung des Industriegüterunternehmens fördernden, widerspruchsfreien Preiszielsystems mit hinreichend operationalisierten und ausgewogenen Preiszielen.
- Operative Preisbildung: Sicherstellung geeigneter, die Preisziele im Rahmen der Preisstrategien verfolgender Preise (z. B. Listenpreise im Produktgeschäft, Individualpreise im Zulieferer- und Anlagengeschäft).
- Preisdurchsetzung/Verhandlung: Sicherstellung der Weitergabe der für die Umsetzung der gebildeten Preise geeigneten operativen Ziel- und Handlungsvorgaben von den Verantwortlichen der Preisbildung zu den Verhandlungsführern.
- Preiskontrolle: Sicherstellung geeigneter Soll-Ist Abweichungen sowie daraus abgeleiteter Implikationen für zukünftige Entscheidungen im Pricing sowie Bewertung von Verhandlungsoptionen während der Preisdurchsetzung.

Üblicherweise werden unterschiedliche Aufgaben des Preiscontrollings definiert, die zur Erreichung dieser Controlling-Ziele erfüllt werden müssen. Während Florissen diese Aufgaben nach proaktiven und reaktiven Controlling-Aufgaben auf der einen, sowie individuellen und kollektivem Controlling-Aufgaben auf der anderen Seite unterscheidet (vgl. Florissen, 2005, S. 221 ff.), klassifizieren Köhler und Diller die Aufgabenfelder als unterschiedliche Koordinationsformen der Informationsversorgung (vgl. Diller, 2008, S. 435; vgl. Köhler, 2003, S. 361):

- Informationen für die Planung der Pricing und Verhandlungsprozesse
- Informationen zur Überwachung und Kontrolle von Pricing- und Verhandlungsprozessen
- Problemspezifische Informationsbereitstellung
- Informationen zur Mitarbeiterführung im Preismanagement

Um eine effiziente Preisstellung sicherzustellen, muss das Preiscontrolling zunächst eine ausreichende **Informationsbasis für die Preisplanung** zur Verfügung stellen:

- Preisstrategische Basisinformationen wie z. B. die Preis/Leistungs- bzw. Preis/Nutzen-relationen der am Markt angebotenen industriellen Erzeugnisse und Services. Die Größe unterschiedlicher Preissegmente. Die sich verändernde Bedeutung einzelner Preiskomponenten oder Preissysteme.
- Marktreaktionsfunktionen für bestimmte Preisparameter oder Preisfunktionen im Sinne erzielbarer Mehrpreise vor dem Hintergrund verbesserter Produkteigenschaften, zusätzlicher Leistungskomponenten oder Services.
- Informationen über das Preisverhalten und Verhandlungsverhalten der industriellen Wettbewerber (z. B. Preisabstände, Reaktionselastizitäten oder preislich bewertbare Verhandlungsschritte).

	Erzeugniskategorie: Außenzahnradpumpen					
	Ziel-projekt	Referenzprojekte				
Projekt:	x	1	2	3	4	5
Kunde:	x	A	B	B	C	A
Verhandlungszeitraum:	02/2011-06/2011	05/2003-10/2003	08/2007-06/2008	03/2006-05/2006	09/2009-01/2010	04/2010-10/2010
Projektzeitraum:	2001-2008	2003-2011	2008-2017	2006-2010	2010-2018	2010-2015
Projektlaufzeit (Jahre):	7	8	9	4	8	5
Projektvolumen/Jahr (in tsd.):	26	38	22	31	30	27
Eigener Zielpreis (Stück):	23,45 €	21,22 €	26,34 €	22,56 €	24,75 €	23,45 €
Zielpreis Kunde:	18,36 €	15,44 €	19,56 €	15,89 €	15,45 €	17,34 €
Delta Zielpreis:	5,09 €	5,78 €	6,78 €	6,67 €	9,30 €	6,11 €
Kaufpreisanalyse:	ja	nein	nein	nein	ja	ja
Eigene Preisangebotsschritte:	?	20,56 € 19.89	26,11 € 22,26 € 20,10 €	21,10 €	21,11 € 19,34 € 18,01 €	23,02 € 22,11 € 20,00 € 19,76 €
Branchen-wirtschaftliche Lage:	↗	↘	↘	↑	→	→
Projektabschluss:	?	ja	nein	ja	ja	ja
Endpreis:	?	19,89 €	-	21,10 €	18,01 €	19,76 €
Zielpreisdelta zum Kunden (graue Fläche)						

Tab. 5.5 Referenzprojektcontrolling als Beispiel für Controlling-Instrumente der Preisplanung (Quelle: fiktives Beispiel, eigene Darstellung)

Controlling-Instrumente für die Planung von Pricing- und Verhandlungsprozessen sollten insbesondere in industriellen Unternehmen zunächst dezentral in den jeweiligen Marketing- und Vertriebsverantwortungen etabliert werden. Besonders die Ableitung von Preis-/Nutzenrelationen, die Abschätzung von Marktreaktionsfunktionen sowie die Prognose von Wettbewerbsreaktionen bedürfen einer „eingeschwungenen" Vorgehensweise, bei der einzelne Abteilungen dokumentierte Erfahrungen aus vorangehenden Verhandlungsprozessen gezielt interpretieren. Aus einer entsprechenden Dokumentations-/Controllingbasis lassen sich so z. B. vergleichbare Referenzprojekte der Abteilungen darstellen, die wertvolle Hinweise bzw. Unterstützung bei der Preisplanung geben können. Ist ein Industriegüterprojekt in

Zeitumfang, Projektvolumen und dem branchenwirtschaftlichen Gesamtumfeld (Konjunktur) mit Referenzprojekten vergleichbar, so kann der Vertriebsverantwortliche detailliert die damaligen Zielpreisvorstellungen der Verhandlungspartner sowie die einzelnen Angebotsschritte und Preisabstufungen analysieren, um sich ein Bild für die neuerliche Preissetzung bzw. Verhandlungsvorbereitung zu machen.

Wenn es eine ausreichende Markttransparenz (wie z. B. z.T. im Produktgeschäft) ermöglicht, so kann auch die Dokumentation eigener Preisforderungen und die erfolgende preisliche Reaktion der Wettbewerber auf diese Forderung sinnvoll sein. Die gesammelten Daten und Informationen über Preissetzung und Preisreaktionen der Vergangenheit ermöglichen bei einer statistischen Repräsentativität zumindest eine grobe Aussage über das prognostizierte Preisreaktionsverhalten von Wettbewerbern. Dabei ist selbstverständlich nicht zu vernachlässigen, dass diese Preisreaktion nicht nur von der Preissetzung des industriellen Anbieters als solcher abhängt, sondern auch von den internen Kostenstrukturen, der Zielsetzungen und des wirtschaftlichen Umfeldes des Wettbewerbers bestimmt wird. Gleichwohl kann eine Dokumentation der Preissetzungsdaten aller Marktteilnehmer grundlegende Hinweise auf ein mögliches prognostiziertes Preis- bzw. Verhandlungsverhalten geben.

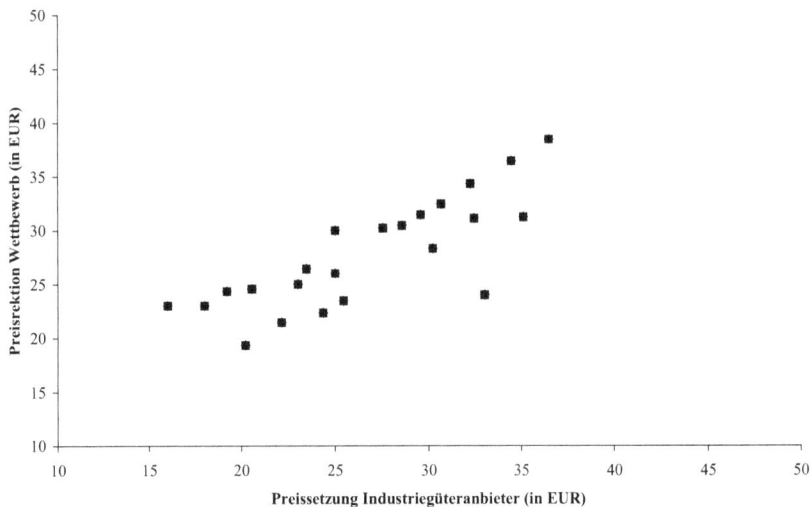

Abb. 5.21 Preisreaktionsprognosen als Beispiel für Controlling-Instrumente der Preisplanung
(Quelle: fiktives Beispiel, eigene Darstellung)

Diller empfiehlt ferner, vertriebsrelevante Verhandlungs-, Kalkulations- und Ergebnisgrößen wie z. B. Umsatz- und Ertragswerte für existente und prognostizierte Kunden in einem zweidimensionalen Raum abzutragen (vgl. Diller, 2008, S. 438 f.). Diese Analysen zeigen die Struktur von Umsatz und Rentabilität für alle relevanten Kunden und können lt. Diller auch unmittelbar für Preisgespräche nutzbar gemacht werden. Dies ist in der Kombination mit Kostenoffenlegungen/Kaufpreisanalysen z. B. dann möglich, wenn dem Kunden auf eine besonders „niedrige" Zielpreisforderung hin mit einer Auseinandersetzung seiner geringen Gewinnträchtigkeit konfrontiert werden kann (trotz hoher Umsätze).

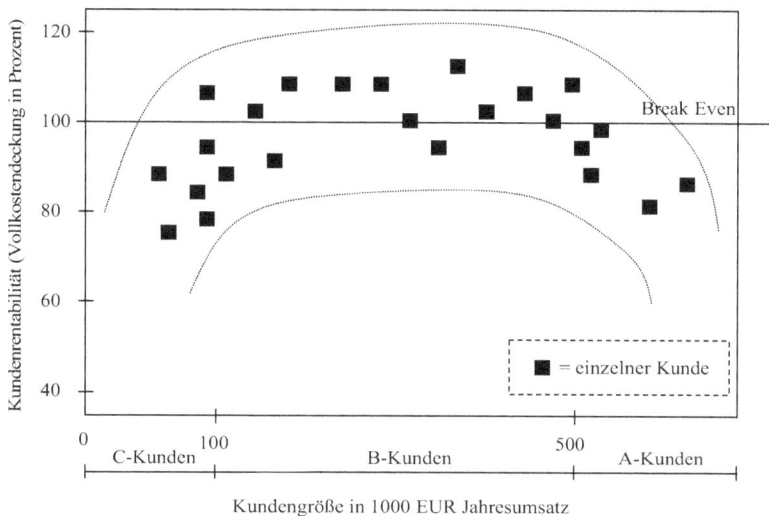

Abb. 5.22 *Kundenverteilung als Beispiel für Controlling-Instrumente der Preisplanung (Quelle: fiktives Beispiel, Darstellung in Anlehnung an Diller, 2008, S. 438)*

Im Anschluss an die Planung und Implementierung der Preise muss die Preisdurchsetzung im Ergebnis der industriellen Verhandlungen verfolgt und kontrolliert werden. Das nächste Aufgabenfeld des Preis- und Vertriebscontrolling besteht folglich in der *Überwachung und Kontrolle von Pricing-Prozessen* (vgl. Diller, 2008, S. 439 ff.). Gängig sind standardisierte Soll-Ist/Vergleiche, bei denen z. B. die Verhandlungsziele mit tatsächlichen Verhandlungsergebnissen verglichen werden. Diller geht davon aus, dass sich insbesondere Kennzahlensysteme dafür eignen, um die komplexe Struktur der preispolitischen Erfolgsgrößen zu erfassen und für Steuerzwecke gezielt einzusetzen (vgl. Diller, 2008, S. 439). Simon et al schlagen Controllingkonzepte wie einen so genannten „Preiswasserfall" vor (vgl. Simon et al, 2009, S. 405 f.). Das Preiswasserfall-Konzept dokumentiert zunächst, welche preis- und margenschmälernden Konditionen im Verlauf der industriellen Verhandlungen auftreten und in welcher Höhe. Gerade bei industriellen Verhandlungen ist die Mehrheit dieser Minderungsdeterminanten in der Regel nicht bekannt bzw. nicht transparent. Dennoch ist die strukturierte Speicherung einzelner und teiltransparenter Einflussgrößen sinnvoll, um unternehmensinterne Lernprozesse anzustoßen und zu fördern. Abweichungsanalysen geben Hinweise auf Chancen, die genutzt werden können, um Erlösschmälerungen in zukünftigen Verhandlungsprojekten zu vermeiden bzw. zu reduzieren.

Als weiteres sinnvolles Preiscontrolling-Tool zur Überwachung und Kontrolle von Pricing-Prozessen gilt die Deckungsbeitragsflussrechnung (DBFR). Dieses Verfahren der dynamischen Erlösrechnung macht die Teilwirkungen separater Erfolgskomponenten wie Preis oder Menge auf den Deckungsbeitrag sichtbar (vgl. Diller, 2008, S. 439). Zu diesem Zweck werden die Erlös- und Kostenveränderungen zweier Perioden t und t-1 in einzelne Komponenten aufgelöst, wobei der Controller alle anderen Faktoren gemäß der Ceteris-Paribus-Prämisse konstant hält. Dadurch werden die jeweiligen Preis-, Mengen-, Kosten- und Struktureffekte isolierbar, die in Summe die Veränderung des Deckungsbeitrags ergeben (vgl. Diller, 2008, S. 439). Ein Beispiel ist der Preiseffekt C_p. Dieser beschreibt die Umsatzveränderung, die sich ergeben hätte, wenn zu den in t realisierten Preisen die Absatzmengen der Vorperiode abgesetzt worden wären (vgl. Diller, 2008, S. 440):

$$C_p = \sum_{i=1}^{n} x_{i, t-1} \cdot \Delta p_i$$

x_i = Absatzmenge des i-ten Artikels (i = 1 … n)
p_i = Stückpreis

C_p stellt jenes Erlösvolumen dar, das im Vergleich zur Vorperiode, aufgrund der Veränderung (der Erhöhung oder Verminderung) des Preises, gewonnen bzw. verloren wurde. Die Deckungsbeitragsflussrechnung vernachlässigt an dieser Stelle die Abhängigkeit von Menge und Preis. Diller schlussfolgert unter Verweis auf Albers (vgl. Albers, 2000), dass Preis- und Mengeneffekte Symptome, aber keine Ursachen für Erlösabweichungen darstellen. Eine verwertbare Abweichungsanalyse muss folglich zum Ziel haben, den auf das Handeln spezifischer Entscheidungsträger zurückführbaren Anteil der Erlösabweichung zu ermitteln (vgl. Diller, 2008, S. 440). So kann ein Produkt- oder Vertriebsmanager nur für den wertmäßigen Marktanteilseffekt verantwortlich gemacht werden, der sich aus der Differenz von Ist-Marktanteil zu Soll-Marktanteil, bewertet mit dem Soll-Marktvolumen ergibt. Dabei werden die mengenmäßigen Marktteile jeweils mit dem relativen Preis multipliziert. Dieser ergibt sich aus dem Verhältnis des Unternehmenspreises zur gesamten Branche.

Eine weitere Kategorie der Preis- und Vertriebscontrollinginstrumente bilden die *Tools zur problemspezifischen Informationsbereitstellung*. In der Tiefe der Projektanbahnungs-, der Preisfindungs- und der Verhandlungsprozesse sind unterschiedlichste Organisationseinheiten beteiligt. Im individuellen Kontext ihrer Teilaufgabe benötigen diese Organisationseinheiten Informationen, die auf ihre jeweiligen Perspektiven im industriellen Pricing-Prozess zugeschnitten sind. Dabei liegt die wesentliche Aufgabe des operativen Preiscontrollings darin, kurz- bis mittelfristige Preisanpassungen als Reaktionen auf sich verändernde Umfeldbedingungen methodisch zu unterstützen (vgl. Diller, 2008, S. 441). Im Falle standardisierter Massenerzeugnisse des Produktgeschäfts kann die Verknüpfung von Preisdatenbanken mit so genannten Computer-Aided-Selling-Systeme (CAS) hilfreich sein. Die Marketing- und Vertriebsmitarbeiter erhalten über solche Systeme direktes Feed-Back über ihre Preis- und Konditionengestaltung, da im System die Abrufe bzw. Abverkäufe den jeweiligen Preissetzungen und Liefer- bzw. Zahlungskonditionen gegengespiegelt werden.

Im Anlagen- und Zuliefergeschäft ist ein effizientes Schnittstellenmanagement zwischen den beteiligten Organisationseinheiten entscheidend für den Projekterfolg. So muss im Rahmen eines Controlling-Systems klar definiert sein, welche Kalkulationsinformationen dem Vertrieb aus den verantwortlichen Kostenrechnungsbereichen zu welchem Zeitpunkt zur Verfügung gestellt werden. Um im interaktiven Verhandlungsprozess flexibel und reaktionsstark zu sein, ist jedoch auch in der Umkehrung zu definieren, welche Kundenzielinformationen aus dem Vertrieb zu welchen Zeitpunkten an die Kalkulationsverantwortlichen weitergegeben werden müssen, um eine zeitnahe Anpassungskalkulation zu ermöglichen und deren Ergebnisse rechtzeitig an die Verhandlungsführer weiterleiten zu können. Auch das Informationskondensat für die unterschiedlichen industriellen Führungsebenen bis hin zum Top-Management ist in Umfang und Art vorab zu definieren. Dies ist insbesondere für solche Fälle wichtig, in denen sich die Managementebene bei geringen oder negativ kalkulierten Margen mittels einer übergeordneter Entscheidung („strategic override") in den Verhandlungsprozess einschalten muss und auf eine Zusammenfassung der wichtigsten Kalkulations- und Verhandlungsinformationen angewiesen ist.

Schließlich beziehen sich Preis- und Vertriebscontrollinginstrumente auch auf die **Informationsversorgung zur Mitarbeiterführung im Preismanagement** (vgl. Diller, 2008, S. 442). Oftmals werden Pricing-Zielstrukturen auch mit Anzreiz- und Motivationssystemen für Vertriebs- und Marketingmitarbeiter industrieller Hersteller gekoppelt. Preiscontrollinginstrumente haben hier z. B. die Aufgabe, Preisziele mit den Verhandlungsergebnissen der Akteure zu vergleichen. Diese Informationsbasis liefert eine Grundlage für erfolgsabhängige Entlohnungsbestandteile. Dabei kann das Controllingsystem auch das Level der festgelegten Zielanspannung oder die dynamische Entwicklung des Verhandlungserfolges mit in die preis- bzw. verhandlungsgebundene Prämien-/Entgeltberechnung mit einbeziehen.

5.3 Marketinginstrumente industrieller Außendarstellung

Für alle im Rahmen der Produkt-, Preis- und Distributionspolitik festgelegten inhaltlichen Leistungspotentiale muss das Industriegüterunternehmen die Entscheidung treffen, über welche Kanäle das Leistungsangebot den Nachfragern zugänglich gemacht wird, so dass Produkte und industrielle Dienstleitungen in der Wahrnehmungswelt der Kunden verankert werden. Diese Aufgabe übernimmt die Kommunikationspolitik. Dabei versucht das Unternehmen anhand einer systematischen Planung, Ausgestaltung, Abstimmung und Kontrolle von Kommunikationsmaßnahmen, Informationen über die Qualitätsdimension eines Leistungsangebotes an relevante Bezugsgruppen zu senden, um bei potentiellen Abnehmern eine Kaufwirkung zu erzielen (vgl. Meffert et al. 2008, S. 632). Vor allem im Produktgeschäft auf Industriegütermärkten lässt sich eine zugenommene Relevanz kommunikationspolitischer Maßnahmen erkennen (vgl. Bruhn, 2004, S. 700). Aufgrund der Commoditisierung-Tendenzen innerhalb dieses Geschäftstyps, bei der Leistungen zunehmend austauschbarer werden, muss das Industriegüterunternehmen über eine sachinhaltliche Kommunikation seiner Leistungspotentiale die Nachfrager überzeugen (vgl. Bachkhaus/Voeth, 2010, S. 296). Dazu kommt, dass es sich beim Produktgeschäft um Transaktionen ohne Verbundwirkung handelt. Der Käufer bindet sich bei Folgekaufentscheidungen nicht an bereits getroffene Entscheidungen. Der hohe Wettbewerbsdruck führt dazu, dass eine effektive und effiziente Kommunikation zunehmend (vor allem im Produktgeschäft) wichtiger wird, um Wettbewerbsvorteile im Markt generieren zu können. Unternehmen suchen also nach Möglichkeiten, den beim Kunden wahrgenommene Wert zu erhöhen. Neben den klassischen Kanälen der Kommunikationspolitik findet in der Industriegüterbranche auch der Ansatz der Markenpolitik immer mehr Beachtung. Das kann unter anderem durch die Rangliste der wertvollsten Marken (Interbrand, vgl. Tabelle 5.7) belegt werden, die mittlerweile auch Industriegüterunternehmen führt. Die zunehmende Leistungshomogenisierung, fehlende Differenzierungsmöglichkeiten und der verstärkter Preisdruck sowie die hohe Komplexität beim Aufbau langfristiger Geschäftsbeziehungen haben die Bedeutung der Marke im Industriegütersektor verändert (vgl. Bruhn, 2004, S. 700f.). Marken spielen als Konstante im Kommunikationswettbewerb eine große Rolle, da sie eine Vielzahl von Informationen an den potentiellen Nachfrager senden können. Die Marketinginstrumente industrieller Außendarstellung externe Kommunikationsarbeit und Markenpolitik verlangen aufgrund der Besonderheiten des Industriegütermarketings eine aufmerksame Betrachtung.

5.3.1   Externe Kommunikation und PR

Kommunikation auf Industriegütermärkten basiert auf einem Austausch von Informationen zwischen einem Sender (Industriegüterunternehmen) und einem Empfänger (potentieller und bestehender Kunde). Die Kommunikationsbotschaft (z. B. Industriegut) kann dabei über unterschiedliche Kommunikationskanäle (z. B. Fachzeitschriften) übermittelt werden. Ziel dieser Kommunikation ist es, ein Kaufinteresse für das Produkt hervorzurufen oder ein förderliches Gesamtbild des Unternehmens zu transportieren (Kommunikationswirkung) (vgl. Bruhn, 2010). Die Kommunikationspolitik ist für die planmäßige Gestaltung und Übermittlung der Informationen zuständig (vgl. Homburg/Krohmer, 2006, S. 764). Unter externer Kommunikation soll im Folgenden die Kommunikation des Industriegüterunternehmens verstanden werden, die sich an die Außenwelt, vor allem an die

Öffentlichkeitsarbeit bzw. Public Relations (PR) kennzeichnet nach Jefkins (1998, S. 6.) „die planmäßig zu gestaltende Beziehung zwischen dem Unternehmen und den verschiedenen Anspruchsgruppen (z. B. Kunden, Lieferanten) mit dem Ziel, bei diesen Anspruchsgruppen Vertrauen zu gewinnen bzw. zu erhalten. PR-Arbeit ist für das Industriegüterunternehmen dann sinnvoll, wenn das Firmenimage verbessert werden soll (vgl. Backhaus/Voeth, 2010, S. 307). Das Image oder die Bekanntheit des Unternehmens wirken sich vorteilhaft auf den Unternehmenswert aus, weshalb die Kommunikation dieser Merkmale auf Investitionsgütermärkten von großer Relevanz ist. Die Prägung eines positiven Images auf allen Ebenen und das Bewerben der Firmenmarke ist essentiell, da diese für die Leistungsfähigkeit der Produkte und des Unternehmens stehen.

Die Kommunikationspolitik wird häufig im Zusammenhang von Konsumgütern diskutiert. Sie gewinnt auf Industriegütermärkten aber zunehmend an Relevanz, vor allem im Produktgeschäft. So zeigt die Werbeklimastudie des Jahres 2005, dass 74% der Industriegüterunternehmen planen Online-Werbeträger zu belegen mit steigender Tendenz nach oben für die kommende Jahre (vgl. GfK, 2005). Während sich die kommunikationspolitischen Maßnahmen auf Konsumgütermärkten vor allem auf den Endkonsumenten beziehen, richten sie die kommunikationspolitischen Instrumente vorwiegend an Organisationen, die die Güter zur Erstellung weiterer Leistungen nutzen. In der Vergangenheit wurden oftmals kommunikationspolitische Maßnahmen des B-to-C-Bereichs übernommen, ohne die Besonderheiten des

Industriegütermarketings zu berücksichtigen. Deshalb zeigten die Maßnahmen häufig nicht den gewünschten Erfolg (vgl. Backhaus/Voeth, 2010, S. 296). Die Besonderheiten auf Industriegütermärkten wie etwa die Nachfragederivativität, die Multipersonalität der Kaufentscheidungen, die Heterogenität der Informationsbedürfnisse der am Kaufprozess beteiligten Akteuren sowie die Interaktivität des Vermarktungsprozesses, müssen in die Planung und Gestaltung der kommunikationspolitischen Maßnahmen einbezogen werden. Die Betrachtung der Besonderheiten impliziert eindeutige Folgen für kommunikationspolitische Maßnahmen für Industriegüter, vor allem bei der Ansprache der Zielgruppe (Voeth/Tobies, 2009).

Prozess der Kommunikationspolitik

Um die Kommunikationspolitik in einem Industriegüterunternehmen zielführend gestalten zu können, bedarf es eines systematischen kommunikationspolitischen Prozesses der Planung, Umsetzung und Kontrolle berücksichtigt (vgl. Abbildung 5.22).

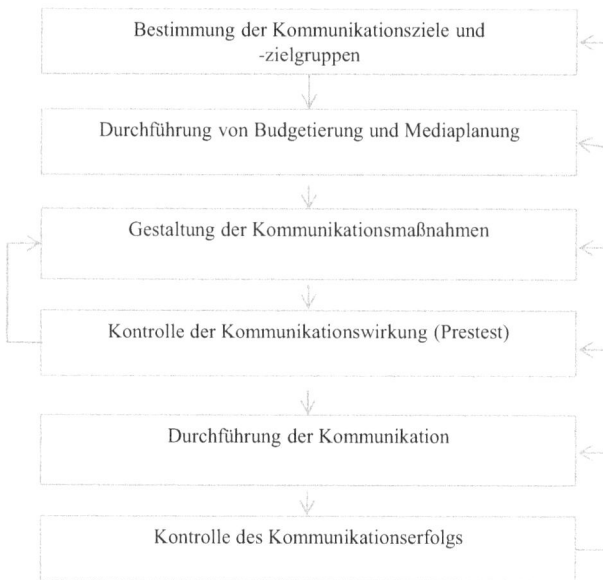

Abb. 5.23 Idealtypischer Prozess der Kommunikationspolitik (Quelle: eigene Darstellung in Anlehnung an Homburg/Krohmer, 2004, S. 765).

Der Prozess der Kommunikationspolitik beginnt mit der **Auswahl der relevanten Zielgruppen** sowie der **Definition der Kommunikationsziele**. Die derivative Nachfrage im Produktgeschäft stellt die Marketingabteilung im Unternehmen bei der Zielgruppenauswahl vor große Herausforderungen. So können die Nachfrager auf der direkten oder auch auf der nachgelagerten Absatzstufe angesiedelt sein. Letztere fällt bzgl. deren Ansprache in der Literatur unter das Mehrstufige Marketing (vgl. Backhaus/Voeth, 2010, S. 296). Die mehrstufige

Marktbearbeitung zielt darauf ab, Präferenzen auf nachfolgenden Absatzstufen zu erzeugen, d.h. bei den Nachfragern der Nachfrager sollen Präferenzen entstehen. Über bestimmte Kommunikationsmaßnahmen sollen diese erreicht werden. Die Ingredient-Branding-Strategie beschreibt eine Form der mehrstufigen Marktbearbeitung. Weitere Möglichkeiten von mehrstufigen Kommunikationsinstrumenten stellen Printkampagnen, aber auch TV-Spots dar. So richtete 2004 die Thyssen Krupp AG ihre Kommunikationspolitik in einer Imagekampagne aus, die in der gesamten breiten Öffentlichkeit kommuniziert wurde. Ziel der Kampagne „Wir entwickeln die Zukunft für Sie" war es, die Marke international bekannt zu machen und langfristig ein positives Image zu manifestieren, aber auch nachgelagerte Absatzstufen zu erreichen. Die Kampagne wurde in Medien wie TV-Spots, Anzeigen, Plakaten und im Internet kommuniziert.

Eine weitere Herausforderung bei der Definition der Zielgruppe im Industriegütermarketing stellt die Multipersonalität der Kaufenentscheidungen dar. Während Konsumgüterleistungen größtenteils auf anonymen Märkten angeboten werden, trifft man auf dem Industriegütermarkt auf einen klar identifizierbaren Kunden. Dort liegt in der Regel eine Auftragsfertigung vor, bei der die Vermarktung vor der Leistungserstellung stattfindet. Die für die Kaufentscheidung verantwortlichen Gremien setzen sich dabei aus mehreren fachkompetenten Personen zusammen (Buying-Center). Somit müssen bei der Ansprache der direkten Absatzstufe mehrere Personen der gleichen Zielgruppe berücksichtigt werden. Dazu ist es notwendig, die Mitglieder des Buying-Centers hinsichtlich deren Einstellung und Motive, deren Fachkenntnisse, deren Involvement und deren Rolle im Entscheidungsprozess zu untersuchen. Eine gleichzeitige Ansprache aller Mitglieder stellt das Industriegüterunternehmen vor große Herausforderungen und ist häufig nur schwer möglich. Die Ansprache der Buying Center ist von der Zusammensetzung dessen Mitglieder abhängig (vgl. Backhaus/Voeth, 2010, S. 297).

Die Höhe der gesamten Aufwendungen für kommunikationspolitische Maßnahmen innerhalb einer Planperiode (z. B. Geschäftsjahr) wird in der **Budgetierung** festgelegt. Sie stellt den an die Zielgruppendefinition nachfolgenden Schritt im kommunikationspolitischen Prozess dar. Bei der Budgetallokation (Mediaplanung) wird in der nächsten Stufe der Budgetierungsphase das Kommunikationsbudget auf die unterschiedlichen Kommunikationsinstrumente verteilt (vgl. Homburg/Krohmer, 2004, S. 771). Hinsichtlich der Budgetverteilung im Industriesektor zeigt sich, dass Messen immer noch den größten Stellenwert besitzen (vgl. Tabelle 5.6), wobei sich das Bild hinsichtlich des Einsatzes neuer Medien in der Kommunikationspolitik auch auf dem Industriegütermarkt wohl stark verändert haben dürfte (u. a. durch kommunikationspolitische Maßnahmen in sozialen Netzwerken und Web 2.0-Portalen) (vgl. Kirchgeorg et al. S. 90), Die Kosten für derartige Maßnahmen bleiben im Vergleich zu anderen Kommunikationsinstrumente gering.

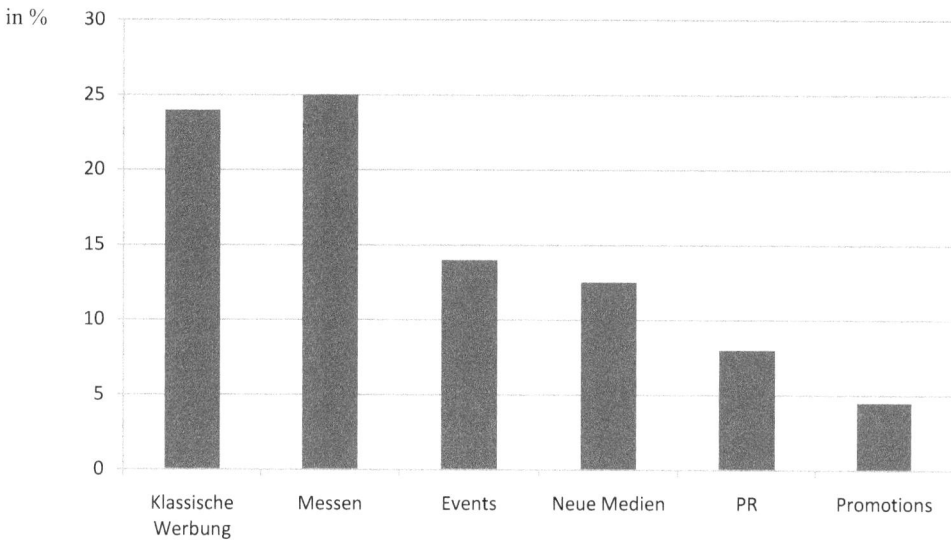

Tab. 5.6   Budgetallokation im Industriesektor (Quelle: Eigene Darstellung in Anlehnung an Kirchgeorg et al. S. 90)

Hat ein Unternehmen im Rahmen der Budgetallokation die zum Einsatz kommenden Kommunikationsmedien ausgewählt, gilt es die Kommunikationsmaßnahmen zu gestalten. Bei der **Gestaltung der Kommunikationsmaßnahmen** stellt sich für die Marketingabteilung die Frage, welche Reaktionen (gegenüber dem Produkt, des Unternehmens oder einer Marke) bei der ausgewählten Zielgruppe durch die Kommunikationsmaßnahmen (z. B. Werbeanzeige) ausgelöst werden sollen. Dabei sind auf vier Kategorien zu achten:

1. Gestaltung inhaltlicher Elemente (z. B. Slogan, Text)
2. Gestaltung visueller Elemente (z. B. Bildelemente, Farben, Schriftart, Schriftgröße, Schriftanordnung, Animationselemente bei bewegten Bildern)
3. Gestaltung auditiver Elemente (z. B. Musik, Geräusche, Lautstärke, Klang)
4. Gestaltung sonstiger Elemente (z. B. haptische Elemente)

(vgl. Homburg/Krohmer, 2006, S. 792).

Aufgrund der Komplexität von Industriegütern und den darauf aufbauenden multiorganisationalen Entscheidungsprozessen ist die Gestaltung von Anzeigen mit geringerem Textumfang, Symbolverwendung und einer Gewichtung auf vertrauensrelevanten Eigenschaften der Leistungen sinnvoll. Der Industriegütermarkt ist durch zahlreiche Innovationen gekennzeichnet, deshalb ist es wichtig, die Kommunikationsmaßnahmen informativ und rational zu gestalten. Insbesondere für die Bildung eines positiven Images und einer starken Marke sind emotionale Aspekte nicht zu vernachlässigen (vgl. Pförtsch/Schmid, 2005, S. 152). Die Unternehmensmarke spiegelt bei einem Investitionsgüterhersteller sowohl die Produkte und Dienstleistungen, als auch die gesamten Werte eines Unternehmens wider. Bei der Gestaltung der Kommunikationsmaßnahmen bietet sich für die Marketingplaner ein breites Spektrum an Kommunikationsinstrument. Dabei kann er zwischen folgenden, für Industriegüterunternehmen wesentlichen, kommunikationspolitischen Instrumente wählen:

1. Werbung (u. a. Printwerbung, TV-Werbung, Rundfunkwerbung, Onlinewerbung, Mobile Marketing)
2. Verkaufsförderung
3. Öffentlichkeitsarbeit (PR), Sponsoring, Events
4. Messen und Ausstellungen
5. Direktmarketing (vgl. Backhaus/Voeth S. 298 ff.)

Nach der Auswahl und Gestaltung der Kommunikationsmaßnahmen folgt im idealtypischen Prozess der Kommunikationspolitik (vgl. Abbildung 5.23) die **Kontrolle der Kommunikationswirkung.** Vor der Durchführung sollt vor allem bei kostenintensiven Kommunikationsmaßnahmen ein Pretest durchgeführt werden. Dessen Ergebnis hilft, mögliche Schwächen der Kommunikationsmaßnahme aufzudecken und einen Optimierungsprozess einzuleiten. Die potentialbezogenen Wirkungen lassen sich hinsichtlich der folgenden Wirkungsbereiche überprüfen:

- Wie stark hat meine Maßnahme Aufmerksamkeit erzeugt? (Aktivierungswirkung)
- Welche kognitiven Wirkungen hat meine Kommunikationsmaßnahme hervorgerufen? Wurden kaufrelevante Argumente in der Werbung genannt?
- Wie stark war die emotionale Wirkung der Kommunikationsmaßnahme?
- Welche einstellungsbezogene Wirkung erlangte die Kommunikationsmaßnahme?
- Was für eine konative Wirkung hat die Kommunikationsmaßnahme erzielt?

(vgl. Homburg/Krohmer, 2006, S. 847)

Weiter lassen sich markterfolgsbezogene (z. B. Absatz, Marktanteile der beworbenen Leistung) und wirtschaftliche Größen (z. B. Profitabilität der beworbenen Leistung) von Kommunikationsmaßnahmen analysieren. Gerade die Messung der beiden letztgenannten Größen erweist sich in der Praxis als äußerst schwierig, was unter anderem auch mit multipersonaler Buying-Center-Problematik zusammenhängt. Die Kontrolle über potentialbezogene Wirkungen gestaltet sich in der Marktforschung einfacher. Nach der *Durchführung der Kommunikationsaktivität* schließt sich eine zweite Kontrolle im Prozess der Kommunikationspolitik an. Dabei soll der *Erfolg der durchgeführten Kommunikationsmaßnahme* im Markt überprüft werden. Dafür stehen, wie bereits oben genannt, unterschiedliche Methoden zur Verfügung (vgl. ebd.: 846 f.). Erfolgskontrollen sind vor allem bei langfristigen Kommunikationsmaßnahmen unentbehrlich.

Externes kommunikationspolitisches Instrumentarium

Voraussetzung einer erfolgreichen Kommunikation der Kommunikationsbotschaft ist ein zielgerichteter Einsatz der Instrumente der Marketingkommunikation. Die Kommunikationspolitik unterliegt dabei, wie oben aufgezeigt, einem systematischen Planungs- und Entscheidungsprozess, innerhalb dessen die notwendigen Instrumente selektiert werden:

1. Werbung

„Unter klassischer Werbung wird ein kommunikativer Beeinflussungsprozess mit Hilfe von Massenkommunikationsmitteln in verschiedenen Medien verstanden, der das Ziel hat, beim Adressaten marktrelevante Einstellungen und Verhaltensweisen im Sinne der Unternehmensziele zu verändern" (Schweiger/Schrattenecker, 2005, S. 109 zitiert nach Meffert et al., 2008, S. 649). Im Produktgeschäft besitzt Werbung spezielle Aufgaben (vgl. Haas, 1992, S. 544 ff.).Werbung muss ein positives Arbeitsklima für das persönliche Verkaufsgespräch schaffen. Sie sollte weiter die Nachfrage auf nachgelagerten Absatzstufen stimulieren. Gleichzeitig soll die Werbung (unbekannte) Personen ansprechen, die einen Einfluss auf den Kauf besitzen. Werbung soll schließlich dazu dienen, Kontaktanfragen zu initiieren. Eine Herausforderung bei der Mediaselektion ist die Heterogenität des Informationsverhaltens der Zielgruppe, die sich auf Industriegütermärkten aus mehreren Personen zusammensetzt. Während im Konsumgüterbereich Rundfunk-, TV-Werbung, Mobile Werbung (über das Handy) oder Online-Werbung (über das Internet) eine hohe Bedeutung haben, spielt Werbung in Fachzeitschriften eine größere Rolle. Anzeigen werden in Fachzeitschriften veröffentlicht, da diese bereits auf eine spezielle Leserschaft ausgerichtet sind. Das macht sie zu einem geeigneten Instrument, um unnötige Streuverluste zu vermeiden und gezielt professionelle Entscheider anzusprechen. Industriegüterunternehmen veröffentlichen im Zuge ihrer Kommunikationsmaßnahmen auch eigene Publikationen, wie Geschäftsberichte, Informations- oder Imagebroschüren. Letztere zielen nicht nur auf professionelle Entscheider ab, sondern werden bewusst in der breiten Öffentlichkeit eingesetzt (vgl. Bruhn, 2004, S. 172). So konzentriert sich beispielsweise die centrotherm photovoltaics AG, ein führender Technologie- und Equipmentanbieter der Photovoltaikindustrie, bei der Platzierung ihrer Werbeanzeigen vornehmlich auf Fachzeitschriften, die sich an die direkte Absatzstufe richten (z. B. Hersteller von Zellen), aber auf Fachjournale, die die nachgelagerte Absatzstufen lesen könnten (z. B. Installateure von Photovoltaikzellen). Leser- und Empfängeranalysen von interessanten Medien, sollten im Vorfeld der Mediaplanung studiert werden (vgl. Backhaus/Voeth, 2010, S. 301). Dazu muss bei der Mediaselektion das zugewiesene Werbebudget berücksichtigt werden.

2. Verkaufsförderung

Unter Verkaufsförderung wird die Analyse, Planung, Durchführung und Kontrolle von zeitlich befristeten Maßnahmen mit starkem Aktionscharakter verstanden, die eingesetzt werden, um den Absatz kurzfristig anhand zusätzlicher Anreize zu stimulieren (vgl. Bruhn, 2005, S. 559). Im Vertrieb lassen sich für zwei Zielgruppen die Verkaufsförderungsmaßnahmen „Außendienst-Promotions" und „Händler-Promotions" unterscheiden. Währen die erst genannte Maßnahme auf die Verbesserung der Außendiensttätigkeiten abzielt (z. B. Außendienstwettbewerbe, Bereitstellung von Verkaufshilfen beispielsweise durch die Visualisierung der Produkte auf einem Laptop), konzentriert sich die Händler-Promotion auf Maßnahmen, die den Handel betreffen (z. B. Händlerwettbewerbe, Bereitstellung von verkaufsfördernden Materialien für den Point-of-Sale, Einführungsrabatte, Gewährung von Werbekostenzuschüssen) (vgl. Backhaus/Voeth, 2010, S. 306 ff).

3. Öffentlichkeitsarbeit (PR), Sponsoring, Events

Wie oben bereits definiert, steht bei der Öffentlichkeitsarbeit die Gestaltung von Beziehungen zum Vertrauensaufbau oder -sicherung im Vordergrund. Im Rahmen der PR-Arbeit werden nach Nieschlag et al. (2002, S. 995) vorwiegend folgende Instrumente angewandt:

- Kontaktaufbau zu Presse und Rundfunk
- Abhalten von Pressekonferenzen
- Erstellung von Geschäftsberichten
- Anfertigung von Sozialbilanzen und deren Verwertung
- Veröffentlichung von Jubiläumsschriften
- Durchführung von Betriebsbesichtigungen
- Bau von Kultur- und Sportstätten
- Aufbau von Stiftungen
- Förderung der Wissenschaft

Immer häufiger nutzen Industriegüterhersteller das Sponsoring, um das Firmenimage zu verbessern, aber auch für die Steigerung des Bekanntheitsgrades, zur Kontaktpflege zu Kooperationspartner, zur Schaffung eines Goodwills und zur Darstellung der gesellschaftlichen Verantwortung. Sponsoring leistet aufgrund neuer Wege der Kundenkommunikation einen großen Beitrag zur Wettbewerbsprofilierung im Markt. Ein Unterschied zur Öffentlichkeitsarbeit besteht beim Sponsoring darin, dass im Rahmen des Sponsorings Verträge mit den Geförderten geschlossen werden. Das bedeutet, für die Bereitstellung von Finanzmitteln oder Sachmitteln für eine Person oder eine Gruppe erhält das Industriegüterunternehmen die Rechte zur kommunikativen Nutzung der Sponsoringaktivitäten des Gesponserten. Es wird dabei grundsätzlich zwischen Sport-, Kunst-, Sozio- und Öko-Sponsoring differenziert (vgl. Backhaus/Voeth, 2010, S. 309). Vorteile entstehen für den Sponsor unter anderem durch Multiplikatoreneffekte, indem die Werbewirkung durch das Zusammenspiel mehrerer Medien gesteigert wird.

4. Messen und Ausstellungen

Messen sind zeitlich begrenzte, in einem bestimmten Turnus stattfindende Marktveranstaltungen, auf denen Anbieter Fachbesuchern einen Überblick ihres Produktportfolios (Möglichkeit der Objektdarstellung) geben und ihnen die Möglichkeit bieten, spezifische Informationen nachzufragen. Die direkte Kundenansprache im Rahmen von Fachmessen kann sich positiv auf die Kundenbindung auswirken (vgl. Meffert et al., 2008, S. 677). Für den Nachfrager bietet eine Messe die optimale Plattform, sich über gleiche Produkte unterschiedlicher Anbieter zu informieren. Der Anbieter hat die Möglichkeit, auf Messen, Konkurrenzvergleiche anzustellen und Informationen über technische Marktneuerungen und veränderte Nachfragebedürfnisse einzuholen. Messebeteiligungen dienen vor allem zur Vorbereitung von Geschäftsabschlüssen sowie zur Anbahnung und Pflege von Geschäftsbeziehungen. Häufig stellen Messen auch Orte dar, um potentielle Nachwuchskräfte zu gewinnen (ebd.: 678). Wie Tab. 5.6 zeigt, sind Messen die wichtigste kommunikationspolitische Maßnahme für Industriegüterunternehmen, obwohl Messebeteiligungen auch Probleme mit sich bringen. Neben den oftmals hohen Kosten der Messeauftritte (Standmiete, Ausgestaltung des Messestandes, Standbetrieb, Transport der Exponante, Zölle, Reisekosten des Standpersonals) (vgl. Backhaus/Voeth, 2010, S. 318), zeigen Messebesucher häufig unterschiedliche Verhaltensweisen. Eine Alternative zur Senkung der Messebeteiligungskosten ist die Teilnahme an einem Gemeinschaftsstand. So bietet beispielsweise die Wirtschaftsfördergesellschaft des Landes Baden-Württemberg, Baden-Württemberg International (bwi), Industriegüterunternehmen an, sich im Rahmen des Gemeinschaftsstandes des Landes Baden-Württemberg auf unterschiedlichen Messen innerhalb eines Jahres präsentieren zu können. Die Messeorganisation sowie die Gestaltung des Messestands übernimmt die Wirtschaftsfördergesellschaft. Somit können für das (baden-württembergische) Industriegüterunternehmen nicht nur die Messekosten gesenkt werden, sondern das Unternehmen kann die Zeit für die sorgfältige Planung des Messeeinsatzes einsparen. Eine Messebeteiligung erfordert nämlich ein sorgfältiges, zeitintensives Messemanagement, welches neben der Messeplanung, die Messeselektion und der Messeorganisation auch die Messedurchführung (Messe-Controlling) und die Messenachbereitung beinhaltet (vgl. Backhaus/Voeth, 2010, S. 315). Ein Unternehmen muss sich entscheiden, welcher Messetyp den Unternehmensvorstellungen am ehesten entspricht. So kann sich das Unternehmen auf Universal-, Mehr-Branchen- oder Fachmessen konzentrieren. Die Romai Robert Maier GmbH, Hersteller von Rationalisierungswerkzeugen für Produktionsmaschinen mit Sitz im schwäbischen Horrheim, achtet bei der Planung ihrer Messeauftritte im Rahmen einer Beteiligung auf Branchenmessen auf ein klares Konzept. Neben der optischen Standgestaltung und der sorgfältigen Einweisung des Standpersonals schafft das Unternehmen durch die Versorgung der Standbesucher mit schwäbischen Spezialitäten einen Mehrwert, der sich positiv auf das Image des Unternehmens auswirken und zur Kundenbindung beitragen soll.

5. Direktmarketing

Unter Direktmarketing werden, wie oben bereits definiert, kommunikationspolitische Instrumente verstanden, die der Anbahnung und der Aufrechterhaltung eines direkten, personalisierten Austauschs mit bestehenden oder potentiellen Kunden dienen soll (vgl. Wirtz, 2005, S. 14). Das Direktmarketing konzentriert sich dabei vor allem auf den Einsatz individualisierter Kommunikation, über die der Nachfrager direkt angesprochen werden soll. Die personalisierte Ansprache soll dabei bei dem Kunden eine besondere Wirkung erzielen. Maßnahmen des Direktmarketings zielen vor allem auf das Kundenbeziehungsmanagement ab. So sollen anhand spezieller Maßnahmen vor allem Kunden (rück)gewonnen und gehalten werden (vgl. Backhaus/Voeth, 2010, S. 322 f.). Nach Meffert et al. (2004) konzentrieren sich 90% aller Direktmarketingaktivitäten auf Industriegütermärkten auf

- adressierte Werbebriefe
- aktives Telefonmarketing (Outbounds)
- Email/Newsletter
- passives Telefonmarketing (Inbounds).

Kommunikationspolitik bei Fanuc Robotics

Die FANUC Robotics Deutschland GmbH mit Sitz in Neuhausen, in der Nähe der baden-württembergischen Landeshauptstadt, ist ein Tochterunternehmen der japanischen FANUC Ltd. Das Unternehmen ist globaler Marktführer in der Automatisierung (CNC, Laser, Industrieroboter, CNC-Werkzeugmaschinen). FANUC Robotics Deutschland agiert als Vertriebsorganisation ihres Mutterunternehmens. Neben den „klassischen Kommunikationsmaßnahmen" wie Messen (z. B. Hannover Messer) und Werbung fungiert FANUC seit Januar 2008 als Exlusivpartner des Fussballbundesligisten VfB Stuttgart, was dem Unternehmen zu steigenden Marktanteilen verhalf. Das Unternehmen zielte unter anderem mit seiner Sportsponsoringmaßnahme darauf ab, eine Imagesteigerung nicht nur bei Kunden der direkten oder der darauf folgenden Absatzstufen zu erreichen. Trotz weiteren zahlreichen Engagements des Unternehmens im Kultur- und Sportbereich hat eine Umfrage unter 1.472 Befragten gezeigt, dass Fanuc Robotics im Vergleich zu anderen Industriegüterunternehmen der breiten Öffentlichkeit weitgehend unbekannt ist. 92,3% kennen Fanuc Robotics nicht, während Thyssen Grupp 97,5% der Probanden kennen. Sportsponsoring hat unter den Probanden kaum Aufmerkamkeit erregt. Die Konzentration des Konsumenten gilt vornehmlich dem Hauptgeschehen (Fußball). Somit hat sich gezeigt, dass die Kommunikationsmaßnahme sehr vom Kontext abhängig ist. Das Unternehmen wird nicht bewusst wahrgenommen.

Hat FANUC mit ihrer Kommunikationsmaßnahme tatsächlich ihr ursprüngliches Ziel erreicht?

(vgl. www.fanucrobotics.de)

5.3.2   Industrial Branding

Die Marke und ihre Historie sind sehr eng mit dem Konsumgüterbereich verbunden (vgl. Low/Fullerton, 1994). Nicht ohne Grund werden Konsumgüterunternehmen häufig als Markenhersteller bezeichnet. Auf Konsumgütermärkten besitzen Marken eine besonders hohe Relevanz (vgl. Baumgarth, 2004, S. 801). Marken gelten auf vielen Märkten und in vielen Branchen als Motor des Unternehmenswachstums. Das zeigt sich nicht nur anhand der zahlreich dokumentierten Erfolgsgeschichten starker Konsumgütermarken in der Unternehmenspraxis, sondern auch im wissenschaftlichen Kontext. Markenbezogene Forschungsarbeiten konzentrierten sich bisher eher auf Produkte im Konsumgüterbereich (vgl. Webster/Keller, 2004, S. 388). Marken und Markenmanagement im Industriegütersektor fanden im wissenschaftlichen Rahmen in der Vergangenheit eher wenig Berücksichtigung und auch in der Praxis spielten Marken bisher eher eine untergeordnete Rolle (vgl. Baumgarth/Douven, 2006, S. 139). Als Gründe für diese Situation wird vor allem die späte Fokussierung auf das Marketing von Industriegütern in der betriebswirtschaftlichen Absatzwirtschaft (im Gegensatz zur frühen Konzentration auf das Konsumgütermarketing) genannt als auch die bisher geringe Bedeutung von Industriegütermarken (vgl. Köhler, 1994, S. 2063). Die Besonderheiten von Industriegütern (u. a. derivative Nachfrage, organisationale Nachfrager, hohe Rationalität bei Beschaffungsentscheidungen) lassen an einer Realisierung markenstrategischer Konzepte Zweifel aufkommen (vgl. Voeth/Rabe, 2004, S. 77). Der Markenwert von Konsumgüterunternehmen beträgt oftmals über 50% des gesamten Unternehmenswertes. Bei Industriegüterunternehmen beträgt dieser in der Regel weniger als 20% des ganzen Unternehmerwerts (vgl. Godefroid/Pförtsch, 2009, S. 189). Nach Krämer (1993) nimmt die Marke gerade einmal 5% aller Industriegütermarketingaktivitäten ein. Bisher konzentrierte sich der Vertrieb beim Verkauf vor allem auf die technischen Komponenten eines Industriegutes und weniger auf die Marke (vgl. Backhaus, 2003, S. 8). Obwohl das Markenmanagement im Industriegütersektor über ein großes Potential verfügt, nachhaltige Wettbewerbsvorteile zu erlangen, wurde der Mehrwert von Marken stark vernachlässigt. Seit einigen Jahren erfahren markenpolitische Aspekte auf Industriegütermärkten jedoch einen Bedeutungsaufschwung. Abbildung 5.23 zeigt den Bedeutungszuwachs von Marken in ausgewählten Industriebranchen.

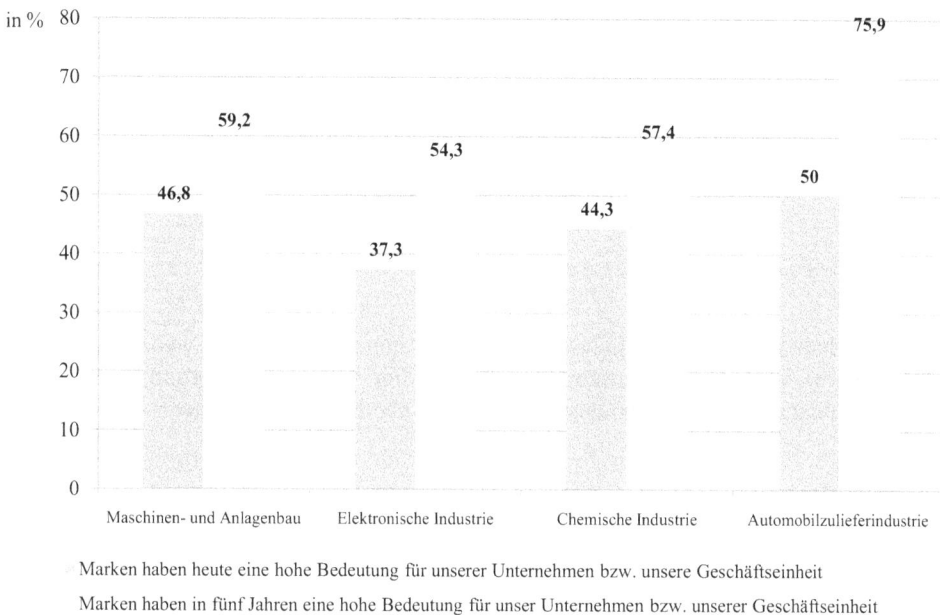

Abb. 5.24 Markenbedeutung (2007 und zukünftig) aus Sicht von Industriegüterunternehmen
     (Quelle: eigene Darstellung in Anlehnung an Richter, 2007, S. 169)

Für viele Industriegüterunternehmen rückt das Markenkonzept zunehmend in den Fokus. So konzentriert sich zum Beispiel die Robert Bosch GmbH erst seit dem Jahr 2005 auf eine einheitliche Vermarktung ihrer Industriegüter, die Implementierung einer ganzheitlichen Markenidentität sowie auf den Aufbau einer internen Markenkultur und die Realisierung eines starken Markenauftritts. Interbrand bewertet jährlich den monetären Markenwert einzelner Unternehmen, dabei zeigt sich, dass mittlerweile auch Industriegüterunternehmen einen Platz innerhalb des Rankings erfolgreicher und wertvoller Marken einnehmen können (z. B. GE, Intel) (vgl. Tabelle 5.7).

Rang	Brand	Herkunft	Sektor	Markenwert (in Mrd.$)
1	Coca Cola	USA	Getränke	70,452
2	IBM	USA	Business Service	64,727
3	Microsoft	USA	Computer Software	60,895
4	Google	USA	Internetdienstleister	43,557
5	GE	USA	Verschiedenes	42,808
6	McDonald's	USA	Restaurant	33,578
7	Intel	USA	Elektronik	32,015
8	Nokia	Finnland	Elektronik	29,495
9	Disney	USA	Medien	28,731
10	HP	USA	Elektronik	26,867

Tab. 5.7   Rangliste der wertvollsten Marken im Jahr 2010 (Quelle: www.interbrand.com)

Dennoch erhalten Marken im Industriegütersektor immer noch einen weitaus geringeren Stellenwert als Marken auf Konsumgütermärkten. Vor diesem Hintergrund stellt sich die Frage, was unter einer (starken) Industriegütermarke überhaupt zu verstehen ist.

Begriffsbestimmung

Angesichts der Vernachlässigung von Industriegütermarken im wissenschaftlichen Kontext und des damit verbundenen, noch hohen Forschungsbedarfs zu markenpolitischen Aspekten war es zu erwarten, dass bisher noch keine eindeutige, allgemein akzeptierte Begriffsdefinition der Industriegütermarke existiert. Während Pförtsch & Schmid (2005, S. 53) *die* Marke im Lichte unterschiedlicher Perspektiven beleuchten, verzichten andere Autoren auf eine Begriffseingrenzung. Im Folgenden soll die Definition von Kotler & Keller (2008, S. 276) dem vorliegenden Abschnitt als elementares Markenverständnis zugrunde gelegt werden. Eine Marke wird verstanden als „name, term, sign, symbol, or design, or a combination of them, intended to identify the goods or services of one seller or group of sellers and to differentiate them from those of competitors." Diese Definition gilt sowohl für Marken im Konsumgüterbereich als auch für Marken im Industriegütersektor. Marken dienen dazu, einen komparativen Konkurrenzvorteil zu symbolisieren und kommunizieren (vgl. Backhaus/Voeth, 2010, S. 171). Richter (2007, S. 14) führt die die Begrifflichkeiten „Industriegut" und „Marke" zu einer Definition zusammen. Nach ihm ist eine Industriegütermarke „ein Zeichen oder Merkmal, das zur Individualisierung und Wettbewerbsabgrenzung von Industriegütern eingesetzt wird, d.h. von Leistungen, die von Organisationen (Nicht-Konsumenten) beschafft werden, um mit ihrem Einsatz (Ge- oder Verbrauch) weitere Leistungen zu erstellen, die nicht in der Distribution an Letztkonsumenten bestehen." Unter diese Definition fallen die Begrifflichkeiten wie Anlagegüter-, Produktionsgüter-, Komponenten-, Material-, Ingredient-, Vorprodukt- und Zuliefermarke (ebd.: 14). Um mit Hilfe der Marke einen Wettbewerbsvorteil erzielen zu können, braucht eine Marke zwei Elemente: einen Markenkern und eine Markierung. Der Markenkern stellt die Identität der Marke dar. Er repräsentiert den Mehrwert (sog. „added value") eines Leistungsangebotes, den das Produkt sowohl für den Anbieter als auch für den Nachfrager bietet. Hinter dem Begriff verbirgt sich das zentrale Nutzenversprechen einer Leistung oder eines Unternehmens gegenüber den Nachfragern. Mit einer Marke versucht ein Unternehmen, konkrete Leistungen (Produkteigenschaften, Ausstattungselementen, Werten, Nutzenaspekte) beim Nachfrager zu verankern bzw. ein bestimmtes Vorstellungsbild von einer Leistung zu erzeugen. Eine solche Verankerung muss schrittweise erfolgen. Markierung („Branding") hingegen bezeichnet die Kenntlichmachung eines Produktes oder einer Leistung mit unterschiedlichen Gestaltungsparametern (z. B. Namen, Logo, Slogan, Zeichen, Symbol, Design) (vgl. Backhaus/Voeth, 2010, S. 171). Dabei ist zu berücksichtigen, dass sich die Markenpolitik auf Industriegütermärkten (im Vergleich zum Konsumgütermarkt) auf heterogene Leistungen bezieht. Darunter fallen Leistungen wie Massenprodukte (u. a. Commodities in der chemischen Industrie), Individuallösungen (z. B. Solaranlagen), Leistungen im Niedrig- und Hochpreissegment, Standardleistungen und hoch komplexe Leistungen (vgl. Baumgarth, 2004).

Funktion von Industriegütermarken

Die relative Wichtigkeit der Marke im Kaufentscheidungsprozess hat, wie oben bereits diskutiert, zugenommen. Marken können für den *Nachfrager* einen Mehrwert schaffen. Bei einer hohen Angebotsvielfalt können Marken Schlüsselinformationen besitzen, die Kaufprozesse beeinflussen können. Weiter erleichtern Marken, die Komplexität schwer beurteilbarer Angebotsunterschiede zu reduzieren, insbesondere bei denjenigen am Kaufprozess beteiligten Personen, die nur über einen geringen Informationsstand oder ein ausgeprägtes Fachwissen verfügen (vgl. Richter, 2007, S. 21). Für den Nachfrager können Marken als Beweis der Kompetenz (Leistungsfähigkeit) angesehen werden und somit zu einer Reduktion der Qualitätsunsicherheit führen. Vor allem bei Neukaufsituationen von unsicherheitsbehafteten Industriegütern mit geringer Erfahrungsqualität, die ein hohes Investitionsvolumen vom Nachfrager verlangen und bedeutende Folgen für das Unternehmen mit sich ziehen, helfen Marken, Vertrauen zu schaffen. Sie können dem Nachfrager eine Orientierungshilfe geben und zu einer Wiedererkennung der Leistung beitragen (vgl. Backhaus/Voeth, 2010, S. 171 f.). Marken fungieren somit als Informationsträger. Für den Nachfrager wird dadurch der Beschaffungsprozess stark vereinfacht. Ein weiterer Mehrwert lässt sich durch das emotionale Erleben der Marke generieren. Emotionale Zusatzreize wie positive Werte, Erfahrungen, Einstellung und Gefühle, die durch die Marke ausgelöst werden, stellen einen wichtigen Grund für die Wahl/Kauf einer Marke dar (ebd.: 172). Aus Sicht des *Anbieters* können Marken auf Märkten, die durch zunehmende Leistungsindividualisierung gekennzeichnet sind, ein Differenzierungsmerkmal gegenüber dem Wettbewerber darstellen. Marken verleihen einer Leistung ein Qualitätssignal, was vor allem für Anbieter industrieller Dienstleistungen von Bedeutung sein kann. Schafft es ein Industriegüterunternehmen Zufriedenheit, Commitment und Vertrauen durch seine Marke bei seinen Kunden aufzubauen, dann hat er Präferenzen bei den Nachfragern für seine Produkte geschaffen und eine Markenloyalität aufgebaut, die es ihm auch erlaubt, höhere Preise für seine Leistung anzusetzen (vgl. Homburg/Krohmer, 2006, S. 628). Gleichzeit können positiv belegte Marken einen Imagegewinn für das Unternehmen ermöglichen. Die Heidelberger Druckmaschinen AG verfügt beispielsweise über eine so starke Marke, so dass sie einerseits gegenüber ihrem Wettbewerber einen höheren Preis verlangen kann, andererseits erhalten ihre Kunden bei der Finanzierung von Heidelberger Druckmaschinen von der Bank ein besseres Rating und somit bessere Finanzierungskonditionen, und gleichzeitig ist der Wiederverkaufswert der Maschinen weitaus höher als der der Wettbewerber (vgl. Esch/Knörle, 2009, S. 221). Somit generiert die Marke „Heidelberger Druckmaschinen" sowohl einen Mehrwert für den Anbieter als auch für den Nachfrager.

Entscheidung über einen Markenaufbau und die Dimensionen der Markenbedeutung

Der Aufbau einer Industriegütermarke ist nur dann sinnvoll, wenn sie im industriellen Kaufprozess potentielle Nachfrager beeinflussen kann. Die Marke muss wahrnehmungs-, einstellungsprägende- und entscheidungsunterstützende Effekte besitzen, die sich in einer Kaufentscheidung niederschlagen. Negative Wirkungen dürfen nicht dominieren (vgl. Richter, 2007, S. 21). Deshalb muss ein Unternehmen im Vorfeld einer Markenstrategieentscheidung folgende Fragen beantworten:

1. **Effektivitätsbedingung**: Existiert für meine Leistung (Markierungsfähigkeit) und für potentielle Nachfrager (Markierungswürdigkeit) ein ausreichendes Markenbildungspotential?
2. **Effizienzbedingung**: Kann durch den Aufbau einer Marke ein ausgewogenes Kosten-Nutzen-Verhältnis erzeugt werden (Markenbildungsdifferenz) (vgl. Pförtsch/Schmid, 2005, S. 59) (vgl. Abbildung 5.24)?

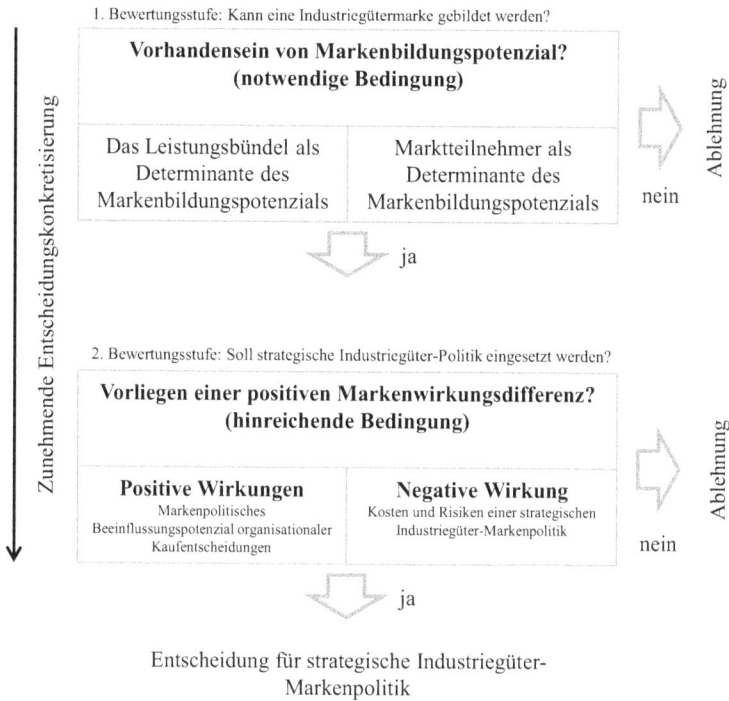

Abb. 5.25 *Frage des Markenaufbaus (Quelle: eigene Darstellung in Anlehnung an Kemper, 2000)*

Während die erste Frage vor allem darauf abzielt, das vorhandene Markenbildungspotential anhand leistungsspezifischer (z. B. Differenzierung der Leistung) und marktteilnehmerbezogenen (z. B. Abnehmerpotenzial) Faktoren zu prüfen, beschäftigt sich die zweite Frage mit der Markenwirkung. Für den Anbieter ergibt sich nur ein Mehrwert durch den Aufbau der Marke, wenn beide Fragen bejaht werden. Erst dann kann ein Industriegüterunternehmen mit einer Marke einen höheren Preis erzielen als sein Wettbewerber, der die gleiche Leistung anbietet, aber keine Markenstrategie verfolgt (Preisprämie) (vgl. Pförtsch/Schmid, 2005, S. 59). Kann das Unternehmen keinen Preisvorteil mit seiner Industriegütermarke erzielen, so besteht die Möglichkeit, einen Mehrwert über einen Mengenvorteil zu generieren, indem es einen größeren Marktanteil besitzt als sein Wettbewerber mit der gleichen nicht-markierten Leistung (Nicht-Marke). Aus Sicht des Anbieters wird die Markenbedeutung, die ein wesentliches Merkmal für den Markenaufbau darstellt, von unterschiedlichen Faktoren beeinflusst. So haben die Anbietermerkmale Unternehmensgröße und Qualitätsstrategie positiven Einfluss auf die Markenbedeutung. Gleichzeitig beeinflussen Merkmale des Marktumfelds wie die Wettbewerbsintensität in der Branche und die technologische Dynamik in den Absatzmärkten die Höhe der Markenbedeutung. Eine weitere wichtige Determinante der Markenbedeutung im Industriegüterbereich ist der Faktor „Kundencharakteristika". Die Größe des Buying Centers im Kundenunternehmen wirkt sich positiv auf die Markenbedeutung aus. Wesentlichen Einfluss auf die Markenbedeutung haben zudem die Charakteristika des angebotenen Produktes bzw. der Beschaffungssituation, in der sich der Nachfrager befindet. Die Neuartigkeit des Kaufs, die Wichtigkeit des Kaufs für den Kunden sowie die Angebotskomplexität beeinflussen die Markenbedeutung von Industriegüterunternehmen (vgl. Richter 2007, S. 174 f.).

Dimensionen der Markenstrategie

Fällt die Unternehmensentscheidung für den Aufbau einer Marke aus, muss das Unternehmen entscheiden, welches Bezugsobjekt es für die Markierung wählt. Drei strategische Dimensionen stehen dabei zur Auswahl:

1. Die *Kompetenzbreite* gibt an, wie viele angebotene Produkte unter eine Marke fallen. Dabei lassen sich Dach- Familien- und Einzelmarke differenzieren. Während bei der Einzelmarke (auch: Produkt-, Monomarke) jedes einzelne Produkt zur Realisierung einer einzigartigen Markenpersönlichkeit individuell markiert wird, werden Familienmarken (auch Produktgruppen-, Range-Marke) einheitlich markiert. Fällt ein Produkt unter eine Produktgruppenmarke, so wird das Image der Gruppe auf das Einzelprodukt übertragen. Die Dachmarke (auch: Programmmarke, z.T. auch Firmenmarke, weil der Firmennamen verwendet wird) bündelt alle Produkte eines Unternehmens unter einem Markendach (Corporate Brand Name). Die Kompetenzbreite wird auch als Markenarchitektur bezeichnet (vgl. Homburg/Krohmer, 2006, S. 638).
2. Die Grundpositionierung einer Marke wird durch die *Kompetenzhöhe* gekennzeichnet. Fällt eine Marke unter die Luxusmarken (Premiummarken), dann weist sie besondere Qualitätseigenschaften auf. Gehört eine Marke zu den klassischen Marken, so verfügt sie über eine überdurchschnittliche Wahrnehmungsposition.
3. Die *Kompetenztiefe* gibt Auskunft über die geographische Reichweite einer Marke. So kann eine Marke nicht nur auf nationaler oder regionaler Ebene Verwendung finden, sondern auch auf internationaler und globaler Ebene (vgl. Backhaus, 2003, S. 414 f; Baumgarth, 2004, S. 813).

Eine Marke kann gleichzeitig durch mehrere Dimensionen beschrieben werden (vgl. Abbildung 5.26).

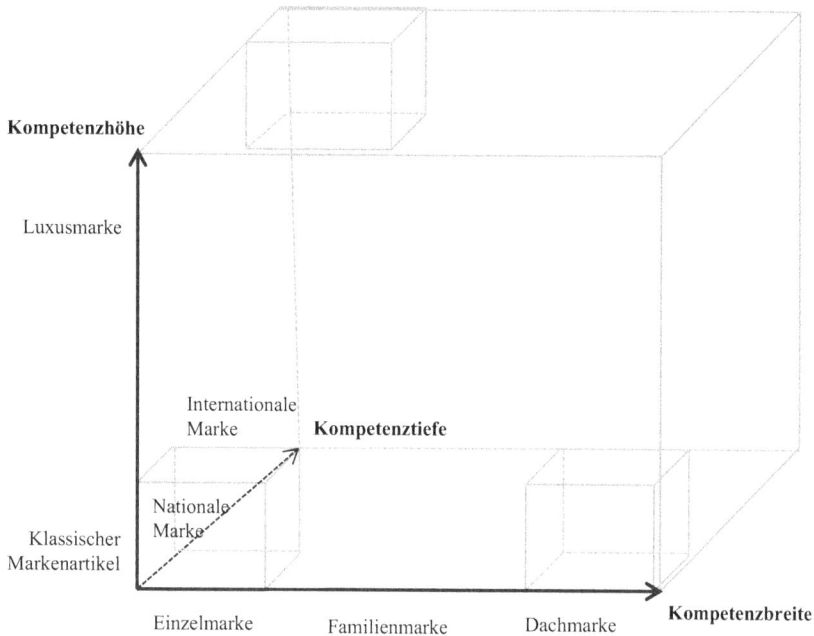

Abb. 5.26 Dimensionen markenstrategischer Entscheidungen (Quelle: eigene Darstellung nach Backhaus, 2003, S. 415)

Verfügt ein Industriegüterunternehmen über mehrere Marken (z. B. Linde mit den Gabelstablermarken Linde, STILL, OM PIMESPO oder AGCO mit über 20 Marken im Bereich der Traktoren und Landmaschinen), muss sich das Unternehmen entscheiden, wie es sein Markenportfolio strukturiert. Die Markenarchitektur ist ein Management-Instrument mit dessen Hilfe eine Markenordnung erfolgen kann. Sie regelt die Beziehung der Marken untereinander und die Produkt-Markt-Beziehungen. In Mehrmarkensystemen, oft resultierend aus Übernahmen und Fusionen, wird die Markenarchitektur aufgrund der Tiefe und Breite der Marken zunehmend komplexer. So werden parallel mehrere Marken auf einer Hierarchieebene geführt (Breite, z. B. mehrere Produktmarken in derselben Produktklasse) und gleichzeitig bestehen hierarchische Abstufungen der Marken untereinander (Tiefe, z. B. Firmenmarke vs. Produktmarke des Industriegüterunternehmens). Abbildung 5.27 zeigt eine typische Markenarchitektur im Industriegüterbereich.

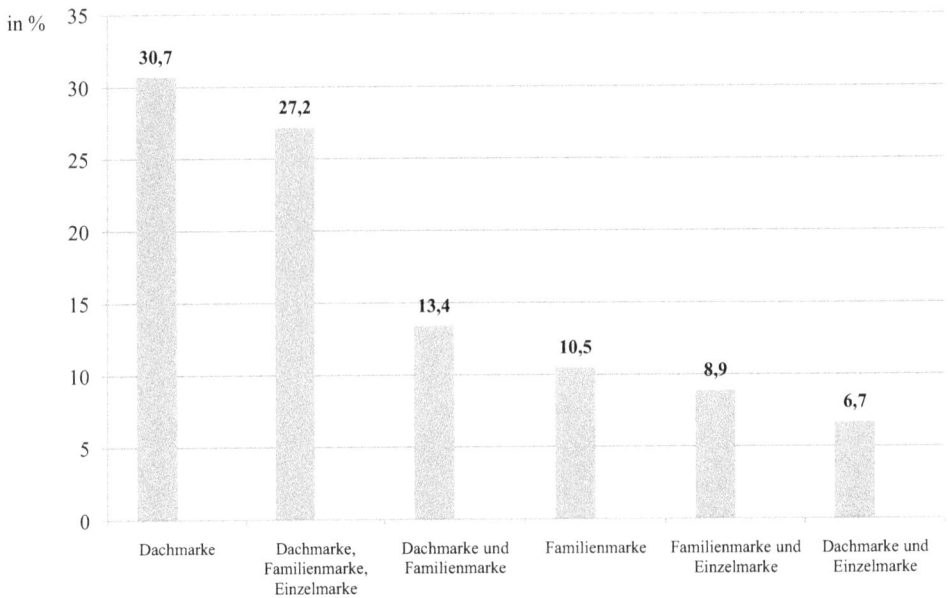

Abb. 5.27 Markenstrukturen im Industriegüterbereich (Quelle: eigene Darstellung nach Richter, 2007, S. 170)

Dachmarken dominieren das Bild (z. B. Bosch, Heidelberger Druckmaschinen, Caterpillar, ABB). Diese können auch ein sogenanntes Subbranding verwenden, um ein Leistungsfeld genauer zu spezifizieren (z. B. Bosch Service, MAN Finance) (vgl. Esch/Knörle, 2009, S. 226). Ein weiteres Kennzeichen von Dachmarken ist, dass ihre Positionierung häufig nicht identisch ist, sondern sich nach Zielgruppen und Produkten richtet. So positioniert sich BASF für seine Kunden aus der Automotive-Branche über „Triple Customer Focus", während die Lebensmittelindustrie mit „Helping Make Products more Nutritious" angesprochen wird (vgl. Baumgarth, 2004, S. 803). Je mehr Marken auf gleicher Ebene und auf unterschiedlichen Hierarchiestufen stehen, desto komplexer gestaltet sich die Markenstruktur. Deshalb kommt einer verständlichen Markenarchitektur eine besondere Bedeutung hinsichtlich der Glaubwürdigkeit und Akzeptanz einer Marke zu (vgl. Richter, 2007, S. 133; Godefroid/Pförtsch, 2009, S. 191). Die Markenarchitektur gibt die Strategie bzgl. der Unternehmenspositionierung vor.

ZF – eine starke Marke

Die ZF Friedrichshafen AG ist ein weltweit führender Automobilzulieferkonzern, der seinen Kunden ein umfangreiches Portfolio von Produkten in Antriebs- und Feinwerktechnik offeriert. Das dezentral organisierte Unternehmen umfasst elf Unternehmensbereiche und Geschäftsfelder, die selbstständig und flexibel am Markt agieren. Die strategische und finanzielle Steuerung obliegt dem Konzern. Kundennutzen durch führende Technik, Qualität und Service bilden den Kern der Markenidentität „ZF". Das positive Markenimage trägt für das Unternehmen wesentlich zum Unternehmenserfolg bei. Die Marke ZF gibt Kunden Orientierung und vermittelt Verlässlichkeit. Das Unternehmen schuf mit ZF eine Dachmarke, die Kompetenz, Leistungsfähigkeit und Werte des Unternehmens ausdrückt und von der Zielgruppe verstanden wird. So wurde beispielsweise Mannesmann Sachs nach ihrer Übernahme von ZF in ZF Sachs AG sowie die Lemförder Metallwaren AG in ZF Lemförder umbenannt. ZF agiert mit einem starken Profil auf dem Markt, was vor allem für die Gewinnung und Sicherung internationale Kunden wichtig ist. Kunden vertrauen auf starke Marken. Gleichzeitig kann die ZF Friedrichshafen AG durch ihr positives (Marken)Image leichter potentielle hochqualifizierte Arbeitnehmer gewinnen. Dazu kommt die nicht zu vernachlässigende positive Wirkung nach innen. Die Markenstärke führt zu einer höheren Identifikation der Mitarbeiter zu ihrem Unternehmen.

Im Jahr 2008 kam es bei ZF zu einer organisatorischen Neuausrichtung. Die ZF Service- und Vertriebsorganisationen und die ZF Trading GmbH wurden zum neuen Geschäftsfeld ZF Services der ZF Friedrichshafen zusammengeführt, um den After-Sales-Bereich weiter auszubauen. Mit der strategischen Neuausrichtung tritt das Unternehmen nicht mehr nur mit der Dachmarke ZF, sondern mit vier Produktmarken auf. ZF Service vereinigt die Produktmarken Sachs, Lemförder, Boge und ZF Parts unter einem Dach, um den Unternehmenswert noch weiter zu steigern.

(vgl. ZF 2008; ZF 2010)

Formaler Markenaufbau

Die Markenordnung ist ein ebenso wichtiger Prozess wie der formale Markenaufbau, wenn sich ein Industriegüterunternehmen für die Etablierung seiner Leistung in Form einer Marke entschieden hat. Der formale Markenaufbau konzentriert sich auf alle Gestaltungsparameter zur Markierung einer Leistung (Branding). Der *Markenname* bildet das Grundelement bei der formalen Ausgestaltung der Marke (z. B. Siemens, Bosch). Die Auswahl des Markennamens bedarf einer sorgfältigen Planung, denn er repräsentiert die Ausdrucksform jeglicher Kommunikation zwischen Unternehmen und Nachfrager und stellt den Träger der Markenidentität dar. Die Anforderungen an einen Markennamen sind deshalb vielfältig. Er sollte einen einerseits einen hohen Wiedererkennungswert besitzen und leicht zu merken sein, andererseits soll er die Unternehmensziele und -strategien unterstützen und gleichzeitig den Wertvorstellungen der Mitglieder des Buying Center entsprechen (vgl. Pförtsch/Schmid, 2005, S. 77 f.).

Ein weiterer wesentlicher Bestandteil der Markenidentität kommt dem *Markenzeichen* zu. Es trägt in Form eines Symbols, eines Logos oder eines anderen Gestaltungsform wie Farbe (z. B. gelb-orange für Caterpillar) oder Schrift zum Erkennungswert der Marke bei. Das Markenzeichen dient als Instrument der Markenwahrnehmung und zum Aufbau der Markenbekanntheit. Mit Hilfe des Markenzeichens soll die Identifizierung der Marke gewährleistet werden. Dabei lassen sich zwei Typen von Markenzeichen differenzieren. Das Bildlogo versucht anhand einer bestimmten Farbauswahl und der Nutzung geometrischer Strukturen Assoziationen beim Nachfrager zu wecken und die Merkfähigkeit zu unterstützen. Das Schriftlogo hingegen ist durch einen stilisierten Schriftzug mit unterschiedlichen Schriftarten gekennzeichnet. Markenname und Markenzeichen sollten aufeinander abgestimmt sein, so dass Nachfrager die gleiche Marke damit assoziieren (ebd.: 80 f.).

Der Markenslogan (Claim) präzisiert und komplettiert die Aussagen des Markennamens und des Markenzeichens (z. B. Rittal GmbH & Co. KG: „Umschalten auf Perfektion", Robert Bosch GmbH: „Technik fürs Leben"). Bei der Entwicklung eines Markenslogans spielt die Wiedererkennung und die Assoziationswirkung eine große Rolle. Gleichzeitig soll er die Unternehmenskultur, die Tätigkeiten und die Ziele des Unternehmens ausdrücken. Daher ist auf eine exakte und leicht einprägsame Formulierung zu achten. Die Platzierung des Claims erfolgt gewöhnlich unter oder seitlich des Markennamens. Jingles (Melodien, Klänge) zur Kommunikation der Marke sind im hingegen Industriegüterbereich kaum verbreitet (ebd.: 81).

Wie Abbildung 5.28 visualisiert, bilden alle formalen Markenkennzeichnungen die Markenidentität (Visual Identity) der Marke oder des Unternehmens. Sie verkörpern neben Kultur und der Persönlichkeit des Unternehmens auch die Unternehmensziele und die Kernkompetenzen. Die Markenidentität ergibt sich aus der Summe aller Markeneigenschaften, dient der klaren Kennzeichnung der Marke und hilft, sich von anderen Marken zu differenzieren. Um ein einheitliches Markenbild abgeben zu können, bedarf es spezieller Richtlinien, die Elemente zur formalen Markenkennzeichnung festlegen (Visual Code Identity). Nur durch die Einhaltung dieser Richtlinien kann ein einheitlicher Markenauftritt garantiert werden.

Formaler Markenaufbau

| Markenname |
| Träger der Identität |

Befestigung von
Markenassoziationen

| **Markenzeichen** |
| Teil der Markenidentität durch |
| Schriftlogo und Bildlogo |

Aufbau von
Markenbekanntheit

| **Markenslogan** |
| Sprachlich-logisch und |
| nichtsprachlich-emotional |

| **Visual Identity Code** |
| Kultur, Persönlichkeit, Unternehmensziele, Kernkompetenz |

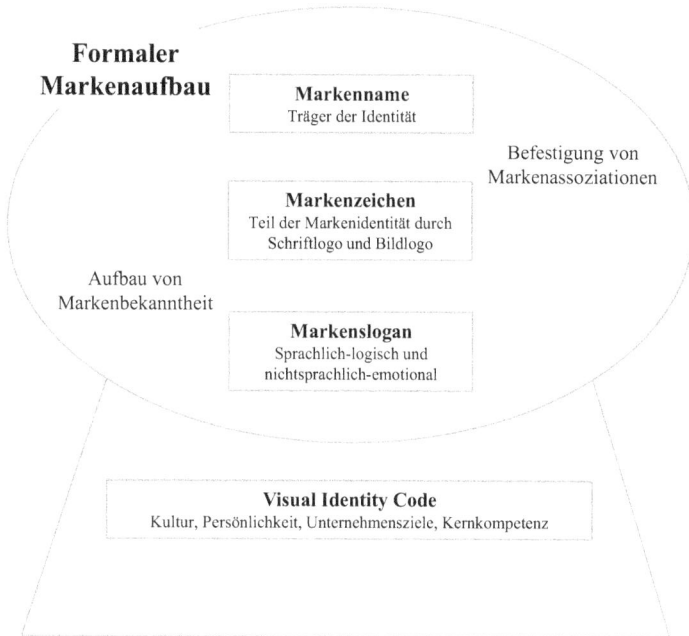

Abb. 5.28　Formaler Markenaufbau (Quelle: eigene Darstellung in Anlehnung an Pförtsch/Schmid, 2005, S. 83)

Markenwert (Brand Equity)

Verfolgt ein Industriegüterunternehmen eine Markenstrategie, so besteht für das Unternehmen großes Interesse zu wissen, ob sich die spezifische Investition in den Aufbau und Pflege der Marke tatsächlich gelohnt hat. Eine Markenstrategie ist lohnenswert, wenn der Marken-Kapitalwert positiv ausfällt. Dies ist dann der Fall, wenn die durch die Marke entstehenden (Zusatz-)Einnahmen größer sind als die (Zusatz-)Ausgaben (Backhaus & Voeth, 2010, S. 175). Der Markenwert (Brand Equity) repräsentiert den Wert einer Marke, der sich aus der Markenbekanntheit, der Markentreue und der von den Kunden angenommenen Qualität der Leistung sowie aus der mit der Marke verbundenen Assoziation zusammensetzt. Die Ermittlung des zu erwartenden Markenwerts erlaubt es, Auskünfte über den zukünftigen Markterfolg eines Industrieunternehmens geben zu können. Damit ein Unternehmen langfristig einen positiven Markenwert halten kann, muss es kontinuierlich die Leistungsversprechen der Marke garantieren. Dies kann explizit durch die technische Leistungsbeschreibung eines Produktes bzw. einer Dienstleistung oder implizit über die bewusste Steuerung der Nachfrager durch die Unternehmenskommunikation erfolgen (Pförtsch/Schmid, 2005, S. 89). Eine genaue oder mindestens nährungsweise Bestimmung des Markenwertes erleichtert dem Anbieter die Preisgestaltung einer markierten Leistung. Dazu spielt der Markenwert bei externen Problemstellungen eines Industriegüterunternehmens wie der Fixierung des Kaufpreises bei Unternehmensakquisitionen oder der Lizenzierung von Markenrechten eine besondere

Rolle. Für die Bestimmung des Markenwertes gibt es kein allgemeingültiges Bewertungsverfahren. Vielmehr gibt es unterschiedliche Ansätze zur Markenbewertung. Neben finanzorientierten (Markenwert ist der Barwert aller zukünftigen Einzahlungsüberschüsse) und verhaltensorientierten Verfahren (Markenwert ergibt sich aus dem Vorstellungsbild der Marke bei den Kunden), konzentriert sich das kombinierte Modell von Interbrand auf die Verbindung der zwei genannten Ansätze (vgl. Godefroid & Pförtsch, 2009, S. 197-206). Nach Kriegbaum-Kling (2004) spielen im Industriegüterbereich vor allem Markenbewertungsverfahren mit Hilfe von Markenkosten, Preisprämieren oder Markenindikatoren ebenso wie kapitalmarktorientierte Markenbewertungen und Markenbewertungsverfahren, die auf Lizenzeinnahmen basieren, eine große Rolle, da sie die Besonderheiten der B2B-Produkte berücksichtigen.

Management von Industriegütermarken

Entscheidet sich ein Industriegüterunternehmen für die Markenstrategie und somit für den Aufbau einer Marke, ist es gezwungen, die Führung und den kontinuierlichen Ausbau der Marke zu verfolgen. Ein systematisches und professionelles Markenmanagement liefert einen wichtigen Beitrag zum Unternehmenserfolg und zur Steigerung des Unternehmenswertes. Unter Markenmanagement werden die entscheidungsorientierte Informationsverarbeitung und deren Nutzung zur zielgerichteten Steuerung von Marken verstanden (vgl. Caspar & Metzler, 2002, S. 6). Das Markenmanagement beinhaltet die Planung, Koordination und Kontrolle aller markenbezogenen Unternehmensentscheidungen. Dabei lassen sich vier zentrale Felder des Markenmanagements unterscheiden (vgl. Aacker und Joachimsthaler, 2000):

1. **Markenpositionierung**: Eine erfolgreiche (langfristige) Markenführung hängt von einer zielgerichteten Positionierung der Marke im Markt ab. Zentrale Elemente der Markenpositionierung sind die Gestaltung der Markenidentität (Selbstbild der Marke) und des Markenimages (Fremdbild der Markenidentität, Wahrnehmung der Marke durch den Nachfrager). Die inhaltliche Positionierung, also die Fokussierung auf die Produktkompetenz der Industriegütermarke sowie die Betonung der Servicekompetenz erweisen sich dabei als besonders erfolgversprechende Faktoren hinsichtlich der Markenloyalität der Nachfrager (vgl. Richter, 2007, S. 175). Die Markenwahrnehmung durch den Nachfrager sollte im Zeitablauf betrachtet werden, um die Markenpositionierung zu steuern und zu optimieren. Ein Instrument der zeitlichen Markenführung stellt die Markenpersönlichkeit anhand einer Skala dar. Dabei wird die Marke mit Hilfe menschlicher Persönlichkeitsmerkmale beschrieben. Konzentrierte sich die Beschreibung der Markenpersönlichkeit erst auf spezifische Länder und Branchen, so wurde in jüngster Vergangenheit eine Markenpersönlichkeitsskala für Industriegütermarken entwickelt. Mit Hilfe von Itembatterien kann das Soll-Bild der Marke mit der Ist-Wahrnehmung der Nachfrager verglichen und gegebenenfalls modifiziert bzw. optimiert werden (vgl. Herbst & Voeth, 2009) (vgl. Abbildung 5.29).

Leistungsfähigkeit	Erregung & Spannung	Aufrichtigkeit
leistungsorientiert	**aufregend**	**aufrichtig**
hart arbeitend	jung	ehrlich
analytisch	gutaussehend	echt
intelligent	glamourös	bodenständig
denkt mit	cool	familienorientiert
professionell	modisch	freundlich
gebildet	gewagt	ursprünglich
	abenteuerlich	
kompetent	phantasievoll	
ordentlich		
sorgfältig	**charmant**	
erfahren	heiter	
problemlösend	weiblich	
pflichtbewusst	temperamentvoll	
rational		
innovativ		
international		
führend		
wissenschaftlich		
erfinderisch		

Abb. 5.29 Itembatterien zur Beschreibung der Industriegütermarkenpersönlichkeit (Quelle: Herbst/Voeth, 2009)

2. **Markenarchitektur:** Die Berücksichtigung des Markenportfolios mit Hilfe einer klar strukturierten Anordnung aller Marken sollte für ein Industrieunternehmen ein größtmögliches Synergiepotential unter Gewährleistung der notwendigen Eigenständigkeit der Marken liefern. Eine segmentbezogene Markendifferenzierung des Industriegüterunternehmens trägt aus Sicht des Anbieters zum größten Erfolg von Industriegütermarken bei. Die Verständlichkeit der Markenarchitektur und die Konstanz der Markenarchitektur werden in der Literatur als weitere Erfolgsfaktoren des Markenmanagements angesehen, empirische Belege zeigten jedoch nur schwache Zusammenhänge zwischen Markenloyalität und der zwei genannten Faktoren (vgl. Richter, 2007, S. 176).

3. **Markenauftritt:** Der Markenauftritt basiert auf den Strategieentscheidungen hinsichtlich der Markenpositionierung und Markenarchitektur. Die Gestaltung der Markierung (Markenname und Markenzeichen) sowie die Ausgestaltung der markenbezogenen Marketinginstrumente bilden die wesentlichen Gestaltungsbereiche des Markenauftritts. Aufgrund der erhöhten Rationalität bei Kaufentscheidungen im Industriegüterbereich und des weit verbreiteten Personal Selling-Modells, kommt der inhaltlichen Stimmigkeit der Markenelemente untereinander sowie der Konsistenz des Auftretens der Vertriebsmitarbeiter im Rahmen des Markenauftritts des Industriegüteranbieters eine besondere Bedeutung hinsichtlich der Markenloyalität der Nachfrager zu. Gleichzeitig spielen Faktoren wie Einzigartigkeit und Kontinuität des Markenauftritts eine große Rolle für ein erfolgreiches Industriegütermarkenmanagement (vgl. Richter, 2007, S. 176). Darüber hinaus muss der

Anbieter hinsichtlich seines Markenauftritts das Buying-Center berücksichtigen. Die Mitglieder des Buying-Centers besitzen oftmals unterschiedliche (fachliche) Hintergründe, die unterschiedliche Anforderungen an den Markenauftritt stellen. Richtet sich der Markenkern auf die wichtigsten Mitglieder des Buying Centers (z. B. Einkauf), dann liegt eine rollenfokussierte Form der Markenführung vor. Positioniert das Industriegüterunternehmen die Marke für unterschiedliche Buying-Center-Gruppen unterschiedlich, so generiert es einen multiplen Markenkern. Bei der aggregierten Form der Markenführung geht es weniger um die Mitglieder des Buying Centers, vielmehr wird hier der Markeninhalt in den Mittelpunkt gestellt, der alle Mitglieder gleich ansprechen soll. Wird die Marke mit einer spezifischen Botschaft aufgeladen, die sich nach den durchschnittlichen Anforderungen der Gruppenmitgliedern des Buying-Centers richtet, dann erfolgt der Markenauftritt anhand eines durchschnittsfokussierten Markenkerns (vgl. Bachkhaus/Voeth, 2010, S. 179 f.).

4. **Markenverankerung im Unternehmen**: Das vierte Aktionsfeld des Markenmanagements stellt die Markenverankerung im Unternehmen dar. Dabei geht es einerseits um die Markenkultur innerhalb des Unternehmens andererseits um die Organisation und Prozesse des internen Markenmanagements. Dem Markenverständnis der Mitarbeiter (dem Bewusstseinsausmaß der Mitarbeiter hinsichtlich der Markenpositionierung im Unternehmen) kommt in diesem Kontext eine besondere Bedeutung zu. Oftmals fehlt in Industriegüterunternehmen ein Markenverantwortlicher, aber gerade die Eindeutigkeit von Zuständigkeitsbereichen für Industriegütermarken wirkt sich positiv auf die Markenloyalität der Kunden aus. Gleichzeitig zeigt sich, dass die Durchführung eines intensiven Markencontrollings des Industriegüteranbieters zum Erfolg der Industriegütermarke beiträgt (vgl. Richter S. 176 f.).

Markenmanagement der Kuka Robot Group

Die Kuka Robot Group mit Hauptsitz in Augsburg zählt zu den führenden Anbietern von Industrierobotik. Kuka zählte 1996 noch zu einem kleinen Produzenten von Investitionsgütern und stellte nur wenige Maschinen her. Heute ist Kuka Weltmarktführer bei Industrierobotern mit PC-basierter Steuerung. Ergänzt wird das Angebotsportfolio der Kuka Robort Group durch Software, PC-Steuerungen, Robotersysteme, Schulungen und Services. Was führte zu dem rasanten Aufstieg der einstigen Kuka Schweißanlagen GmbH? Aufgrund der großen Ähnlichkeit der Maschinen hinsichtlich ihrer technischen Daten unter den verschiedenen Roboteranbietern, setzt Kuka seit einigen Jahren auf eine profilierte Markenpolitik. Das Erscheinungsbild der Roboter wurde um die Jahrtausendwende durch Produktdesigner optimiert. Die nur mit wenig Geld veränderten Gussformen mit weicheren Konturen führten 2002 zum Gewinn zahlreicher Design-Awards. Gerade für die Automobilindustrie, an die Kuka zu dieser Zeit noch den Großteil der produzierten Roboter lieferte, waren diese optischen Veränderungsmaßnahmen sicherlich ungewöhnlich, da technische Daten und Produktivitätskennzahlen der Roboter die wichtigsten Kriterien beim Kauf darstellen. Kuka verfolgt bis heute seine markenpolitischen Zielsetzungen vehement. Kuka-Roboter tauchten plötzlich in Spielfilmen (z. B. James Bond) und Vergnügungsparks (z. B. Legoland) auf. Zeitungsanzeigen wurden geschaltet. Fokussierte sich das Unternehmen in der ersten Stufe auf die Bekanntmachung der Marke Kurka, konzentriert es sich heute auf die Erschließung neuer Märkte. Zwar verkauft Kuka immer noch 50% der produzierten Roboter in die Automobilindustrie, dennoch geht der Rest an Lebensmittelfabriken, Logistikunternehmen, Hersteller von medizinischen Geräten oder an die holzverarbeitende Industrie. Die neue Markenführung hat ihre ersten Ziele erreicht. Der Aufbau von Kuka als Wohlfühlmarke, als eine Marke, die Spaß vermittelt, und als Marke, die gleichzeitig Innovation, Sicherheit und Vertrauen repräsentiert, scheint gelungen.

(vgl. Notopoulus, 2005, www.kuka-robotics.com)

5.4 Internes Industriegütermarketing

Die Übertragung des Marketinggedankens auf unternehmensinterne Fragestellungen ist bereits seit mehr als 20 Jahren Gegenstand der wissenschaftlichen Diskussion (vgl. Bruhn, 1999, S. 19). Internes Marketing setzt sich mit der Gestaltung unternehmensinterner Austauschbeziehungen zu absatzorientierten Zwecken auseinander (vgl. Stauss, 1994, S. 477). Interne Marketingmaßnahmen sollen also mittelbar oder unmittelbar dazu beitragen, absatzdeterminierende Entscheidungen zu optimieren und die Mitarbeiter zu absatzförderlichem Verhalten zu motivieren. Dies gilt insbesondere auch für Unternehmen des Industriegütersektors, da hier unmittelbare Beziehungen und eine hohe direkte Kundenkenntnis erfolgskritische Voraussetzungen für den Projektgewinn darstellen.

Darüber hinaus existieren auch weiter reichende Vorstellungen von internem Marketing (vgl. Kuhn, 2003, S. 31). Diese beziehen sich nicht nur auf die Gestaltung von unternehmerischen

Austauschbeziehungen zu absatzorientierten Zwecken. Vielmehr wurden solche internen Marketingkonzeptionen auch als Bezugsrahmen für das Organisationsmanagement entwickelt (vgl. Alvesson, 1995, S. 282 ff.). Dabei definieren sich Transaktionen innerhalb eines Unternehmens als Marktbeziehungen. Die Handlungsweisen und Ereignisse auf diesen unternehmensinternen Märkten subsumiert Grönroos unter dem Stichwort „internes Marketing" (vgl. Grönroos, 1994, S. 10 ff.).

5.4.1   Internes Marketing und Wissensmanagement

In der Managementlehre ist seit über einem Jahrzehnt der effiziente und zielgerichtete Umgang mit der Unternehmensressource „Wissen" verstärkt in den Vordergrund gerückt. Neben einer Vielzahl von hierarchisierenden Definitionen, die die Abgrenzung von Daten, Informationen und Wissen thematisieren (vgl. Kuhn, 2003, S. 6 ff.), bezeichnet eine im industriellen Kontext oftmals verwendete, wertungsfreie Definition Wissen als „...Fähigkeit aus an sich nutzlosen Daten Informationen zu machen, die dann sinnvoll für das Herleiten von Unternehmensentscheidungen eingesetzt werden können" (Schütt, 2000, S. 8). In diesem Zusammenhang hat sich der Begriff Wissensmanagement etabliert, der einen kontextbezogenen und zielgerichteten Umgang mit der Ressource Wissen mittels einer Realisierung integrierter Managementkonzepte und deren Instrumente umschreibt (vgl. Kuhn, 2003, S. 20).

Sandvik ist ein weltweit tätiger Industriekonzern schwedischer Abstammung, der sowohl im Produkt-, Zuliefer- als auch Anlagengeschäft tätig ist. Sandvik ist Anbieter von Zerspanungswerkzeugen, Maschinen und Werkzeugen für den Gesteinsabbau, rostfreien Materialien, Speziallegierungen, Hochtemperaturmaterialien und Prozesssystemen. Im Jahr 2009 hatte Sandvik 44.000 Mitarbeiter und Niederlassungen in 130 Ländern. Der Jahresumsatz betrug 7,2 Mrd. Euro (www.sandvik.de). Insbesondere im spezifischen Anlagen- und Zuliefergeschäft stellt für den Zerspanungsbereich Sandvik Coromant ein funktionierendes Wissensmanagement den kritischen Erfolgsfaktor für eine marktorientierte Produktentwicklung dar. Sechs Prozent des Umsatzes investiert das Unternehmen in die Entwicklung von Know-how und neuer Technologie. Knowledge Driven Design heißt der wissensbasierte Ansatz im Rahmen der Produktentwicklung: Sämtliche Forschungsresultate sowie die Erkenntnisse aus Kundenkontakten werden in einer intranetbasierten Wissensdatenbank zusammengetragen, auf die alle Sandvik Coromant-Entwickler weltweit zugreifen können. Mit dieser Datenbank erweitert das Unternehmen kontinuierlich seine Basistechnologie – sowohl hinsichtlich der Erfahrungswerte zu den Variablen einzelner Produkte als auch in Bezug auf das Wissen um Prozesse. Alle Ergebnisse werden präzise dokumentiert und dienen als Basis für ein systematisch strukturiertes Vorgehen im weiteren Produktentwicklungsprozess. Innovation und Technologieentwicklung werden bei Sandvik auf diese Weise konsequent an den Bedürfnissen der industriellen Kunden ausgerichtet.

(vgl. www.industrieforum.net)

Insbesondere die Abläufe in technologisch geprägten Industriegüterunternehmen machen ein aktives Wissensmanagement unabdingbar. Dies gilt für betriebliche Funktionsbereiche wie Entwicklung oder Produktspezifikation, in denen technisches Wissen zwischen Ingenieuren unterschiedlicher Arbeitsgruppen aufgebaut und transferiert werden muss, aber auch für absatzmarktorientierte Aufgabengebiete wie Vertrieb und industrielles Marketing.

Eines der Kernprobleme bei industriellem Wissensmanagement besteht in der Motivation beteiligter Mitarbeiter darin, sich gemäß den strukturierten und vorgegebenen Wissensmanagementzielen zu verhalten, also Wissen ihres Arbeitsbereiches zu transferieren, zu dokumentieren bzw. das Wissen anderer Kollegen aktiv zu nutzen. Zahlreiche Industrieunternehmen und industrienahe Dienstleistungsunternehmen wie z. B. Siemens oder die Telekom haben bereits Ende der 90er Jahre damit begonnen, Wissensmanagementinstrumente wie Lessons Learned Datenbanken oder Expertennetzwerke einzuführen (vgl. Müller/Preisl, 2001, S. 235). Fast immer wurde dabei davon ausgegangen, dass die Mitarbeiter ihr Wissen im Sinne einer wissensorientierten Unternehmenskultur bereitwillig teilen oder dieses zumindest dann tun, wenn entsprechende Anreizsysteme geschaffen werden. Diese Hoffnung wurde in vielen Fällen enttäuscht. Der individuelle Wissensvorsprung eines einzelnen Mitarbeiters scheint (auch im Hinblick auf Marketingrelevantes Wissen über Kunden, Preise oder Märkte) ein Leistungsmerkmal zu sein, das den jeweiligen „internen Marktwert" eines Mitarbeiters bestimmt und daher nur ungern aufgegeben wird. Datenbanken blieben oftmals unbefüllt, Expertennetzwerke ohne Funktion.

Eine neue Betrachtungsweise der Wissensmanagementthematik löst sich vom Dogma einer immerzu wissensorientierten Unternehmenskultur. Kuhn (vgl. Kuhn, 2003) greift vielmehr das Konstrukt des internen Marketings auf und bezieht sich auf die Wissensmarktmetapher, der zufolge Wissenstransferprozesse auch innerhalb von Industrieunternehmen nach konventionellen Marktprinzipien (Wissensanbieter, Wissensnachfrager) funktionieren. Er geht davon aus, dass Wissensmanagement in einem Industrieunternehmen nur dann funktionieren kann, wenn die Instrumente an den Erfordernissen der jeweiligen internen Wissensmärkte ausrichtet sind, also ein effizientes internes Marketing für ein industrielles Wissensmanagement betrieben wird (vgl. Kuhn, 2003, S. 29 ff.).

Interne Wissensmärkte in Industriegüterunternehmen

Davenport und Prusak gehen davon aus, dass Austauschprozesse von Wissen auch innerhalb von Organisationen bzw. Unternehmen nach dem Marktprinzip funktionieren (vgl. Davenport/Prusak, 1998, S. 25 ff). Auch auf internen Wissensmärkten von Industriegüterunternehmen lassen sich verschiedene Rollen von Marktteilnehmern und verschiedene Formen von Markttransaktionen identifizieren (vgl. Kuhn, 2003, S. 35). Wissensnachfrager einer Organisation arbeiten an einem Problem, das in seiner Komplexität und Ungewissheit eine leichte Lösung ausschließt. Beispiele hierfür sind komplexe Preisverhandlungssituationen, in denen ein Vertriebs-/Marketingbeauftragter ein exzellentes Wissen über die interne Kostensituation, über die technischen Eigenschaften des angebotenen Erzeugnisses, sowie über potenzielle Reaktionen seiner Kunden auf alternative Preissetzungen verfügen muss. Dieses Wissen fragt er bei anderen „Experten" aus seiner Organisation nach, z. B. bei Verantwortlichen aus den Controlling-Bereichen oder den Projektentwicklern. Diese wiederum agieren als Wissensanbieter auf dem internen Wissensmarkt des Industriegüterunternehmens. Die genauen Spielregeln interner industrieller Wissensmärkte sind noch unbekannt. Wissenschaftliche Beiträge gehen davon aus, dass sie eine Kombination aus klassischen Güter- und Arbeitsmärkten darstellen. Zentrale Erkenntnis ist, dass sich in den meisten Fällen aus der Nachfrage und dem Angebot von Wissen die Höhe einer Gegenleistung herausbildet, die in einer funktionalen Abhängigkeit zur Häufigkeit der Wissensübertragung bzw. zur übertragenen Wissensmenge steht: „Many knowledge initiatives have been based on the utopian assumption that knowledge moves without friction or motivation force (...)" (Davenport/ Prusak, 1998). Der Wissensanbieter fordert in der Regel keine monetär quantifizierbare Gegenleistung. Vielmehr prüft er z. B., ob er sich durch die Wissensweitergabe profilieren kann, ob der Wissensnachfrager im Gegenzug auch in einer vergleichbaren Situation sein Expertenwissen zur Verfügung stellen würde, oder ob sich durch die Wissensweitergabe eine Verbesserung bzw. Intensivierung der generellen Arbeitsbeziehung zum Wissensnachfrager ergibt. Im übertragenen Sinne spricht man von „Wissenspreisen" (vgl. Kuhn, 2003, S. 161 ff.). Gleichzeitig finden sich auch Wissenstransaktionen auf unternehmensinternen Wissensmärkten, die altruistisch ohne eine Gegenleistung vollzogen werden.

Wissensmanagement in Industriegüterunternehmen muss sich nun an den Strukturen und der Morphologie der zugrundeliegenden Wissensmärkte ausrichten. Die Besonderheiten der Wissensmärkte bestehen unter anderem auch darin, dass die Wissensanbieter ihr „Produkt" nicht per se „verkaufen" wollen, um einen entsprechenden „Ertrag" zu erzielen (vgl. Guilhon, 2001, S. 3). Vielmehr müssen sie durch die Wissensnachfrager per Gegenleistung dazu motiviert werden, ihr Wissen zu teilen. Damit drückt sich aus, dass Wissensmärkte nur selten polypolistische Strukturen aufweisen (vgl. Kuhn, 2003, S. 38). Viel häufiger existieren monopolartige Wissensstrukturen, auch insbesondere aufgrund der Tatsache, dass individuelle Wissensvorsprünge in den meisten Organisationen noch immer mit Karrierepotenzialen gleichzusetzen sind. Auch Dritte, so genannte Wissensbroker oder Wissensmanager, müssen den Wissensaustausch von Wissensanbietern und Wissensnachfragern auf den Wissensmärkten der Industriegüterunternehmen aktiv fördern.

Das Key-Account-Management eines Softwareherstellers für betriebliche Abrechnungs-systeme wird aufgrund einer wirtschaftlich angespannten Lage konsolidiert. Nur einer der beiden bislang agierenden weltweiten Key Account Manager bekommt die Gesamtver-antwortung für den weltweiten Vertrieb übertragen. Dem anderen wird eine weniger luk-rative Stelle im Produktmanagement angeboten. Der neu gesamtverantwortliche Key Account Manager ist nun auch für die Betreuung der Kunden seines ehemaligen Kollegen zuständig. Als Wissensnachfrager ist er an Expertenwissen seines Ex-Kollegen über die Eigenschaften, Wünsche und Besonderheiten der neu hinzugekommenen Kunden interes-siert. Sein Kollege ist frustriert über die Entscheidung der Unternehmensleitung, nicht ihm die Stelle des Key-Account-Managers übertragen zu haben und ist als Wissensanbie-ter nur eingeschränkt bereit, sein Expertenwissen an den ehemaligen Kollegen zu übertra-gen. Dieser wiederum muss als Wissensnachfrager gegenüber dem Wissensanbieter Ge-genleistungen erbringen, um „in Besitz" des gewünschten Expertenwissens zu gelangen. Diese Gegenleistung drückt sich z. B. in der intensiven Bemühung des Wissensnachfra-gers um ein gutes Arbeitsverhältnis mit dem Wissensanbieter aus. Dazu zählt neben einer ausführlichen Aussprache auch die Einladung zu einem Abendessen. Gleichzeitig bemüht sich der Key-Account-Manager, seine guten Kontakte zum Produktmanagement des Un-ternehmens zu nutzen um seinem ehemaligen Kollegen den Einstieg dort zu erleichtern.

Kuhn schlägt nun ein wissensmarktorientiertes Wissensmanagementkonzept vor, das sich an dem Grundgedanken des internen Marketings orientiert (vgl. Kuhn, 2003, S. 46 ff.). Marke-tingaktivitäten richten sich im klassischen Sinne an den Erfordernissen von Märkten (respek-tive Absatzmärkten) aus (vgl. Berndt, 1995, S. 3 ff.). Internes Marketing zur Unterstützung von Wissensmanagement orientiert sich folglich an den Strukturen unternehmensinterner Wissensmärkte. Kuhn beschreibt die Anwendung eines internen Marketingmix, um die Bau-steine des Wissensmanagements Wissenstransparent, Wissenserwerb, Wissensentwicklung, Wissens(ver)teilung, Wissensverankerung, Wissensnutzung und Wissensbewerbung in In-dustriegüterunternehmen aktiv zu unterstützen (vgl. Probst/Raub/Romhardt, 2003, S. 41 ff.).

Produktpolitik auf internen Wissensmärkten eines Industriegüterunternehmens

Die interne Produktpolitik hat zum Ziel, die Identifikation, Generierung, Entwicklung, den Transfer, die Speicherung und Nutzung des „Produktes" industrielles Wissen mit einer spezi-fischen Kombination aus Wissensmanagementinstrumenten zu optimieren. Die jeweiligen Instrumente werden entsprechend der Anforderungen der zugrundeliegenden Wissensmärkte geplant, bewertet, ausgewählt und implementiert (vgl. Kuhn, 2003, S. 48). Im Rahmen einer morphologischen Vorgehensweise lassen sich z. B. mögliche Wissensmanagementinstru-mente für die Anwendung für die Bausteine des Wissensmanagements auf dem fokussierten Wissensmarkt alternativ kombinieren (vgl. Abb 5.30).

	Ausprägungen / Parameter	Kombination von Wissensmanagementinstrumenten			
Wissensbausteine	Wissensidentifikation	Wissens-topographien	Wissens-bestandskarten	Geographische Informations-systeme	Wissensmatrix
	Wissensgenerierung	Stakeholder Arbeitskreise	Expliziertes Wissen: Artikel etc.	Einbeziehung externer Wissensträger, z.B. Experten	Syntegration
	Wissensentwicklung	Vorschlagswes.	Learning Historys	Lessons-Learned	Persönliches Wissens-management
	Wissenstransfer	Mentoren-programme	Wissens-gemeinschaften	Wissens-schmetterlinge	Externalisier.
	Wissensspeicherung	FAQ-Dokumentation	Mentale Modelle	Human-Databases, Gruppen etc.	Generierung von MicroArts
	Wissensnutzung	Ladder of Inference	Definition von Wissens-nutzungs-prozessen	Knowledge-utilizing reviews	Knowledge-using employee-circles
Situations-parameter	Beeinflussung der Organisationsstruktur	Bildung von Communities	Top Down Restruktur.	Bottom up Restruktur.	Fördern einer lernenden Organisation
	Beeinflussung der Unternehmenskultur	Culture Changing – Task Force	Implementierung von Führungsleit-linien	Zielfindungs-workshop: Wissenskultur	Culture Clubs

Abb. 5.30 Beispiel für die morphologische Methode zur Auswahl von Wissensmanagementinstrumenten (Quelle: Kuhn, 2003, S. 145)

Wissensmanagementinstrumente wie Expertennetzwerke oder Lessons-Learned-Datenbanken sind Methoden, die in Unternehmen angewendet werden, um das Wissensmanagement bzw. die einzelnen Wissensbausteine zu unterstützen (zur detaillierten Auseinandersetzung mit Wissensmanagementinstrumenten wird an dieser Stelle auf die weiterführende Literatur verwiesen (vgl. Kuhn, 2003, S. 146 ff.).

Diese Kombinationsbündel von Wissensmanagementinstrumenten lassen sich in einem nächsten Schritt der Produktpolitik bewerten (vgl. Armbruster, 2000, S. 12 ff.). Mit Ansätzen wie der Nutzwertanalyse oder Scoring Modellen lassen sich spezifische Bewertungskriterien der Wissensmärkte definieren, nach denen die alternativen Instrumentalkombinationen evaluiert werden. So könnte für den internen Wissensmarkt eines Maschinenbauunternehmens die Verständlichkeit bei der Weitergabe technischen Wissens eine große Rolle spielen. Das „Wissensprodukt" auf dem Wissensmarkt dieses Unternehmens ist also technisches Wissen und das Wissensmanagementinstrument „Expertennetzwerk", bei dem ein Kreis kompetenter Auskunftspersonen Erfahrungen im direkten kommunikativen Austausch an den jeweiligen Wissensnachfrager weitergibt, ist an dieser Stelle zielführender als eine Datenbank, in der die Erklärung komplexer technischer Sachverhalte nur unzureichend erfolgen könnte.

Preispolitik auf internen Wissensmärkten eines Industriegüterunternehmens

Die Häufigkeit, mit der Wissen auf einem unternehmensinternen Wissensmarkt übertragen wird und die übertragene Wissensmenge zeigen sich abhängig von einer im Sinne des internen Marketinggedankens definierbaren Transaktionsgröße, einem „Zahlungsmittel" (vgl. Davenport/Prusak, 1998, S. 30 ff.). Die Theorie des Wissensmanagements setzt sich mit unterschiedlichen Formen von Zahlungsmitteln bzw. Preisen auseinander (vgl. Kuhn, 2003, S. 163).

- Wissen gegen Geld: Insbesondere in großen Industriekonzernen werden interne Leistungsströme oftmals über eine wechselseitige Belastung der Kostenstellen beglichen. Wenn z. B. bestimmte Abteilungen wissensintensive Marktrecherchen für andere Abteilungen durchführen, kann hierfür eine interne Rechnungsstellung erfolgen. Es wird also im klassischen Sinne für den Wissensaustausch „bezahlt".
- Wissen gegen Dienstleistung: Auch unterschiedliche Arten von Dienstleistungen können als Gegenleistung bei einem Wissenstransfer fungieren. Dabei charakterisiert sich eine wesentliche Dienstleistung durch die „Gegenseitigkeit" des Wissensaustauschs. Der Inhaber von Wissen wird dann zum Wissensanbieter, wenn er erwartet, dass der Wissensnachfrager ihm früher oder später ebenfalls sein spezifisches Wissen übertragen wird. „Menschen werden ihr Wissen nur teilen, wenn sie davon ausgehen können, dass auch die andere Seite teilt" (Thönneßen, 2001, S. 52).

Zusätzlich zu den Zahlungsmitteln existieren übergeordnete Gründe für Wissenstransaktionen (vgl. Kuhn, 2003, S. 165). Diese helfen zum einen, eine Wissenstransaktion ohne Gegenleistung und Zahlungsmittel zu erklären. Gleichermaßen machen sie jedoch auch bei einer Transaktion mit Gegenleistung begreifbar, weshalb der Umfang der geforderten und erbrachten Gegenleistung bei den jeweiligen Wissensanbietern und Wissensnachfragern stark variieren kann (vgl. Kuhn, 2003, S. 165). Übergeordnete Gründe können sein:

- Ansehen/Profilierung: Wissensanbieter sind in der Regel daran interessiert, dass Kollegen sie als kompetente Wissensträger und bereitwillige „Teiler" von Expertenwissen kennen und schätzen. Das damit verbundene höhere Ansehen erhöht die Wahrscheinlichkeit, als Wissensnachfrager seinerseits einfacher an Wissen von Kollegen aus der Organisation zu gelangen. Gleichzeitig kann es mit beruflichen Vorteilen (Stellensicherheit etc.) verbunden sein.
- Vertrauen: In vielen Fällen ist die bei einer unternehmensinternen Wissenstransaktion geforderte Gegenleistung umso geringer, je größer das Vertrauensverhältnis zwischen Wissensnachfrager und Wissensanbieter ist. Auch Wissensnachfrager in Industrieunternehmen tendieren dazu, Wissen bei bekannten oder gar befreundeten Kollegen verstärkt nachzufragen (vgl. Cross / Baird, 2000, S. 69 ff.).
- Gewissen: Ein besonders ausgeprägtes Gewissen oder auch Pflichtbewusstsein ist eine Möglichkeit dafür, dass Wissen durch einen Anbieter ohne die Erwartung einer Gegenleistung an den Wissensnachfrager übertragen wird. Grundsätzlich erwarten Mitarbeiter mit höherem Pflichtbewusstsein bzw. ausgeprägterem Arbeitsgewissen geringe Gegenleistungen für die Wissensübertragung als solche mit geringerem Pflichtbewusstsein.

Kuhn hat einige preispolitische Handlungsmöglichkeiten auf internen Wissensmärkten von Industriegüterunternehmen aufgezeigt (vgl. Kuhn, 2003, S. 172 ff.):

- Subventionen auf Wissensmärkten: In der Praxis werden Subventionen auf Wissensmärkten zumeist in Form von Anreizsystemen umgesetzt. Während unter Subjektsubventionen solche Anreize verstanden werden, die den Wissensnachfrager dazu bringen, Wissen mit größerer Häufigkeit nachzufragen, umfasst die Objektsubvention ein breiteres Spektrum an Anreizmöglichkeiten. Anreize wirken bei einem Wissensanbieter darauf hin, dass dieser eine geringere Gegenleistung für eine bestimmte Übertragungshäufigkeit von Wissen bzw. eine bestimmte übertragene Wissensmenge einfordert. Konkrete Anreize werden über materielle Zuwendungen, wie zusätzliche Entlohnung, interne Bonusprogramme („Wissen teilen gewinnt Meilen") oder berufliche Entwicklungsperspektiven im Unternehmen umgesetzt. Immaterielle Anreize zeigen sich durch die Gewährung zusätzlicher Freiräume oder durch Anerkennung der Vorgesetzten (vgl. North, Varlese, 2001, S. 43 ff.).
- Abbau von Marktbarrieren und Transaktionskosten im Wissensmarkt: Auf unternehmensinternen Wissensmärkten existieren so genannte Marktrigiditäten, die vorwiegend in unternehmenskulturellen Traditionen wurzeln. Beispielsweise ist die Gegenleistung, die die Inhaber bzw. Anbieter von Wissen für die Wissensübertragung fordern dann besonders hoch, wenn die Entwicklung der individuellen Karriere in dem betroffenen Industrieunternehmen daran gekoppelt ist, sein Wissen nur reduziert weiterzugeben um sich für die Organisation unentbehrlich zu machen. Abbau von Wissensmarktbarrieren können über die Schaffung eines teamorientierten Arbeitsklimas, der so genannten Emotionsarbeit oder auch eines intern gelebten Beziehungsmanagements vorangetrieben werden (vgl. zu weiteren Ausführungen Kelloway/Barling, 2000 S. 259 ff.; Brehm, 2001, S. 350 ff.).
- Kontingente auf Wissensmärkten: In Anlehnung an die volkswirtschaftliche Mengenkontingentierung auf Märkten kontingentiert ein Wissensmanager einen Wissensmarkt, indem er eine Mindesthäufigkeit, eine Mindestmenge bzw. eine Mindestkontingent für den Wissenstransfer vorgibt. Wissensanbieter werden quasi gezwungen, ihre geforderte Gegenleistung für die Wissensübertragung zu reduzieren. Wissensnachfrager werden gezwungen, ihre Zahlungsbereitschaft im Wissensmarkt zu erhöhen. Dieser Zwang drückt sich z. B. in Stellenbeschreibungen aus, die den Wissenstransfer und die Wissensnutzung als Aufgabengebiete fest definieren. Generell gelten in diesem Fall auch Regeln, Anordnungen oder Restriktionen als preispolitische Instrumente im Wissensmarkt (vgl. Weggeman, 1999, S. 203 ff.).

Kommunikationspolitik auf internen Wissensmärkten eines Industriegüterunternehmens

Kommunikation im Verständnis einer Kommunikationspolitik auf Wissensmärkten versucht das Kommunikationsverhalten zwischen Wissensanbieter und Wissensnachfrager direkt, also im eigentlichen Sinn den Wissenstransfer zu beeinflussen (vgl. Forst, 2000, S. 5 ff.). Kommunikationspolitik dient darüber hinaus auch der Verständigung über das Wissensmanagement und die diesbezüglichen betrieblichen Veränderungen. Die direkte Beeinflussung des Wissenstransfers innerhalb eines Industrieunternehmens mit Hilfe kommunikationspolitischer Maßnahmen ist eng mit der Preispolitik auf Wissensmärkten verknüpft (vgl. Kuhn, 2003, S. 183). Kommunikationsmaßnahmen sollen die Mitarbeiter eines Industriegüterunternehmens dazu motivieren, Wissen häufiger zu übertragen. Die indirekte Beeinflussung des Wissenstransfers durch kommunikative Aktivitäten zielt darauf ab, die Einführung, Nutzung und Pflege von Wissensmanagementinstrumenten in der Organisation zu unterstützen. Durch Maßnahmen wie interne Events müssen Wissensmanagementinstrumente, z. B. Lessons Learned Datenbanken oder Expertennetzwerke für den Außendienst oder die Projekt-Applikateure in den betroffenen Abteilungen, zunächst einmal bekannt gemacht werden. In einem Folgeschritt helfen diese dabei, die Mitarbeiter zur Nutzung der Wissensmanagementinstrumente zu „überreden" bzw. von deren Sinnhaftigkeit zu überzeugen. Folgende kommunikationspolitischen Instrumente lassen sich auf den internen Wissensmärkten eines Industrieunternehmens einsetzen (vgl. Kuhn, 2003, S. 191 ff.):

- Interne Werbung: Die interne Werbung für Wissensmanagement wird durch die Intangibilität und Immaterialität von Wissen erschwert. So gilt es als Herausforderung, Wissen in einer bildlich visuellen Form darzustellen. Abhilfe kann durch die Verwendung so genannter „Surrogate" geschaffen werden (vgl. Meffert/Bruhn, 2009, S. 365 ff.):
    - **Materialisierung durch Gestaltung/Darstellung von externen Faktoren**: Wenn durch ein erfolgreiches Wissensmanagement eine Veränderung an einem externen Faktor bzw. einer externen Zielgröße eintritt, gelten z. B. Vorher-/Nachher-Darstellungen als mögliche Kommumikationsmittel; z. B. kann mit der prozentualen Zeitersparnis geworben werden, die ein Kundenprojektleiter eines Industrieunternehmens durch die Nutzung einer zentralen Wissensdatenbank über Kunden erzielt.
    - **Materialisierung durch Darstellung von internen Faktoren**: Wissen lässt sich z. B. durch die Verwendung von Sinnbildern oder Symbolfiguren materialisieren. Diese bilden ein Erkennungsmerkmal für die Wissensmanagementaktivitäten in einem Industrieunternehmen.
    - **Personifizierung durch Darstellung von internen und externen Faktoren**: Interne Werbermaßnahmen, in denen „zufriedene Kundenstimmen" gehört werden oder Testimonials dargestellt werden, suchen das immaterielle Produkt Wissen zu personifizieren. Denkbar sind Darstellungen von real existierenden Mitarbeitern oder Geschäftsführern, die von ihren positiven Erfahrungen mit den Wissensmanagementinstrumenten berichten.
- Informationsveranstaltungen: Informationsveranstaltungen stellen ein wichtiges kommunikationspolitisches Hilfsmittel dar, um ausgewählte unternehmensinterne Zielgruppen für die Nutzung von Wissensmanagementinstrumenten zu schulen und zu motivieren. Oftmals ist auch die Verinnerlichung einer wissensorientierten Organisationskultur Gegenstand einer Informations- bzw. Motivationsveranstaltung.
- Direktkommunikation: Im Mittelpunkt stehen hier persönliche Formen der Direktkommunikation wie das Mitarbeitergespräch (MAG) oder die Mundpropaganda (vgl. Herbst, 2000, S. 46.). Im Rahmen eines Mitarbeitergespräches kann der Umgang mit Wissen und existenten Wissensmanagementinstrumenten thematisiert werden. Die Entwicklung, Übertragung, Speicherung und Anwendung von Arbeitswissen wird dem Mitarbeiter dadurch als fester Bestandteil seines Aufgabenspektrums kommuniziert. Gelingt es den verantwortlichen Wissensmanagern, die Vorteile des industriellen Wissensmanagements

über Mundpropaganda in der Organisation zu kommunizieren, spricht man auch von viralen Formen der internen Wissensmanagementkommunikation (vgl. dazu z. B. Langner, 2007).

- Kommunikative Gestaltung von Arbeitsräumen: Der Zusammenhang von raumgestalterischen Bedingungen und Kommunikation wurde ursprünglich in der ökologischen Psychologie thematisiert (vgl. Freimuth, 1989, S. 105 ff.). Weitere Untersuchungen zeigen, dass bestimmte Formen der Kommunikation nur unter bestimmten räumlichen Bedingungen möglich sind. Beispiele sind die Zufallskommunikation am Kopierer oder in der Kaffeeecke. Gleichzeitig kann Wissenskommunikation aktiv beeinflusst werden, z. B. durch die Gestaltung von Gruppenräumen oder Kommunikationspunkten. Dadurch wird die bewusste Veränderung von Arbeitsräumen zu einer zentralen kommunikationspolitischen Aktivität beim Wissensmanagement (vgl. Kuhn, 2003, S. 201).

5.4.2   Internes Marketing und Mitarbeitersteuerung

Seit mehreren Jahren führt das Beratungsunternehmen Gallup jährlich eine Befragung zur Stärke der emotionalen Bindung von Mitarbeitern mit Ihrem Unternehmen durch. Der berechnete Engagement Index für das Jahr 2010 zeigt, dass jeder fünfte Mitarbeiter in Deutschland innerlich gekündigt hat. 21% der Deutschen weisen keine emotionale Bindung zu ihrem Unternehmen auf. Die Zahl bewegt sich seit mehreren Jahren auf demselben Niveau. Ihr unmotiviertes Verhalten kann sich auf die Leistungs- und Wettbewerbsfähigkeit der Unternehmen auswirken, somit wird die emotionale Bindung mit dem Unternehmen zunehmend ein strategischer Wettbewerbsfaktor. Nur 13% der Arbeitnehmer besitzen eine hohe emotionale Bindung mit ihrem Unternehmen, d.h. sie verfolgen mit großem Engagement und auf freiwilliger Basis ihre Arbeit. 66% der Mitarbeiter hingegen leisten nur den Dienst nach Vorschrift (vgl. Gallup 2011). Hochgerechnet auf die deutsche Bevölkerung bedeutet das, dass von 33,643 Mio. Erwerbstätigen ab 18 Jahren nur 4,374 Mio. Arbeitnehmer hoch emotional an das Unternehmen gebunden sind. Wird nur das produzierende Gebewerbe betrachtet, so zeigt sich, dass 6,664 Mio. Arbeitnehmer nur eine geringe oder keine Bindung und Identifikation mit ihrem Unternehmen aufweisen (vgl. www.destatis.de). Verantwortung trägt dabei häufig das Unternehmen selbst. Die Führungskräfte schaffen es nicht, die Mitarbeiter zu motivieren und damit ein überzeugendes internes Marketing zu betreiben. Es kommt zu einer zunehmenden Entfremdung zwischen den Führungskräften und den Mitarbeitern. Daher ist das Marketing gefordert, die Innenorientierung eines Unternehmens weiter zu optimieren. Das interne Marketing konzentriert sich auf eine Führungsphilosophie des Humankapitals eines Unternehmens; die auf einer Marketingperspektive basiert. Diese Philosophie muss durch ein internes Handlungsprogramm abgebildet werden, um motivationales, markt- und konsumorientiertes Arbeiten der Mitarbeiter gewährleisten zu können (vgl. George/Grönroos, 1995, S. 66). Die Umsetzung des internen Marketings soll die Personalzufriedenheit nachhaltig steigern. Qualifizierten, serviceorientierten und motivierten Mitarbeitern sind in vielen Branchen weitaus wichtiger als Rohmaterialien, Produktionstechnologie oder das eigentliche Produkt. Industriegüterunternehmen, die gleichzeitig industrielle Dienstleistungen anbieten, legen deshalb immer größeren Wert auf fähige, kundenorientierte Mitarbeiter. Viele Lehrbücher des Industriegütermarketings verzichten auf das interne Marketing, obwohl gerade im Industriegüterbereich Kundenbeziehungen eine besonders wichtige Rolle spielen.

Um der zunehmenden Entfremdung der Mitarbeiter professionell entgegenzuwirken, gewinnt das interne Marketing eine immer größere Bedeutung. Internes Marketing wird dabei häufig synonym für Personalpolitik, Personalmarketing oder personalorientiertes Marketingmanagement verwendet (Schulz, 1995, S. 179, Sander 2004, S. 866, von Rosenstiel et al. 1999, S. 317). Das Hauptziel des internen Marketings ist es, ein markt- und kundenorientiertes Arbeitsverhalten unter dem Grundsatz des „externen Marketings" der Mitarbeiter im Unternehmen zu schaffen. Dabei spielt der Einsatz des internen Marketinginstrumentariums eine besonders wichtige Rolle. Die richtige Gestaltung des internen Instrumentenkanons zu einem markt- und konsumorientierten Personalverhalten führen (vgl. Schulze, 1995, S. 147). Internes und externes Marketing müssen in richtiger Art und Weise zusammenspielen, um Wettbewerbsvorteile erzielen zu können. Marketing stellt somit nicht mehr nur eine Teilfunktion des Unternehmens dar, sondern einen ganzheitlicher Ansatz der Unternehmensführung (vgl. Schulz, 1995, S. 179). Abbildung 5.31 verdeutlicht die unterschiedlichen Elemente des externen und internen Marketings.

	Externes Marketing	**Internes Marketing**
Ziel	Wettbewerbsvorteile zur Gewinnerzielung	Wettbewerbsvorteile zur Gewinnerzielung
Mittel	Marketinginstrumentarium	Personalpolitisches Instrumentarium
Weg	Befriedigung der Kundenbedürfnisse	Befriedigung der Mitarbeiterbedürfnisse und Harmonisierung mit den Unternehmensinteressen
Zielgruppe	aktuelle und potentielle Kunden	aktuelle und potentielle Mitarbeiter („interner Kunde")

Abb. 5.31 Elemente des externen und internen Marketings (Quelle: eigene Darstellung nach Schulz, 1995, S. 180)

Die Gestaltung und Implementierung des externen Marketings erfolgt durch Mitarbeiter im Unternehmen. Je motivierter, engagierter und kundenorientierter die Austauschbeziehungen unter den Mitarbeitern und zu den Führungskräften ausfallen, desto besser wird das externe Marketing. Personalpolitik hat deshalb indirekte Auswirkungen auf den Gesamterfolg des Unternehmens. Internes Marketing ist somit eine Grundvoraussetzung für erfolgreiches externes Marketing. Die Zusammenhänge repräsentiert Abbildung 5.32:

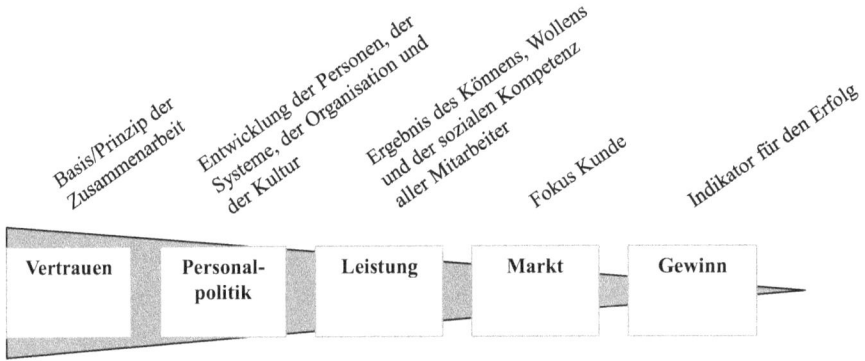

Abb. 5.32 Zusammenhang zwischen internem und externem Marketing (Quelle: eigene Darstellung nach Schulz, 1995, S. 182)

Das interne Marketinginstrumentarium der Mitarbeitersteuerung

Während das interne Marketinginstrumentarium sich an den klassischen Marketinginstrumenten orientieren könnten (Produktpolitik → Arbeitsplatzangebot; Kommunikationspolitik → interne Kommunikationspolitik; Kontrahierungspolitik → Kontrahierungspolitik; Distributionspolitik → Organisationsentwicklung), präsentiert Schulz (1995) aufgrund der starken Schnittmengen der „klassischen" Marketinginstrumente am Beispiel von Henkel eine Aufteilung in vier strategische Felder (vgl. Abbildung 5.33).

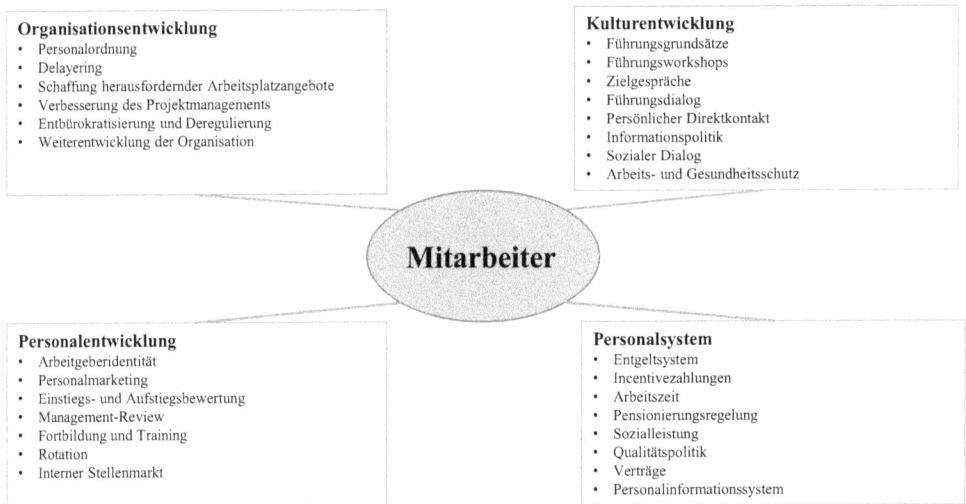

Organisationsentwicklung
- Personalordnung
- Delayering
- Schaffung herausfordernder Arbeitsplatzangebote
- Verbesserung des Projektmanagements
- Entbürokratisierung und Deregulierung
- Weiterentwicklung der Organisation

Kulturentwicklung
- Führungsgrundsätze
- Führungsworkshops
- Zielgespräche
- Führungsdialog
- Persönlicher Direktkontakt
- Informationspolitik
- Sozialer Dialog
- Arbeits- und Gesundheitsschutz

Mitarbeiter

Personalentwicklung
- Arbeitgeberidentität
- Personalmarketing
- Einstiegs- und Aufstiegsbewertung
- Management-Review
- Fortbildung und Training
- Rotation
- Interner Stellenmarkt

Personalsystem
- Entgeltsystem
- Incentivezahlungen
- Arbeitszeit
- Pensionierungsregelung
- Sozialleistung
- Qualitätspolitik
- Verträge
- Personalinformationssystem

Abb. 5.33 Interne Marketinginstrumente (Quelle: eigene Darstellung nach Schulz, 1995, S. 186)

Die Vierfelderaufteilung zeigt, dass der Fokus auf der Entwicklung eines kundenorientierten Unternehmens mit leistungsfähigen Mitarbeitern liegt. Die Ziele, die Erwartungen sowie die Interessen der Mitarbeiter werden dabei berücksichtigt. Der Erfolg von externen Marketinginstrumenten hängt in großem Maße von einer guten Marketingforschung ab. Deshalb ist es ebenso notwendig, den Einsatz interner Marketinginstrumente zu prüfen. Mit Hilfe der Personalforschung können unter anderem Schwachstellen identifiziert, neue Potentiale erkannt und Verbesserungsvorschläge erfasst werden. Bei der Konzeptionierung von Mitarbeiterbefragungen muss die stark heterogene Zusammensetzung (z. B. durch Alter, Bildungsstand, Position) der Belegschaft berücksichtigt werden. Die Ergebnisse von Personalumfragen können starke Auswirkungen auf die folgenden vier strategischen Felder haben.

Organisationsentwicklung

Ein Unternehmen muss sich aktiv und flexibel an eine sich ständige wandelnde Umwelt anpassen. Dieser Herausforderung muss sich eine Organisation und deren Mitarbeiter permanent stellen. Die Organisationsentwicklung zielt deshalb darauf ab, Organisationen leistungsfähiger (effektiver) zu machen und das Arbeitsleben humaner zu gestalten. Die Berücksichtigung unterschiedlicher Kriterien kann dazu führen, dass die Identifikation der Mitarbeiter mit ihrem Unternehmen gestärkt wird, die Motivation des Personals steigt und damit die Wettbewerbssituation des Unternehmens verbessert wird. Eine herausfordernde Tätigkeit mit verantwortungsvollen Aufgaben auf einem angemessenen Anforderungsniveau (Arbeitsplatzdesign) kann zu einer Steigerung der intrinsischen Mitarbeitermotivation führen, ebenso wie ein hoher Bedeutungsgehalt der Arbeit und autonomes Arbeiten mit wenig Leitungshierarchie (Hackman/Oldham, 1980). Die Verringerung der Anzahl an Managementhierarchiestufen (Delayering) und die Abflachung von Hierarchien trägt dazu bei, den Fokus vom permanenten Streben nach höheren Karrierestufen (Aufstieg) abzuwenden und den Blick auf die konkrete Tätigkeit zu richten.

Personalentwicklung

Personalentwicklung umfasst die Beeinflussung der Mitarbeiterqualifikation und die Veränderung der Handlungskompetenzen des Personals anhand bestimmter Maßnahmen der Fort- und Weiterbildung (Personalweiterbildung) und der Mitarbeiterentwicklung (Personalbeförderung) (vgl. Sander, 2004, S. 888 f.). Die Maßnahmen dienen dazu, Sachwissen (fachspezifisches Wissen, Führungswissen) zu vermitteln, die (analytische, soziale und technische) Führungsfähigkeiten von Mitarbeitern zu verbessern und die Bildung von neuen Einstellungen (z. B. Kundenorientierung, Bereitschaft zum permanenten Lernen) zu fördern. Allen Personalentwicklungsmaßnahmen liegen die Dimensionen der Leistungsmotivation, der sozialen Sensibilität, der Veränderungs- und Risikobereitschaft sowie die internationale Orientierung zugrunde (vgl. Schulz, 1995, S. 189). Unternehmen verfolgen mit ihren Personalentwicklungsmaßnahmen unterschiedliche Ziele. So sollen die Maßnahmen zur Erhaltung und Verbesserung der Wettbewerbsfähigkeit und der Kundenorientierung beitragen, innerbetriebliche Kooperationen und Kommunikation zu fördern sowie die Arbeitszufriedenheit zu steigern und die Sozial- und Leistungsfähigkeit der Mitarbeiter zu verbessern. Führungskräfte und Experten können anhand der Personalentwicklungsmaßnahmen gesichert und Fluktuationen gesenkt werden (Staehle 1999, S. 875). Nach Scholz (2000, S. 510) lassen sich sechs Personalentwicklungsmaßnahmen unterscheiden:

1. Personalentwicklung **into the job** (Maßnahmen zur Vorbereitung auf die Tätigkeit, z. B. Nachwuchsförderprogramme, Mentorenprogramme)
2. Personalentwicklung **on the job** (Maßnahmen am Arbeitsplatz, z. B. Sonderaufgaben, Stellvertretung, Coaching, Job Rotation, Auslandseinsatz, Dialoggespräche (Management Review))
3. Personalentwicklung **near the job** (Maßnahmen in der räumlichen, zeitlichen und inhaltlichen Nähe des Arbeitsplatzes, z. B. Einsatz als Coach, Junior Board)
4. Personalentwicklung **off the job** (Maßnahmen außerhalb des Arbeitsplatzes, z. B. Training von Fach-, Sozial- und Methodenkompetenz, Seminare zur Persönlichkeitsentwicklung, Planspiele, Konferenzen)
5. Personalentwicklung **along the job** (z. B. Maßnahmen zur Karriereplanung)
6. Personalentwicklung **out of the job** (z. B. Maßnahmen zur Vorbereitung auf den Ruhestand oder auf den Auslandseinsatz)

Personalentwicklungsmaßnahmen können nur stattfinden, wenn gute, qualifizierte interne Mitarbeiter zur Verfügung stehen, die sich gleichzeitig mit der Unternehmenskultur identifizieren können (vgl. Schulz, 1995, S. 191). In der Unternehmenspraxis lassen sich auch häufig Entwicklungspfade oder Karrierepläne finden, die Entwicklungsperspektiven auf individueller Ebene skizzieren. Abbildung 5.34 veranschaulicht Entwicklungspfade eines weltweitagierenden Industriegüterherstellers.

Abb. 5.34 Entwicklungspfade im Marketing/Vertrieb eines Industriegüterherstellers (Quelle: eigene Darstellung nach Homburg/Krohmer, 2006, S. 1262)

Um qualifizierte, engagierte und motivierte Mitarbeiter gewinnen zu können, muss das Unternehmen über ein gutes Image verfügen, das aus einem erfolgreichen internen Marketing resultiert und durch das externe Marketing geprägt wird. Die Wahrnehmung des internen und externen Marketings und deren Zusammenspiel bestimmen das Image eines Unternehmens.

Personalsystementwicklung

Die Bindung von hochmotiviertem und kundenorientiertem Personal basiert unter anderem auf der Entwicklung eines Personalsystems, dass sich an den Bedürfnissen der Mitarbeiter nach personenbezogener Leistungsanerkennung orientiert (Schulz, 1995, S. 191). Die Gestaltung der Personalvergütung kann die Kundenorientierung fördern, insbesondere wenn sich die variable Vergütung sowohl von Mitarbeitern als auch von Führungskräften an Verhaltens- und Erfolgsbeurteilungskriterien (z. B. Ergebnisse einer Kundenzufriedenheitsanalyse) ausrichtet. Bei der verhaltensorientierten Beurteilung steht die Qualität der Leistungen des Mitarbeiters im Fokus (z. B. Arbeitsverhalten, Verhalten gegenüber Kollegen und Vorgesetzten, Führungsverhalten, persönliches Verhalten), während bei der erfolgsorientierten Beurteilung (z. B. erzielter Umsatz, Anzahl der Neukunden) vor allem objektive Erfolgskriterien eine Rolle spielen (vgl. Homburg/Krohmer, 2006, S. 1257). Die Förderung der Kundenorientierung kann ebenso durch Sonderzahlungen (Prämien) für besonderes Kundenengagement des Mitarbeiters erfolgen. Es existieren somit unterschiedliche Gestaltungsmöglichkeiten für ein (kundenorientiertes) Entgeltsystem. Die bereits erwähnten direkten oder indirekten monetären Vergütungssysteme (direkt: z. B. Provisionen, Prämien, Boni etc.; indirekt: z. B. Sozial-/Versorgungsleistungen, Mitarbeiterbeteiligungen am Unternehmen etc.) werden dabei von nicht-monetären ergänzt. Immaterielle Leistungen wie ein positives Arbeitsumfeld oder andere Möglichkeiten von Karriereanreizen können weitere Incentives für Mitarbeiter darstellen (vgl. Sander, 2004, S. 876). Neben dem Gehalts- und Incentivsystemen kommt dem Thema Arbeitszeit eine besondere Bedeutung zu. Die Umsetzung einer flexiblen und vertrauensbasierten Arbeitszeitengestaltung (z. B. flexible Wochenarbeitszeit, Gleitzeit, Home-Office) kann einerseits an die betrieblichen Abläufe an Kundenwünsche und Auftragsentwicklung angepasst werden und andererseits die Mitarbeitermotivation stark beeinflussen, was zu einer Steigerung der Wettbewerbsfähigkeit führen kann. Zu einem Personalsystem der Kundenorientierung gehören weiter die Umsetzung einer konsequenten Qualitätspolitik, die Ausgestaltung von individuellen Verträgen sowie die Einführung eines funktionierenden Personalinformationssystems.

Unternehmenskulturentwicklung

Damit das interne Marketing erfolgreich im eigenen Unternehmen implementiert werden kann, müssen die Marketingstrategien auf die Kultur eines Unternehmens angepasst sein. Die Schaffung einer (kundenorientierten) Unternehmenskultur ist gerade für Industriegüterunternehmen besonders wichtig, da sie häufig über eine lange Tradition verfügen, sich durch Qualität auszeichnen und über besondere Werte und Herkunft verfügen. Ein Industriegüterunternehmen steht in ständigem Kontakt zu zahlreichen Akteuren. Dabei werden Bilder des eigenen Unternehmens vermittelt und kommuniziert. Der Aufbau einer Unternehmenskultur ist daher notwendig, um dem Unternehmen sowohl eine Gestalt nach innen als auch nach außen geben zu können. Die Schaffung einer starken Unternehmensidentität hat nicht zuletzt auch Auswirkungen auf die Bildung von starken Marken und somit auf den wirtschaftlichen Erfolg des Unternehmens (vgl. Kapitel 5.3.2). Nach Kotler/Armstrong definiert sich Unternehmenskultur als ein System aus langfristigen, konstanten Werten, Überzeugungen, Visionen, Kompetenzen, Kommunikationsstilen, Herkunft, die von Organisationsmitgliedern gelebt werden (vgl. Kotler/Armstrong, 2006, S. 53). Eine starke Unternehmenskultur fördert die Identifikation der Mitarbeiter mit ihrem Unternehmen. Sie begünstigt ein Verständnis von Leistungsbereitschaft und kommuniziert, welche Leistungen das Unternehmen für jeden einzelnen Mitarbeiter bringt. In der Literatur haben sich vier idealtypische Unternehmenskulturen herauskristallisiert, die auf dem Grad der internen bzw. externen Orientierung des Unternehmens und auf der Prozessgestaltung im Unternehmen basieren: Hierarchie-Kultur, Markt-Kultur, Adhocracy-Kultur, Clan-Kultur (vgl. Abbildung 5.35).

Kulturtyp Merkmale	Clan-Kultur	Adhocracy-Kultur	Hierarchie-Kultur	Markt-Kultur
Dominante Eigenschaften	Zusammengehörigkeitsgefühl, familiäre Atmosphäre	Dynamik, Unternehmertum, Risikobereitschaft	Standardisierung, Formalisierung	Leistungsorientierung, Wettbewerb
Rollen von Führungskräften	Mentor, „Vaterfigur"	Unternehmer, risikofreudiger Innovator	Koordinator, Verwalter	Entscheider
Kräfte, die die Organisation zusammenhalten	Loyalität, Tradition	Bekenntnis zur Innnovation und Weiterentwicklung	Regeln, Verfahren	Betonung von Aufgabenorientierung und Zielerreichung
Strategische Prioritäten	Entwicklung der Humanressourcen, Commitment der Mitarbeiter zum Unternehmen	Wachstum, Akquisition neuer Ressourcen	Konstanz, Stabilität, reibungslose Abläufe	Wettbewerbsvorteile, Markterfolge

Abb. 5.35 Typologie von Unternehmenskulturen (Quelle: Homburg, 2004, S. 75)

Die Adhocracy-Kultur gilt dabei als besonders kundenorientierungsfördernd, während die Hierarchie-Kultur sich eher negativ auf die Kundenorientierung auswirkt.
Das Modell der kundenorientierten Unternehmenskultur fügt sich den genannten Unternehmenskulturen zu. Kundenorientierte Verhaltensweisen gewinnen wie eingangs erläutert zunehmend an Bedeutung. Sie trägt zum Markterfolg und damit zum wirtschaftlichen Erfolg des Unternehmens bei. Die kundenorientierte Unternehmenskultur vermittelt ihren Mitgliedern Werte wie

- Innovativität und Flexiblität
- Offenheit der internen Kommunikation
- Qualität und Kompetenz
- Schnelligkeit
- abteilungsübergreifende Zusammenarbeit
- Verantwortungsbewusstsein der Mitarbeiter
- Wertschätzung der Mitarbeiter,

die sich integrierend auf die Mitarbeiter auswirken sollen (vgl. Homburg/Krohmer, 2006, S. 1287). Eine starke Unternehmenskultur ist somit ein wichtiger Faktor in Zeiten zunehmenden Wettbewerbs. Erfolgreiche Unternehmen zeichnen sich oftmals dadurch aus, Wandlungsprozesse auf technologischer, wirtschaftlicher und gesellschaftlicher Ebene zu initiieren, aktiv zu gestalten, und zu unterstützen. Die Beweglichkeit von Unternehmen hinsichtlich der Veränderung bestehender Strukturen, Denkweisen und Problemlösungen kann durch die Unternehmenskultur begünstigt werden. Damit sich derartige Unternehmenskulturen bilden, muss das Unternehmen vor allem auf den Ebenen der Führung, Teambildung und der Informationspolitik Rahmenbedingungen schaffen. (vgl. Schulz, 1994, S. 192). Dazu gehören der Aufbau und die Umsetzung von Führungsgrundsätzen, die ein beiderseitiges Führungsverständnis repräsentieren. Führung setzt einen intensiven Dialog zwischen Mitarbeitern und Vorgesetzten voraus, der durch Offenheit und Vertrauen gekennzeichnet sein soll. Das Unternehmen muss deshalb Kommunikationsprozesse (Führungsdialog, jährlich stattfindende Zielgespräche, Direktkontakte, sozialer Dialog) fördern. Ein Führungsverständnis und Führungsempfinden können in so genannten Führungsworkshops aufgebaut werden. Permanent aktive Informationsflüsse und Kommunikationsprozesse stellen zentrale Rahmenbedingungen dar, die den Aufbau von kundenorientierten Unternehmenskulturen fördern (Bruhn, 1994, S. 49; Schulz, 1994, S. 192 f.).

Die vier Marketinginstrumentarien der Mitarbeitersteuerung haben (vgl. Abbildung 5.33) unterschiedliche Dimensionen aufgezeigt, inwieweit ein Unternehmen durch effiziente personalpolitische Maßnahmen und Anreizsysteme zur Steigerung der Mitarbeitermotivation, zur Erhöhung der Qualität seiner Humanressourcen und zur Stärkung der mitarbeiterbezogenen Unternehmensidentifikation beitragen kann und damit Wettbewerbsvorteile erlangt. Die Mitarbeiter sind als interne Kunden zu betrachten, denen interne Dienstleistungen angeboten werden. Ihre Arbeitsplätze sind als interne Produkte aufzufassen, die marktgerecht gestaltet werden müssen (vgl. Bruhn, 1994, S. 21-25).

6   Literaturverzeichnis

Aaker, D. & Joachimsthaler, E. (2001): Brand Leadership. New York (fp).

Adler, J. (2005): Ermittlung der Zahlungsbereitschaft für value added Commodities: In: M. Enke & M. Reimann: Commodity Marketing: 121-149.

Ahlert, M. (2003): Einsatz des Analytical Hierarchy Relationship Process im Relationship Marketing. Basler Schriften zum Marketing. Wiesbaden (Gabler).

Ahmed, P.K. (1999): Culture and climate for innovation. In: European Journal of Innovation Management, Vol.1-1, 30-43.

AIAG (2008): Potential Failure Mode and Effects Analysis (FMEA), 4th Edition, June 2008.

Aiginger, K. (2006). Revisiting an Evasive Concept: Introduction to the Special Issueon Competitiveness. *Journal of Industry, Competition & Trade, 6*, 63-66.

Al-Ani, A. & Gattermeyer, W. (2000): Entwicklung und Umsetzung von Change Management-Programmen, in: Change Management und Unternehmenserfolg – Grundlagen – Methoden – Praxisbeispiele, hrsg. Von W. Gattermeyer und A. Al-Ani, Wiesbaden 2000, 13-40.

Albers, S. (2000): Salesfore Management, in: The Oxford Textbook of Marketing, hrsg. von K. Blois, Oxford, 292-317.

Allen, R. & Jones, H, & Helms, M & Takeda, M & White, C.: Porter's business strategies in Japan. Business Strategies Series 9-1: 37-44.

Alvesson, M (1995): Management of Knowledge-Intensive Companies, Berlin, New York.

Ansoff, H (1981): Die Bewältigung von Überraschungen und Diskontinuitäten durch die Unternehmensführung. Strategische Reaktionen auf [schwache Signale], in: Planung und Kontrolle, hrsg. Von Horst Steinmann, München , 233-264.

Armbruster, H (2000): Instrumente des Wissensmanagements – Analyse und Systematisierung, Konstanz.

Atkin, B. & Skinner, R. (1975): How British Industry Prices, Industrial Market Research Ltd., London.

Atuahene-Gima, K. & De Luca, L. (2008): Marketing´s lateral influence strategies and new product team comprehension in high-tech companies: A cross-national investigation, in: Industrial Marketing Management, Vol.37, No.6 2008, 664-676.

Aufderheide, D. (2004): Institutionenökonomische Fundierung des Industriegütermarketings, in: Handbuch Industriegütermarketing, hrsg. von Klaus Backhaus und Markus Voeth, Wiesbaden, 49-78.

Aydalot, P. (1986): Milieux Innovateurs en Europe. Paris (GREMI).

Backhaus, K. & Voeth, M. (2010): Industriegütermarketing, 9. Aufl., München (Vahlen).

Backhaus, K. & Erichson, B. & Plinke, W. & Weiber, R. (Hrsg.) (2005): Multivariate Analysemethoden. Eine anwendungsorientierte Einführung, 11., überarb. Aufl., Berlin.

Backhaus, K. & Voeth, M. (2004): Besonderheiten des Industriegütermarketings, in: Handbuch Industriegütermarketing, hrsg. von Klaus Backhaus und Markus Voeth, Wiesbaden 2004, 5-16.

Baecker, P. & Gleißner, W. & Hommel, U. (2007): Unternehmensbewertung: Grundlage rationaler M&A Entscheidungen? In: M&A Review, Nr.6, 270-277.

Balderjahn, I. & Schnurrenberger, B. (2005): Virtuelle Integration im Innovationsprozess, in: Technologiemanagement & Marketing, hrsg. von J. Amelingmeyer, P.E. Harland, Wiesbaden 2005, 415-432.

Bathelt, H. & Glückler J. (2003): Wirtschaftsgeographie. Ökonomische Beziehungen in räumlicher Perspektive. Stuttgart (UTB).

Bathelt, H. (1995): Der Einfluss von Flexibilisierungsprozessen auf industrielle Produktionsstrukturen am Beispiel der Chemischen Industrie. *Erdkunde* 49: 176-196.

Baumgarth, C. & Douven S. (2006): Business-to-Business-Markenforschung – Entwicklungsstand und Forschungsausblick. In: A. Strebinger; W. Mayerhofer; H. Kurz (Hrsg): Werbe- und Markenforschung. Meilensteine – State of the Art – Perspektiven: 138-168.

Baumgarth, C. (2004): Markenführung von B-to-B-Marken. In: K. Backhaus & Voeth M.: Handbuch Industriegütermarketing: 798-823.

Bazerman, M.H. & Curhan, J.R. & Moore, D.A. & Valley, K.L. (2000): Negotiation, in: Annual Review of Psychology, Vol.51-1, 279-314.

Bea, F. & Haas, J. (2001): Strategisches Management, 3.Aufl., Stuttgart.

Behrends, T. (2001): Organisationskultur und Innovation, München.

Berekoven, L. & Eckert, W. & Ellenrieder, P. (2004): Marktforschung - methodische Grundlagen und praktische Anwendung, 10.Aufl., Wiesbaden.

Berndt, R. (2005): Marketingstrategie und Marketingpolitik, 4.Aufl., Berlin, Heidelberg, New York et al.

Berndt, R. & Fantapié Altobelli, C. & Sander, M (2005): Internationales Marketing-Management, 3.Aufl., Berlin, Heidelberg, New York et al.

Berz, G. (2007): Spieltheoretische Verhandlungs- und Auktionsstrategien, Stuttgart 2007.

Bidlingmaier, (1993): Marketing 1, 10. Aufl., Opladen 1983.

Biesalski, A. & Holzer, M. (2008): Alle müssen an einem Strang ziehen, in: absatzwirtschaft, Sonderausgabe zum Markenaward, 140-142.

Blum, C. & Schmieder, M. (2007): Marktsegmentierung im Industriegüterbereich am Beispiel eines Komponentenherstellers, Aachen.

Bond, E. U. & Houston, M. B. & Tang, Y. (2008): Establishing a high-technology knowledge transfer network: The practical and symbolic roles of identification, in: Industrial Marketing Management. Vol.37-6 2008, 641-652.

Bonoma, T. V. & Shapiro, B. P. (1983): Segmenting the industrial market, Lexington.

Boothroyd, G. (2005): Assembly Automation and Product Design, 2nd Edition, Taylor and Francis, Boca Raton, Florida.

Bos, W. & Koller, H.-C. (2002): Triangulation, in: Qualitative Forschung – ein Handbuch, hrsg. Von E. König, P. Zedler, Weinheim 2002, 271-285.

Boutellier, R. / Völker, R. (1997): Erfolg durch innovative Produkte – Bausteine des Innovationsmanagements, München, Wien 1997.

Brehm, M. (2001): Emotionsarbeit und emotionale Kompetenz, in WiSt Heft 7/2001, S. 350-354.

Bruhn, M. (2010): Kommunikationspolitik. Systematischer Einsatz der Kommunikation für Unternehmen. München (Vahlen).

Bruhn, M. (2005): Unternehmens- und Marketingkommunikation. Handbuch für ein integriertes Kommunikationsmanagement. München (Vahlen).

Bruhn, M. (2004): Kommunikationspolitik für Industriegüter. In: K. Backhaus & Voeth M.: Handbuch Industriegütermarketing: 697-721.

Bruhn, M. (1999): Internes Marketing als Forschungsgebiet der Marketingwissenschaft – eine Einführung in die theoretischen und praktischen Probleme, in: Internes Marketing, Integration der Kunden und Mitarbeiterorientierung, Grundlagen – Implementierung - Praxisbeispiele, 2. überarb. und erw. Aufl., Wiesbaden 1999, 15-44.

Bruhn, M. (1994): Internes Marketing als Forschungsgebiet der Marketingwissenschaft – Eine Einführung in die theoretischen und praktischen Probleme. In: M. Bruhn (Hrsg.): Internes Marketing. Integration der Kunden- und Mitarbeiterorientierung: 13-61.

Büschken, J. & Voeth, M. / Weiber, Rolf (2007): Innovationen für das Industriegütermarketing, Festschrift für Professor Dr. Dr. h.c. Klaus Backhaus zum 60.Geburtstag, Stuttgart.

Camp, R. C. (1994): Benchmarking, München 1994.

Carroll, T. M. & Clauretie, T. M. & Neill, H. R. (1997): Effect of Foreclosure Status on Residential Selling Price: Comment, in: Journal of Real Estate Research, Volume 13, No. 1 1997 S. 95-102.

Caspar, M. & Metzler, P (2002): Entscheidungsorientierte Markenführung. Aufbau und Führung starker Marken. *Arbeitspapiere* 3.

Chur, W. & Riesner, J. (2004): Marketing in der Automobilzulieferindustrie – Das Beispiel Bosch. In: Backhaus, K. & Voeth, M.: Handbuch Industriegütermarketing: 1143-1170.

Cohn, M. (2006): Agile Estimating and Planning, Prentice Hall.

Daimler HighTechReport 2008.

Davenport, T. & Prusak, L. (1998): Working Knowledge, How Organizations Manage what They Know, Boston (Massachusetts).

Davies, H. & Ellis, P. (2000): Porters's competitive advantage of nations. Time for the final judgment? *Journal of Management Studies* 37-8: 1189-1213.

De Bono, Edward (1990): Six Thinking Hats, London 1990.

Deutscher Industrie- und Handelstag (DHIT) (2000): Zukunftsperspektiven der deutschen Industrie. Bonn/Berlin (DHIT).

De Oliveira Gomes, O.D. (1987): Angebotspreisfindung bei der konsortialen Vermarktung von Industrieanlagen, Diplomarbeit am Institut für Anlagen und Systemtechnologien, Münster 1987.

Diller, H. (2008): Preispolitik, 4.Aufl., Stuttgart 2008.

Diller, H. (2004): Preisstrategien im Industriegütermarketing, in: Handbuch Industriegütermarketing, hrsg. von Klaus Backhaus und Markus Voeth, Wiesbaden 2004, 949-966.

Diller, H. & Kusterer, M. (1988): Beziehungsmanagement – Theoretische Grundlagen und explorative Befunde. *Arbeitspapiere des Instituts für Marketing der Universität der Bundeswehr Hamburg* 22. Hamburg (Eigenverlag).

Dreyer, M. (2007): Braucht die B2B-Industrie Marktforschung?, in: Indukom, Nr.6/2007, 31.-33.

Ehrhardt, M. (2001): Netzwerkeffekte, Standardisierung und Wettbewerbsstrategie. Wiesbaden (Gabler).

Ehrlenspiel, K. (2003): Integrierte Produktentwicklung: Denkabläufe Methodeneinsatz Zusammenarbeit. 2.Aufl., München.

Ekkehard, P. (2010): Management by Excellence. Unternehmensressourcen gezielt mobilisieren und nutzen. Wiesbaden (Gabler).

Engelhardt, W. & Reckenfelderbäumer, M. (2006): Industrielles Service-Management. In: M. Kleinaltenkamp, W. Plinke, F. Jacob, A. Söllner: Markt- und Produktmanagement. Das Instrument des Business-to-Business-Marketing: 209-318.

Ernst, H. (2005): Neuproduktentwicklungsmanagement, in: Handbuch Technologie- und Innovationsmanagement, hrsg. von S. Albers und O. Gassmann, Wiesbaden 2005, S. 247-264.

Ernst, H. (2003): Unternehmenskultur und Innovationserfolg – eine empirische Analyse, in: Schmalenbachs Zeitschrift für betriebswirtschaftliche Forschung, 55.Jg., Februar, 23-44.

Erzberger, C. (1998): Zahlen und Wörter. Die Verbindung quantitativer und qualitativer Daten und Methoden im Forschungsprozess, Weinheim.

Esch, F.-R. & Knörle C. (2009): Markenarchitekturstrategien in B-to-B-Märkten erfolgreich konzipieren und umsetzen. In: In: C. Baumgarth (Hrsg.): B-to-B-Markenführung. Grundlagen, Konzepte, Best-Practice: 219-241.

Esser, E. (1993): Angebotspreisbestimmung für das kundenindividuelle Projektgeschäft, Heidelberg.

Flick, U. (2008): Triangulation. Eine Einführung, 2.Aufl., Wiesbaden.

Flick, U. (2003): Triangulation in der qualitativen Forschung, in: Qualitative Forschung – ein Handbuch, hrsg. von E. Kardoff, I. Steinke, Hamburg 2003, 309-318.

Florissen, A. (2005): Preiscontrolling – Rationalitätssicherung im Preismanagement, Univ. Diss, Wiesbaden.

Forst, A. (2001): Was leistet die Balanced Scorecard?, in: Wissensmanagement, Nr.6/2000, 4-9.

Freimuth, J. (1989): Kommunikative Architektur im Unternehmen, in: Harvard Business Manager, Nr.2/1989, 105-112.

Frese, E. & Lehnen, M. & Valcárcel, S. (1999): Leistungsindividualisierung im Maschinenbau – Eine wettbewerbsstrategische Analyse. Zeitschrift für betriebswirtschaftliche Forschung 51-9: 883-903.

Fritsch, M. & Henning, T. & Slavtchev, V. & Steigenberger, N. (2008): Hochschulen als regionaler Innovationsmotor? Innovationstransfer aus Hochschulen und seine Bedeutung für die regionale Entwicklung. *Arbeitspapiere der Hans-Böckler-Stiftung* 158. Düsseldorf (Hans-Böckler-Stiftung).

Gallup Consulting (2011): Pressemitteilung. Berlin 9. Februar 2011.

Gausemeier, J. & Ebbesmeyer, P. & Kallmeyer, F. (2001): Produktinnovation: strategische Planung und Entwicklung der Produkte von Morgen, München.

Gebhardt, A. (2000): Rapid Prototyping – Werkzeuge für die schnelle Produktentstehung, 2.Aufl., München.

Geiger, I.: Industrielle Verhandlungen, empirische Untersuchung von Verhandlungsmacht und –interaktion in Einzeltransaktion und Geschäftsbeziehung, Wirtschaftswiss. Diss., Berlin.

George, W. & Grönroos, C. (1995): Internes Marketing: Kundenorientierte Mitarbeiter auf allen Unternehmensebenen. In: M. Bruhn (Hrsg.): Internes Marketing. Integration der Kunden- und Mitarbeiterorientierung: 62-86.

GfK (2005): GfK-WirtschaftsWoche-Werbeklima-Studie 2006. Nürnberg (GfK).

Glaser, B.G. & Strauss, A.L. (1967): The Discovery of Grounded Theory. Strategies for Qualitative Research, Chicago 1967.

Gloger, B. (2008): Scrum – Produkte zuverlässig und schnell entwickeln, München, Wien 2008.

Godefroid, P. & Pförtsch, W. (2009): Business-to-Business-Marketing. Herne (Kiehl).

Gosh, P.K. (2006): Industrial Marketing, Oxford 2006.

Gröne, A. (1977): Marktsegmentierung bei Investitionsgütern, Wiesbaden.

Grönroos, C. (1983): Intern Marknadsföring, in: Intern Marknadsföring, hrsg. von Johan Arndt, Alfred Friman, Malmö. 21-33.

Guilhon, B. (2001): Technology and Markets for Knowledge: Knowledge Creation, Diffusion and Exchange within a Growing Economy, Boston, Dordrecht, London.

Günter, B. & Helm, S.: Die Bewertung von Kundenbeziehungen im Industriegütermarketing. In: K. Backhaus & M. Voeth: Handbuch Industriegütermarketing: 457-480.

Günter, B. (2002): Verlässlichkeit als Wettbewerbsvorteil im Business-to-Business-Marketing. In: M. Kleinaltenkamp & W. Plinke: Strategisches Business-to-Business-Marketing: 185-199.

Haas, R. (1992): Business marketing management: an organizational approach. Text and Cases. Bosten (Pws).

Hackman, J. & Oldham, G. (1980): Work Redesign. Organization Development. New Jersey (Prentice Hall).

Haug, A. (2011): Asiens Wirtschaft boomt – die Lohnkosten steigen. Asien Kurier *3*.

Hauschildt, J. & Salomo, S. (2007): Innovationsmanagement, 4.Aufl., München.

Helm, S. & Günter, B. (2003): Kundenwert – eine Einführung in die theoretischen und praktischen Herausforderungen der Bewertung von Kundenbeziehungen. In: B. Günter & S. Helm (Hrsg): Kundenwert: 3-38.

Herbst, D. (2000): Erfolgsfaktor Wissensmanagement, Berlin 2000.

Herbst, U. & Voeth, M. (2009): Markenpersönlichkeitsmessung von B-to-B-Marken. In: C. Baumgarth (Hrsg.): B-to-B-Markenführung. Grundlagen, Konzepte, Best-Practice: 713-732.

Hermes, V. (2008): SAP macht Schluss mit Beliebigkeit, in: absatzwirtschaft, Nr.6, 2008, 32-35.

Hess, M. (1998): Globalisierung, industrieller Wandel und Standortstruktur. Das Beispiel der EU-Schienenfahrzeugindustrie. München (VVF).

Hippner, H. & Wilde, K. (2006): Grundlagen des CRM: Konzepte und Gestaltung. Wiesbaden (Gabler).

Hippner, H. & Wilde, K. (2002): CRM – Ein Überblick. In: S. Helmke, W. Dangelmaier (Hrsg.): Effektives Customer Relationship Management: 3-37.

Hlavacek, J. D. & Reddy, N. M. (1986): Identifying and Qualifying Industrial Market Segments, in: European Journal of Marketing, No.2, 12-34.

Hoffjan, A. (2009): Zulieferer in der Kostenzange, in DVZ Nr. 7.

Hoffman, (2008): Der Mensch macht CRM. Manager Magazin 10.1.2008.

Hofmann, M. (2004): Die Bedeutung von Innovationen für den Produkterfolg im B2B-Bereich, Norderstedt.

Homburg, C. & Schilke, O. & Reimann, M. (2009): Triangulation von Umfragedaten in der Marketing- und Managementforschung, in: die Betriebswirtschaft (DBW), 2009, Band 69-2, 171-193.

Homburg, C. & Schäfer, H. & Schneider, J. (2008): Sales Excellence - Vertriebsmanagement mit System, 5.Aufl., Wiesbaden.

Homburg, C. & Krohmer, H. (2006): Marketingmanagement. Strategie – Instrumente – Umsetzung – Unternehmensführung. Wiesbaden (Gabler).

Homburg, C. & Krohmer, H. (2006): Marketingmanagement – Strategie - Instrumente – Umsetzung – Unternehmensführung, 2.Aufl, Wiesbaden.

Homburg, C. & Schenkel, B. (2006): Gute Planung steigert den Firmenerfolg, in: sales BUSINESS, 20-23.

Homburg, C. (2004): Der Einfluss organisationaler Gestaltungsparameter auf die Kundennähe von Unternehmen. In: C. Homburg (Hrsg.): Perspektiven der Marktorientierten Unternehmensführung: 53-91.

Homburg, C. & Rudolph, B. (2001): Customer satisfaction in Industrial Markets: Dimensional and Multi Role Issues. *Journal of Business Research* 52-1: 15-33.

Hurlbut, D. & Rogas, K. & Oren, S. (2004): Protecting the Market from "Hockey Stick" Pricing: How the Public Utility Commission of Texas is Dealing with Potential Price Gouging, in: The Electricity Journal, No.4, 1040-6190.

Hutt, M.D. & Speh, T.W. (2004): Business marketing management: a strategic view of industrial an organizational markets, 8. Auflage, London et al.

Ibert, O. (2006): Zur Lokalisierung von Wissen durch Praxis: Die Konstitution von Orten des Lernens über Routinen, Objekte und Zirkulation. *Geographische Zeitschrift* 94-2: 98-115.

Jacob, F & Kleinaltenkamp, M. (2004): Leistungsindividualisierung und -standardisierung. In: K. Backhaus & M. Voeth: Handbuch Industriegütermarketing: 601-623.

Jahnfeld, M. (2007): Die Chemie muss stimmen, in: w&v, Nr.38, 86.

Jefkins, F. (1998): Public Relations. London (Financial Times/ Prentice Hall).

Johnston, W.J. & Lewin, J.E. (1996): Organizational buying behavoir: Towards an integrative framework, in: Journal of Business Research, 35.Jg, Nr.1, 1996, 1-16.

Jones, E. E. & Harris, V. A. (1967): The attribution of attitudes. Journal of Experimental Social Psychology 3, 1-24.

Jung, Hans (2006): Allgemeine Betriebswirtschaftslehre, München 2006.

Kairies, P. (2007): Professionelles Produkt Management für die Investitionsgüterindustrie, 8.Aufl., Renningen.

Kalka, J. & Allgayer, F. (2006): Zielgruppen – wie sie leben, was sie kaufen, woran sie glauben, Landsberg am Lech.

Keaveney, S. M. (2008): The blame game: An attribution theory approach to marketer-engineer conflict in high-technology companies, in: Industrial Marketing Management, Vol.37-6 2008, 653-663.

Kelle, U. & Erzberger, C. (2003): Qualitative und quantitative Methoden: kein Gegensatz in: Qualitative Forschung – ein Handbuch, hrsg. Von U. Flick, E. von Kardorff, 2.Aufl., Hamburg 2003, 299-309.

Kelloway, K. & Barling, J. (2000): Knowledge Work as Organizational Behaviour, in: International Journal of Management Reviews, Vol./2/2000, 287-304.

Kemper, A. (2000): Strategische Markenpolitik im Investitionsgüterbereich. Köln (Josef Eul).

Kirchgeorg, M & Springer, C. & Brühe, C. (2009): Live Communication Management. Ein strategischer Leitfaden zur Konzeption, Umsetzung und Erfolgskontrolle. Wiesbaden (Gabler).

Klein, K. (2008): Ingredient Branding. Ein Rezept für eine erfolgreiche Differenzierungsstrategie. *Das wob-Magazin für Kommunikation und Marke* 8: 28-33.

Kleinaltenkamp, M & Saab (2009): Technischer Vertrieb. Eine praxisorientierte Einführung in das Business-to-Business Marketing. Heidelberg (Springer).

Kleinaltenkamp, M. & Jacob, F. (2006): Grundlagen der Gestaltung des Leistungsprogramms. In: M. Kleinaltenkamp; W. Plinke; F. Jacob; A. Söllner (Hrsg.): Markt- und Produktmanagement. Das Instrument des Business-to-Business-Marketing: 3-82.

Kleinaltenkamp, M. & Plötner, O. & Zedler, C. (2004): Industrielles Servicemanagement. In: K. Backhaus & M. Voeth: Handbuch Industriegütermarketing: 625-648.

Kleinaltenkamp, M. & Fließ, S. (2002): Marktingstrategie. In: M. Kleinaltenkamp & W. Plinke: Strategisches Business-to-Business-Marketing: 235-284.

Kleinaltenkamp, M. & Plinke, W. (2002): Strategisches Business-to-Business-Marketing. Berlin (Springer).

Kleinaltenkamp, M. & Plinke, W. (2002): Strategisches Business-to-Business Marketing, 2.Aufl., Berlin, Heidelberg, New York et al.

Kleinaltenkamp, M. (2002): Wettbewerbsstrategien. In: M. Kleinaltenkamp & W. Plinke: Strategisches Business-to-Business-Marketing: 61-189.

Kleinaltenkamp, M. (2001): Business-to-Business Marketing, in: Gablers Wirtschaftslexikon, hrsg. von Gabler Verlag, 15.Aufl., Wiesbaden.

Kleinaltenkamp, M. & Rieker, S. (1997): Kundenorientierte Organisation. In: M. Kleinaltenkamp & W. Plienke (Hrsg.): Geschäftsbeziehungsmanagement: 161-215.

Kleinaltenkamp, M. (1997): Kundenintegration in: Wirtschaftswissenschaftliches Studium, 26.Jg., Nr.7, 1997, 350-354.

Kleinaltenkamp, M. (1993): Standardisierung und Marktprozess. Wiesbaden (Gabler).

Kluge, S. & Kelle U. (2001): Methodeninnovation in der Lebenslaufforschung. Integration qualitativer und quantitativer Verfahren in der Lebenslauf- und Biographieforschung, Weinheim.

Köhler, R. (2004): Tendenzen des Markenartikels aus der Perspektive der Wissenschaft. In: M. Bruhn (Hrsg.): Handbuch Markenartikel. Band III: 2061-2089.

Köhler, R (2003): Preis-Controlling, in: Handbuch Preispolitik. Strategien, Planung, Organisation, Umsetzung, hrsg. von H. Diller und H. Hermann, Wiesbaden, 357-386.

Köhler, R. (2001): Customer Relationship Management. Interdisziplinäre Grundlagen der systematischen Kundenorientierung. In: S. Klein & C. Loebecke (Hrsg.): Interdisziplinäre Managementforschung und Lehre: 79-107.

Kohrmann, O. (2003): Mehrstufige Marktsegmentierung zur Neukundenakquisition, Wiesbaden 2003.

Koschnick, W. J. (2006): Von der Poesie der schönen Namensgebung – Glanz und Elend von Lifestyle-Typologien, in Focus Jahrbuch.

Kotler, P. & Keller, K. (2008): Marketing Management. New Jersey (Prentice Hall).

Kotler, P. & Armstrong, G. (2006): Principles of Marketing. New Jersey (Personal Education).

Kotler, P. & Bliemel, F. (2006): Marketing-Management. Analyse, Planung und Verwirklichung. München (Pearson).

Kotler, P. & Bliemel, F. (2006): Marketing Management – Analyse, Planung und Verwirklichung, 10. Aufl., München, Bosten, San Francisco et al.

Kotler, P. (2000): Wissen: Positionierung über die Entwicklung von Wertangeboten zur Unique Selling Proposition. *Absatzwirtschaft* 3: 46-49.

Krämer, C. (1993): Marketingstrategien für Produktionsgüter. Wiesbaden (DUV).

Kriegbaum-Kling, C. (2004): Bedeutung, Bewertung und Steuerung von Investitionsgütermarken. In: P. Horvath & K. Möller (Hrsg.): Intangibles in der Unternehmenssteuerung – Strategien und Instrumente zur Wertsteigerung des immateriellen Kapitals: 331-346.

Kugeler, H. (2008): Aufgaben und Verfahren des Vertriebscontrollings, Norderstedt.

Kuhl, M. & Stöber, O. (2006): Data Warehousing und Customer Relationship Management als Grundlage des wertorientierten Management. In: Günter & S. Helm (Hrsg.): Kundenwert. Grundlagen – Innovative Konzepte – Praktische Umsetzungen: 531-548.

Kuhn, M. & Kollmann, V. & Zajontz, Y. (2009): Erfolgsfaktoren industrieller Dienstleistungen. Eine branchenübergreifende Homogenität von Erfolgsgaranten? *Industrie Management* 6: 16-20.

Kuhn, M. (2009): Beyond the Buying Center – Industrial Lifestyles and their implications for price negotiations, in: proceedings AMS World Marketing Congress, Oslo 2009, 419-427.

Kuhn, M. & Klein, N. (2007): Markt- und Branchenanalyse – veröff. SRH Studienbrief, Riedlingen.

Kuhn, M. (2003): Marketing auf konzerninternen Wissensmärkten – bedarfsflexible Umsetzung von Wissensmanagement, Wiesbaden.

Kühne, B. (2007): Asymmetrische Bindungen in Geschäftsbeziehungen: Einflussfaktoren im Business-to-Business-Bereich. Wiesbaden (Gabler).

Kuhner, C. (2006): Prognosen in der Betriebswirtschaftslehre, in: AG – die Aktiengesellschaft, Nr.19, 2006, 713-720.

Laker, M. (2007): Pricing-Excellence für Technologieunternehmen, Frankfurt.

Lampach, E. (2007): Beschaffungsentscheidungen in Unternehmen – ein informationsökonomische Analyse des Buying Centers, Saarbrücken.

Langner, H. (2004): Marktforschung und Informationsbeschaffung auf Industriegütermärkten, in: Handbuch Industriegütermarketing, hrsg. von Klaus Backhaus und Markus Voeth, Wiesbaden, 325-348.

Langner, S. (2007): Viral Marketing, Wiesbaden.

Lechner, G. (2008): Der Bullwhip-Effekt in Theorie und Praxis, Quantitative Analyse des Bullwhip-Effekts anhand einer Simulation des Beer-Games, Saarbrücken.

Low, G. & Fullerton, R. (1994): Brands, Brand Management, and the Brand Manager System: A Critical-Historical Evaluation. *Journal of Marketing Research* 31: 173-190.

Mahnel, M. (2007): Keine marktgerechten Preise im Ersatzteilgeschäft, in: Absatzwirtschaft, 49. Jg., Nr. 1, 32.

Martins, E.C. & Terblanche, F. (2003): Building organisational culture that stimulates creativity and innovation in: European Journal of Innovation Management, Vol.6-2, 64-74.

Matz, S. (2007): Erfolgsfaktoren im Innovationsmanagement von Industriebetrieben, Univ. Diss. Mannheim, Wiesbaden.

Meffert, H. & Bruhn, M. (2009): Dienstleistungsmarketing. Grundlagen - Konzepte – Methoden, 6. vollst. neu bearb. Aufl., Wiesbaden.

Meffert, H. & Burmann, C. & Kirchgeorg, M. (2008): Marketing. Grundlagen marktorientierter Unternehmensführung. Konzepte – Instrumente – Praxisbeispiele. Wiesbaden (Gabler).

Meffert, H. & Burmann, C. & Kirchgeorg, M. (2007): Marketing: Grundlagen marktorientierter Unternehmensführung, Konzepte – Instrumente – Praxisbeispiele, Wiesbaden.

Meffert, J. & Schneider, H. & Krummernel, M. (2004): Direktmarketing im Industriegüterbereich: In: K. Backhaus & M. Voeth (Hrsg.): Handbuch Industriegütermarketing: 723-748.

Menger, J. (2007): CRM und Marketing: Kundenorientierung und Beziehungsmanagement. Integriert statt isoliert auf dem Weg zu dialogischen Beziehungsmustern. *Information Management & Consulting* 22: 37-40.

Müller, B. (2007): Deutschland hat einen neuen Industriekonzern, Evonik Industries ist da, Pressemitteilung der Evonik Industries AG.

Mussweiler, T. & Galinsky, A.D. (2002): Strategien der Verhandlungsführung: Der Einfluss des ersten Gebotes, in: Wirtschaftspsychologie, 4.Jg-2. 21-27.

Nagle, T. & Hogan, J. E. (2007): Strategie und Taktik in der Preispolitik - Profitable Entscheidungen treffen, 4.Aufl., München.

Nebl, T. (2007): Produktionswirtschaft, 6.Aufl., München.

Nieschlag, R. & Dichtl, E. & Hörschgen, H. (2002): Marketing. Berlin (Duncker & Humblot).

Nonaka, I. & Hirotaka, T. (1995): The Knowledge Creating Company. How Japanese Companies Create the Dynamics of Innovation, Oxford.

North, K. & Varlese, N. (2001): Motivieren für die Wissensteilung und die Wissensentwicklung, in: Wissensmanagement, Nr.1/2001, 43-46.

Notopoulos, S. (2005): Die Maschine als Freund. *Brand Eins* 2: 120-123.

O.V: (2009): Open Book Accounting als Weg aus der Kostenfalle, in: MM das Industriemagazin, Nr. 5, 2009, 10.

Ohms, W.J. (2000): Management des Produktentstehungsprozesses: Handlungsorientierte Erfolgsfaktorenforschung im Rahmen einer empirischen Studie in der Elektronikindustrie, Univ. Diss. Augsburg, München.

Osborn, A.F. (1963): Applied Imagination, 3.Aufl., New York.

Osborne, M.J. / Rubinstein, A. (1995): A Curse in Game Theory, Massachusetts.

Pförtsch, W. & Müller, I. (2006): Die Marke in der Marke. Bedeutung und Macht von Ingredient Branding. Berlin (Springer).

Pförtsch, W. & Schmid, M. (2005): B2B-Markenmanagement. Konzepte, Methoden, Fallbeispiele. München (Vahlen).

Plinke, W. (2007): Grundlagen des Geschäftsbeziehungsmanagements. In: M. Kleinaltenkamp & W. Plinke (Hrsg.): Geschäftsbeziehungsmanagement: 1-62.

Plinke; W. (2002): Unternehmensstrategie. In: M. Kleinaltenkamp & W. Plinke: Strategisches Business-to-Business-Marketing: 3-55.

Plinke, W. (1998): Erlösgestaltung im Projektgeschäft, in: Auftrags- und Projektmanagement, hrsg. von M. Kleinaltenkamp, W. Plinke, Berlin 1998, 117-159.

Porter, M. (2007): Wettbewerbsvorteile. Spitzenleistungen erreichen und behaupten. Frankfurt (Campus Verlag)

Porter, M. (1993): Nationale Wettbewerbsvorteile. Erfolgreich konkurrieren auf dem Weltmarkt. Wien (Ueberreuter).

Probst, G. & Raub, S. & Romhardt, K. (2003): Wissen managen, 4.Aufl., Wiesbaden 2004.

Pufahl, M. (2006): Vertriebscontrolling – so steuern Sie Absatz, Umsatz und Gewinn, 2.Aufl., Wiesbaden.

Rabl, M. (2009): Kreativitätstechniken, in: Praxisorientiertes Innovations- und Produktmanagement, hrsg. von Kurt Gaubinger, Thomas Werani, Michael Rabl, Wiesbaden, 75-90.

Rabl, M. (2009): Quality Function Deployment, in: Praxisorientiertes Innovations- und Produktmanagement, hrsg. von Kurt Gaubinger, Thomas Werani, Michael Rabl, Wiesbaden, 129-142.

Raiffa, H. & Richardson, J. & Metcalfe, D. (2002): Negotiation Analysis – The Science and Art of Collaborative Decision Making, Cambridge.

Rao, A. & Bergen, M. & Davis, S. (2008): How to Fight a Price War, in: Harvard Business Review on Pricing, Boston, 75-100.

Raschke, F. (2008): Regionale Wettbewerbsvorteile. Raschke, F. (2008): Identifikation, Analyse und Management von Clustern am Beispiel der Logistik im Rhein-Main-Gebiet. Wiesbaden (Gabler).

Reckenfelderbäumer, M. (2004): Prozessmanagement bei industriellen Dienstleistungen. In: K. Backhaus & M. Voeth: Handbuch Industriegütermarketing: 649-676.

Reinecke, S. & Sausen, K. (2002): CRM als Chance für das Marketing. *Thexix*: 2-5.

Rentzsch, H. (2001): Kundenorientiert verkaufen im Technischen Vertrieb, Erfolgreiches Beziehungsmanagement im Business-to-Business, 2.Aufl., Wiesbaden.

Rese, M. & Krebs, A. (2007): Theoretische Scheinwerfer für das Industriegütermarketing von morgen, in: Innovationen für das Industriegütermarketing, hrsg. von Joachim Büschken, Markus Voeth und Rolf Weiber, Stuttgart, 43-66.

Rese, M. (2002): CRM – Dichtung und Wahrheit auf Business-to-Business-Märkten. *Thexis* 1: 19-22.

Richter, H. (2001): Investitionsgütermarketing, München.

Richter, M. (2007): Markenbedeutung und –management im Indutriegüterbereich. Einflussfaktoren, Gestaltung, Erfolgsauswirkungen. Wiesbaden (DUV).

Rieg, Robert (2008): Planung und Budgetierung, Wiesbaden.

Ries, A. & Trout, J. (1982): Positioning: The Battle for your Mind. New York (Warner Books).

Robertson, T. & Barich, H. (1992): A Succesful Approach to Segmenting Industrial Markets, in: Planning Review, Nr.6

Rohrbach (1969): Kreativ nach Regeln – Methode 635, eine neue Technik zum Lösen von Problemen, in: Absatzwirtschaft, 12.Jg, 73-76.

Saatweber, J. (2007): Kundenorientierung durch Quality Function Deployment - Systematisches Entwickeln von Produkten und Dienstleistungen, 2.Aufl., Düsseldorf.

Sabisch, H. / Tintelnot, C. (1997): Integriertes Benchmarking für Produkte und Produktentwicklungsprozesse, Berlin et al.

Sander, M. (2004): Marketing-Management. Märkte, Marktinformation und Marktbearbeitung. Stuttgart (UTB).

Sattler, H. & Nischke, T (2003): Ein empirische Vergleich von Instrumenten zur Erhebung von Zahlungsbereitschaften, in: Zeitschrift für betriebswirtschaftliche Forschung, 55.Jg-6, 364-381.

Schamp, E.W. (2000): Vernetzte Produktion. Industriegeographie aus institutioneller Perspektive. Darmstadt (Wissenschaftliche Buchgesellschaft).

Scharnbacher, K. & Kiefer, G. (2003): Kundenzufriedenheit, Analyse, Messbarkeit und Zertifizierung. München (Oldenbourg).

Scheer, A. & Grieble, O. & Klein, R. (2006): Modellbasiertes Dienstleistungsmanagement, in: Service Engineering, Entwicklung und Gestaltung innovativer Dienstleistungen, hrsg. von Hans-Jörg Bullinger und August-Wilhelm Scheer, 2.Aufl., Berlin, Heidelberg, 19-52

Scheuch, Fritz (1975): Investitionsgütermarketing, Opladen.

Schröder, H. & Olbrich, R. & Kenning, P. (2009): Distribution und Handel in Theorie und Praxis, Wiesbaden.

Schröder, H. & Zenz, A. (1996): QFD (Quality Function Deployment), in: Handbuch der Produktionswirtschaft, hrsg. Von S. Albers / A. Hermann, 3.Aufl., Wiesbaden, 701-715.

Schröder, M. (2008): Heureka, ich hab's gefunden: Kreativitätstechniken und Ideenfindung, 6.Aufl., Würzburg.

Schulz, R. (1995): Das Zusammenspiel zwischen dem internen und externen Marketing – am Beispiel von Henkel. In: M. Bruhn (Hrsg.): Internes Marketing. Integration der Kunden- und Mitarbeiterorientierung. Grundlagen – Implementierung – Praxisbeispiele:: 177-197.

Schulze, H. (1995): Die Gestaltung des Internen Marketings mit Konzepten der Transaktionsanalyse. In: M. Bruhn (Hrsg.): Internes Marketing. Integration der Kunden- und Mitarbeiterorientierung. Grundlagen – Implementierung – Praxisbeispiele:: 145-175.

Schütt, P. (2000): Wissen kartographieren – aber wie, in: Wissensmanagement Nr.2/2000, 8-11.

Schwaber, K. (2007): Scrum im Unternehmen, Unterschleißheim.

Schwaber, K. & Irlbeck, T. (2007): Agiles Projektmanagement mit Scrum, Unterschleißheim.

Schweiger, G. & Schrattenecker, G. (2005): Werbung. Eine Einführung. Stuttgart (UTB).

Scott, A. (1988): New Industrial Spaces: Flexible Production Organization and Regional Development in North America and Western Europe. London (Pion).

Siems, F. (2009): Preismanagement, München.

Silber, A. (2007): Schnittstellenmanagement im CRM-Prozess des Industriegütervertriebs. Modellbasierte Analyse und Gestaltung der Verbesserungspotentiale. Wiesbaden (Gabler).

Simon, H. & Fassnacht, M. (2009): Preismanagement, 3.Aufl., Wiesbaden.

Simon, H. (1992): Preismanagement. Analyse – Strategie – Umsetzung, 2.Aufl., Wiesbaden 1992.

Skarmeas, D. & Katsikeas, C. & Spyropoulou, S. & Salehi-Sangari, E. (2008): Market and supplier characteristics driving distributor relationship quality in international marketing channels of industrial products, in: Industrial Marketing Management, Nr.37, 23-36.

Spath, D. & Demuß, L. (2006): Entwicklung hybrider Produkte – Gestaltung materieller und immaterieller Leistungsbündel, in: Service Engineering, Entwicklung und Gestaltung innovativer Dienstleistungen, hrsg. von Hans-Jörg Bullinger und August-Wilhelm Scheer, 2.Aufl., Berlin, Heidelberg, 463-503

Staehle, W. (1999) : Management: Eine verhaltenswissenschaftliche Perspektive. München. (Vahlen).

Stauss, B. (1994): Stichwort: Internes Marketing, in: Vahlens großes Marketinglexikon, hrs. von Hermann Diller, München, 477-479.

Steffenhagen, H. (2006): Muss Preisverfall Schicksal sein? In: Absatzwirtschaft, Nr.5 2006, 40.

Steger, J. (2006): Kosten- und Leistungsrechnung – Einführung in das betriebliche Rechnungswesen, Grundlagen der Vollkosten-, Teilkosten-, Plankosten- und Prozesskostenrechnung, 4. überarb. Aufl., München.

Stender-Monhemius, K. (2002): Marketing. Grundlagen mit Fallstudien. München (Oldenbourg).

Stern, T. / Jaberg, H. (2007): Erfolgreiches Innovationsmanagement, 3.Aufl., Wiesbaden.

Strauß, R. (2008): Marketingplanung mit Plan – Strategien für ergebnisorientiertes Marketing, Stuttgart.

Thom, N. & Etienne, M. (2000): Organisatorische und personelle Ansatzpunkte zur Förderung eines Innovationsklimas im Unternehmen, in: Aktuelle Tendenzen im Innovationsmanagement, hrsg. Von G.E. Häflinger, Heidelberg, 269-281.

Thönneßen, J. (2001): Wissen teilen, in Personalwirtschaft Nr.10/2001, 50-57.

Trapp, W. (2007): Von Prototypen zur Produktion. Industriethemen-Fachberichte, München.

Trott, P. (2008): Innovation Management and New Product Development, 4th edition, Harlow et al.

Ulrich, K. T. & Eppinger, S. D. (2004): Product Design and Development, Boston et al.

Vahs, D. & Burmester, R. (2005): Innovationsmanagement: Von der Produktidee zur erfolgreichen Vermarktung, 3.Aufl., Stuttgart.

Van Doorn, J. (2007): Zufriedenheitsforschung im Industriegütermarketing: Welche For-
schungsaufgaben ergeben sich, wenn Kundenzufriedenheit als dynamisches Phänomen betrachtet wird, in: Innovationen für das Industriegütermarketing, hrsg. Von
Joachim Büschken, Markus Voeth und Rolf Weiber, Stuttgart, 201-220.

Voeth, M. & Tobies, I. (2009): Kommunikation für Industriegüter. In: M. Bruhn; F.-R. Esch;
T. Langner (Hrsg.): Handbuch Kommunikation: 1101-1116.

Voeth, M. & Herbst, U. & Barisch, S. (2008): Verdeckte Ermittlungen auf dem Messestand,
in: Absatzwirtschaft 1/2008, 30-33.

Voeth, M. & Gawantka (2005): Produktbegleitende Dienstleistungen auf Industriegütermärkten – eine empiriegestützte Untersuchung. In: J. Amelingmeyer & P. Harland
(Hrsg.): Technologiemanagement und Marketing. Herausforderung eines integrierten Innovationsmanagements: 469-486.

Voeth, M. & Rabe, C. (2004): Industriegütermarken. In: M. Bruhn (Hrsg): Handbuch Markenartikel. Band I: 75-94.

Voeth, M. & Rabe, C. (2004): Preisverhandlungen, in: Handbuch Industriegütermarketing,
hrsg. von Klaus Backhaus und Markus Voeth, Wiesbaden 2004.

Voeth, M. (2000): Nutzenmessung in der Kaufverhaltensforschung: die Hierarchische Individualisierte Limit-Conjoint-Analyse, Wiesbaden.

Von Rosensthiel, L. & Nerdinger, F. (1999): Die Relevanz des Wertewandels für die Gestaltung eines personalorientierten Marketingmanagements. In: M. Bruhn (Hrsg.): Internes Marketing, Integration der Kunden und Mitarbeiterorientierung. Grundlagen
– Implementierung – Praxisbeispiele: 317-330.

Webster, F. & Keller, K. (2004): A Roadmap for branding in Industrial Markets. *Brand
Management* 11-5: 388-422.

Webster, F. & Wind, Y. (1972): Organizational Buying Behavior, Englewood Cliffs / N.J.

Weggeman, Mathieu (1999): Wissensmanagement – Der richtige Umgang mit der wichtigsten Ressource des Unternehmens, Bonn 1999.

Wehrmeister, D. (2001): Customer Relationship Management – Kunden gewinnen und
an das Unternehmen binden. Köln (Dt. Wirtschaftsdienst).

Weiber, R. (2007): Elemente einer informationsökonomisch fundierten Marketingtheorie, in:
Innovationen für das Industriegütermarketing, hrsg. von Joachim Büschken, Markus
Voeth und Rolf Weiber, Stuttgart, 67-108.

Weiber, R. & Kollmann, T. & Pohl, A. (2006): Das Management technologischer Innovationen, in: Markt- und Produktmanagement, hrsg. von M. Kleinaltenkamp, Wiesbaden,
S. 83-207.

Weiber, R. (2004): Informationsökonomische Fundierung des Industriegütermarketings, Handbuch Industriegütermarketing, hrsg. von Klaus Backhaus und Markus Voeth, Wiesbaden, 79-118.

Weiber, R. & Adler, J. (2002): Interationales Business-to-Business-Marketing. In: M. Kleinaltenkamp & W. Plinke: Strategisches Business-to-Business-Marketing: 320-419.

Weiber, R. (1993): Was ist Marketing? Ein informationsökonomischer Erklärungsansatz, Arbeitspapier Nr.1 zur Marketingtheorie, Trier.

Weinstein, A. (2006): Handbook of Market Segmentation, Strategic Targeting for Business and Technology Firms, 3rd Edition, New York, London, Oxford.

Welz, S. (2006): Methods to identify success in a sales organisation – sales controlling, Norderstedt.

Wentz, R. C. (2008): Die Innovationsmaschine – wie die weltbesten Unternehmen Innovationen managen, Berlin Heidelberg New York et al.

Werani, T. & Gaubinger, K. & Kindermann, H. (2006): Praxisorientiertes Business-to-Business Marketing, Wiesbaden.

Werkmeister, C. (2008): Controlling innovativer Projekte mit dem Earned-Value-Ansatz, in WiSt, Heft 2, 75-81.

Wiedmann, K.-P. & Lippold, A. & Buxel, H. (2008): Status quo der theoretischen und empirischen Innovationskulturforschung sowie Konstruktkonzeptualisierung des Phänomens Innovationskultur, in: der Markt, 47. Jg., Nr.184, 43-60.

Winkelmann, P. (2008): Marketing und Vertrieb: Fundamente für die Marktorientierte Unternehmensführung, 6.Aufl., München.

Wirtz, B. (2005): Integriertes Direktmarketing. Grundlagen- Instrumente- Prozesse. Wiesbaden (Gabler).

Wolf, M. (2004): Hard Selling und Hockey Stick – die Usancen beim Unternehmenskauf in den USA, in: Finance, Heft 5, 2004, 38-42.

Zajontz, Y. & Kuhn, M. & Kollmann, V. (2011): Markteffizienz durch Translation Memory Systeme? Intelligente Übersetzungstechnologien zur Reduktion von Transaktionskosten international agierender Unternehmen. *Journal for Language Technology and Computational Linguistics* 25-1: 41-56.

Zajontz, Y. (2010): Afrikanische Universitäten als Motoren regionaler Entwicklung? Eine Analyse von Wissenskanälen an drei peripheren Universitäten in Kamerun, Diss. Univ. Frankfurt, Hamburg.

ZF (2010): Der Konzern im Profil 2008-2009. Friedrichshafen (ZF).

ZF (2008): Aftermarket update. Friedrichshafen (ZF).

Zupancic, D. & Belz, C. (2004): Internationales Key Account Management. In: K. Backhaus & M. Voeth: Handbuch Industriegütermarketing: 577-596.

Zwicky, F. (1971): Entdecken, Erfinden, Forschen im Morphologischen Weltbild, München, Zürich 1971.

Internetquellen:

Bitkom: www.bitkom.org

Bosch: www.bosch.de

Compuware-Covisint   www.covisint.com

Ebm-papst: www.ebmpapst.com

Fanuc Robotics: www.fanucrobotics.de

Feucom   www.feucom.de

Industrieforum   www.industrieforum.net

Interbrand   www.interbrand.com

Kuka Robot Group: www.kuka-robotics.com

Mobile.de   www.mobile.de

Statistisches Bundesamt: www.destatis.de

Ward, Susan (2008): Marketing Plan, abgerufen am 31.10.2008 unter http://www.sbinfocanada.about.com/cs/marketing/g/marketinplan.htm.

7 Stichwortverzeichnis

8 Abbildungsverzeichnis

9 Tabellenverzeichnis

www.ingramcontent.com/pod-product-compliance
Lightning Source LLC
Chambersburg PA
CBHW061357210326
41598CB00035B/6011